MANUEL

DES

PIQUEURS, COCHERS, GROOMS

ET

PALEFRENIERS

A L'USAGE DES ÉCOLES DE DRESSAGE & D'ÉQUITATION DE FRANCE

PAR

M. le Comte de MONTIGNY

CHEVALIER DE LA LÉGION D'HONNEUR,
Ancien Écuyer de 1re classe à l'École de Saumur et ancien Inspecteur
général des haras.

CINQUIÈME ÉDITION

AUGMENTÉE D'UNE HUITIÈME PARTIE :
De l'élevage et de l'entraînement des chevaux de course
et de chasse, d'après Digby Collins

PARIS
LIBRAIRIE MILITAIRE DE J. DUMAINE
LIBRAIRE-ÉDITEUR
30, Rue et Passage Dauphine, 30
—
1880
Traduction et reproduction réservées.

MANUEL
DES
PIQUEURS, COCHERS, GROOMS
ET
PALEFRENIERS.

OUVRAGES DU MÊME AUTEUR.

Équitation des dames. 2ᵉ édition avec trois eaux-fortes, par M. John Lewis BROWN. Paris, 1878, 1 vol. gr. in-8 de 324 pages.   8 fr.

Du choix de l'élevage et de l'entraînement des trotteurs. Paris, 1879, 1 vol. in-12 de 163 pages, avec 2 gravures sur bois.   2 fr. 50

MANUEL

DES

PIQUEURS, COCHERS, GROOMS

ET

PALEFRENIERS

A L'USAGE DES ÉCOLES DE DRESSAGE & D'ÉQUITATION DE FRANCE

PAR

M. le Comte de MONTIGNY

CHEVALIER DE LA LÉGION D'HONNEUR,

Ancien Écuyer de 1re classe à l'École de Saumur et ancien Inspecteur général des haras.

CINQUIÈME ÉDITION

AUGMENTÉE D'UNE HUITIÈME PARTIE :

De l'élevage et de l'entraînement des chevaux de course et de chasse, d'après Digby Collins

---

PARIS

LIBRAIRIE MILITAIRE DE J. DUMAINE

LIBRAIRE-ÉDITEUR

30, Rue et Passage Dauphine, 30

—

1880

Traduction et reproduction réservées.

A Monsieur le Général **FLEURY**, Sénateur, Aide de Camp, premier Écuyer de l'Empereur, Directeur général des Haras.

Mon Général,

Les écoles de dressage et d'équitation répondent à un besoin trop réel, pour ne pas être accueillies avec sympathie et vous inspirer le désir d'en accroître le nombre et d'en perfectionner l'organisation. Si elles ont été instamment réclamées de toutes parts, et si l'on en compte aujourd'hui 24, sans comprendre celles en voie de formation, c'est aussi parce que vous leur avez donné pour mission de répandre, par un enseignement unitaire, dans toute la France, les bonnes traditions hippiques, qu'on ne trouve plus guère qu'à Paris, tout en donnant au cheval de luxe français une valeur commerciale qu'il ne pouvait atteindre sans leur concours.

En me faisant l'honneur de m'appeler à l'inspection générale de ces établissements, vous avez bien voulu croire que mon expérience, en matière équestre, pouvait seconder votre pensée amélioratrice, et que je deviendrais le trait-d'union entre un passé qui s'est éteint avec les maîtres de l'ancienne école, et un présent avide de lumières et de progrès.

Vous m'avez suggéré l'idée d'un livre simple et pratique, où les écoles de dressage puiseraient les éléments d'instruction qu'elles doivent posséder et propager. Je me suis efforcé, dans le Manuel que vous avez sous les yeux, de réunir et de coordonner les diverses parties dont se compose un cours élémentaire d'hippologie. Je n'ai pas eu la prétention de les traiter dans un abrégé, aussi complétement qu'elles le comportent; mais, partout cependant, j'ai cherché à établir des principes basés sur les traditions et l'expérience des hommes compétents. Tout a été dit et écrit sur cette matière, et j'ai dû puiser dans les œuvres de nos maîtres de précieux documents; car le seul mérite d'un livre de ce genre, consiste uniquement dans la méthode et dans un sage éclectisme. J'ose donc espérer, mon général, que, sous votre patronage, ce Manuel sera appelé à généraliser l'instruction hippique et surtout à l'uniformiser. Il contient les premiers éléments d'*équitation*, d'*attelage*, de *dressage*, d'*hygiène*, de *maréchalerie*, d'*ostéologie*, de *myologie*, de *physiologie* et d'*extérieur du cheval*.

Tel est le programme que je me suis tracé, et qui me semble en rapport avec le but que vous désirez atteindre.

Veuillez permettre, mon général, que l'auteur de cette œuvre, que vous avez inspirée, vous en offre ici respectueusement l'hommage et trouve, dans l'accueil bienveillant que vous lui réservez, un nouveau titre à sa gratitude.

Comte de MONTIGNY.

AVANT-PROPOS.

J'ai déjà laissé pressentir que ce livre n'était point une création, mais plutôt le résumé de doctrines puisées dans les auteurs modernes et dans les saines traditions du passé.

Je n'ai pas, sans doute, nommé tous les hommes éminents dont j'ai emprunté les idées, et c'est aussi pour celà que je tiens à dire ici, à tous ceux qui retrouveront dans cet ouvrage des expressions et des définitions que j'ai adoptées, mais qui ne sont pas de moi, qu'ils ne sont en rien autorisés à y signaler l'apparence même du plagiat. Je suis et resterai toujours plein de gratitude envers les maîtres qui m'ont fait part de leur savoir et de leurs découvertes, et disposé à exalter leur mérite, en rendant hommage aux efforts incessants qu'ils ont faits en vue du progrès.

Le travail, l'expérience péniblement acquise, m'ont donné le droit de choisir et d'adopter les théories dont l'application me semblait le plus généralisable, et j'ai lieu d'espérer que le principal titre de ce livre à la bienveillance de mes lecteurs, sera l'adoption impartiale et indépendante de toutes les doctrines que j'ai crues bonnes et indispensables à l'enseignement des écoles.

J'ai puisé les éléments de mon travail sur l'hippologie proprement dite dans un remarquable abrégé de science hippique publié par M. Vallon, et je me suis permis d'emprunter textuellement à ce livre certaines parties qu'il m'eût été impossible de traiter aussi bien et d'une manière aussi succincte.

Je recommande à ceux de mes lecteurs qui chercheront un plus grand développement d'instruction, de recourir au traité d'hippologie de M. Vallon, aux leçons d'anatomie et de physiologie publiées par le savant docteur Auzoux, et au cours d'extérieur du cheval, si connu, de M. Richard du Cantal, ancien directeur de l'École des haras.

DE L'INFLUENCE DU DRESSAGE

SUR LE CHEVAL DE SELLE.

Si nous consultons les éléments d'équitation théoriques des derniers siècles et que nous les comparions aux systèmes et aux méthodes de nos jours, où l'art a cherché à s'élever par le raisonnement au niveau de la science, nous constatons une même pensée et un même but : *le dressage du cheval de selle*, en vue du développement des aptitudes du noble animal. Nous trouvons partout cette opinion unanimement exprimée, que le dressage augmente sa valeur et prépare des jouissances au cavalier qui doit s'en servir.

L'utilité du dressage est donc incontestable; mais quel doit être ce dressage ? où doit-il s'arrêter, et dans quelles conditions doit-il être pratiqué ? Voilà ce qu'on n'a peut-être pas suffisamment défini, ce qui a donné lieu à certains mécomptes, et donné le droit à plusieurs de douter de l'importance et du mérite d'un bon dressage.

Ce qu'on n'a point encore assez répété, je

crois, c'est que le dressage n'était pas une panacée, qu'il n'avait et ne pouvait avoir qu'une influence relative ; que dans une infinité de cas il n'était qu'un palliatif, qu'un correctif des défectuosités naturelles ; enfin, qu'il n'avait pas la propriété de donner au cheval ce que la nature lui avait refusé.

Peu de chevaux, en effet, possèdent les qualités qui distinguent essentiellement le cheval de selle ; on se sert toutefois d'une infinité de chevaux qui ne devraient pas être appropriés à ce service, mais qui ont assez de moyens et d'énergie pour faire pardonner leurs défauts. De là les résultats incomplets du dressage et les difficultés pratiques qui subsistent, en dépit d'une méthode intelligente et d'une éducation bien dirigée.

Le vrai cheval de selle, à part la distinction que l'on cherche généralement, doit être avant tout *naturellement équilibré*, avoir le rein fort, la croupe longue, l'encolure bien sortie et flexible, la tête élégamment attachée, les jarrets exempts de tares, les sabots peu développés, l'arrière-main un peu engagée sous la masse ; les membres antérieurs irréprochables, et enfin, par dessus tout, posséder un bon caractère.

Un tel cheval supporte le dressage sans fatigue ; il s'assouplit promptement, il acquiert bientôt la connaissance des aides, et tout ce qu'il apprend ne fait qu'ajouter à l'élégance et à la justesse de ses mouvements, parce qu'il est, je le répète, *naturellement équilibré*. Pour ce cheval, le dressage atteint un résultat absolu, définitif ; il subsiste quand même, il résiste aux maladresses d'un cavalier inhabile ; il fait, quoi qu'il advienne, honneur à l'écuyer dont il est l'ouvrage.

Les chevaux de selle défectueux, même avec des moyens, sont ceux qui n'ont pas de bons applombs naturels, qui manquent de reins, et chez lesquels l'arrière-main prédomine sur l'avant-main, et réciproquement. Leur mécanisme est donc évidemment défectueux, et l'équilibre indispensable à toute locomotion régulière ne peut être qu'un résultat artificiellement acquis, ou, si on l'aime mieux, la conséquence d'une méthode équestre rationnellement appliquée. Une gymnastique intelligente fortifiant les parties faibles peut, en effet, amener par gradation l'animal à répartir ses forces de manière à porter plus facilement son cavalier à des allures régulières ; voilà le dressage qu'on peut dans ce cas prétendre d'un écuyer, mais un tel cheval ne sera jamais, quoi qu'il en soit, celui de tout le monde, et sous l'influence d'aides inhabiles, il ne tardera pas à présenter des difficultés qui pourraient faire douter de l'excellence du dressage : « Chassez le naturel, il revient au galop. »

Il résulte de ce qui précède que pour se servir agréablement de la généralité des chevaux tels qu'on les trouve dans la consommation, il faudrait que l'équitation théorique fût plus cultivée qu'elle ne l'est, ou autrement dit que les moyens rationnels employés par les hommes dont la profession est de dresser les chevaux fussent appliqués par ceux qui les montent; ensuite il faudrait qu'on acceptât et qu'on reconnût la nécessité de certaines études équestres, sous peine de renoncer à monter agréablement la plupart des chevaux plus ou moins défectueux que nous voyons aujourd'hui, les types que j'ai signalés plus haut devenant chaque jour et plus rares et plus chers.

Cependant, comme je n'ai pas la prétention de modifier les tendances de mon époque et en particulier celles qui caractérisent l'équitation en faveur aujourd'hui, je trouve plus opportun et plus en rapport avec le but que je me propose, de dire ma pensée sur le dressage approprié aux goûts et aux besoins de l'époque.

L'équitation large, adoptée par le sport, a dû rejeter les allures que l'on regardait autrefois comme les mieux appropriées à l'emploi agréable et élégant du cheval de selle. Le cheval fin, sensible, assis, cadencé, a fait son temps et est remplacé par le cheval galopant généralement bas du devant, poussant sur la main et parcourant l'espace avec une grande dépense d'énergie. Les cavaliers eux-mêmes ont renoncé à l'emploi des aides fines, et leur éducation équestre a été exclusivement dirigée en vue de la chasse et des courses d'obstacles. Le dressage des chevaux de selle destinés à ce genre de locomotion doit donc être beaucoup plus simple et moins savant qu'il ne l'était autrefois. Il doit se borner à développer des allures naturelles sur la ligne droite, et ne doit exiger qu'un assouplissement tout à fait élémentaire et indispensable. Ce dressage sera plus judicieusement pratiqué au dehors et consistera, en définitive, dans un exercice intelligent joint à une bonne hygiène. On cherchera par dessus tout à rendre les chevaux calmes, confiants, francs aux obstacles; les allures seront le plus souvent allongées, les départs de galop devront être faciles aux deux mains, et l'on évitera les changements de pieds et la trop grande mobilité des hanches. Un cheval bien dressé devra toutefois pouvoir être conduit d'une main et conserver, autant que sa conformation le permettra, une bonne position de tête et de l'élévation d'encolure. On évitera l'assouplissement latéral exagéré de cette partie, et enfin le reculer sera méthodiquement exercé avec le filet et avec la bride, afin de fortifier l'arrière-main et de lui donner une souplesse dont on ne saurait se passer, même dans une équitation large.

Les chevaux d'une conformation exceptionnelle deviendront même, sous l'influence de ce dressage élémentaire, brillants et assez légers pour être montés avec plaisir à des allures plus calmes et plus cadencées; en un mot, en suivant mes conseils, les écuyers ou dresseurs de chevaux seront exposés à moins de déceptions, et leur œuvre, mieux comprise, leur aura coûté moins de soin et moins de science.

PREMIÈRE PARTIE.

ÉQUITATION.

CHAPITRE Ier.

SELLER ET BRIDER LE CHEVAL.

On ne peut apporter trop de soin et de discernement dans la manière de seller et brider le cheval : car la négligence qu'on met dans l'emploi du harnachement est souvent cause de grandes défenses et d'accidents graves.

Après avoir posé la selle doucement sur le cheval, et la lui avoir fait voir pour qu'il n'en prenne pas effroi, on doit s'assurer qu'elle porte bien horizontalement sur le dos, surtout qu'elle ne serre pas le garrot et ne puisse pas blesser le rein. Sa place sera ordinairement au défaut de l'épaule. Pour qu'un cheval soit bien sellé, il faut que le poids du cavalier ne soit placé ni trop en avant, ni trop en arrière, afin que l'avant-main et l'arrière-main du cheval conservent toute leur liberté d'action.

Comme les chevaux se gonflent généralement

au moment du sanglage, et qu'il est d'ailleurs dangereux de les serrer brusquement, on aura soin de sangler, autant que possible, en deux fois, à un intervalle d'environ un quart d'heure. Les sangles devront être placées l'une sur l'autre, afin d'éviter les pincements de la peau. Si la selle, en raison de la conformation du cheval, a une tendance à revenir en avant, sur le garrot, il faudra doubler la partie antérieure des panneaux, en panne dont les poils seront placés en sens inverse du poil du cheval.

Pour habituer un cheval à prendre la bride facilement, il faut apporter une grande douceur et lui faire ouvrir la bouche en passant le pouce dans la commissure des lèvres, au moment où l'on présente le mors. Certains palefreniers ont la mauvaise habitude d'appuyer l'embouchure sur les dents pour provoquer l'ouverture de la bouche, et par ce moyen, irritent les chevaux énergiques et ne tardent pas à les rendre difficiles à brider.

Pour que le mors soit bien placé dans la bouche du cheval, il faut que les canons portent à un travers de pouce au-dessus des crochets ; la sous-gorge doit être lâche et un peu flottante, la muserolle peu serrée ; la gourmette sur son plat, devra être tendue de manière que lorsque l'on fait agir le mors, il ne fasse pas complétement bascule et ait assez d'action pour faire au besoin reculer le cheval, si l'on insiste sur son effet ; c'est du reste au cavalier à juger du degré de tension motivée de sa gourmette, comme aussi à choisir le mors qui convient le mieux au cheval qu'il dresse ou qu'il monte.

Le cheval ainsi bridé, doit recevoir un dernier soin, qui consiste à brosser la crinière avec une brosse en crin humide, à essuyer avec l'éponge les naseaux et la bouche, et enfin à graisser les sabots.

Le palefrenier, au moment du montoir, doit se placer à l'épaule droite du cheval, le tenir de la main droite avec les rênes du filet, et saisir l'étrivière droite de la main gauche, en résistant assez fortement pour que la selle ne tourne pas au moment où le cavalier prend son appui sur l'étrier gauche; il doit enfin placer l'étrier sur son plat, au pied du cavalier, et ne lâcher le cheval que lorsqu'on lui en donne l'indication.

CHAPITRE II.

DU MONTOIR.

Après s'être assuré que le cheval est convenablement sellé et bridé, le cavalier qui monte un jeune cheval, aura soin de le faire reculer de quelques pas, afin de détendre le rein et de s'assurer de l'action du mors, puis il placera son cheval, carrément, sans chercher à l'étendre, ce qu'on ne fait que pour des chevaux d'âge, confirmés dans le dressage. Il se placera doucement à l'épaule du cheval et ajustera ses rênes assez courtes pour empêcher un mouvement désordonné, et pas assez, cependant, pour déterminer une défense ou un mouvement rétrograde. La tenue des rênes à l'allemande étant préférable à toutes, pour monter le jeune cheval, nous la recommandons spécialement pour le montoir, parce qu'elle permet de se servir du filet en rênes séparées, aussitôt qu'on est en selle. Nous indiquerons cette tenue de rênes dans un chapitre spécial. Le cavalier placé à l'épaule de son cheval, fera un demi-tour à droite sur le talon gauche, puis après avoir mis le pied à l'étrier et l'avoir chaussé très-avant, il apportera sa main droite sur le troussequin de la selle, appuiera son genou gauche verticalement au quartier, et s'enlèvera doucement et le plus légèrement possible; puis, restant un instant dans cette position, qui décompose en deux temps distincts le montoir, il parlera à son cheval pour le calmer et lui faire supporter le poids; enfin après avoir étendu la jambe droite de toute sa longueur, la pointe du pied en bas, il viendra prendre avec la main droite un point d'appui solide sur le pommeau de la selle, les quatre doigts en dehors appuyés sur le quartier, passera la jambe vivement, et se posera en selle très-doucement, afin d'éviter toute surprise par le contact inattendu du poids. Le cavalier ajustera immédiatement ses rênes, avant de songer à prendre l'étrier, ce qui doit être son dernier soin.

Tout cheval qu'on ne connaît pas doit être d'abord porté en avant sur les rênes de filet, et l'action du mors, à moins d'un dressage complet, ne se fera pas sentir avant que le cheval ne se soit détendu et mis en confiance au pas.

Pour mettre pied à terre, le cavalier doit ajuster ses rênes, prendre avec la main droite une poignée de crins, la placer dans la main gauche, après y avoir passé la cravache, la pointe en bas comme pour monter, déchausser l'étrier droit, appuyer la main droite sur le pommeau, les doigts en dehors du côté du quartier de la selle, étendre la jambe droite, la pointe du pied en bas, la passer ainsi tendue par-dessus la croupe du cheval, sans l'effleurer, la rapporter près de la gauche, placer vivement la main droite sur le troussequin pour soutenir le corps en équilibre, rester un instant dans cette position, avec le corps droit et les reins soutenus, flatter le cheval de la voix pour l'amener à l'immobilité, puis, pivotant sur le genou gauche, mettre la jambe droite à terre dans la direction de l'épaule du cheval, comme au moment de monter. Il va sans dire, qu'il faut lâcher de la main droite le troussequin et ne retirer le pied de l'étrier que lorsque l'autre est solidement posé à terre.

Cette manière de monter et de descendre est la seule qui mette le cavalier à l'abri des accidents, en le rapprochant toujours de l'épaule du cheval ; elle empêche enfin, la pointe du pied du cavalier de venir effleurer le ventre de l'animal en mettant pied à terre, ce qui arrive infailliblement quand on descend en face du cheval.

Piqueur de selle.

Groom trottant à l'anglaise.

CHAPITRE III.

POSITION DE L'HOMME A CHEVAL.

Pour nous faire mieux comprendre, nous diviserons en deux parties la position de l'homme à cheval :

Le corps et les jambes.

Le corps doit être droit, verticalement posé; la tête haute, libre dans ses mouvements, les épaules effacées, la poitrine ouverte, le rein naturellement fléchi. Le corps doit avoir ses points d'appui en grande partie sur les fesses, mais un peu sur les cuisses, qui doivent être environ pour un tiers dans l'assiette du cavalier. Le postillon qui ne se sert pas de ses jambes et doit constamment trotter à la française, cherche son équilibre dans une assiette exagérée, la souplesse du rein et le renversement du haut du corps en arrière. L'homme de suite ou le piqueur, qui doivent avoir une position élégante, se servir de leurs jambes et trotter à l'anglaise aux grandes allures, ceux-là n'ont pas besoin d'éviter les réactions et doivent chercher la fixité et la répartition utile de leur poids. On peut obtenir un équilibre parfait et la solidité au trot sans étriers, tout en conservant une position verticale. Les Allemands en sont une preuve évidente, même dans l'exagération de leur roideur.

Les coudes doivent être rapprochés du corps et sans mouvement, l'avant-bras plié à angle droit sur le coude, la main fermée naturellement et placée devant le milieu du corps; elle n'aura aucune inflexion, ni renversement dans aucun sens. Nous parlerons plus tard de son action, et une planche en définira la véritable attitude.

Les cuisses devront être descendues autant que possible et retournées sur leur face interne, eu égard toutefois à la conformation de l'homme, à la largeur du bassin et au plus ou moins de rondeur de la cuisse. Les genoux seront assurés, adhérents et viendront consolider l'assiette dans les déplacements violents ou inattendus.

L'assiette se compose donc d'un équilibre dû à la souplesse des reins et consolidé par les cuisses et les genoux; plus l'équilibre est parfait, et moins ces derniers ont à faire pour le rétablir. Les jambes doivent être légèrement fléchies et liées au corps du cheval, environ jusqu'aux deux tiers du mollet; plus les cuisses seront descendues, moins cette flexion sera sensible, et plus aussi ces mêmes jambes auront d'action et de puissance. Les talons seront bas, les pointes du pied un peu plus hautes que le talon, le pied appuyé, parfaitement à plat sur la grille de l'étrier, et plutôt du côté du pouce du pied que du petit doigt, ce qui aura toujours lieu lorsque le genou sera assuré et tourné un peu en dedans. On ne devra pas se préoccuper du dehors des pieds qui tient à la conformation de l'homme et qui n'est pas une faute; il faut, au contraire, éviter de faire rentrer les pointes des pieds en dedans et corriger le trop de dehors des pieds en retournant la cuisse sur le plat. Le pied devra être engagé à l'étrier jusqu'à son tiers antérieur, de manière à fournir un appui solide, particulièrement au trot à l'anglaise.

Pour trotter à l'anglaise, le cavalier doit incliner son corps légèrement en avant, sans creuser le rein, prendre un fort appui sur les genoux, un moindre sur les étriers, conserver les jambes fixes et ne faire aucune espèce d'effort des épaules ou du corps, lorsque le mouvement du trot en détermine le déplacement. Au moment de l'arrêt, le cavalier reprend sa première position, en reportant le haut du corps en arrière ; nous en reparlerons plus tard.

CHAPITRE IV.

DES AIDES, TENUE DES RÊNES, ACTION DES JAMBES.

On appelle aides les moyens qu'on emploie pour diriger le cheval, autrement dit, les jambes qui provoquent l'impulsion et la main qui règle et dirige le mouvement.

Les jambes agissent de deux sortes : ou simultanément par l'emploi d'une force égale, ou isolément, selon qu'elles veulent pousser le cheval sur la ligne droite ou le déplacer de côté ; il est donc important qu'elles soient indépendantes dans leur action et qu'elles puissent graduer leur force selon l'opportunité.

La main secondée par l'effet du mors a donc, comme nous l'avons vu, pour but de ralentir le mouvement et d'imprimer la direction; il faut conséquemment se servir des rênes avec intelligence et en en comprenant bien les effets.

Il y a trois sortes de tenue de rênes : à la française, à l'allemande et à l'anglaise.

A la française.

Le petit doigt de la main gauche est passé

entre les deux rênes, et leur excédant est fixé sous le pouce de cette même main, et doit retomber à droite sur l'encolure. Pour cette tenue de rênes comme pour toutes les autres, la main doit être complétement fermée et les phalanges régulièrement placées les unes au-dessus des autres, en sorte que le pouce dépasse la main de la première phalange.

C'est le pouce et les deux premiers doigts qui assujettissent les rênes en les empêchant de glisser dans la main ; les deux derniers doigts, l'annulaire et le petit doigt, sont seuls mobiles et doivent au besoin se serrer et se desserrer : c'est ce qu'on appelle *doigter*.

Chacune des rênes a quatre effets principaux qui consistent à :

1° Retenir par un simple effet de traction ;

2° Attirer l'encolure du cheval en dehors, en écartant cette rêne de l'encolure ;

3° Exercer une pression sur cette même encolure en l'appuyant, et ainsi, déterminer le *tourner* du côté opposé à la pression.

4° Élever l'encolure par l'élévation de la main. En résumé, *traction, écart, appui, élévation.*

C'est de ces quatre effets combinés avec les effets correspondants de l'autre rêne, que résulte la conduite du cheval ; mais pour que ces effets soient justes et opportuns, il faut que la main

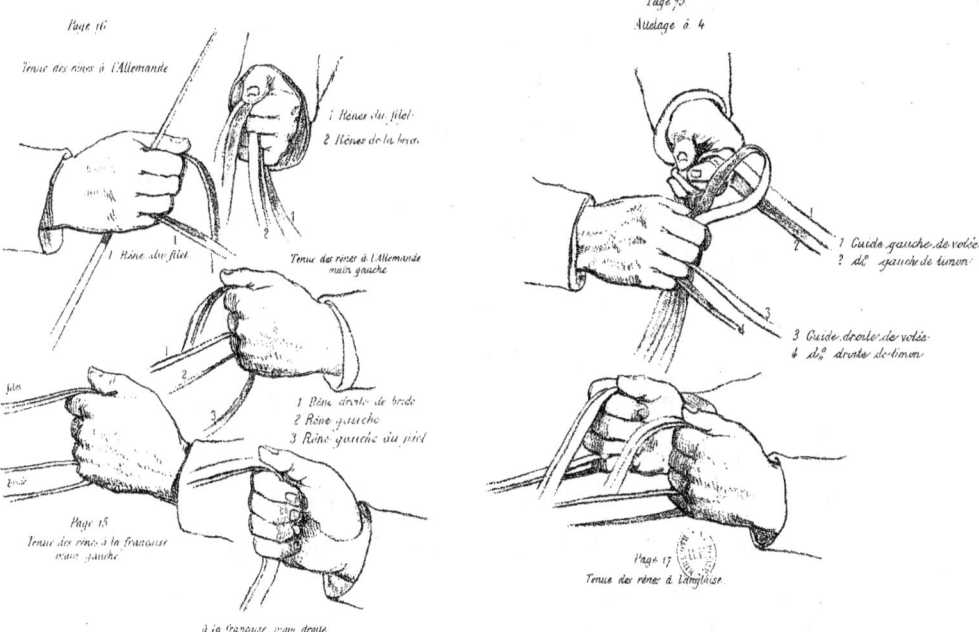

soit fixe et placée naturellement, au sommet du triangle formé par les rênes, qui auront toujours un certain degré de tension, et mettront la main du cavalier dans un rapport constant avec la bouche du cheval.

A la *française*, les rênes ne se tiennent pas dans la main droite comme dans la main gauche; lorsqu'on veut les prendre dans la main droite, il faut les ajuster en les saisissant avec le pouce et les deux premiers doigts de la main droite au sortir du pouce de la main gauche, et en glissant la main jusqu'à l'endroit où les rênes sont cousues ensemble; arrivé à ce point, la main droite verticalement placée au-dessus de la main gauche, on fait les rênes égales en les faisant couler dans la main gauche desserrée à cet effet, et on les raccourcit d'un travers de main, puis, lâchant l'extrémité de ces rênes, on les saisit à pleine main le pouce de la main droite tout près de celui de la main gauche, en sorte que l'excédant des rênes s'échappe du petit doigt de la main droite, ce qui, comme on le voit, est l'inverse de la tenue des rênes dans la main gauche. La tenue de la cravache et la position des mains ci-dessus mentionnée seront indiquées par la planche.

Le maniement le plus commode des rênes du filet à la française est, après les avoir nouées un peu court, d'en placer l'excédant dans la main gauche, entre le pouce et l'annulaire. Dans le cas d'une défense, ou lorsqu'il faut redresser un cheval qui hésite à passer, on les sépare en mettant deux doigts de la main gauche sur la rêne gauche et trois doigts de la main droite sur la rêne droite.

Tenue des rênes à l'allemande.

Ce maniement des rênes est le plus sûr et le plus pratique pour le dressage des jeunes chevaux, c'est celui qu'il faut généraliser pour les piqueurs des écoles de dressage. Au lieu de séparer les rênes de bride avec le petit doigt, on les sépare avec le quatrième, ou annulaire; les rênes du filet sont tenues à deux mains, lorsqu'il est nécessaire de donner la direction au jeune cheval; la rêne gauche vient s'appuyer sur le petit doigt de la main gauche et est fixée sous le pouce, réunie aux deux rênes de bride, la rêne droite est tenue de la main droite, avec trois doigts, le petit doigt en dehors. Lorsque le cheval répond aux effets de la bride, on laisse couler les rênes de filet dans la main gauche, jusqu'à leur endroit de jonction, et la main droite n'a plus rien à faire.

Tenue des rênes à l'anglaise.

Avec les jeunes chevaux qui ne connaissent nullement les effets du mors, et qu'on veut se borner à tourner à droite ou à gauche, simplement par écart de rênes, ce maniement est souvent très-utile, particulièrement pour déterminer les chevaux à sauter et les empêcher de se dérober ; il consiste à tenir deux rênes dans chaque main, en les séparant avec le petit doigt, le filet placé en dehors de ce petit doigt ou la rêne de bride, selon que le cheval résiste plus ou moins fortement, en se jetant à **droite** ou à **gauche**.

CHAPITRE V.

METTRE LE CHEVAL AU PAS, ARRÊTER, TOURNER; TRAVAIL AU TROT, RECULER.

Lorsque le cheval a été calme au montoir, et est resté un instant en place sans montrer d'impatience, le cavalier ferme ses jambes en portant le haut du corps un peu en arrière, et tout en conservant ses rênes tendues et sa main dans une attitude fixe, il mollit son poignet et le baisse pour que le cheval ne rencontre aucun obstacle à se mettre en mouvement. Il ne faut pas oublier que sous l'influence du poids, le cheval ne peut pas, à moins d'être complétement dressé, se porter en avant, sans une certaine gêne ou étonnement ; il faut donc le laisser se détendre pendant quelques instants, jusqu'à ce qu'il ait repris son équilibre. C'est surtout avec les jeunes chevaux et les chevaux de sang, que je recommande cette précaution; mais comme je ne m'occupe ici dans cet enseignement élémentaire, que du cheval supposé dressé, je m'abstiendrai de parler des précautions et de la progression qu'il faut apporter en montant les jeunes chevaux.

Après avoir fait un tour ou deux de manége au pas, le cheval complétement libre, le cavalier le rassemble, c'est-à-dire que par une pression de jambes, il augmente son action, puis assure son poignet et serre ses doigts pour que le cheval se raccourcisse, en se grandissant dans son mouvement. Aussitôt que le cavalier sent son cheval d'aplomb, il relâche ses jambes, mollit son poignet et le laisse ainsi marcher pendant quelques pas, avant de changer sa direction.

Le cavalier demande alors à son cheval quelques cercles, ou *doublés* en portant sa main à droite ou à gauche, sans la contourner, et en faisant agir ainsi en tournant à droite, par exemple, la rêne gauche par appui sur l'encolure; si le cheval hésitait à tourner, il faudrait recourir à un écart de rêne droite du filet pour rectifier le mouvement. Il va sans dire que les jambes par leur pression, un peu en arrière des sangles, doivent entretenir l'action et faire passer l'arrière-main du cheval sur la ligne que parcourt l'avant-main; ainsi dans certains cas, en tournant à droite, la jambe droite aura plus à faire pour élargir les hanches sur le cercle, et dans d'autres cas, au contraire, la jambe gauche portée un peu plus en arrière des sangles, devra soutenir et activer l'arrière-main, c'est le cas par exemple, avec les chevaux très-mobiles et faibles des reins. Le *reculer* étant la preuve d'une soumission complète du cheval et d'un bon dressage, le cavalier chargé de l'exercer et de l'entretenir, doit savoir le lui demander.

Pour obtenir facilement le *reculer*, il faut provoquer un peu de rassembler, c'est-à-dire, fermer ses jambes et opposer la main en concentrant ainsi l'action dont le cheval a besoin pour se porter en avant comme pour reculer, seulement, dans ce dernier cas, la main oppose plus de résistance et les jambes se bornent à contenir l'arrière-main pour que le cheval recule droit. La main doit se relâcher chaque fois que le mouvement rétrograde se produit, afin de ne pas le précipiter; l'assiette du cavalier doit être régulière, et le haut du corps soutenu, pour que l'arrière-main ne s'échappe pas, et les jambes doivent conserver leur action à ce point de pouvoir arrêter le reculer à chaque pas, s'il en est besoin; nous parlerons plus tard des moyens d'obtenir le reculer avec les chevaux jeunes ou difficiles et nous ferons ressortir ses inconvénients et ses avantages.

CHAPITRE VI.

METTRE LE CHEVAL AU GALOP, MOUVEMENT SUR LA LIGNE DROITE ET CIRCULAIRE.

Le galop est une allure en trois temps ; ces trois temps constituent une *foulée*. Le cheval galope à main droite et à main gauche, c'est-à-dire qu'à main droite la jambe droite de devant et celle de derrière devancent, dans la marche, les deux jambes opposées ; à main gauche c'est le contraire. Chaque *foulée* s'accomplit dans l'ordre suivant : à main droite par exemple, la jambe gauche de derrière se pose la première, la jambe droite de derrière et la jambe gauche de devant, simultanément après, et enfin la jambe droite de devant accomplit le troisième temps. Le même phénomène se produit à main gauche en ordre inverse. Lorsque cette disposition régulière de l'allure la plus naturelle au cheval est dérangée par une cause quelconque, on dit que le cheval est *désuni*.

Pour mettre un cheval dressé au galop à droite par exemple, il faut trois choses : 1° Le rassembler, autrement dit concentrer son action, en le poussant dans les jambes et le retenant avec la main ; 2° Le placer, c'est-à-dire lui donner une inclinaison de droite à gauche en soutenant la main et la portant de ce côté, et en fermant la jambe gauche un peu en arrière des sangles, afin de tenir la hanche et de forcer la jambe gauche de derrière à se placer sous le centre du cheval; 3° Le cheval ainsi rassemblé et placé, le porter en avant.

La première condition pour mettre son cheval sur ce qu'on appelle le bon pied, à droite ou à gauche, selon qu'on le désire, est de sentir la nature du mouvement et de se rendre compte par l'assiette, si le galop est du pied droit, ou du pied gauche, ou désuni. La sensation qu'on éprouve au galop à droite est toute différente de celle qu'on éprouve à l'autre main et c'est par la comparaison de ces deux sensations qu'on arrive à sentir son cheval. Lorsque le cheval galope à droite, l'assiette du cavalier est rejetée à chaque foulée sur la partie gauche, et enfin la cuisse et le genou droit ont une tendance à se déplacer, puisque la partie droite du cheval s'élève plus haut et plus énergiquement que la partie gauche. A l'autre main, le déplacement est naturellement inverse, la sensation se communique distinctement et est promptement appréciée par tout homme qui a un peu d'habitude du cheval et dont on éveille l'attention sur ce point.

En travaillant son cheval au galop, on doit

rester fixe d'assiette, de main et de jambes ; c'est à cette seule condition, que l'allure du cheval restera régulière et calme; c'est aussi à cette seule condition, que le cavalier peut se servir de ses jambes et de ses mains pour activer et régler le mouvement.

Dans les mouvements circulaires, la main a deux actions distinctes : l'une qui consiste à imprimer la direction sur le cercle, et l'autre à soutenir l'avant-main et à asseoir le cheval sur ses hanches ; ainsi en tournant à droite au galop, après avoir donné la direction en portant sa main à droite, on doit la soutenir de droite à gauche, de telle manière, que la rêne droite, un peu plus tendue que la gauche, conserve l'élévation de l'avant-main et particulièrement de l'épaule droite. Quant à l'action des jambes, elle est motivée par l'équilibre du cheval, par son degré de soumission aux aides, et on peut se borner à dire : qu'en tournant à droite, la jambe droite active, en le réglant, le mouvement de l'épaule et de la hanche droites, et que la jambe gauche du cavalier, au contraire un peu plus fermée en arrière des sangles, contient la hanche gauche et entretient l'action des deux jambes du cheval en dehors du cercle, qui en définitive ont le plus de terrain à parcourir.

La préparation à tous les mouvements qu'on

veut exécuter est indispensable, et c'est d'elle que résultent la précision et la justesse du mouvement. On disait autrefois qu'il fallait faire précéder tous les changements de direction d'un *demi-temps d'arrêt:* ce mot ne rend pas complétement notre pensée, nous le remplacerons par ceux d'*effet d'ensemble.*

L'*effet d'ensemble* consiste dans un surcroît d'impulsion donné au cheval, au moment où on veut modifier son allure ou changer sa direction; ce surcroît d'impulsion est arrêté par une opposition de la main qui concentre ainsi l'activité du cheval, qu'on nous passe ce mot, et permet de disposer de ses forces mieux équilibrées, pour changer sa direction et lui faire ainsi accepter plus facilement les aides. En effet, le cheval, préparé par un effet d'ensemble, obéit à des actions de mains et de jambes presque invisibles et semble exécuter les mouvements avec une facilité d'autant plus grande qu'il est mieux préparé.

Nous parlerons plus tard du *rassembler* qui n'est, soit dit en passant, qu'un effet d'ensemble plus complet ou une concentration plus grande des forces de l'animal.

Le cheval ayant la faculté de galoper aux deux mains, exécute ou de lui-même ou par les aides du cavalier, ce qu'on appelle des changements de pied ; ils sont de deux sortes : la première s'obtient après un arrêt, la seconde s'appelle changement de pied en l'air et s'effectue, sans que le galop du cheval soit interrompu. Pour obtenir le changement de pied après arrêt, il suffit de changer la position qui détermine la nature du mouvement. Pour le changement de pied en l'air, il faut bien produire sans doute le même effet, mais il faut plus de justesse et plus d'accord d'aides ; ainsi, par exemple, lorsque le cheval galope à droite, le cavalier qui veut déterminer le changement de pied en l'air, doit rassembler son cheval en activant un peu le mouvement de l'arrière-main, le contenir avec la main, opposer cette même main à droite pour changer la position et déplacer les forces de ce côté, enfin, fermer la jambe droite pour contenir la hanche et solliciter le mouvement de la partie gauche.

Il faut éviter dans les changements de pied en l'air toute espèce de mouvement du haut du corps et tout effort apparent ; plus les mouvements qu'on veut exécuter exigent une juste répartition du poids, plus il faut que l'homme de cheval évite de déplacer le sien, plus il doit, en un mot, s'identifier avec son cheval.

CHAPITRE VII.

TROT ALLONGÉ, TROT A L'ANGLAISE.

Les allures réglées et raccourcies sont celles du cheval destiné à la promenade; ce sont aussi, sauf exception, celles qui sont le plus usitées pour le cheval d'armes ; cependant il faut, dans l'un et l'autre cas, que le cheval léger et assis dans ses allures puisse les allonger graduellement et devenir ainsi cheval de chasse. Le pas, le trot et le galop sont susceptibles d'une extension qu'un bon dressage doit amener et qui, en définitive, est le but qu'on doit se proposer. Le travail au manége et tous les moyens artistiques qu'une bonne méthode peut indiquer doivent amener une soumission parfaite, une concentration de toutes les forces de l'animal; mais le dernier mot du travail n'est dit que lorsqu'on a éprouvé au dehors les moyens, l'énergie et la soumission qu'on a cherché à faire naître et à développer au dedans. Le trot soutenu, régulier, avec une position de tête élevée, bien fixée sur la main du cavalier, est une allure qu'on ne peut perfectionner qu'au dehors et sur la ligne droite. La position à la française est, au grand trot, surtout avec nos chevaux de demi-sang anglais, fatigante à tous égards, pour le cavalier autant que pour le cheval. La manière de trotter, dite à *l'anglaise* est préférable et doit être généralisée. Le cavalier prend un appui sur ses genoux comme je l'ai dit plus haut, un moindre appui sur ses étriers, incline son corps en avant, en sorte que le sommet de sa tête dépasse un peu la ligne de ses points d'appui, et se laisse enlever par la réaction du trot, de telle sorte que, sur les deux temps exécutés dans chaque *foulée* complète, à cette allure, le cavalier reste un temps en l'air et vienne retrouver la selle au moment où une nouvelle réaction l'enlève de nouveau sur la selle. C'est donc une mesure à deux temps, et le cavalier prend instinctivement comme premier temps, *l'enlever* le plus fort qui se trouve chez tous les chevaux et est plus marqué chez quelques-uns. Pour trotter gracieusement à l'anglaise, il faut éviter tout espèce de mouvement forcé ou contracté du haut du corps, toute espèce de flexion de rein exagérée : conserver les cuisses et les genoux particulièrement fixes, les coudes au corps, la main basse et fournissant un appui constant à la bouche du cheval, appui qui n'exclut ni la légèreté, ni la soumission. C'est un contact qui permet à l'encolure un certain degré de rigidité dont elle a besoin pour entraîner la masse et ôter toute incertitude au mouvement. Les jambes du cavalier doivent entretenir l'action et conserver leur indépendance, bien qu'en aidant à *l'enlever*, mais c'est à la seule condition que les genoux soient parfaitement assurés et que le haut du corps du cavalier se meuve avec aisance, en se laissant rebondir en mesure sur la selle, et qu'il ne dépense aucune force de contraction pour obtenir ce résultat.

Lorsque le cavalier veut mettre son cheval au pas, il reporte vivement son corps en arrière, rapproche ses jambes et soutient la main.

CHAPITRE VIII.

TRAVAIL DE DEUX PISTES OU PAS DE COTÉ.

On appelle travail de deux pistes, les mouvements que tout cheval dressé doit pouvoir exécuter, et qui consistent à parcourir, en marchant de côté, deux lignes distinctes (ou pistes), décrites une par l'avant-main et l'autre par l'arrière-main. Supposons qu'un cheval marche la tête tournée du côté du mur et les hanches en dedans du manége, on comprend que ses jambes de devant parcourront une ligne, et ses jambes de derrière une autre, plus ou moins éloignée, suivant que le cheval sera plus ou moins perpendiculaire à ce mur.

Les mouvements de deux pistes ont plusieurs dénominations, savoir : *la tête au mur*, ainsi que je viens de l'expliquer ; *la croupe au mur* ce qui est l'inverse, la tête du cheval se trouvant en dedans du manége et son corps plus ou moins perpendiculaire au mur ; *la volte*, ou mouvement circulaire, dans lequel le cheval décrit avec ses épaules un cercle plus grand que celui des hanches ; *la volte renversée* dans laquelle au contraire, le cheval décrit un cercle plus grand avec les hanches qu'avec les épaules ;

l'épaule en dedans, mouvement dans lequel le cheval, placé obliquement, conserve ses pieds de derrière près de la muraille ou sur la piste, et ramène ses épaules un pas environ en dedans de cette même piste, et marche ainsi de côté, mais d'une manière moins sensible et moins fatigante, que lorsqu'il marche la croupe au mur. Voir les planches comme éclaircissement.

Tous les mouvements qu'on peut faire exécuter à un cheval en marchant de deux pistes, sont compris dans cette courte définition.

Ce genre de travail dont l'application est presque exclusivement réservée au manége, a pour but d'assouplir et de dresser le cheval ; aussi voyons-nous tous ces mouvements réglementés et plus ou moins judicieusement combinés dans les méthodes d'équitation publiées depuis des siècles. Quoi qu'on fasse ou qu'on invente, il faut, pour qu'un cheval soit dressé, qu'il accepte l'action des jambes et sache, selon leur pression isolée ou simultanée, se porter de côté ou en avant ; il faut qu'il réponde aux effets des rênes, et, sans une parfaite soumission aux aides, il ne saurait être rassemblé et par conséquent ses allures ne pourraient être ni agréables, ni sûres pour le cavalier.

Lorsqu'il s'agit d'un cheval dressé, les moyens d'exécution sont simples, et quelques exemples suffiront pour nous faire comprendre.

Soit un cheval marchant au pas à main droite sur la piste du manége (on dit qu'on marche à main droite, lorsqu'on a le mur à sa gauche) : si l'on veut obtenir *la tête au mur*, on rassemble son cheval en faisant précéder, comme je l'ai dit, l'action des jambes à celle de la main ; on porte la main un peu soutenue à gauche, et l'on ferme la jambe gauche, jusqu'à ce que les hanches du cheval rentrent en dedans du manége. Le cheval ainsi placé, comme je l'ai prescrit plus haut, plus ou moins perpendiculairement à la muraille, est ainsi disposé pour marcher de deux pistes la tête au mur ; la main du cavalier le dirigera de gauche à droite, tout en soutenant sa tête dans la position qu'on vient de lui donner ; la jambe gauche continuera, en la graduant, son action pour entretenir le mouvement et contenir les hanches dans la position qu'on leur a donnée ; la jambe droite soutiendra et contrebalancera l'effet produit par la gauche, en empêchant l'arrière-main de marcher trop vite ; enfin, cette jambe droite prêtant son concours à la gauche, empêchera le cheval de reculer ou de s'éloigner du mur. Pour que le travail soit bien exécuté à main droite, il faut que la jambe gauche de devant passe par-dessus la droite et que le bout du nez, seulement, soit légèrement tourné du côté où le cheval marche, c'est-à-dire à droite. Le cavalier, pour obtenir plus de précision dans la conduite de son cheval, se servira de la rêne droite du filet, et dans ce cas, la main droite sera placée un peu plus bas que la gauche, mais à la même distance du corps.

A l'approche du coin, se trouve l'application de la volte, ou au moins de la demi-volte; c'est-à-dire que, le cheval restant dans la position de la tête au mur, il faudra faire parcourir aux épaules de son cheval plus de terrain qu'aux hanches, par conséquent, décrire un arc de cercle au passage de chaque coin, ce qu'on obtiendra en ralentissant les hanches par la jambe droite et en activant les épaules par un déplacement gradué de la main, qui diminuera son effet aussitôt que le cheval aura rejoint la ligne droite.

La croupe au mur s'obtient (marchant à main droite) en ramenant les épaules du cheval en dedans du manége, et en le conservant à une égale distance du mur. Pendant qu'il exécute son travail, les aides des jambes et de la main sont les mêmes que pour la tête au mur; cependant, comme le cavalier est obligé de déterminer le terrain que le cheval parcourt, et qu'il n'a plus de muraille devant lui pour le guider, il faut, on le comprend, un cheval mieux dressé et plus de tact pour obtenir ce mouvement avec régularité. En trauillant la croupe au mur à main droite, le bout du nez du cheval doit être légèrement incliné à gauche; cette inclinaison du bout du nez, qu'on appelle *placer*, a pour but de faciliter au cavalier le soutien et l'allégement de l'épaule du côté où le cheval marche de deux pistes, et par conséquent, donne au travail plus de régularité, en amenant un plus grand équilibre.

A l'approche du coin, le cavalier doit faire exécuter à son cheval un fragment de volte renversée: c'est-à-dire, qu'il arrêtera les épaules en opposant la main de gauche à droite, et activera les hanches par sa jambe droite, jusqu'à ce qu'il ait retrouvé la ligne droite.

L'épaule en dedans, dont nous avons parlé précédemment, est un travail d'assouplissement, mais elle est encore, chez le cheval dressé, une preuve de soumission aux aides; elle sera donc toujours une des ressources équestres que l'art ne doit jamais négliger, ni comme théorie, ni comme pratique.

Pour exécuter l'épaule en dedans, après avoir fait un effet d'ensemble, on ramène, en portant la main à droite, l'épaule droite, en dedans du manége et l'on donne un pli de la tête sur l'encolure à cette main, puis activant doucement les hanches par la jambe droite et les contenant avec la gauche, fermée en arrière des sangles, on fait cheminer doucement les épaules à une distance d'environ un pas de la piste, de telle sorte que la jambe droite de devant passe très-facilement par-dessus la gauche, et acquière ainsi une grande facilité dans les mouvements de côté.

Le pli d'encolure à droite, qui donne au travail une apparence de renversement, est doublement motivé, parce que d'une part, il assouplit tout le corps de ce côté et qu'il aide à l'action de la jambe, comme opposition. Quant à la jambe gauche du cavalier, elle a beaucoup à faire, puisqu'elle doit empêcher l'arrière-main d'échapper, ce qu'on remarque, en entendant les sabots du cheval frapper sur le tablier du manége. Le pli dans l'épaule en dedans se donne, soit en faisant la rêne droite de bride plus courte, soit en plaçant deux doigts de la main droite sur cette même rêne pour augmenter son effet, soit enfin, en usant de la rêne droite du filet pour déterminer le pli.

Les changements de deux pistes, diagonalement d'un mur à l'autre, sont un dernier mouvement dont nous dirons quelques mots. Dans ces changements de main, le cheval prend du terrain en avant, en même temps qu'il marche de côté, il faut donc que le cavalier, regardant le terrain qu'il a à parcourir, se serve avec tact des oppositions de sa main et des effets de ses jambes, pour que le mouvement s'exécute

TRAVAIL SUR UNE PISTE

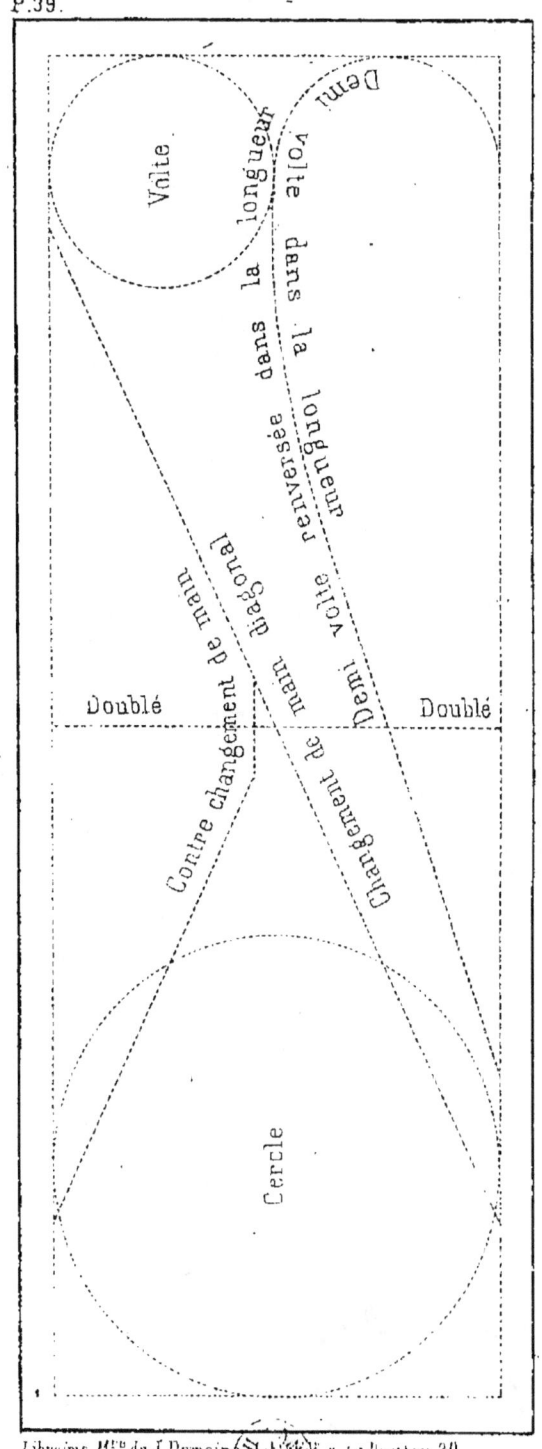

TRAVAIL SUR DEUX PISTES

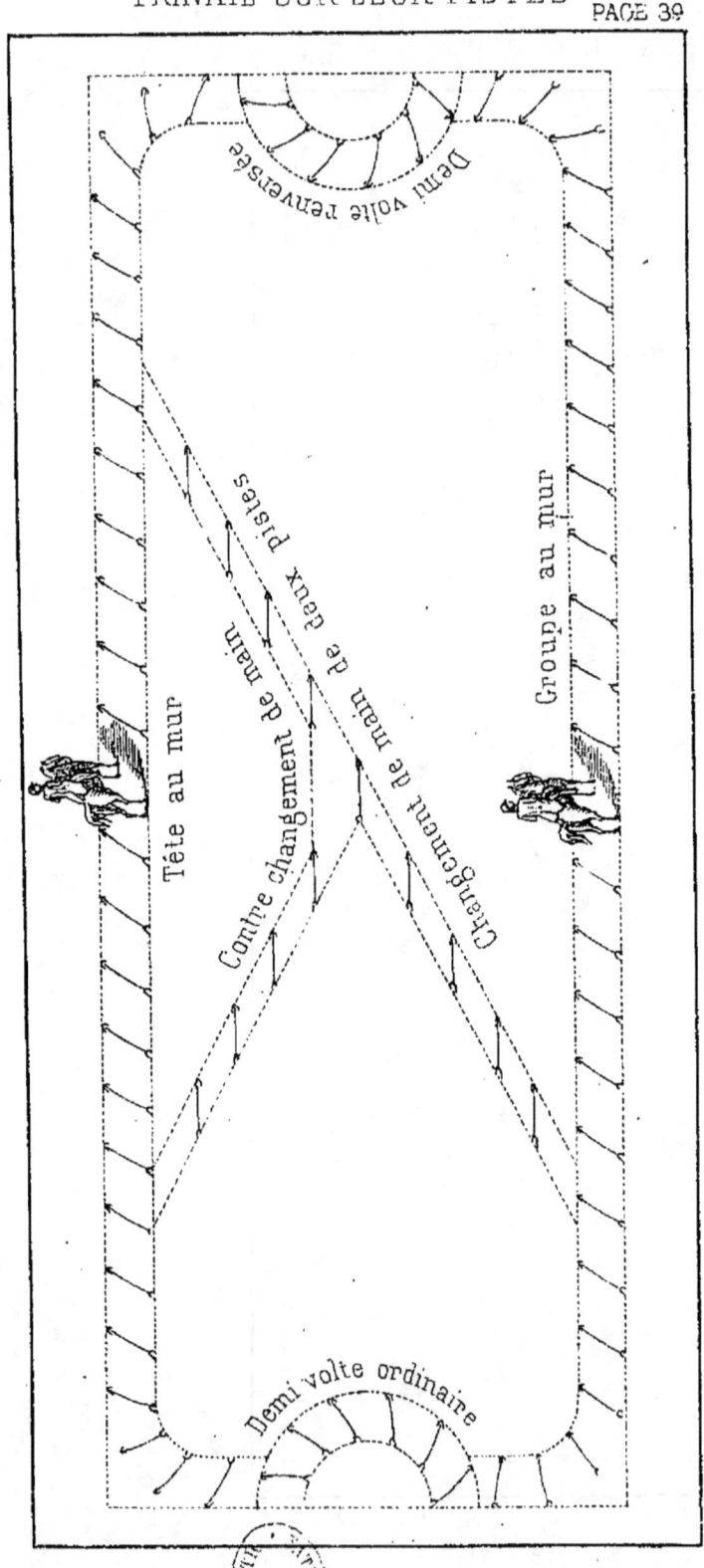

sans arrêt et ne prenne pas plus d'étendue qu'il n'en comporte. C'est par une multitude de petites oppositions de main, qui ne sont autres que des *serrer* et des *desserrer* de doigts, que le cavalier maintient son cheval sur deux pistes très-rapprochées, et le conserve toujours parallèle à la grande muraille, marchant toujours avec le bout du nez dans le sens du mouvement, les épaules plutôt en avant que les hanches.

On peut juger du tact d'un cavalier d'après un changement de main de deux pistes au pas, bien exécuté.

Nous n'entrerons pas dans de plus amples détails sur cette question, qui demanderait de trop longs développements, et nous renvoyons aux planches pour y voir la forme et la progression des figures de manége, dont voici la nomenclature :

    1° Doubler ;
    2° Changement de main diagonal ;
    3° Volte ;
    4° Cercle ;
    5° Demi-volte ;
    6° Demi-volte renversée ;
    7° Contre-changement de main.

CHAPITRE IX.

SAUT DE LA BARRE ET DU FOSSÉ.

La position de l'homme qui veut bien faire sauter son cheval doit être ferme et liante ; les étriers seront chaussés et pas trop courts, le haut du corps bien soutenu, les cuisses, les genoux et la partie supérieure de la jambe jusqu'au mollet, bien fixés. Les rênes seront tenues à deux mains, soit à l'anglaise, soit à l'allemande. Le soldat seul a besoin de sauter d'une main ; pour tout autre que le cavalier militaire, il est préférable de tenir la tête de son cheval à deux mains, et de prévenir le *dérober*.

Il faut amener son cheval franchement ; mais non à une allure précipitée sur l'obstacle, afin qu'il puisse le voir et rassembler ses forces pour le franchir ; le cheval de chasse ne doit jamais sauter à une allure trop vite, et comme nous ne nous préoccupons pas ici des chevaux de steeple-chase proprement dits, nous prescrivons au chasseur de conserver ses chevaux dans une soumission parfaite devant les obstacles.

Il est des circonstances où l'on est obligé, en prévision d'un obstacle élevé, de rassembler son cheval pour le remettre dans ses aplombs ; mais ce n'est pas sur l'obstacle même qu'il faut préparer le cheval, pour soi-disant l'enlever, c'est avant, et aussitôt qu'on découvre l'obstacle, qu'un cavalier habile rassemble son cheval.

On n'enlève donc pas son cheval sur l'obstacle; on l'excite à y venir, on le maintient droit et on l'active au besoin, quand il est enlevé ; c'est ainsi qu'on donne au saut plus d'élévation, plus d'énergie et par conséquent, plus de soutien. Il ne faut jamais faire sauter son cheval à rênes flottantes ; il doit être appuyé sur la main qui le suit sans le gêner, et le reçoit par conséquent sans à-coup, quand il retombe sur le sol. Il est dangereux enfin, d'habituer le cheval de chasse à se presser après le saut ; il faut s'attacher à le calmer et le rasseoir entre chaque obstacle.

Lorsqu'il s'agit d'un fossé, il faut se donner de garde de rassembler le cheval ; mais au contraire, l'amener dans un galop long, et franc, l'encolure allongée, la tête basse ; le laisser s'appuyer sur la main, et lorsqu'on le voit arriver franchement, activer l'arrière-main par les jambes, pour éviter l'hésitation et un saut haut et court qui est toujours dangereux. Il faut une grande habileté pour se servir de la cravache en sautant, puisqu'on est obligé de quitter la tête de son cheval, et qu'une des rênes devenue souvent trop longue, facilite le dérober. La cravache ne peut servir qu'avec le cheval froid, mais franc, tandis que dans tous les cas, des jambes énergiques armées d'éperons, sont toujours le moyen le plus sûr et le plus prudent.

Pour sauter sans se fatiguer et sans fatiguer son cheval, il faut s'identifier à lui complétement, sauter, pour ainsi parler, avec lui. Lorsque le cheval s'enlève du devant, le cavalier doit avoir assez de souplesse pour laisser son corps suivre le mouvement, et le rejeter en arrière assez vivement, pour amortir la réaction et éviter ainsi de tomber en avant; il faut en revenant à terre, ouvrir la poitrine, creuser un peu le rein, en relâchant la ceinture, prendre un appui ferme sur les genoux et au besoin sur les étriers.

CHAPITRE X.

TENUE DE L'HOMME DE CHEVAL.

Ce livre étant destiné à diriger le progrès hippique sur tous les points qui s'y rattachent, nous ne pouvons négliger ici de donner quelques avis aux hommes qui montent à cheval par profession, en ce qui concerne leur tenue et leur extérieur.

En Angleterre et en Allemagne, tout homme qui monte à cheval éprouve le besoin d'être propre et convenablement vêtu pour cet exercice. Généralement en France on néglige trop les conditions extérieures; l'on oublie que la bonne tenue du cheval doit être complétée par celle de l'homme et qu'il est de la dignité du cavalier de parer sa monture et de se mettre en rapport avec elle.

Le piqueur, le groom doivent donc être, de la tête aux pieds, d'une propreté simple qui révèle plutôt le soin que le luxe.

L'homme de cheval doit avoir ses cheveux coupés à l'anglaise et proprement brossés, ses vêtements bien ajustés, ses pantalons demi-collants serrés aux genoux, un peu longs pour ne pas remonter s'il ne met pas de sous-pieds.

La chaussure, pour le groom, sera le brodequin ou le soulier, et l'éperon sera bouclé dessus. Le piqueur portera généralement la culotte de peau, ou de drap couleur noisette, et la botte à l'anglaise sans revers ; ses pantalons doivent être à sous-pieds, les éperons courts de tige, fixés aux bottes et en acier poli. Il portera le newmarket un peu court, de couleur foncée, gilet pareil, la cravate longue et croisée, noire ou bleu foncé, le col droit et un peu haut, le chapeau à l'anglaise, la cravache en boyau blanc, tenue dans la main droite, la mèche obliquement dirigée dans le sens de l'oreille gauche du cheval et assurée dans la main, un peu au-dessus de sa moitié supérieure.

Pour le travail de manége et le dressage on la tient autrement, nous l'indiquerons plus tard. Les gants dits de peau de chien sont ceux généralement adoptés.

Pour le groom, la casquette genre polonais, à turban, est la plus gracieuse et la plus pratique.

CHAPITRE XI.

DE L'HOMME DE SUITE.

Le groom destiné à suivre doit être plus particulièrement soigné dans sa mise ; sa propreté doit être irréprochable, ses cheveux taillés et brossés à l'anglaise, sa position à cheval régulière et ferme.

Il porte la culotte de peau, les bottes à revers, la redingote boutonnée, le gilet selon la livrée, la cravate blanche croisée, le chapeau à l'anglaise, il tient la cravache dans la main droite, par le milieu.

Il doit suivre son maître à 25 ou 30 pas de distance et maintenir son cheval au trot.

Lorsque son maître met pied à terre, il doit s'avancer vivement et se placer à l'épaule droite du cheval, passer ses rênes dans la main droite et saisir de la gauche les rênes de filet et de brides droites du cheval de main, et attendre les ordres.

S'il doit conduire le cheval en main, il passe alors les rênes par-dessus le cou du cheval de main, fait un demi-tour sur les épaules et reprend les rênes de la main droite, pour conduire ainsi son cheval plus sûrement. Les étriers doivent être relevés sur les étrivières, lorsque le le cheval est conduit au sortir de l'écurie.

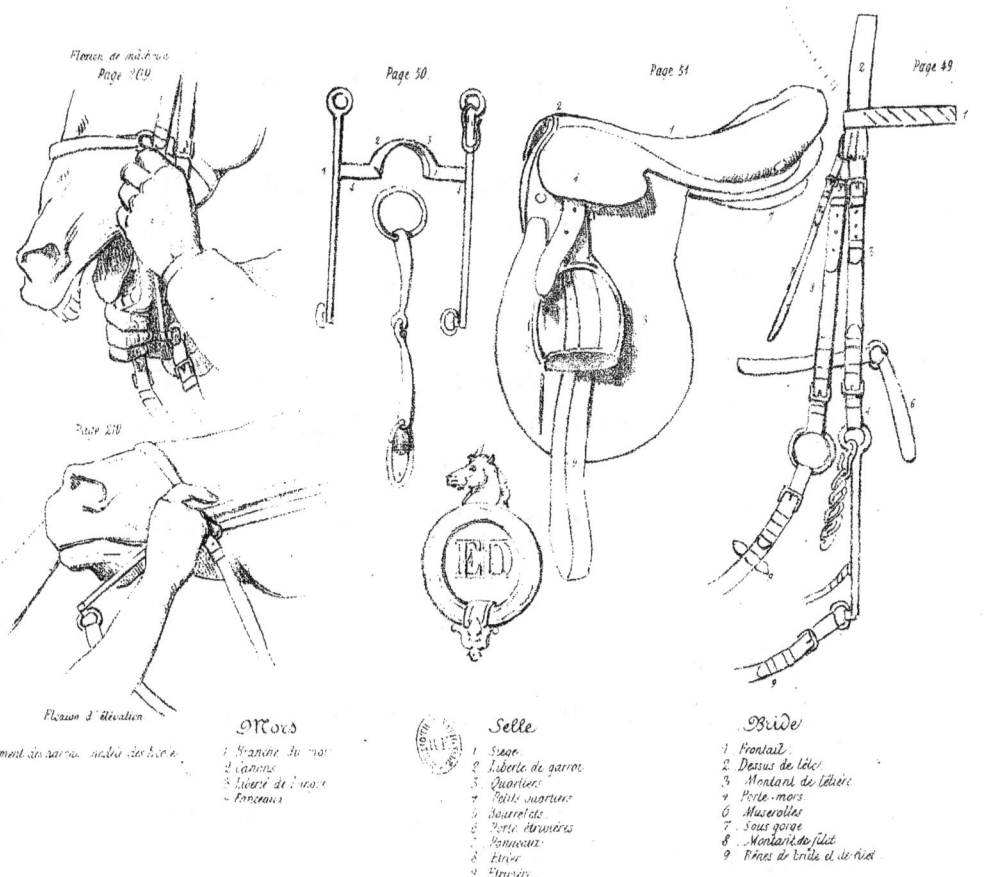

CHAPITRE XII.

NOMENCLATURE DE LA SELLE ET DE LA BRIDE.

La bride se compose : de la têtière et des rênes.

La têtière se subdivise ainsi : 1° Le dessus de tête, placé derrière les oreilles ;

2° Le frontal, placé au sommet de la tête en avant des oreilles ;

3° Les montants de têtières terminés par deux boucles, dont l'une fixée à la têtière et qui permet de hausser ou de baisser le mors, l'autre boucle où s'attache le mors, s'appelle porte-mors ;

4° La têtière du filet, placée en dessous de celle de la bride ;

5° La muserolle, placée sur le tiers inférieur de la tête ;

6° La sous-gorge qui part du dessous de tête, et passe sous la gorge du cheval ; comme moyen de fixer la bride, elle est d'une utilité secondaire et doit toujours être un peu longue et flottante ; il en sera de même de la muserolle, qui est plutôt un ornement qu'une partie utile du harnachement.

Les rênes se subdivisent en rênes de bride

et rênes de filet; ces dernières doivent être réunies par une boucle, afin qu'on puisse les passer au besoin dans les anneaux d'une martingale.

Les boucles qui les fixent au mors et au filet s'appellent porte-rênes. Le filet est un petit mors brisé avec deux grands anneaux; il ressemble, en plus léger, au mors d'un bridon.

Le mors de bride se compose des branches supérieures et inférieures ; supérieures : ce sont celles qui se fixent au montant de la bride; inférieures : celles où sont attachées les rênes. Plus les branches inférieures sont longues, plus on dit que le mors est dur.

La partie qui se trouve placée dans la bouche du cheval s'appelle : embouchure.

La partie creuse et recourbée qui se trouve au milieu s'appelle , liberté de langue, et plus cette partie est élevée, plus le mors est dur et gênant pour la bouche du cheval. Les deux côtés qui portent sur les barres s'appellent , les canons. Il y a enfin la gourmette et la fausse-gourmette, qui est destinée à empêcher le cheval de prendre la branche du mors entre ses dents.

Il y a deux sortes de martingale :

1° Martingale fixe avec têtière, ou seulement fixée à la muserolle. On appelle collier la courroie qui la soutient au cou.

2° Martingale à anneaux : celle-là ne se fixe

point à la tête, les rênes du filet passent dans les anneaux ; elle est munie de son collier comme l'autre; elle sert à fixer et à placer la tête du cheval.

De la selle.

La selle se compose du siége, des quartiers, des faux-quartiers, de l'arçon et des panneaux; enfin, des étrivières, des étriers et des sangles.

On appelle pointe d'arçon les deux extrémités de l'arcade qui enveloppe le garrot et qui est recouverte par les quartiers. On appelle bandes d'arçon les deux parties en bois ou en acier, qui servent à tendre le siége et forment le corps de la selle. On appelle le troussequin la partie postérieure de ce siége sur laquelle on appuie la main pour s'enlever en selle. On appelle pommeau, la partie qui recouvre le garrot et qui a pour base l'arcade formée par une bande de fer. Enfin, les petits quartiers sont la partie qui recouvre les ressorts où sont fixées les étrivières.

Les panneaux sont, proprement dit, le rembourrage de la selle et leur conservation, comme leur disposition, doivent être l'objet d'un soin particulier.

SECONDE PARTIE.

ATTELAGE.

CHAPITRE Ier.

POSITION DU COCHER SUR SON SIÉGE.

La pose régulière d'un cocher sur son siége est importante à deux points de vue.

Celui de la conduite juste et précise de ses chevaux, et celui de la tenue digne et sérieuse qu'il doit avoir pour présenter convenablement un attelage. Si la bonne tournure et la posture du cavalier sont le complément du beau cheval de selle, la prestance et le maintien du cocher n'influent pas moins sur l'aspect général d'une voiture bien attelée. On attache généralement trop peu d'importance à ce détail, et c'est cependant, en exigeant beaucoup de formes de nos serviteurs et en développant chez eux le sentiment de leur dignité, qu'on amène le progrès et le goût pour les bonnes traditions.

Le cocher doit s'asseoir carrément sur son

siége, les jambes demi-tendues et rapprochées l'une de l'autre, les pointes des pieds en dehors. Le coussin de siége, incliné d'arrière en avant, facilitera cette position. Le haut du corps doit être vertical, la poitrine ouverte, les épaules effacées, la tête haute, les coudes tombant naturellement près du corps, les avant-bras pliés à angle droit sur le bras; les poignets à la même hauteur, les mains retournées en dessus, l'inverse de la position prescrite pour le cavalier. (Voir la planche.)

En disant que le cocher doit être carrément sur son siége, j'entends qu'il se serve de l'une ou de l'autre de ses mains, ou des deux à la fois, sans retirer une épaule en arrière et ait ainsi, l'air d'être de côté sur son siége; l'action sur les guides doit, autant que possible, s'exercer par les poignets, ne jamais nécessiter la retraite des coudes, et, lorsqu'il est nécessaire d'employer une certaine force, c'est dans la résistance du haut du corps, porté en arrière, que le cocher doit trouver ses moyens d'action plus puissants; c'est ce que nous appellerons, *la retraite de corps*, qui se pratique généralement au moment de l'arrêt, ou lorsque les chevaux donnent un peu trop à la main.

Break, modèle des écoles — Position du cocher.

1. Caisse 2. Sièges 3. Fausses jalousies 4. Siège du cocher 5. Ressorts à pincette

Voiture de Mr Maurice Bouche, 120 rue du Bac.
Harnais de Mrs S. Hermès, Sellier 56 rue basse du rempart Fournisseur des écoles de dressage de France.

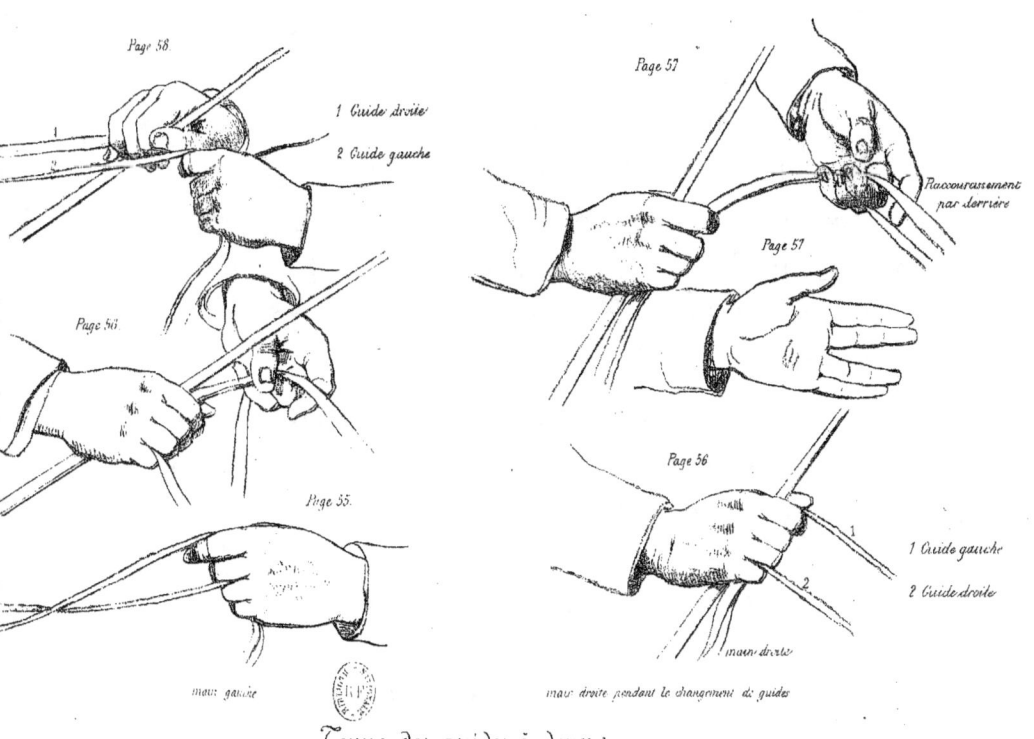

Tenue des guides à deux.

CHAPITRE II.

MANIEMENT DES GUIDES A L'ANGLAISE, POUR CONDUIRE A DEUX.

Le maniement de guides à l'anglaise étant le plus sûr et le plus pratique, c'est aussi celui que nous devons généraliser et qui doit être exigé et enseigné dans toutes les écoles.

Les guides sont séparées dans la main gauche par deux doigts. La guide gauche est placée sur l'index, et la guide droite entre le médius et l'annulaire, troisième et quatrième doigt, et l'excédant des guides, sortant du bas de la main. L'index sera demi-fléchi, pour fournir un appui constant à la guide gauche; les trois autres doigts seront exactement fermés, et le pouce, qui ne sert à rien ou à peu près, sera rabattu ou appuyé sur la seconde phalange du second doigt. Lorsque les guides seront tendues et que la main sera bien placée, les ongles en dessous, elles formeront, au sortir de la main, un X allongé. (Voir la planche.)

Comme il est impossible de mener d'une main, au moins dans certains cas, et que d'ailleurs on ne peut ajuster et raccourcir ses guides, sans se servir de la main droite, nous allons indiquer la pose et l'emploi de cette main.

La main droite doit venir se placer à la même hauteur que la gauche et à une distance d'environ six centimètres de celle-ci ; elle saisit la guide droite, le côté lisse en dessus, avec les trois premiers doigts, le petit doigt en dehors ; elle allonge un peu cette guide, en la faisant glisser de la main gauche, et alors forme avec cette même main gauche, un carré, en sorte que les guides semblent tenues séparément à deux mains, quoique cependant elles ne soient fixées et réunies que dans la main gauche. Le travail de la main droite est donc secondaire, quoique indispensable.

La conduite du cheval attelé nécessite des relâchements de guides et des raccourcissements successifs, pour lesquels l'emploi des deux mains est indispensable.

Supposons les deux guides séparées et formant le carré comme je viens de le dire, le cocher veut raccourcir ses guides et les rajuster : il ouvre sa main droite en serrant sa guide entre le petit doigt et le quatrième, puis rapporte sa guide gauche dans la main droite en l'appuyant sur l'index, referme la main droite sur ses deux guides qu'elle tient momentanément, les lâche de la main gauche et vient les reprendre par-devant la droite, avec cette même main, en étendant le bras de toute sa longueur, dans la position précédemment décrite, c'est-à-dire, en les séparant des deux premiers doigts. Il faut, pour que le changement de guide se fasse vite et correctement, que le cocher prenne l'habitude de former la fourche avec sa main. (Voir la planche.) Ce changement de guide doit être exercé soigneusement et méthodiquement, pour qu'il arrive à se faire sans donner d'à-coup à la bouche des chevaux et sans influer, pendant la marche, sur leur allure et sur leur direction.

Il y a encore un moyen de raccourcir et d'ajuster les guides : il consiste à saisir l'excédant de ces guides avec la main droite à pleine main et de porter la main gauche en avant, en y laissant glisser les guides pour les prendre plus courtes et à bout de bras, après quoi, la main reprend sa première position. Ce raccourcissement n'a lieu que lorsque, après avoir conduit d'une main, en se servant du fouet et avoir rassemblé ses chevaux, les guides sont devenues un peu trop longues ou inégales, et qu'on veut effectuer le raccourcissement le plus promptement possible. Lorsque l'une des deux guides est trop longue on a soin de serrer cette guide au moment du raccourcissement et l'autre vient s'égaliser, par le seul fait du glissement de la main.

Pour conduire d'une main et pouvoir se servir de son fouet, il faut savoir *doigter*. On entend par doigter, serrer une guide en laissant l'autre glisser graduellement, ce qui est indispensable dans les changements de direction et les mouvements circulaires.

Aussitôt qu'un cocher sait exécuter ses changements de guides, il faut l'exercer sur un terrain propice, à conduire d'une main pour qu'il prenne de la dextérité, et se rende compte de l'action réciproque de ses guides. Lorsque les chevaux peuvent être conduits presque uniquement de la main gauche, le cocher doit poser seulement sa main droite sur sa guide droite un peu plus bas que la main gauche, et seconder ainsi d'une manière invisible les effets de sa main gauche ; c'est la pose la plus généralement admise pour la conduite des chevaux bien mis.

La tenue du fouet, indépendamment de la manière de s'en servir, n'est point indifférente. Il doit être fixé dans la main droite, entre le pouce et la première articulation de l'index, au-dessus de la première virolle, ou à 15 centimètres environ de l'extrémité inférieure du manche ; sa direction doit être légèrement oblique de droite à gauche et un peu inclinée en avant. Lorsque le cocher change ses guides de main, le fouet doit devenir vertical, remuer à peine dans la main et, dans aucun cas, la monture ne doit s'abaisser, ni effleurer la croupe du cheval.

En résumé, tous les mouvements du cocher, tous ses moyens d'action doivent être calmes, concentrés et calculés, pour ainsi dire, pour le but qu'il se propose qui est : la sûreté et la justesse dans la conduite de ses chevaux.

CHAPITRE III.

PRINCIPALES RÈGLES DE CONDUITE.

Les règles que nous allons succinctement donner ici, s'appliquent aux diverses actions exercées par la main du cocher, et aux moyens d'impulsion dont il dispose pour imprimer les allures à ses chevaux, comme aussi pour les diriger sur la ligne droite, les obliques et les lignes circulaires.

Le fouet et l'appel de langue sont les moyens d'impulsion que la main règle et modifie. L'appel de langue dont chacun connaît l'effet, est, au moyen de l'éducation, une aide aussi puissante que le fouet et qui suffit presque toujours à déterminer le mouvement et à l'accélérer, excepté lorsqu'on est dans un milieu bruyant, ou sur le pavé.

Lorsque le cocher veut porter ses chevaux en avant, il doit tendre ses guides, les assurer moëlleusement dans une seule main pour conserver la disposition de son fouet, dans le cas où ses chevaux ne répondraient pas à l'appel de langue. (J'applique ici les principes à la conduite de deux chevaux, parce qu'ils ont une importance mieux définie, et que la conduite d'un seul cheval est la même, quoique plus simple que celle de deux chevaux, et ne peut faire ici l'objet que de quelques généralités.)

Au moment du départ, le poignet du cocher ne doit pas bouger ni se porter en avant en allongeant les guides. Les chevaux, bien qu'avec des guides tendues, ne doivent trouver aucune résistance dans la main du cocher qui, par un serrer de doigt inopportun, peut arrêter le mouvement, ou donner de l'hésitation. L'homme intelligent et qui sent la bouche de ses chevaux saura, s'il en est besoin, relâcher une de ses guides, celle du cheval hésitant par exemple, et assurer un peu plus ferme, au contraire, celle du cheval qui partirait avec trop de violence. Je viens de dire que le fouet viendrait au besoin seconder l'appel de langue et activer celui des deux chevaux, hésitant ou plus froid dans son départ, il est donc utile que j'indique la manière de s'en servir.

Le cocher doit abaisser le bras droit, sans déplacer son corps, mettre le fouet dans la direction de ce bras, la monture en bas, et par un coup moëlleux imprimé par un petit mouvement de poignet, atteindre son cheval en avant du mantelet et non aux flancs, ni sur la croupe. Il faut être très-sûr de la sagesse de ses chevaux et de leur franchise à supporter le fouet, pour les attaquer en arrière des sangles.

En un mot, le fouet doit être manié avec souplesse et avec gradation, être tenu très-légèrement dans la main et faire, pour ainsi dire, suite à un bras flexible.

Le coup de fouet du cheval de gauche se donne par un mouvement de poignet de gauche à droite et celui du cheval de droite, par un mouvement inverse.

Lorsque les chevaux se sont portés en avant, le moyen de les maintenir sur la ligne droite est d'exercer une tension des guides parfaitement égale et de les conserver appuyées sur la main. Pour obtenir ce résultat après le départ, surtout, il faut former le carré et les tenir à deux mains. Si on veut les mettre au trot, il faut augmenter le soutien de la main et appeler de la langue.

Au moment d'entrer dans des explications plus détaillées sur la conduite d'un attelage, il est important que je définisse comment je comprends les arrêts, demi-arrêts et *soutiens de main*, toute la finesse du menage étant renfermée dans ce que je vais dire.

Le cocher une fois affermi dans sa position, les poignets fixes et bien assurés, doit retenir ses chevaux, les ralentir ou les arrêter même par le *serrer* de ses poignets et la résistance du haut de son corps, plus ou moins en arrière. C'est d'un *serrer* de main gradué que résultent les arrêts et demi-arrêts qui font cesser ou qui ralentissent le mouvement; c'est la progression intelligente dans la contraction et la décontraction des poignets et des bras qui donne la justesse et la précision dans les mouvements, comme le brillant et la régularité dans l'allure. Les chevaux ainsi fixés sur la main et attentifs à ses effets se mobilisent facilement, parce qu'ils restent dans un équilibre constant.

Lorsqu'un cocher veut obliquer à droite ou à gauche, il doit avant tout, marquer un demi-temps d'arrêt par un *serrer* de doigts qui rassemble les chevaux et les prévienne du mouvement qui va leur être demandé, puis exercer une action plus forte sur la guide du côté où il veut obliquer, en mollissant le poignet opposé, afin que le cheval de ce côté suive l'indication donnée à l'autre ; mais aussitôt que le mouvement oblique est commencé, cette même guide, qui avait été relâchée, est de nouveau soutenue pour régler le mouvement dans la direction que l'on veut suivre. Il y a donc pour chaque changement de direction : un demi-arrêt qui prévient ; un effet de guide qui dirige ; un relâchement de guide inverse, et enfin, un soutien de cette dernière guide pour régler.

Toute la science du cocher est, ou à peu près, dans l'application de ce que je viens de dire. Dans les mouvements circulaires ou *tournants*, le soutien de guides est plus important encore, autant pour la sûreté des chevaux que pour la précision du mouvement. L'attelage une fois entraîné sur le cercle, s'y précipite d'autant plus vite, et souvent brusquement, qu'il a moins à tirer, et d'ailleurs, le désordre et l'irrégularité d'allure dans les tournants ne tarderaient pas à dégénérer en défense.

Cependant, il arrive souvent que le cheval en dehors du cercle et qui a le plus de terrain à parcourir, a besoin d'être activé du fouet, et alors, la guide de soutien a peu d'effet à produire.

Dans les tournants, lorsque le temps d'arrêt est bien marqué et que l'effet de guide a franchement déterminé le changement de direction, il ne faut pas le continuer, sinon il arriverait que le cheval en dedans du cercle se mettrait en arrière de son collier et s'acculerait. Cette faute grave est journellement commise par les cochers inexpérimentés, et rien n'est plus rare qu'un attelage tournant juste sur ses traits et sur la main du cocher.

Il faut dans les mouvements circulaires renouveler l'effet de main, et, comme on voit, éviter de le rendre continu.

J'ai parlé des demi-arrêts, je terminerai l'exposé de ces principes généraux par quelques mots sur l'arrêt.

Rien n'est difficile comme d'arrêter un attelage sans à-coup et sans acculement. Avec des chevaux bien mis, il suffit de serrer graduellement la main pour les faire passer du trot au pas, et du pas à l'immobilité. Il faut pour un bon arrêt, que les chevaux y soient préparés quelques pas à l'avance, en les rassemblant de l'appel de langue ou du fouet, pour qu'ils se grandissent et s'asseoient; il faut au moment de l'arrêt, avoir autant que possible, les guides dans une seule main, ajustées à point, pour éviter tout déplacement de poignet, et tenir le fouet tout prêt, la monture en bas, pour appuyer le cheval qui aurait une tendance à se retirer de ses traits et à perdre son appui sur la main. Lorsqu'on est sûr de la sagesse de ses chevaux, on appuie le fouet derrière le mantelet et sur le haut du flanc, et par de petits coups qui ne sont presque qu'un toucher, on fait rentrer le cheval dans son collier, et on se hâte de lui rendre la main.

Avec les chevaux sensibles et impatients à l'arrêt, il est bon de leur parler et de les habituer à s'arrêter au mot oh! prononcé avec un son de voix bref auquel ils ne tardent pas à s'accoutumer. On peut, par cette précaution, éviter bien des accidents et conserver, dans un moment donné, une grande puissance sur son attelage.

On a vu, par ce qui précède, combien la justesse et la précision avaient d'influence sur les mouvements du cheval d'attelage; est-il difficile d'après cela, de comprendre que le plus beau cheval n'acquiert tout son brillant et sa valeur, qu'à la condition d'être stimulé et recherché, en même temps qu'il est retenu et réglé par la main, et qu'enfin, il ne suffit pas pour un bon cocher, de conduire un cheval et de savoir s'en servir, il faut encore en tirer tout ce qu'il peut donner et faire ressortir tous ses moyens. La pratique seule et l'observation donnent au cocher, qui a le goût de son état, le tact et le sentiment qui ne peuvent s'enseigner dans un livre.

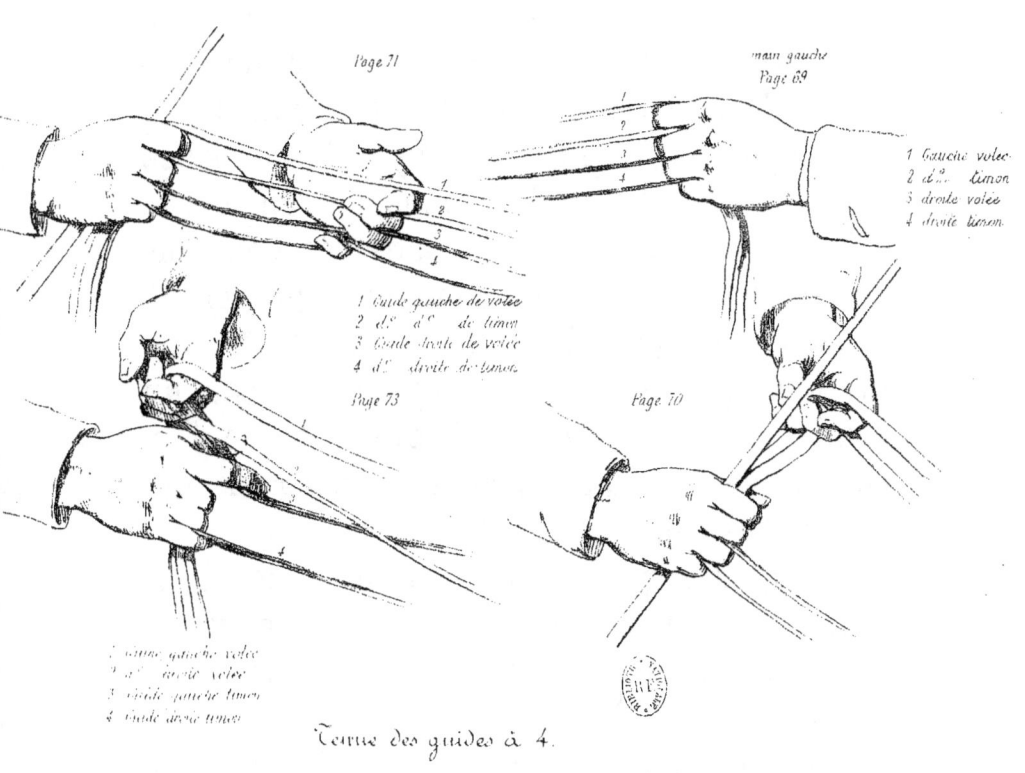

CHAPITRE IV.

MANIEMENT DES GUIDES POUR CONDUIRE A QUATRE.

La plupart des cochers qui commencent à conduire à quatre éprouvent un extrême embarras dans le maniement et l'ajustement des quatre guides ; de là, un manque de confiance et d'à-propos qui rend ce menage dangereux. Cependant, si le menage à quatre réclame plus de sangfroid et plus de coup d'œil que celui à deux, il n'est pas plus difficile au point de vue pratique que ce dernier, lorsqu'on possède un maniement de guides méthodique et que l'on connaît les quelques principes généraux qui sont la base de l'attelage à quatre.

Les quatre guides doivent être tenues dans la main gauche et placées dans l'ordre suivant :

Guide gauche de devant, entre le pouce et l'index ;

Guide gauche du timon, entre l'index et le second doigt ;

Guide droite de devant, entre le second et le troisième doigt ;

Guide droite de timon, entre le troisième et le quatrième doigt.

Les guides ainsi réparties dans la main se

trouvent, deux par deux, correspondant au côté gauche et au côté droit de l'attelage.

Cette tenue des guides est celle adoptée dans toute l'Angleterre, et, après une étude comparative, nous a semblé la plus rationnelle.

L'ajustement et le raccourcissement des guides doit se faire avec une grande précision et une grande aisance ; car ayant à agir sur quatre chevaux et à accorder la volée avec le timon, les fautes sont plus graves et doivent être réparées avec plus de promptitude.

La main droite du cocher viendra comme à deux, et plus encore, seconder les actions de la gauche, et son principal concours consistera dans l'ajustement des guides et leur rapport toujours intime avec la bouche des chevaux.

La main droite se place sur la guide droite de devant fixée entre le deuxième et le troisième doigt, la guide droite du timon vient se placer entre le troisième et le quatrième doigt ; dans cette position, la main peut agir plus ou moins sur la guide du timon ou sur celle de volée, selon que le besoin s'en fait sentir.

Le changement de guide, pour opérer le raccourcissement, s'exécute comme à deux, c'est-à-dire que la main gauche rapporte dans la main droite les deux guides de gauche qui viennent se placer, savoir : celle du timon entre l'index et le second doigt et celle de la volée sur l'index. La main droite se referme aussitôt, et se rapproche du corps ; la main gauche lâche le bout des guides et vient les reprendre à bout de bras, mais sans mettre le corps en avant, au-dessus de la main droite. (Voir la planche.)

Pour reprendre ainsi les guides, qui sont convenablement étagées dans la main droite, il faut écarter les quatre doigts, et en glissant l'index sous la première guide, les autres doigts trouvent naturellement leur place.

Le cocher doit fermer sa main à l'endroit où il a saisi ses guides et ne pas les laisser glisser alors même qu'elles lui sembleraient courtes : car, lorsqu'il aura à rapprocher la main de son corps et à *former son carré* avec la main droite, les guides ne seront qu'à point et pas trop courtes pour dominer les chevaux et au besoin les arrêter. J'insiste sur cette recommandation, car une foule de cochers laissent constamment glisser les guides en les changeant de main et, abusant ainsi du maniement, n'ont jamais leurs guides à point et leurs chevaux fixes sur la main. On voit, par ce qui précède, que la position de la main droite ainsi définie, rend le changement de guides, ou passement d'une main dans l'autre, très-facile et très-sûr.

Il y a encore, comme à deux, un autre raccourcissement plus prompt : je veux parler du raccourcissement par derrière. Le cocher saisit l'excédant des quatre guides avec la main droite, glisse en avant la main gauche à bout de bras, ferme cette main, la rapproche du corps et vient replacer la main droite près de la gauche dans la position prescrite. Il faut, pour que ce raccourcissement soit bien fait, savoir doigter, c'est-à-dire qu'en glissant la main gauche en avant, il faut serrer les guides, devenues trop longues entre les doigts qui les tiennent, et laisser couler celles qui seraient trop courtes. C'est un tact qu'il faut acquérir, mais dont on comprendra l'importance, puisque ce raccourcissement et ajustement de guide est le plus prompt, et que, dans une circonstance donnée, il peut prévenir un accident ou au moins simplifier une difficulté. Il y a enfin un moyen d'égaliser les guides et de tendre particulièrement celles qui en ont besoin, qui consiste à ramasser séparément l'une ou l'autre guide. On saisit avec le troisième et le quatrième doigt de la main droite, la guide trop longue en avant de la main gauche, et après l'avoir momentanément détachée de la place qu'elle occupait, on l'y replace vivement, en lui donnant le degré de tension voulue. Ainsi que nous l'avons fait pour l'attelage à deux, nous indiquerons les principes généraux dont l'application est nécessaire pour le départ, l'arrêt, les obliques et les mouvements circulaires. Nous parlerons de la bonne disposition de l'attelage à quatre et de sa préparation, lorsqu'il sera question du dressage. (Voir cette partie de l'ouvrage). Ici, comme dans ce qui précède, nous supposons un attelage à quatre dressé.

Pour que le départ de quatre chevaux s'effectue régulièrement, il faut que les deux chevaux de volée se mettent les premiers en mouvement : les quatre guides étant ajustées, le cocher doit placer sa main droite sur les deux guides du timon : trois doigts sur la guide droite, l'index et le pouce agissant sur la guide gauche, le pouce en dessous (Voir la planche). De cette manière, la main droite ayant une action toute spéciale sur les chevaux de timon, en modère le départ, au moment où l'appel de langue met les chevaux de volée en mouvement. La main cesse son effet aussitôt que l'impulsion est donnée, et de la sorte, les quatre chevaux sont sur trait et le départ se fait avec calme. Si au contraire, les chevaux de volée mettaient de l'hésitation au départ et que les chevaux de timon partissent les premiers, il en résulterait un désordre et des inconvénients qu'il est facile de pressentir. Il va sans dire que le talent du cocher est de maintenir ses chevaux de timon, de manière que ceux de volée soient toujours sur leurs traits et ne puissent jamais être devancés ni dérangés par ceux du timon. Lorsqu'on s'aperçoit qu'ils prennent trop d'action, on se sert de la main droite, comme nous l'avons indiqué pour le départ, et l'on rajuste les guides de ces mêmes chevaux un peu plus courtes que celles de la volée.

Pour arrêter les quatre chevaux, on fait l'application du principe indiqué pour le départ, c'est-à-dire que l'arrêt doit être marqué d'une manière un peu plus intense sur les chevaux de timon que sur ceux de volée, qui doivent rester sur trait au moment de l'arrêt et à distance convenable de la volée (1)

Règle générale, avant tous les arrêts et demi-arrêts, il faut s'assurer de l'égalité de ses guides, les ajuster et les raccourcir, par glissement de main gauche, comme nous l'avons indiqué, ou en ramassant vivement avec la main droite, par devant la main gauche, les guides devenues trop longues.

Les mouvements obliques s'obtiennent exactement comme avec deux chevaux, avec cette seule différence, que la guide de volée doit agir et dessiner le mouvement, avant la guide de timon ; ainsi, supposons une oblique à droite,

---

(1) Cette prescription a pour but de prévenir les mauvais départs et les mauvais arrêts, mais, en résumé, quand les chevaux sont bien mis, ils doivent partir et s'arrêter tous les quatre à la fois.

la main droite placée comme nous l'avons indiqué précédemment, les actions suivantes décideront le mouvement : 1° le demi-temps d'arrêt comme préparation ; 2° action déterminante de guide droite de volée en laissant un peu glisser la guide droite de timon entre le troisième et le quatrième doigt, en sorte que la guide droite de volée forme une espèce de boucle entre la main gauche et la droite. Pour faciliter cet effet de guide, on passe momentanément le pouce entre la guide de volée et celle du timon. (Voir la planche.)

Aussitôt que le mouvement est indiqué, le poignet gauche, en se mollissant, laisse un peu couler la guide gauche de volée et permet ainsi au cheval de ce côté, de suivre la direction du cheval de droite, mais comme les deux chevaux de volée ont besoin d'être réglés dans cette direction nouvelle, nous arrivons au troisième effet, qui est le soutien comme à deux, et alors la main droite lâche la boucle et l'effet de guide de droite pour raccourcir vivement la guide gauche de devant, si elle s'est trop allongée, et maintenir ainsi les chevaux de volée sur la ligne qu'on veut parcourir. Ce soutien de la guide de volée doit être accompagné de celui de la guide de timon; car les chevaux de timon généralement, ne répondent que trop vite aux indications que leur donnent les chevaux de volée, et comme ils ont beaucoup moins de terrain à parcourir que ces derniers, il en résulte souvent que le devant n'est pas en rapport avec le derrière, ce qui rend l'attelage irrégulier dans son aspect et l'expose à des désordres souvent dangereux. Il faut donc toujours et dans tous les mouvements, maintenir le timon dans un rapport parfait avec la volée, et par conséquent se préoccuper plus des guides qui règlent et qui soutiennent, que de celles qui donnent la direction.

Les tournants et les mouvements circulaires s'effectuent par les mêmes moyens, avec cette seule différence, que les chevaux de volée ont bien plus de terrain à parcourir que ceux du timon ; que ces derniers doivent être ralentis dans ces mouvements, et que les guides de soutien, d'abord relâchées pour favoriser l'évolution, doivent être ensuite l'objet d'un soin plus particulier.

Je n'ai pas encore parlé du tourner ou cercle à gauche. Comme la main gauche ne peut pas former la boucle ci-dessus indiquée, pour le *tourner* à droite, il faut que la main droite, au moment du tourner, raccourcisse vivement la guide gauche de volée en l'assurant sous le pouce de la main gauche, et donne ainsi l'indication au cheval de volée, de ce côté, mais aussitôt qu'elle a produit son effet. le cocher doit laisser couler cette même guide graduellement, et venir tout aussitôt à l'opposition ou soutien des guides de droite.

Lorsque des chevaux sont fins, bien équilibrés et répondent aux moindres sollicitations des guides, tous ces moyens apparents de conduite se simplifient et se réduisent à un *doigter* habile qui laisse à peine voir les effets de guides, qui cependant, plus ou moins tendues ou relâchées, ont besoin d'être réajustées le plus généralement par derrière, au moyen du glissement de la main. C'est ainsi qu'on peut arriver à conduire à quatre, d'une main, et à exécuter des obliques et des cercles sans le concours de la main droite, mais toujours avec un raccourcissement et rajustement de guides, entre chaque changement de direction.

Je n'ai rien dit jusqu'à présent de la question de coup-d'œil, pour l'exécution des tournants, pour entrer dans des portes-cochères ou dans des rues étroites; c'est que c'est une question purement pratique, et que le coup-d'œil ne s'enseigne pas. Avec les voitures dont l'avant-train tourne complétement, le menage est simplifié, et l'on peut presque toujours réparer une faute; avec les voitures à flèche, dont l'avant-train ne décrit qu'un quart de cercle, il vaut mieux mesurer sa distance, prendre ses tournants plus larges, les commencer plus tôt et, dans certains cas, avoir recours à des demi-retraites, dont nous parlerons plus tard.

Quand il s'agit d'entrer dans des passages étroits avec un attelage à quatre, il faut se préoccuper particulièrement des chevaux de timon et en assurer la direction, aussitôt qu'on a donné l'indication aux chevaux de volée. Nous dirons plus tard quelques mots du remiser avec quatre chevaux. Nous avons parlé de la tenue du fouet, et de son emploi dans l'attelage à deux, nous ne pouvons omettre ici quelques conseils sur cette aide indispensable pour le *four in hand*.

Le fouet à quatre s'emploie de deux manières différentes, c'est-à-dire pour la volée avec sa monture déployée et avec des déplacements de poignet plus larges que dans l'attelage à deux ; il sert à égaliser le tirage, seconde l'appel de langue et, dans certains tournants, doit activer la marche du cheval de dehors. Pour les chevaux de timon, on ne peut s'en servir qu'après avoir ramassé la monture, dont il reste au bout du manche une boucle assez longue, pour stimuler l'action des chevaux de timon qui, généralement, restent plus ou moins en dehors de leurs traits et ne conservent pas une cadence aussi régulière qu'on peut le désirer. Une des difficultés de l'attelage à quatre est le maniement du fouet, qui gêne plus souvent

Fouet replié pour four-in-hand.

Page 298.

Page 79.

ène pour relever
ène et poulie pour ramener la tête
ucle où se fixe l'enrênement
ncles
econ se démontant lorsqu'on se sert des guides
urfaix.

Enrênement remplaçant le Jockey.

Harnais de M. E. Hermès Sellier, 56 rue basse du rempart, Fournisseur des écoles de dressage de France
Fouets et cravaches chez M. Alexandre Legrand, rue St Arnaud.

qu'il n'aide un cocher médiocre. Le *ramasser* de la monture du fouet est assez difficile et demande un grand exercice, puisqu'il faut que chaque fois qu'elle a été déployée, elle soit à nouveau replacée sur le manche de la même manière et qu'elle soit très-facile à développer, *voir la planche*. Nous indiquons la disposition du fouet replié, mais il serait impossible de définir le petit mouvement de poignet, par lequel on obtient ce résultat, mouvement qui varie selon le tact des individus; toujours est-il qu'un bon cocher ne peut se dispenser de replier son fouet et de conserver une boucle à son extrémité.

CHAPITRE V.

DU MANIEMENT DE QUATRE GUIDES POUR CONDUIRE UN OU DEUX CHEVAUX.

L'emploi des guides de sûreté présente de si grands avantages, qu'il est maintenant assez généralement adopté et mérite d'être ici l'objet d'une théorie.

Quelque bonne que soit la main d'un cocher, lorsqu'il se sert constamment de l'action de mors à longues branches, et que les chevaux ont de l'énergie et du sang, il arrive assez ordinairement que l'attelage finit par perdre de sa sensibilité aux effets de la main, devient fatigant à conduire, et quelquefois difficile à arrêter aussi vite qu'on le voudrait, dans les embarras de voitures. L'emploi des guides de sûreté remédie à cet inconvénient, repose la bouche des chevaux, leur conserve leur finesse, et enfin est une ressource puissante, lorsque les chevaux ont trop d'action, ou même encore si, ce qui arrive trop souvent, une guide ou un mors viennent à se rompre.

Lorsqu'on mène à quatre guides, on place les guides les plus fortes au filet et les guides de sûreté au bas du mors. Ces dernières n'ont pas de croisières ou entre-deux, mais au moyen d'une petite courroie à deux branches qui se trouve à l'extrémité de chaque guide, elles sont fixées aux deux branches du mors, et par conséquent n'ont pas pour but d'amener les chevaux à droite ou à gauche, mais elles exercent leur effet d'avant en arrière directement, et bien évidemment agissent sur chaque cheval, dont elles peuvent ralentir le mouvement et prévenir les désordres. Les chevaux sont donc conduits par les guides de filet, où ils s'appuient sans inconvénient, et si cet appui devient trop fort, le cocher se sert des secondes guides pour modérer et régler l'allure de ses chevaux ; mais il n'en fait usage que momentanément, et dans les circonstances qui le réclament. Or les chevaux ne tardent pas à rester légers sur les guides de filet, parce qu'ils sentent d'autant mieux, et craignent d'autant plus l'action du mors, qu'on s'en sert plus rarement. Lorsqu'on sait faire une juste application de cette manière de conduire, on y trouve de tels avantages comme sécurité et conservation de ses chevaux, qu'on répugne ensuite à conduire de toute autre manière. J'insisterai enfin sur cet emploi de quatre guides pour les jeunes cochers qui acquerront ainsi de l'adresse dans leur maniement, se prépareront à mener à quatre en s'habituant au *doigter* qui est la science souvent tardive du cocher.

Nous allons indiquer comment on se sert de ces quatre guides.

Elles ne sont pas placées dans la main comme pour le *four in hand*. Les deux guides, bouclées au filet et qui servent réellement à conduire, sont placées sur l'index et le second doigt de la main gauche. Les guides de sûreté sont sur le troisième et le quatrième doigt. Elles sont généralement plus étroites, et passent sous les premières où elles sont maintenues par un petit coulant en cuir. La main droite opère ses changements, ses raccourcissements de guides, comme il a été dit plus haut. Les deux guides de sûreté restent toujours dans la main gauche, où le cocher les raccourcit au besoin avec sa main droite, l'une après l'autre, ou toutes deux à la fois, en les prenant en avant de la main gauche, ou enfin, par le raccourcissement par derrière, que nous avons décrit pour l'attelage à deux et à quatre. Lorsque les chevaux devenus trop lourds à la main, nécessitent l'emploi du mors, la main droite vient se poser sur les guides de sûreté et en fait sentir l'effet simultanément ou quelquefois même n'agit que sur un seul cheval, celui qui montre le plus d'action et de résistance à la main.

L'application des quatre guides pour un seul

cheval, ne diffère de ce que nous venons de dire, qu'en ce que ce sont véritablement deux paires de guides, dont on se sert dans ce dernier cas, et que les guides de sûreté sont bouclées à droite et à gauche, en bas du mors.

Le maniement est le même, seulement les effets de main sont moins larges, et le doigter doit être plus juste et plus fin. Les détails dans lesquels nous pourrions entrer sur ce sujet, ne valent pas quatre ou cinq jours de pratique, en se conformant aux principes que nous avons précédemment développés. Nous terminerons en disant, que la conduite à quatre guides produit les plus heureux résultats, particulièrement avec les chevaux de tilbury à grandes actions et dont on veut ménager les reins, tout en soutenant la cadence et le tride.

1. Rotonde à balustre.
2. Coffre à jalousies.
3. Garde-crotte sans tablier.
4. Suspension à 4 ressorts.
4bis. Ressorts de travers.

Harnais
1. Sellette.
2. Reculement a plate-longe.
3. Boucleteau de plate-longe.
4. Dossière.
5. Porte brancard.
6. Guides fixes sur le filet.
7. Guides sur le mors ou de sureté.

Tilbury, modèle des écoles.
Voiture de Mr Maurice Bouché, 122 rue du Bac.
Harnais de Mr E. Hermès, Sellier, 56 rue basse-du-rempart Fournisseurs des écoles de dressage de France.

CHAPITRE VI.

DU REMISER.

Le *remiser* est l'application du reculer et ne peut être demandé qu'à des chevaux confirmés dans leur dressage. Le reculer s'obtient par une opposition des guides, au moment où les chevaux mobilisés par un appel de langue pourraient se porter en avant. Faire sentir l'effet de main, sans avoir au préalable mobilisé l'arrière-main, c'est commettre une faute grave et provoquer le plus souvent une défense. Une action très-dure de la main peut avec des chevaux très-faits, provoquer le mouvement rétrograde, mais il est en général précipité et par conséquent dans ce cas, le *remiser* devient impossible, puisqu'il est indispensable dans les retraites, que les chevaux puissent s'arrêter à chaque pas fait en arrière et au besoin, se reporter en avant. Aussi faut-il que le cocher, après chaque effet de main qui provoque le reculer, rende à ses chevaux, en mollissant son poignet et qu'il conserve son fouet toujours prêt pour reporter son attelage en avant, s'il ne s'arrêtait pas à la voix ou ne répondait pas à l'appel de langue.

Nous empruntons à l'un de nos ouvrages la

théorie du remiser, à laquelle nous croyons n'avoir rien à ajouter.

Le principe du reculer pour l'attelage à quatre, est de faire commencer la marche rétrograde, d'un pas seulement, aux chevaux de volée avant ceux de timon; il va sans dire que s'il en était autrement, ces derniers trouveraient une résistance qui leur rendrait le recul impossible ou provoquerait une défense. Il vaudrait mieux sans doute, faire exécuter le reculer simultanément aux quatre chevaux à la fois, mais la difficulté est grande, et l'inégalité du dressage, tel bon qu'il soit, ne permet pas ce tour de force.

Les voitures à flèche sont maintenant assez rares, et c'est surtout pour ces sortes de voitures que les retraites sont indispensables, puisque l'avant-train ne tournant qu'incomplétement, leurs mouvements circulaires, dans certaines rues étroites, seraient tout à fait impossibles. Les voitures à avant-train tournant sont évidemment plus commodes pour exécuter toute espèce de mouvements *circulaires* et *rétrogrades*. Nous diviserons ces derniers en *retraites obliques* et *circulaires*, ou demi-retraites et retraites, directes ou entières. Dans la demi-retraite, un cocher a pour but de se rapprocher d'un mur, d'un trottoir ou de tout autre obstacle avec lequel sa voiture se trouve parallèlement placée.

C'est alors une *retraite oblique*. Il est bien entendu que par cette retraite le cocher évite un grand circuit pour lequel l'espace lui manquerait. J'ai, par exemple, soixante-cinq centimètres (deux pieds) de terrain à prendre à ma droite, pour me dégager et pouvoir tourner à gauche, il faut que je place d'abord mes roues de derrière, où je veux que soit ensuite toute ma voiture. Pour cela, j'amène mes chevaux sur place obliquement à droite (Voir la planche), car, règle générale des retraites, on doit tourner la tête des chevaux du côté où l'on veut amener le derrière de sa voiture. Les chevaux ainsi placés, je les recule, et, jetant un coup d'œil à droite, je les arrête aussitôt que ma roue droite de derrière a atteint le point que je me proposais pour but ; je redresse mon timon, puis le plaçant obliquement à gauche, et reculant de nouveau, j'ai bientôt placé la caisse de ma voiture dans la position qu'elle doit occuper. Il ne me reste plus qu'à redresser mon timon une seconde fois, pour que ma demi-retraite soit complétement exécutée.

La *retraite circulaire* ou le *bout pour bout* a lieu lorsque, se trouvant serré dans une rue étroite où l'on ne peut avoir tout le développement nécessaire pour tourner sa voiture, on replie son timon de manière à lui faire former un angle droit avec la caisse de sa voiture. Dans le premier cas, c'est-à-dire quand le timon est à angle droit avec la caisse, si, reculant sagement ses chevaux, on conserve le même angle pendant toute la retraite, les deux roues de derrière tournent sur le même cercle, et, par conséquent, quand le bout pour bout est terminé, elles sont restées exactement sur la même voie où elles se trouvaient d'abord. La voiture, pendant ce mouvement, a occupé le moins d'espace possible. Dans le second cas, c'est-à-dire quand le timon forme un angle de quarante-cinq degrés avec l'axe des roues de derrière (Voir la planche), il donne l'impulsion à une seule de ces roues, tandis que l'autre s'immobilise, d'où il résulte, lorsque la conversion est faite, que la caisse de la voiture a pris toute sa largeur à droite ou à gauche, selon le côté où la conversion s'est exécutée. Par exemple, si, plaçant mes chevaux à droite, je fais une conversion à gauche, la roue droite se sera immobilisée, et la gauche, tournant autour d'elle, aura pris du terrain à la droite de la position première qu'occupait la voiture. C'est au moyen de ces retraites circulaires qu'on remise et qu'en un mot, on peut placer sa voiture dans les embarras de tout genre. Les *bout pour bout* se font le plus ordinairement lorsque, placée à une main près d'une porte-cochère, une voiture doit immédiatement se représenter à l'autre;

REMISER

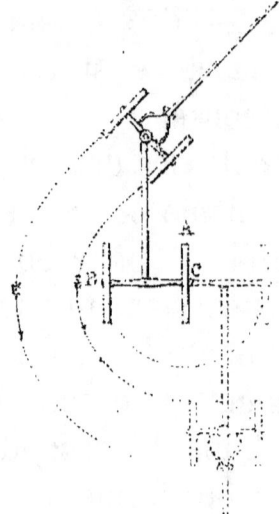

A_Roue fixe
B_Roue décrivant un cercle
autour du point C

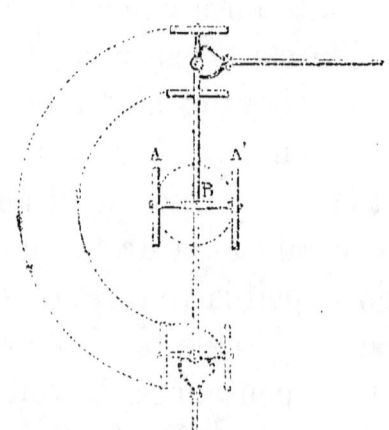

A.A'_Roues décrivant un cercle
commun autour du point B

alors, au lieu d'une longue évolution, le cocher fait les mouvements suivants : je suppose sa voiture placée parallèlement à une porte qui est à sa droite ; il veut l'avoir à sa gauche ; il se dégage, en obliquant à gauche de quelques pas, assez pour mettre entre sa roue droite de derrière et le bord du trottoir, la largeur de sa voiture, puis inclinant ses chevaux à droite, de manière à immobiliser sa roue droite comme je viens de l'expliquer, il recule ses chevaux qui, soit dit en passant, doivent traverser aussi bien qu'ils reculent, et il les arrête lorsque sa caisse est placée parallèlement au trottoir. Il ne lui reste plus alors qu'à redresser son timon. Comme l'inclinaison du timon peut se modifier selon la largeur de la voiture, chaque cocher doit étudier et avoir pour ainsi dire dans l'œil l'angle qu'il doit former pour immobiliser une de ses roues, car le système de mobilisation des deux roues sur un même cercle est presque toujours inapplicable, surtout dans le cas que nous venons de décrire.

La retraite entière, c'est le reculer direct, qui, comme nous l'avons dit, doit s'obtenir pas à pas, sous peine de devenir dangereux. On appelle *louvoyer*, faire des demi-retraites très-étroites, et limitées par la position même qu'on occupe. Par exemple, je me trouve serré dans une file et je ne puis me dégager qu'en gagnant sur ma droite quelques centimètres indispensables à tout mouvement ; je ne puis donc incliner mes chevaux que très-faiblement, et par conséquent, l'obliquité de mon reculer est presque insensible. Mais comme j'ai obtenu 3 ou 5 centimètres (1 ou 2 pouces) par ma retraite, je reporte mes chevaux en avant, et, au moyen d'une seconde oblique qui me devient plus facile, je ne tarde pas à obtenir ce que je voulais, puisque chaque inclinaison de flèche, combinée avec un pas de reculer, doit amener une déviation des roues postérieures.

CHAPITRE VII.

GARNIR ET DÉGARNIR LES CHEVAUX, AJUSTER LES HARNAIS ET LES GUIDES.

La manière dont on s'y prend pour placer un harnais sur un cheval, n'est point une chose à négliger ; on peut, en s'y prenant mal, s'exposer à un accident ou rendre l'animal craintif et difficile à garnir. Supposons le harnais suspendu, le cocher qui veut garnir, prend sur son bras droit toute la partie du harnais excédant le mantelet, place le mantelet lui-même sur le bras, saisit des deux mains le collier, dont la partie la plus large se trouve en haut et le présente au cheval qu'il a eu soin de mettre tête à queue ; il passe le collier doucement et avec précaution, puis, après l'avoir retourné dans la partie la plus mince de l'encolure, le fait descendre à l'épaule ; il place doucement le mantelet et le reste du harnais sur le dos du cheval et après l'avoir étendu convenablement, il débouche la croupière, il la passe avec précaution après avoir saisi la queue de la main gauche et fait glisser le culeron, en évitant qu'il y ait des crins de pris, ce qui comme on le sait, peut faire ruer le cheval le plus tranquille ; enfin, il faut fixer la sangle et la sous-ventrière, sans les serrer par trop.

On procède ensuite à brider le cheval de la manière suivante : on saisit la bride en dessous de la têtière, de la main gauche, les rênes de panurge rejetées sur le bras ; on présente doucement la bride à la hauteur de la tête du cheval, la main gauche au niveau du front ; on fait glisser avec la main droite les rênes de panurge par-dessus l'encolure, puis avançant le bras droit en dessous de l'encolure, on va saisir la têtière de bride que tenait la main gauche, et on l'élève à la hauteur des oreilles, en même temps que la main gauche saisit la branche du mors au banquet, présente l'embouchure aux lèvres du cheval, puis, mettant le pouce dans la commissure des lèvres, on fait ouvrir la bouche par le chatouillement produit, et l'on y pousse le mors avec le reste de la main gauche, pendant que la main droite passe le dessus de tête par-dessus l'oreille droite ; quant à l'oreille gauche, c'est avec la main gauche qu'on la fait passer. Le filet ne se place qu'après le mors et lorsqu'on attache la gourmette. On boucle la muserolle sans la trop serrer et la sous-gorge doit être particulièrement lâche.

Un bon cocher doit s'assurer si le mors est trop haut ou trop bas. Le mors à pompe se place un peu plus bas que le mors à canons fixes, ce dernier doit être à un travers de doigt des crochets. Il faut mettre la gourmette à point, sur son plat, après s'être assuré de l'action du mors sur la bouche, enfin, ajuster l'enrênement de telle sorte que le cheval, tout en étant soutenu et relevé, n'en éprouve aucune gêne. Les enrênements trop tendus nuisent au tirage, mettent le carrossier sur les reins et ne tardent pas à le fatiguer ; il perd en force ce qu'il gagne en élévation de mouvements. C'est le bon dressage qui donne au cheval le véritable soutien d'encolure, et sa conformation qui doit se prêter elle-même à la belle posture qu'on veut lui donner.

Pour qu'un cheval soit bien garni, il faut que le collier ne soit ni trop grand, ni trop petit, qu'il soit renversé dans sa forme, venant rejoindre le garrot, et portant bien sur les épaules (Voir la planche). Il faut que le mantelet soit placé fort en arrière du garrot, à six pouces environ, et divise le corps en deux parties à peu près égales. Lorsqu'on se sert de reculements, ils doivent être placés environ au tiers supérieur de la croupe et aller un peu en descendant jusqu'aux grands boucleteaux, où ils sont fixés. Il faut éviter de les serrer par trop, ils auraient l'inconvénient de remonter jusqu'à la croupière ou de gêner l'action de l'arrière-main.

Les précautions qu'on apporte à présenter le cheval à la voiture pour l'y atteler, sont d'une importance plus grande qu'on ne se l'imagine : supposons le cheval de gauche à présenter au timon : le cocher doit l'y amener obliquement et d'arrière en avant, en sorte que son avant-main arrive la première à l'extrémité de la flèche et qu'on n'ait plus qu'à lui faire doucement redresser son arrière-main pour qu'il soit en place. Il faut éviter de faire reculer le cheval, qui pourrait venir frapper la volée avec sa croupe et ruer, surpris par une résistance inattendue. Le premier soin est de mettre la chaînette lâche, seulement pour fixer le cheval au timon; on procède ensuite à mettre les traits, que l'on a eu soin de ramasser sur le dos du cheval. On fixe d'abord le trait du dehors, puis celui du dedans, puis enfin on vient définitivement fixer la chaînette. On attèle le cheval de droite en le présentant avec les mêmes précautions, mais en le tenant de la main gauche. Aussitôt que les chevaux sont attelés, on boucle les guides du dedans après avoir passé l'anneau de guides. On boucle les bouts de guides aux croisières, on les ramasse dans la clef du mantelet du cheval de gauche et enfin, par une inspection prompte et cependant minutieuse, on s'assure que tout est à sa place et que toutes les parties du harnais sont solides. Il y a un dernier soin de propreté à donner, c'est-à-dire, un coup de brosse aux crinières, qui doivent être bien dégagées de dessous le mantelet, au toupet qui doit être lisse et passé sous le frontail. Celà fait, le cocher saisit ses guides de la main gauche ainsi que son fouet, et monte sur son siége posément et en tenant toujours ses chevaux de la main gauche. Pour dételer les chevaux, il faut les mêmes soins et le même esprit de méthode. On commence par les dérêner, déboucler les guides du dedans ou *entre-deux*, desserrer la chaînette pour avoir la facilité de défaire les traits, enlever le trait du dedans le premier, puis celui du dehors, les ramasser sur le dos du cheval, défaire entièrement la chaînette, porter le cheval en avant de toute sa longueur, en évitant qu'il rencontre le timon avec la croupe; procéder de la même manière pour l'autre cheval. Pour dégarnir, il faut enlever la bride après avoir défait la gourmette, défaire la croupière, déboucler la sous-ventrière, enlever le harnais de dessous la croupe, le passer sur le bras droit comme nous l'avons indiqué pour le mettre, pousser le collier avec les deux mains jusqu'à la partie la plus mince de l'encolure, le retourner, le côté le plus large en dessus et le retirer doucement de la tête; il va sans dire, que le cheval sera placé tête à queue.

Je terminerai ce chapitre en disant quelques

mots de l'ajustement des guides de dedans et de la longueur des chaînettes, me proposant de revenir sur ce sujet, lorsqu'il sera question du dressage.

Les guides du dedans, ou entre-deux, doivent être ajustées de telle sorte que la tête des chevaux ne soit pas attirée en dedans, ni non plus en dehors ; ce qui arriverait si les guides de dedans étaient par trop longues ; il faut pour que des chevaux tirent bien, qu'ils soient perpendiculaires à la voiture, et que dans le tirage ils n'avancent pas plus une épaule que l'autre ; il vaudrait mieux toutefois qu'ils eussent le bout du nez légèrement en dehors, que de pécher par le contraire. Les chaînettes doivent fixer le cheval au timon, mais non le gêner. Les chaînettes trop courtes font tirer les chevaux sur l'épaule du dehors et les amènent à *tirer à chaînette*, ce qui est un grave défaut ; des chaînettes trop longues rendent les chevaux vacillants dans leur marche et incertains dans leurs mouvements obliques ou circulaires. La longueur des traits influe aussi sur le tirage, sur la justesse des mouvements et sur l'aspect de l'attelage. Ils doivent être aussi courts que possible, eu égard aux mouvements de l'arrière-main et à son rapprochement du train, lorsque les chevaux s'arrêtent ou retiennent.

Dans l'attelage à quatre, les traits du timon

doivent être un peu plus longs que pour l'attelage à deux, et, dans ce cas, les reculements sont indispensables, à moins que les voitures n'aient une mécanique; les traits de devant doivent être très-courts, et, par conséquent, la volée aussi rapprochée que possible du timon, l'attelage, ainsi raccourci, est plus gracieux et plus facile à manier. Les chevaux de volée ne devront pas être trop serrés par les guides du devant, et, autant que possible, seront bien en face de ceux du timon.

CHAPITRE VIII

CONSEILS AUX COCHERS POUR LA CONDUITE DE LEURS CHEVAUX DANS LES RUES, ET EN GÉNÉRAL LE SERVICE DE VILLE.

Lorsqu'un cocher présente sa voiture, il doit la conduire le plus près possible de l'endroit où l'on doit monter, et si c'est un trottoir, s'en rapprocher étroitement; ses chevaux doivent être calmes et sans mouvement; sa pose doit être régulière et immobile; son fouet tenu droit et appuyé sur la cuisse droite ou tombant de droite à gauche, la monture basse et se dirigeant derrière la croupe du cheval de gauche.

Une fois l'ordre reçu et la portière fermée, il doit se mettre en mouvement sans à-coup et au pas, pour que ses chevaux conservent la bonne habitude du calme et de la confiance au départ.

Toutes les fois que cela se peut, il faut tenir la droite de la rue, éviter les voitures qui viennent à soi, en conservant cette droite, et passer à gauche des voitures qui marchent devant soi; mais, dans ce cas, il est important de jeter un coup d'œil pour s'assurer qu'une voiture, prenant aussi sa droite, ne vient pas à sa rencontre. Dans les tournants de rues, il faut encore tenir sa droite et toujours modifier l'allure pour éviter les rencontres fortuites. A l'approche des rues qui se croisent, il faut ralentir sensiblement sa marche, jeter un coup d'œil des deux côtés et éviter une précipitation dont on est souvent victime.

Dans une rue, où circulent un grand nombre de voitures et où l'on est obligé de détourner la sienne pour se ranger, il faut faire signe à la voiture qui suit en élevant le bras, le fouet en l'air. Il en sera de même lorsque, occupant la droite d'une rue, on est obligé de venir se ranger à gauche; on doit prévenir le cocher de la voiture qui vient à sa rencontre et qui doit prendre sa droite ; en un mot, pour que le menage soit sûr dans une grande ville, et particulièrement à Paris, il ne faut avoir aucune distraction, et rester dans son droit; c'est le seul moyen d'éviter les conflits et les accidents. En sachant aller doucement dans les moments difficiles, et vite lorsqu'il n'y a pas d'obstacles, on atteint son but plus sûrement et plus promptement. Dans les tournants aux allures vites, une voiture conduite par un cocher inexpérimenté éprouve une secousse et un déplacement de côté fort désagréables pour les personnes qui sont dedans. Ce déplacement qui résulte du *fringaler*, peut être dangereux et faire verser. Le fringaler résulte de la vitesse acquise du véhicule sur la ligne droite et du mouvement brusquement circulaire qui lui est imprimé ; pour peu qu'il y ait une inégalité de terrain dans un mouvement circulaire fait trop vite, les deux forces qui se contrarient font soulever les roues du côté où l'on tourne, reportent le poids de la caisse sur le dehors et peuvent déterminer la chute du véhicule de ce côté. Lors même que cela n'arrive pas, la sensation est très-désagréable, et on doit prévenir cet inconvénient. Il faut donc dans les tournants aux allures vites, soutenir fortement la guide du dehors, rassembler ses chevaux et ralentir en quelque sorte le mouvement du véhicule, en activant celui de l'attelage pendant qu'il décrit son cercle. Enfin, lorsqu'on le peut et que l'on n'a pas à craindre la rencontre d'une voiture, il faut prendre les tournants de rue obliquement, sans chercher à arrondir son tournant, ce qui s'obtient en marquant un demi-temps d'arrêt au commencement et à la fin de l'oblique, et décompose ainsi le tourner, qui ne fait alors éprouver aucune espèce de déplacement à la voiture. La disposition de la rue ou de la route où l'on tourne est encore à considérer ; car, selon qu'elle est bombée dans l'un ou l'autre sens, le tournant s'exécute plus ou moins sûrement. Soit un tournant à droite, si les roues de gauche se trouvent sur la partie élevée de la rue, le tournant peut se faire vite ; si, au contraire, les roues de gauche se trouvent sur la partie déclive, le tourner s'exécute mal et est dangereux, s'il est rapide.

Un cocher expérimenté doit enfin prévoir les obstacles qui peuvent s'opposer à sa marche et ralentir ses chevaux à l'avance, pour ne pas s'exposer à un arrêt brusque, souvent dangereux pour l'attelage, et qui, en général, fait perdre du temps.

CHAPITRE IX.

TENUE DU COCHER.

J'ai parlé de la tenue du cocher sur son siége et du maintien qu'il doit avoir dans l'exercice de sa profession. La manière convenable et décente dont il est vêtu, une certaine recherche simple et de bon goût, sont le complément de l'extérieur du cocher, et, si elles n'impliquent pas le talent et le savoir réels, au moins donnent-elles une bonne idée de l'homme et prouvent qu'il est soigneux et aime son état. Nous ne parlerons pas de la livrée et de sa propreté irréprochable, mais nous indiquerons la petite tenue en général qui convient à un cocher : le newmarket, gilet et pantalon de même couleur foncée; le chapeau à l'anglaise; le col droit et la cravate croisée avec épingle *fer à cheval*; les bottines lacées; les gants peau de chien; les cheveux coupés et brossés à l'anglaise.

TROISIÈME PARTIE.

HYGIÈNE.

CHAPITRE I.

DISTRIBUTION DES FOURRAGES.

L'hygiène est l'art de conserver le cheval en santé : or, les soins qu'on lui donne, la manière intelligente dont on le nourrit et la propreté dont on l'environne, contribuent puissamment à conserver sa santé et à développer la richesse de son organisation.

La distribution des fourrages est une question fort importante et sur laquelle nous allons donner des règles précises.

La ration ordinaire d'un cheval de selle en service est de 8 à 12 litres d'avoine, selon le service qu'on lui demande et sa taille; de 3 à 4 kilog. de foin et d'une botte de paille. Comme supplément de ration, un litre de farine d'orge et deux litres de son, deux à trois fois par semaine, pour faire les mashs.

La ration d'un carrossier est de 9 à 12 litres d'avoine, selon sa taille et son service; de 3 à 5 kilog. de foin et une botte 1/2 de paille; le supplément, comme pour le cheval de selle et proportionné à la condition du cheval. L'avoine se distribue généralement en quatre fois : le matin à cinq heures, en été, et à six heures en hiver, à dix heures, à deux heures et à six heures. Le foin se distribue le matin, lorsque les chevaux rentrent du travail, sur les sept à huit heures, et le soir après l'avoine. On peut donner un peu de paille après la seconde avoine, mais la majeure partie de la ration se donne le soir en même temps que le foin.

On doit abreuver les chevaux deux fois, le jour, toujours avant de donner l'avoine. La quantité de liquide qu'un cheval peut boire à chaque repas sans inconvénient, est de 8 à 10 litres. Il est dangereux de faire boire les chevaux après l'avoine, le liquide entrant froid dans l'estomac, arrête le travail de la digestion, occasionne une fermentation qui donne naissance à des gaz nuisibles. Avant de donner la première avoine, et par conséquent de faire boire, on donne au cheval 1/4 de sa ration de foin pour exciter la soif, puis on fait boire et l'on distribue l'avoine, après l'avoir soigneusement criblée, en dehors de l'écurie. Le second abreuvoir a lieu le soir avant la dernière avoine et après avoir donné la paille et le foin. Le mashs se donnent le plus généralement à l'heure de la seconde avoine ; nous parlerons plus tard de la manière de les préparer.

Les chevaux doivent manger l'avoine dans le plus grand calme, c'est la condition essentielle d'une bonne nutrition ; ainsi les soins d'écurie ne doivent être commencés que lorsque les chevaux ont terminé ce repas important.

CHAPITRE II.

SOINS D'ÉCURIE, PANSAGE ET LITIÈRE.

Pendant que les chevaux mangent la petite ration de foin que j'ai prescrite avant de boire, l'homme d'écurie doit lever les pailles, relever la litière propre sous les mangeoires, retirer le fumier et balayer soigneusement le sol, qu'il recouvre immédiatement d'une demi-litière, puis il commencera le premier pansage, ainsi qu'il suit : défriser le poil avec la brosse de chiendent et enlever le plus gros de la poussière sur tout l'arrière-main et la moitié du corps du cheval, puis retourner son cheval tête à queue, et opérer le même pansage superficie sur l'avant-main, en commençant par la tête.

Après ce pansage préparatoire, vient celui de la brosse en crin qui doit se faire de la même manière, la moitié du corps et l'arrrière-main, puis l'avant-main, le cheval tête à queue. L'étrille dont on se sert exclusivement pour enlever la poussière que ramasse la brosse, ne doit jamais passer, même légèrement, sur le corps du cheval. Ce moyen de pansage est réservé uniquement aux chevaux de trait, à ceux qui ont le poil dur, épais et n'ont aucun degré de sang.

Enfin, on procède au pansage avec le bouchon de foin humide, préparé de la veille. Ce pansage au bouchon de foin doit enlever tout le reste de la poussière, lisser le poil et être un véritable massage. La manière de se servir du bouchon, par application énergique et avec activité, est très-importante, et les piqueurs doivent l'enseigner à leurs grooms avec un soin particulier. On termine le pansage par un coup de torchon, dont on forme une espèce de tampon, et qui doit être manié de la même manière que le bouchon. La crinière et la queue devront être brossées avec la brosse de chiendent et la brosse de crin, non pas seulement superficiellement, mais en arrivant jusqu'au fond du crin. Quant aux jambes, elles seront massées avec le bouchon de foin et le torchon, les paturons seront soigneusement essuyés et les flanelles appliquées à la fin du pansage. On aura soin de graisser les pieds, et le tour de la couronne particulièrement, avec de l'onguent de pied, deux fois la semaine, et de remplir le sabot de fiente de vache humide, afin de prévenir le dessèchement du pied, ce qui est la cause fréquente de boiteries et de maladies, telles que seimes, bleimes et rétrécissement des quartiers.

Aussitôt que le cheval est pansé, il faut le couvrir, en ayant soin de poser la couverture d'avant en arrière, pour conserver le poil lisse. On place généralement sur la croupe, en dessous de la couverture, une serviette un peu humide que l'on retire au bout de quelques instants, par la croupe, et qui achève de lisser le poil de cette partie.

J'ai recommandé particulièrement la propreté des jambes, et j'ai considéré ce pansage comme un véritable massage qui doit activer la circulation et fortifier toutes les parties articulaires. Le jarret doit être tout spécialement frictionné, et par conséquent le poil en être propre et brillant.

Lorsque le pansage est fini, la litière doit être faite avec soin, très-plate, très-légère et très-unie. On place la natte, on roule les bords de litière en se servant d'une planche pour les régulariser, et l'on pose enfin la paille de seigle, qui doit terminer la natte et la séparer de la litière.

Les râteliers, les bords de mangeoires, les stalles doivent être essuyés, les parties de cuivre astiquées, et enfin, après un dernier coup de balai, l'écurie doit être légèrement arrosée. Lorsque les chevaux doivent travailler le matin après la première avoine, comme exercice et non pour le service d'un maître, le pansage sérieux ne se fait qu'au retour du travail, et nous allons prescrire les soins qu'il faut donner au cheval qui a eu chaud et éprouvé quelque fatigue.

Si le cheval rentre en sueur, on commence par le gratter vivement au couteau de chaleur et le sécher au torchon, en commençant par les reins, la poitrine et la gorge; s'il reste certaines parties encrassées par la sueur séchée, on les lave à l'eau tiède avec une éponge et on les sèche au torchon. Quant aux jambes, on peut les laver à l'eau froide jusqu'aux genoux seulement et jusqu'aux jarrets, jamais plus haut, mais toujours à condition de les sécher et d'y rappeler ainsi la circulation. Les sabots doivent être soigneusement lavés, les flanelles posées ; et après un tel pansage, s'il a été fait avec activité, le cheval se trouve dans les meilleures conditions pour prendre son repas et tirer de son exercice tout l'avantage possible. Si le cheval n'a pas le poil très-fin et qu'on ne puisse pas sécher assez vite les parties qu'on aurait lavées sur les reins ou sur l'encolure, il faut se borner à enlever et à sécher la sueur, puis faire le pansage à la brosse de chiendent, à la brosse de crin et au bouchon de foin, comme nous l'avons précédemment indiqué. Le cheval qui rentre à l'écurie après le travail, doit être l'objet de soins immédiats, car on peut dire hardiment que la plupart des maladies ne viennent que de l'incurie des grooms lorsque leurs chevaux rentrent de l'exercice. Le pansage du cheval doit passer avant tout, c'est sa santé, c'est sa conservation ; les Anglais, sur ce point, sont des modèles que nous ne saurions trop imiter. Il va sans dire qu'un cheval ne doit boire et recevoir sa ration d'avoine qu'après que son pansage est complet au retour de l'exercice, c'est-à-dire trois quarts d'heure ou une heure après. Il faut éviter les courants d'air dans l'écurie où l'on fait le pansage d'un cheval revenant d'un exercice un peu violent, mais il faut aérer cette écurie quand le pansage est fini et que le cheval est couvert. Lorsque les soins de l'écurie sont terminés, elle doit être débarrassée de tous les accessoires inutiles ; le **crottin devra être enlevé soigneusement, la paille refaite, et les chevaux attachés à la longe de jour**, afin d'éviter qu'ils se couchent sur une litière trop mince et ne salissent leurs couvertures de jour.

Il y a des exceptions à cette règle, qui s'appliquent aux jeunes chevaux placés dans les établissements de dressage, et qui ont besoin de se reposer après l'exercice. On leur fait, à ceux-là, pendant quelque temps, une litière plus épaisse, on supprime la longe de jour et on les laisse ainsi dans une tenue plus négligée, mais aussi plus en rapport avec leur âge et leur dressage.

Nous dirons quelques mots de la litière du soir, qui se fait après que les chevaux ont mangé la dernière avoine, et qui doit être intelligemment préparée en forme de berceau et abondamment fournie, pour que le cheval ne puisse se blesser en se couchant. On enlève les nattes, on place les couvertures et les licols de nuit, et l'on s'assure si les longes sont solides et si les chevaux ont mangé leur avoine.

J'ai recommandé, en parlant du pansage des jambes, de laver les pieds des chevaux; c'est mettre le groom dans la nécessité de les visiter et de constater l'état de leur ferrure. J'insisterai donc sur ce point où j'appellerai l'attention toute spéciale des piqueurs. Quant à l'abreuvoir, dont j'ai fixé les heures et l'opportunité, il est bon de dire, en terminant, qu'il n'est pas prudent de laisser boire les chevaux à leur soif, lorsqu'ils ont eu très-chaud et qu'on leur suppose un peu de fatigue. Il faut surtout, dans ce cas, mettre dans leur eau une poignée de son ou de farine d'orge, l'agiter fortement avec la main pour y faire entrer de l'air et ne pas la donner surtout au sortir du puits ; il est bon, pour tous les chevaux, de tirer l'eau la veille pour l'abreuvoir du matin, et le matin pour l'abreuvoir du soir.

Je terminerai ce chapitre en indiquant le pansage superficiel et prompt que doit recevoir le cheval qu'on veut présenter à un acheteur ou un amateur. On donne vivement un coup de brosse de chiendent, puis un coup de torchon, on brosse et on lisse la crinière, le toupet et la queue, avec la brosse humide; on passe l'éponge humide sur les yeux et les naseaux, on lave l'anus, le fourreau ou la mamelle, et enfin on met au cheval un licol-bridon en tissu blanc d'une propreté irreprochable; on donne un coup de brosse grasse aux sabots, et lorsque le cheval est retourné tête à queue, on met le gingembre.

Pour bien panser ses chevaux, il faut qu'un groom soit légèrement vêtu, en bras de chemise ou en gilet à manches l'hiver, sans bretelles sans sous-pieds à son pantalon et parfaitement libre de tous ses mouvements; il doit constamment souffler, comme le font les Anglais, pour chasser la poussière qu'il serait exposé à avaler; d'ailleurs ce soufflement donne de l'action au groom, tout en occupant le cheval. Le maniement de la brosse doit se faire à grands coups en développant bien les bras et les arrondissant dans leurs mouvements. Le piqueur doit enseigner à ses grooms la manière pratique d'appliquer les moyens de pansage, car s'ils sont mal employés, il y a perte de temps et le pansage n'est ni complet ni profitable au cheval.

On néglige trop généralement la surveillance

du pansage, et on laisse les jeunes grooms contracter de mauvaises habitudes et des négligences dans les soins d'écurie, dont ils ne peuvent plus se corriger ensuite, et qui deviennent essentiellement préjudiciables aux établissements où sont concentrés un grand nombre de chevaux.

CHAPITRE III.

DE LA QUALITÉ DES FOURRAGES; DES PROPRIÉTÉS NUTRITIVES DE L'AVOINE, DE L'ORGE, DU SON, DES CAROTTES, DES FÉVEROLES; CE QU'ON ENTEND PAR CONDIMENT; DE L'EAU; PRÉPARATION DES MASHS.

Du foin.

Le foin, pour être bon, doit avoir une couleur verte à peu près *feuille morte* et d'apparence lustrée; son odeur doit être agréable et sa saveur sucrée; ses tiges doivent être fines et difficiles à briser, garnies de feuilles ou de fleurs, si elles peuvent les conserver pendant la manipulation qu'on leur a fait subir. Le foin doit être lourd et faire entendre, si on le remue, un petit bruissement qui prouve qu'il a été fauché et rentré à temps. Les plantes dont il se compose doivent appartenir à la famille des graminées. Son action nutritive tient le milieu entre l'avoine et la paille; toutefois ses qualités nutritives varient suivant le climat, la nature et l'exposition des prairies; les foins du Midi sont toniques, aromatiques et contiennent beaucoup de principes nutritifs; les foins du Nord sont moins savoureux, moins fins et donnent moins d'énergie aux animaux ; ceux du centre tiennent le milieu entre les foins du Nord et ceux Midi. Les prairies basses, quel que soit le climat, donnent des foins grossiers, aqueux et peu nutritifs ; il faut donc chercher des foins de prairies hautes ou à mi-côte, récoltés dans de bonnes conditions et à maturité. Le foin coupé trop tôt, a de petites tiges minces peu odorantes et peu sapides ; le foin coupé trop mûr, est cassant, insipide et peu nutritif. Le foin lavé, qui croît dans des prairies basses trop humides, contient fort peu de principes alibiles et n'a pas de saveur. Le foin vasé porte à sa surface une couche de limon ; il est poudreux quand on le secoue, et répand une mauvaise odeur ; il peut occasionner des maladies graves, de même que le foin rouillé.

Après dix-huit ou vingt mois de coupe, le foin perd de ses qualités et n'est plus un bon aliment ; il est cassant et poudreux et n'a plus de saveur. Le foin échauffé et qui a éprouvé un travail de fermentation, se reconnaît à sa mauvaise odeur et à sa couleur ; c'est une mauvaise nourriture à donner aux chevaux ; et lorsqu'on achète le foin bottelé, il est important d'examiner le centre des bottes, où les marchands mettent toujours cette partie défectueuse de leurs magasins.

De la paille.

La paille de froment est la seule usitée pour la nourriture des chevaux. Pour être bonne, sa couleur doit être jaune pâle ou dorée, sa saveur légèrement sucrée, son odeur plutôt agréable, ses tiges fines garnies de leurs épis, mélangées à des plantes fourragères fraîchement récoltées, et enfin exempte de toute altération. La paille contient peu de principes nutritifs; donnée seule, elle est incapable de fournir une bonne alimentation.

L'avoine.

Pour être bonne, l'avoine doit avoir une odeur agréable et une saveur farineuse; son écorce sera mince, ses grains gros et glissant dans les doigts. Le poids de l'hectolitre sera de 52 kilos en première qualité. Dans les climats tempérés, l'avoine est l'aliment par excellence pour le cheval. Elle renferme dans des proportions suffisantes les substances nutritives et un principe aromatique analogue à l'essence de vanille qui lui donne ses propriétés excitantes.

L'avoine peut être altérée par plusieurs causes : la présence de graines étrangères, de nielles, de gesses, vesces, et qui nuisent à ses qualités. L'avoine contient le plus souvent de la poussière, qui, si elle n'est extraite par le crible, provoque des irritations d'estomac. L'avoine doit avoir été bien récoltée : trop tôt, elle est légère et peu nutritive ; trop tard, elle est dure et difficile de mastication. Par suite des préparations des marchands, qui mouillent l'avoine pour en augmenter le poids, elle prend une odeur de moisissure qui la rend malsaine et désagréable aux chevaux.

De l'orge.

L'orge s'emploie le plus généralement à l'état de farine. Le poids de l'hectolitre doit être de 60 kilos au moins ; son odeur doit être agréable et exempte de fermentation. L'orge est un peu moins nutritive que l'avoine. On reconnaît que la farine est de bonne qualité, quand elle est brune ou d'un blanc jaunâtre, qu'elle blanchit la main et contient peu de son.

Son.

Le son de bonne qualité est frais, sans odeur et d'une saveur douce ; il rend l'eau plus ou moins laiteuse, suivant la quantité de farine qu'il contient. Le son doit être donné mouillé et à petites doses, sinon il cause des indigestions, et au lieu de se borner à rafraîchir le cheval, il provoque des diarrhées. Il doit être conservé dans un endroit sec, étant sujet aux altérations.

Carottes.

Les carottes, en raison de leur saveur sucrée et aromatique, sont très-recherchées des chevaux. On les donne particulièrement à ceux qui ont souffert des organes digestifs, aux jeunes chevaux, et à tous ceux qui reçoivent une ration très-abondante d'avoine. Dans ce dernier cas, on diminue la ration, car si les carottes sont rafraîchissantes, elles contiennent des principes nutritifs dont il faut tenir compte dans la réglementation de la ration.

La ration de carottes peut varier de deux à six litres; elles se donnent hachées et mélangées à une moins forte ration d'avoine : on peut en donner pendant un mois ou six semaines pour refaire les chevaux fatigués.

Féveroles.

Les féveroles constituent un bon aliment; elles sont très-nourrissantes et stimulent l'énergie : on s'en sert avantageusement pour les chevaux de chasse ou de course. On les donne en petite quantité, mêlées à l'avoine, et on a soin de les faire tremper dans l'eau, un jour à l'avance. Un litre de féveroles est une ration très-suffisante; il n'en faudrait pas continuer l'usage trop longtemps, cet aliment n'étant vraiment utile que lorsque les chevaux travaillent beaucoup.

Des condiments.

Les condiments sont des substances dont on se sert pour activer l'action des organes digestifs ou pour corriger des aliments altérés par une cause quelconque, et leur redonner une saveur qu'ils ont perdue. Les principaux condiments sont : le sel marin et le vinaigre et enfin certaines plantes aromatiques.

De l'eau.

Pour être bonne, l'eau doit être limpide, aérée, fraîche en été et tiède en hiver, sans odeur et sans saveur désagréables; l'eau de puits est généralement peu aérée et renferme souvent des sels en trop grande quantité; l'eau de pluie est indigeste, parce qu'elle n'en contient pas assez; l'eau de rivière, de mare et d'étang est généralement préférable; l'eau trop froide donne des coliques; sa température moyenne devrait être de 10 à 15 degrés centigrades. Comme je l'ai dit plus haut, il est toujours préférable de tirer l'eau à l'avance dans des réservoirs découverts où elle peut s'aérer et où on a soin de l'agiter.

L'insuffisance de ration d'eau peut avoir des conséquences fâcheuses, et peut amener l'amaigrissement du cheval par le ralentissement des sécrétions. Une trop grande quantité de liquide au contraire, amollit le cheval et provoque des sueurs abondantes.

Des mashs.

Les mashs sont la réunion de plusieurs substances alimentaires que l'on administre au cheval, pour un repas, et qui ont pour but de le rafraîchir, tout en le nourrissant. Les mashs se donnent deux fois la semaine, généralement au second repas, et lorsque le cheval revient du travail ; elles se préparent ainsi qu'il suit :

On fait bouillir une poignée de graine de lin dans un litre d'eau, jusqu'à ce qu'elle soit parfaitement cuite, puis on la verse dans un seau, en y ajoutant deux ou trois litres d'eau bouillante ; on y verse deux litres d'avoine ; on recouvre cette avoine d'un litre de son, et ce son d'un demi-litre de farine d'orge, en sorte que l'évaporation de l'eau bouillante soit interceptée ; on laisse cette préparation enveloppée d'une couverture dans un coin de l'écurie, et on ne la donne au cheval que deux heures après, et lorsqu'elle est tiède ou presque froide. On remue le mélange, et s'il était trop épais, on y ajouterait un peu d'eau. Comme condiment, il est bon de mettre un peu de sel marin dans la mash, et pour les chevaux qui ont les sécrétions urinaires difficiles, on remplace le sel marin par un peu de sel de nitre : la quantité à donner est de 20 à 30 grammes; quant au sel marin, une poignée suffit.

CHAPITRE IV.

DES TEMPÉRAMENTS.

Pour régler l'alimentation des chevaux, il est important de se rendre compte de leur condition, du service qu'on leur demande, des fatigues qu'ils ont pu éprouver, et peut-être avant tout, de leur tempérament ; or, on entend par tempérament la prédominance d'action d'un appareil organique ou d'un organe important capables de modifier l'économie. Il y a trois tempéraments simples, qui sont : le sanguin, le nerveux et le lymphatique. Le tempérament sanguin se reconnaît à une poitrine ample, à des vaisseaux capillaires très-développés, à une robe de couleur vive ou foncée, à des muscles fermes et bien accentués, à des mouvements libres, et à un jeu de physionomie vif et intelligent. Ces chevaux sont sujets aux maladies inflammatoires et aux congestions. Leur régime alimentaire doit donc être rafraîchissant, et l'abus de l'avoine et des féveroles serait nuisible. Il faut leur éviter les refroidissements et la pléthore.

Le tempérament nerveux se reconnaît à la sensibilité et à l'irritabilité générales du sujet. Le cheval nerveux est d'un caractère inquiet, taquin pour ses voisins, sans cesse en mouvement, même à l'écurie. Les objets extérieurs le préoccupent constamment; ses allures sont désordonnées; il se presse, s'épuise en efforts inutiles; son ambition dans le travail le rend désagréable dans la compagnie d'autres chevaux. Ce genre de cheval est d'un appétit délicat, et ses forces, dépensées prématurément, ne trouvent pas une réparation facile à l'écurie. Il faut pour de tels chevaux une nourriture beaucoup plus recherchée, des foins de première qualité, des mashs à la graine de lin, au besoin de l'avoine concassée, des barbotages clairs avec son et farine; enfin de tels chevaux doivent être mis, autant que possible, en box pour s'y calmer et s'y reposer à leur aise.

Le cheval lymphatique est facile à reconnaître aux caractères suivants : calme, froid, empâté, la peau épaisse, la chair molle, les mouvements lents, le regard fixe et morne; ce cheval sue facilement et est impropre aux courses longues et rapides; enfin il est sujet aux engorgements; il faut donner à ce genre de chevaux une nourriture tonique, beaucoup d'avoine, des féveroles, peu de foin et peu de paille, et enfin les purger de temps à autre.

Le tempérament composé est préférable à ceux qui précèdent; ainsi, le bon cheval de luxe doit être un composé des tempéraments sanguin et nerveux.

CHAPITRE V.

INFLUENCE DE L'ATMOSPHÈRE ET DES SAISONS.

Selon que *l'air est froid et sec, chaud et humide*, et enfin *froid et humide*, il exerce une influence sensible sur les animaux. *L'air sec et froid*, quand le froid est modéré, c'est-à-dire à quelques degrés au-dessous de zéro, n'est pas nuisible aux chevaux adultes et qui sont bien nourris. Quand l'air est trop froid, c'est-à-dire à dix degrés au-dessous de zéro, il produit des effets nuisibles, il refroidit la peau jusqu'à suspendre ses fonctions. Les chevaux exposés à un tel froid, en souffrent excessivement ; on prévient ses effets par une alimentation abondante, on évite de laisser les chevaux immobiles, et enfin on leur donne des boissons tièdes, dans lesquelles on a mis un peu de farine ou de son. *L'air chaud et sec*, quand le thermomètre marque plus de 25 degrés au-dessus de zéro, fatigue considérablement les chevaux, en raison des déperditions occasionnées par la transpiration ; l'appétit diminue, la soif augmente, et c'est alors que les maladies peuvent se déclarer. On diminue les effets fâcheux des chaleurs excessives par un régime rafraîchissant, en tenant les écuries bien aérées et aussi fraîches que possible. On évitera de laisser les animaux au courant d'air, en les rentrant à l'écurie, et on aura soin de leur éponger les yeux, les naseaux, le fourreau ou les mamelles, etc. Le pansage devra être fait avec un soin tout particulier, car le massage du bouchon et du torchon aura pour but de redonner du ton aux muscles et d'activer la circulation. *L'air chaud et humide* exerce sur l'animal une action débilitante ; il émousse l'appétit, rend la digestion lente et les organes locomoteurs paresseux; il faut, autant que possible, faire travailler les chevaux le matin, leur donner une nourriture tonique et mettre du sel dans leur breuvage. L'aération des écuries est particulièrement recommandée. *L'air froid et humide* est, de tous les états de l'atmosphère, le plus funeste aux chevaux ; c'est par cette température que les animaux contractent les angines, les rhumes, les gourmes, les crevasses et les eaux aux jambes. On prévient l'effet de l'air froid et humide, par une nourriture tonique, par de bons pansages qui appellent à la peau la chaleur qui tend à se porter vers les organes intérieurs, enfin en évitant de laisser les animaux trop longtemps au repos.

CHAPITRE VI.

ALTÉRATION DE L'AIR.

L'air peut être altéré par des matières animales ou végétales en décomposition. Quand les chevaux sont trop nombreux dans une écurie et que la ventilation est insuffisante, les principes constituants de l'air changent de proportion : l'acide carbonique augmente, le gaz ammoniac se forme par la décomposition des urines, et la température s'élève. Ces altérations, qui sont dues en partie à la respiration des chevaux, rendent l'air insalubre au bout d'un certain temps, et il peut engendrer de graves maladies. L'aération et la ventilation sont donc les moyens préventifs qui doivent être employés. L'air des écuries pouvant être aussi vicié par les miasmes ou matières animales qui se dégagent des animaux vivants, il faut donc éviter de placer les chevaux malades dans des écuries habitées par les sujets sains.

CHAPITRE VII.

DE LA LUMIÈRE.

La lumière exerce une influence puissante sur les animaux.

Une lumière modérée dans les écuries, favorise l'accomplissement de toutes les fonctions et aide à la nutrition. Une lumière trop vive, arrivant directement sur la tête du cheval, fatigue la vue et peut même la compromettre. L'obscurité favorise l'engraissement et développe la lymphe.

CHAPITRE VIII.

DES ÉCURIES.

Pour qu'une écurie soit saine, il faut qu'elle soit élevée de 4 à 5 mètres et large d'environ 6 mètres. La largeur des stalles sera d'environ 1 mètre 80. Il faut que l'aération soit aussi complète que possible, que la litière y soit convenablement faite, la température peu élevée et que stalles, mangeoires et râteliers soient tenus avec une extrême propreté. Les portes doivent être larges et élevées, fermées par les temps froids et humides et par les vents. On les ouvrira ainsi que les fenêtres toutes les fois que les chevaux seront sortis. Il faut que les fenêtres soient placées très-haut, afin d'éviter les courants d'air, lorsqu'elles se trouvent placées des deux côtés des murs de façade. On peut, du reste, parer à cet inconvénient en les tenant fermées du côté où vient le vent. Le sol des écuries doit être à peu près horizontal; l'inclinaison légère que nous conseillons, facilite l'écoulement des urines et fait paraître les chevaux d'une manière plus avantageuse.

L'installation confortable et même élégante

d'une écurie et d'une sellerie doit être connue et appréciée d'un piqueur intelligent, aussi avons-nous pensé qu'il serait opportun de donner ici des spécimens des différentes dispositions adoptées, et que nous avons empruntées à la maison de Paris qui possède au plus haut degré l'autorité parfaite de cette intéressante question. Alors même qu'on ne veut pas, dans une écurie, un luxe dispendieux, il faut cependant se laisser diriger et inspirer par un goût éclairé, en ayant présents à l'esprit les types les plus parfaits et les formes les plus harmonieuses.

En signalant à nos lecteurs les fournisseurs des écoles de dressage de France, nous avons eu en vue d'appeler leur attention sur des spécialistes pleins d'émulation et qui se tiendront toujours à la hauteur du progrès, lors même qu'il ne leur serait pas donné d'en accélérer la marche.

CHAPITRE IX.

MARÉCHALERIE.

Description du pied, Ferrure.

Avant de parler de la ferrure, il est indispensable de placer ici quelques notions du pied et de son organisation : c'est le moyen de donner plus d'importance à nos observations sur la ferrure et sur les soins que réclament les pieds du cheval pour l'entretenir dans de bonnes conditions. Le pied se compose d'un grand nombre d'organes qu'on a divisés en parties contenues et parties contenantes. Les parties contenues comprennent les os, les cartilages, le coussinet plantaire, les vaisseaux, les nerfs, et le tissu réticulaire du pied.

Les os sont au nombre de trois : l'os du pied, le petit *sésamoïde* et l'os de la couronne.

Os du pied.

L'*os du pied* a la forme d'un cône tronqué comme le sabot ; il est articulé supérieurement avec l'os de la couronne ; sa face antérieure est en rapport avec la paroi, et sa face inférieure repose sur le sol.

Petit sésamoïde.

Le *petit sésamoïde* est situé à la partie supérieure et postérieure de l'os du pied ; il a la forme d'une navette, ce qui lui a fait donner le nom d'os naviculaire sous lequel on le désigne souvent. L'*os de la couronne* ne concourt à former le pied que par son extrémité inférieure. Deux *fibro-cartilages*, placés l'un en dehors et l'autre en dedans de l'os du pied, forment un appareil flexible qui joue un rôle important dans la dilatation du sabot, et sert à amortir le choc résultant de la pression du pied sur le sol.

Coussinet plantaire.

Le *coussinet plantaire* est une espèce de fourchette de chair en forme de V et de nature fibreuse ; elle est placée au-dessus de la fourchette de corne ; c'est un coussin élastique pour les parties contenues dans le sabot.

Le pied est très-riche en vaisseaux artériels et veineux. Les artères enveloppent le pied dans un réseau très-remarquable, et les veines, dont le nombre est en rapport avec les artères, donnent écoulement au sang qui a servi à la nutrition des parties que le sabot renferme. Enfin les nerfs du pied, particulièrement développés et ramifiés, donnent aux pieds le tact et la sensibilité.

Tissu réticulaire.

Le *tissu réticulaire* est la *chair du pied* qui enveloppe les parties que nous venons de décrire. Le *tissu réticulaire du bourrelet* occupe la partie supérieure et le pourtour du pied, où il forme deux renflements, appelés l'un *bourrelet principal*, l'autre *bourrelet périoplique*.

Bourrelet principal.

Le *bourrelet principal* ou cutidure règne à la partie supérieure du pied; c'est lui qui sécrète, en grande partie, la corne de la paroi.

Bourrelet périoplique. — Tisus réticulaire.

Le *bourrelet périoplique* s'étend sur le précédent et forme un petit renflement. Le *tissu réticulaire* de la paroi recouvre toute la face antérieure de l'os du pied; il a la forme d'une membrane à plis parallèles, comme les feuillets d'un livre : aussi a-t-il été nommé tissu feuilleté. Sa fonction principale est de produire le *tissu kéraphylleux*.

Le *tissu réticulaire* de la sole, ou sole de chair, est en rapport avec l'os du pied et avec la sole; cette membrane rosée sécrète la corne de la sole.

Les *tissu réticulaire* de la fourchette tapisse le coussinet plantaire et sécrète la fourchette.

8.

Les parties externes du pied ou contenantes, désignées sous le nom de *sabot*, sont :

Le sabot.

Le *sabot* représente dans son ensemble un cylindre coupé obliquement à sa base.

Le sabot est formé de quatre parties : la *paroi*, la *sole*, la *fourchette* et le *périople*.

La paroi.

La *paroi* ou *muraille* forme la partie extérieure du sabot ; elle comprend toute la partie visible, quand le pied repose sur le sol, et un prolongement qui se replie en arrière et en dedans pour former les *barres*.

Pince, mamelles, quartiers, talons, barres.

La *paroi* se divise : en *pince* située à la partie la plus antérieure du pied ; *mamelles*, une de chaque côté de la pince ; *quartiers*, qui font suite aux mamelles ; *talons*, qui réunissent les quartiers aux barres, et *barres* formées par le prolongement de la paroi qui entoure la fourchette. La paroi est lisse extérieurement et luisante ; intérieurement, elle porte des cannelures et des feuillets qu'on appelle tissu kéraphylleux. Ces feuillets sont reçus dans les cannelures existant à la face antérieure de l'os du pied et s'engrène avec elles.

A son bord supérieur, la paroi est taillée en biseau et présente une cavité pour recevoir le bourrelet dont nous avons parlé.

La couleur de la paroi est noire ou blanche, et quelquefois noire sur un point, blanche sur un autre ; la corne noire est plus dure et meilleure que la blanche. La paroi protége donc les parties qu'elle contient et permet, en raison de son épaisseur et de sa dureté, l'implantation des clous qui servent à fixer le fer.

La sole.

La *sole* est une plaque cornée et mince qui constitue le plancher du sabot dont elle suit les contours. Elle présente à sa partie postérieure une échancrure en rapport avec les *barres*. La sole protége la région inférieure des parties contenues dans le sabot, et sa disposition en forme de voûte contribue à l'élasticité du pied.

La fourchette.

La *fourchette* occupe l'espace triangulaire que les barres laissent entre elles. Sa face supérieure est moulée sur le coussinet plantaire, et sa face antérieure porte sur le sol ; elle présente au milieu une cavité appelée *vide de la fourchette*, et de chaque côté un renflement appelé *branche de la fourchette* ; enfin, sa base, située en arrière, offre une éminence de chaque côté que l'on nomme *glômes*. La pointe de la fourchette se termine à peu près au milieu de la sole. La *fourchette* est un coussinet qui amortit les chocs et concourt à l'élargissement des talons. Quand la fourchette diminue ou est détruite, le pied se resserre, et c'est la cause de fréquentes boiteries.

Le périople.

Le *périople* est une bande de corne très-mince qui entoure la partie supérieure du sabot. Il est sécrété par le bourrelet périoplique, dont nous avons parlé, et fait l'office d'un vernis qui prévient le desséchement de la corne et lui donne un aspect luisant.

Bien que solide et formé de pièces résistantes, le sabot est cependant doué d'élasticité, afin d'amortir les effets des réactions sur le sol. Lorsque le pied pose à terre, l'os du pied exécute un mouvement de bascule en arrière et comprime le coussinet plantaire, en sorte que l'os et les cartilages latéraux s'enfoncent dans la boîte cornée et la forcent à se dilater à son bord supérieur. D'un autre côté, la sole, sous le poids de la masse, s'abaisse vers le point d'appui, et, secondée par les barres qui agissent dans le même sens, elle vient faire effort sur les *quartiers* et les *talons* en les obligeant à s'écarter. La *fourchette*, de son côté, agit comme un coin entre les deux branches de la sole, ou comme un tampon élastique, placé entre la masse du corps et le sol, et concourt ainsi à la dilatation du pied.

DE LA FERRURE.

Le fer à cheval est une bande de fer plus large qu'épaisse, courbée et disposée de manière à se mouler sur la circonférence du pied qu'elle doit protéger. Le morceau de fer dont on se sert se nomme *lopin*. Le fer se divise en quatre régions : la *pince*, les *mamelles*, les *quartiers* et les *éponges*. On y reconnaît, en outre, deux branches, deux faces, deux bords, deux extrémités, les étampures, la garniture, l'ajusture et les crampons et pinçons.

La *pince* est la partie antérieure du fer ; les *mamelles* sont de chaque côté de la *pince* ; les *quartiers* font suite aux *mamelles* ; les *éponges* terminent le fer ; les *branches* s'étendent des *mamelles* aux *éponges* et sont externes ou internes ; les *faces* sont supérieures, en rapport avec la paroi, ou inférieures, en contact avec le sol ; l'*épaisseur*, c'est la distance qui existe entre les deux *faces* ; les *bords* externe ou interne circonscrivent le fer ; les *étampures* sont les trous destinés à recevoir les clous ; la *garniture* est la partie du fer qui déborde le pied ; l'*ajusture* est la concavité que l'on donne à la face supérieure du fer pour l'empêcher de porter sur la sole ; les *crampons* sont des replis du fer levés au bout des branches de dessus en dessous ; les *pinçons* sont de petits prolongements de fer étirés de sa rive externe.

Le fer de devant diffère de celui de derrière ; sa forme est arrondie, sa largeur et son épaisseur égales dans toute son étendue ; ses étampures sont espacées également et placées loin des éponges.

Le fer de derrière est ovale ; son épaisseur diminue légèrement de la pince au talon ; il en est de même de la largeur de ses branches ; ses étampures, distribuées également sur les branches, laissent dans le milieu du fer un espace qui permet d'y placer un pinçon ; ses branches n'ont ni la même forme, ni la même largeur, l'interne étant plus étroite et plus mince que l'externe.

Le poids d'un fer pour cheval de selle est de 350 à 400 grammes ; pour un carrossier, de 450 à 500.

Les fers dont on se sert pour remédier aux défectuosités du pied, ou dans le traitement de certaines maladies, s'appellent *fers exceptionnels*, ils sont très-nombreux. Les plus usités sont : le *fer couvert*, destiné à protéger la sole des pieds plats et atteints de bleimes ; le *fer à la turque*, qui a une branche plus courte, plus épaisse et percée de moins d'étampures. On l'emploie pour les chevaux panards et qui se coupent en talons.

Le *fer à planche* est celui dont les branches, recourbées en dedans, sont soudées de manière à former une traverse ou planche. Ce fer est employé pour soulager les talons et protéger la fourchette.

Le fer à *éponge tronquée* est celui dont on a supprimé les éponges, et dont l'extrémité des branches est taillée en biseau. Il s'emploie pour les chevaux qui forgent en trottant.

Le *fer à pince tronquée* est un fer de derrière, moins large de la pince, qui est carrée et taillée en biseau de dessous en dessus pour rendre son bord parfaitement arrondi ; c'est le fer de derrière, correspondant au fer de devant à éponge tronquée : il s'applique aux chevaux qui forgent.

Des clous.

Il y a deux sortes de clous : le clou ordinaire et le clou à glace, dont la tête est aplatie d'un côté à l'autre. Avant d'être fixé dans le sabot, le clou doit être affilé sur l'enclume, afin de le roidir et de le faire entrer plus facilement dans la corne.

Instruments de ferrure.

Les instruments employés pour ferrer sont :

le *brochoir*, ou marteau dont on se sert pour enfoncer les clous ; le *boutoir*, instrument destiné à parer les pieds ; les *triquoises*, tenailles dont on se sert pour couper les clous ou soulever le fer ; le *rogne-pied*, morceau de lame de sabre, servant à enlever le bord inférieur de la paroi et à dériver les clous. La *râpe* est une lime à gros grains, destinée à régulariser le bord inférieur de la paroi.

Un cheval a besoin d'être ferré lorsque ses pieds ont pris trop de longueur ; lorsque les fers sont amincis et ne sont plus assez forts pour supporter le poids du corps sans se fausser et être débordés par la paroi, lorsque les clous sont usés et ne peuvent plus retenir le fer. C'est généralement après un mois ou six semaines que la ferrure doit être renouvelée ; mais cela dépend du travail auquel le cheval est soumis et du sol sur lequel il marche habituellement. Il ne faut pas d'ailleurs attendre que la ferrure soit complétement usée, et se régler sur la longueur de la corne. Les pieds trop longs fatiguent le cheval et peuvent fausser ses aplombs, et il ne faut pas enfin exposer le cheval vieux ferré à se déferrer pendant la route, ce qui arrive rarement sans que la paroi soit endommagée par les clous qui s'arrachent avec violence. Lorsque le pied est dérobé, il devient difficile à ferrer et les clous souvent impossibles à brocher.

Pour que le pied d'un cheval soit bien ferré, faut que le fer, d'un poids proportionné à la ille du cheval, porte bien dans toutes ses par- es, que l'ajusture soit suffisante, que les épon- es ne soient ni trop longues ni trop courtes, ue les clous soient brochés à une hauteur gale et bien rivés, sans être cependant trop errés; mais aussi, pour atteindre ce résultat, faut que le pied soit paré avec soin et d'une anière tellement unie que le fer puisse porter ans toutes ses parties.

Il faut éviter d'abattre les quartiers, de di- inuer la force des arcs-boutants et ne faire ue parer légèrement la fourchette. Il faut évi- er de parer la paroi et de lui ôter le vernis qui a recouvre, sous prétexte de faire un joli pied. e desséchement du sabot, et par suite les sei- nes, sont souvent la conséquence de cette faute que nous voyons commettre chaque jour.

Il y a deux sortes de ferrures : la ferrure à chaud et la ferrure à froid. Dans le premier système, le fer est présenté chaud (couleur rouge cerise), pour arriver à lui donner la forme la plus convenable et le mettre en rap- port immédiat avec le bord inférieur de la paroi. Le fer ainsi posé doit porter sur la sole par tous ses points, la pince exceptée; il dé- bordera légèrement en dehors, sera juste en dedans et dépassera légèrement les talons. Les fers portent de six à huit étampures, suivant la grandeur des pieds, et aussi éloignées que possible des talons, pour conserver l'élasticité du sabot. La ferrure à chaud est généralement reconnue comme plus solide ; cependant, elle a ses inconvénients, et le principal est de chauffer la sole, lorsque le maréchal ne présente pas son fer au degré de chaleur convenable, ou le laisse séjourner trop longtemps. La ferrure est un mal nécessaire, et si elle protége le pied sur les sols durs et met le cheval en état de nous rendre plus de services, elle l'expose à une foule de maladies et d'affections du pied qui suspendent son travail en amenant la claudication. On ne saurait donc faire choix d'un trop habile maréchal, et surveiller de trop près cette importante opération.

La ferrure à froid exige une préparation du pied, en le parant, beaucoup plus habile et plus minutieuse : car toutes les inégalités, que le fer chaud enlève par la carbonisation, doivent être aplanies avec le boutoir, et le fer ajusté sur le pied avant de brocher les clous, autant de fois qu'il sera nécessaire pour que le rapport des deux surfaces soit aussi intime que possible. On ferre généralement à froid les chevaux de selle, de course et de chasse. Pour les carrossiers et chevaux d'un grand poids, la ferrure à chaud me semble plus rationnelle.

MÉTHODE POUR FAIRE FERRER LES CHEVAUX DIFFICILES.

Après de longues recherches et une expérimentation de plusieurs années, je suis parvenu à simplifier et à méthodifier un système que j'avais vu appliquer en Allemagne et qui avait obtenu les plus heureux résultats. Je tiens donc à généraliser l'emploi de cette méthode, qui est appelée à modifier les idées qu'on se fait sur les moyens de domination à employer avec les chevaux, et à faire substituer l'intelligence et le raisonnement à la force brutale.

Un cheval difficile à ferrer étant donné, nous allons suivre, pas à pas, la gradation de son dressage et les phases par lesquelles il passe pour arriver au résultat qu'on se propose.

Il faut, pour donner fructueusement cette leçon, faire choix d'un local isolé, tranquille et clos, un manége ou une grande box; l'animal ne doit pas avoir de distraction et n'être dérangé par aucun bruit extérieur.

Le piqueur chargé de ce dressage, après avoir mis un bridon et un caveçon léger, muni d'une longe de main, au cheval qu'il va dresser, l'examine attentivement, pour se rendre compte de son degré de sang, de son tempérament plus ou moins nerveux, et enfin, il cherche à lire dans sa physionomie et dans son œil vif et hardi, la résistance qu'il pourra opposer.

Il saisit alors de la main gauche les rênes de bridon et la longe de main convenablement repliée, à une courte distance de la tête du cheval.

Il pose doucement la main droite sur le front de l'animal et commence à le caresser sur toute la tête et jusqu'aux oreilles, en lui parlant doucement; puis il l'attire à lui et lui fait faire quelques pas, sur la traction du filet. Si le cheval s'opposait au contact de la main ou aux caresses motivées, le piqueur élèverait alors la voix très-fortement en criant : Holà! en élevant vivement la main, et donnant une petite saccade du caveçon ; puis, si le cheval se reculait brusquement, il le ramènerait au point qu'il a choisi pour donner la leçon.

Il aura le regard continuellement fixé sur celui du cheval, et cherchera à concentrer l'attention de ce dernier sur lui, lui maintenant toujours la tête directe, en employant le moins de mouvements possible, pour réserver aux gestes brusques et instantanés toute leur valeur et toute leur action, dans un moment de désordre; lorsqu'il aura obtenu du calme et de l'attention de la part du cheval, il essaiera 'influence de ces gestes, en élevant ses deux mains très-vivement, jusqu'à provoquer un effroi général et à refouler, en quelque sorte, le cheval en arrière. En un mot, avant de procéder au lever des pieds, le piqueur devra s'assurer de la puissance dominatrice que lui donnent sa voix, son geste, et au besoin son caveçon ou une simple saccade de bridon.

Nous appellerons cette première partie du dressage : la préparation ; elle assure et simplifie le résultat, et elle prévient les accidents. C'est dans cette première période, je le répète, que le piqueur apprécie le véritable caractère de l'animal et juge de son impressionnabilité.

Il ne suffit donc pas, comme on le voit, de calmer et de fixer l'attention du cheval, il faut en quelque sorte faire naître le désordre, provoquer l'effroi pour faire sentir sa domination et donner au cheval plus de crainte et plus de préoccupation de l'homme qui le tient, que de celui qui, tout à l'heure, va lui imposer un maniement qu'il n'a pas encore voulu supporter, autrement dit, le lever des pieds et le ferrage.

On fait choix pour tenir les pieds, d'un homme petit de taille, fort et leste ; parfaitement soumis aux indications du dresseur, il ne devra rien faire de lui-même, n'étant que le complément actif de la pensée qui le dirige.

Le principe sur lequel nous nous basons pour obtenir le lever de pied du cheval le plus difficile est celui-ci : Que du moment où l'on peut apposer les mains sur un point, on peut, par continuité et par pression, les apposer sur toutes les parties du corps.

Ce n'est donc point en caressant ni en renouvelant le contact, qu'on arrive à dominer l'irritabilité, c'est par *la continuité de pression;* j'insiste sur ce point, c'est une des bases indiscutables du système.

Un mot seulement doit me faire comprendre. La caresse est synonyme du chatouillement; elle surexcite le système nerveux. La pression éteint la sensibilité, n'irrite pas le système nerveux, et c'est pour cela que nous la regardons comme indispensable à l'application de notre système.

Le troisième point important, ou principe fondamental, c'est la gradation ; c'est la transition méthodique du connu à l'inconnu ; d'un petit résultat, d'une faible concession, à une plus grande.

Or, le dresseur a pour mission de faire agir son leveur de pied en s'inspirant de ces trois principes, et par la domination qu'il exercera avec opportunité sur l'instinct de l'animal, il saura réprimer les désordres et faire supporter le lever des pieds et le ferrage, sans qu'il puisse s'engager aucune lutte dangereuse.

On commencera par le lever des pieds de

derrière, ceux de devant ne présentent qu'une difficulté très secondaire.

Le teneur de pied posera ses deux mains à plat sur le dos du cheval, du côté montoir, et les avancera graduellement, en les conservant appuyées, jusqu'à la hauteur de la croupe. Si déjà le cheval avait manifesté de l'effroi ou de l'irritabilité, le dresseur aura eu soin d'élever la voix et de menacer de la main pour rappeler l'attention du cheval vers lui. Il devra étudier les impressions et la disposition nerveuse de l'animal à chaque déplacement des mains. Le jeu des oreilles, l'expression inquiète du regard, et un certain frissonnement de la peau, annoncent que le cheval est en crainte et prédisposé à se défendre. Lorsqu'on remarque ces symptômes, il faut dire au teneur de pied d'insister sur la pression et de ne pas aller plus loin. Le calme ayant reparu, le teneur de pied conserve sa main gauche appuyée sur la hanche, et fait glisser la droite par degrés et lentement, dans la direction du jarret. Il arrive ordinairement qu'à cette distance de l'extrémité de la jambe, le cheval difficile se retire ou cherche à frapper ; il faudra donc, s'il a supporté l'appui jusque-là, rester quelques instants en place. Si le cheval se défend, le dresseur doit faire retirer immédiatement le leveur de pied, et donner une correction au cheval, en le menaçant de la voix et par un geste vif que nous avons indiqué, qui impose plus au cheval qu'une saccade de caveçon. Le cheval étant replacé et calmé, on recommence l'opération et l'on descend cette fois jusqu'au boulet. Le leveur de pied passe alors au lever de l'autre jambe, et le même résultat obtenu, revient à la première. On descendra la main jusqu'au paturon et on cherchera, en ramenant la main à soi, mais sans serrer le pied, à le faire quitter le sol de quelques centimètres; on le reposera à terre immédiatement, et ne le lâchera que lorsqu'il sera sur le sol. On reproduira à l'autre main ce qu'on a fait à celle-ci. Puis, passant successivement d'une jambe à l'autre, on la lèvera chaque fois plus haut, et enfin, on la fera fléchir plusieurs fois en ramenant le boulet jusque sous le ventre, et chaque fois, on ne retirera la main qu'après avoir posé le pied à terre.

Il va sans dire que le dresseur replacera son cheval carrément et dans un aplomb aussi parfait que possible. Le cheval, dominé et calmé par la préparation, se montrera décontracté d'encolure, et alors on devra lui abaisser la tête pour décharger l'arrière-main de tout le poids possible, et faciliter la répartition de ce même poids sur trois extrémités.

Un des principaux symptômes de cette décontraction générale, c'est la *défécation* qui a toujours lieu au bout d'un quart d'heure environ, lorsque le cheval a été convenablement préparé et dominé.

Avant de faire *passer la jambe* au teneur de pied pour prendre l'attitude nécessaire au ferrage, il faut s'assurer, par un maniement fréquent des deux jambes, et en diminuant graduellement les précautions, que le cheval ne manifeste aucune inquiétude, ni hésitation, et donne ses jambes, presque de lui-même.

Le dresseur recommandera à son teneur de pied de ne pas lever la jambe trop haut, de ne pas serrer exagérément le paturon et de s'abstenir sur toutes choses, de parler au cheval.

Le maréchal devra alors, et à petits coups, frapper sur la sole et la paroi, et ne commencer à parer le pied que lorsque le cheval sera devenu compltement indifférent au bruit et au contact du marteau avec le pied. Tel bien qu'on ait préparé le cheval, il pourra se montrer impatient et insoumis dans l'opération du ferrage; dans ce cas, loin d'employer la force pour garder le pied quand le cheval le retire, il faudra dire au teneur de pied de le lâcher vivement; corriger le cheval énergiquement comme il a été dit, le replacer et recommencer.

L'emploi de la force et une lutte quelconque entre le teneur de pied et le cheval doivent être entièrement bannis. L'action sur le cheval est toute morale, et le mélange de deux forces serait éminemment nuisible et de nature à faire échouer le dressage.

Lorsqu'un animal a été particulièrement difficile à ferrer, et qu'on a dû employer avec lui précédemment les moyens violents qui sont encore usités, il sera bon de procéder au lever de pieds pendant plusieurs jours, et de se servir de notre système pour le faire ferrer deux ou trois fois. Il suffira ordinairement de lui mettre le caveçon et de placer un homme à sa tête.

Tout dressage a besoin d'être confirmé pour être durable dans ses effets.

Quant aux jambes de devant, dont nous n'avons pas parlé, on prendra les mêmes précautions, et, d'ailleurs, si la domination a été complète pour l'arrière-main, l'avant-main ne donnera que fort peu de peine.

Il y a des chevaux qui frappent du devant; avec ceux-là particulièrement, le dresseur doit employer de l'énergie dans le geste, dans la voix, et avoir parfois recours au caveçon.

C'est par le contraste entre la douceur, la tranquillité du geste et l'inflexion douce de la voix opposées aux mouvements brusques, à une voix menaçante et à une expression factice de colère, qu'on doit la domination de l'animal, qui sait comparer et apprécier ces deux façons d'être de l'homme qui le maîtrise.

Ce système a la plus heureuse influence sur le premier dressage du jeune cheval, et trouve son application pour le faire seller, brider, panser et garnir. Il a été employé pour des poulinières qui ne voulaient pas allaiter leurs poulains. On les a amenées de la sorte, à accepter, sans défense, une douleur ou une gêne qui leur étaient insupportables.

QUATRIÈME PARTIE.

DRESSAGE DES CHEVAUX DE SELLE

ET D'ATTELAGE.

NOTE DE L'AUTEUR.

J'ai divisé ce cours progressif de dressage en paragraphes ou leçons, pour faire ressortir l'utilité de la gradation dans l'emploi des moyens, mais je me donnerai de garde de fixer un temps ou un nombre de jours pour le dressage. C'est à l'écuyer à juger des résultats acquis et à insister, plus ou moins, sur tel ou tel exercice, selon qu'il en reconnaît l'opportunité.

J'ai placé en tête de chaque paragraphe, l'analyse de la progression, pour en faire ressortir plus nettement le but, et j'ai, enfin, renfermé dans des guillemets, la partie didactique qui s'adresse plus particulièrement aux écuyers ou piqueurs chargés du dressage.

Je ne me suis occupé que du dressage d'un cheval isolé, me réservant de terminer cette instruction, en donnant quelques avis pour le dressage de plusieurs chevaux en reprise.

J'ai enfin placé en tête de cette progression quelques conseils sur l'utilité et l'emploi de la longe et du caveçon, qui trouveront plus tard leur opportunité.

DRESSAGE DES CHEVAUX DE SELLE.

CHAPITRE Ier.

DU TRAVAIL A LA LONGE.

L'utilité du travail à la longe est trop généralement reconnue pour qu'il soit nécessaire d'en démontrer ici les avantages. C'est la base de l'éducation du jeune cheval ; aussi exige-t-il, dans son application, un discernement et une sagesse sans lesquels il peut devenir dangereux. Je crois donc devoir entrer, à ce sujet, dans de minutieux détails, dont l'importance ne tardera pas à être appréciée, si l'on se conforme exactement à la marche que je prescrirai.

La longe doit, comme on le sait, favoriser le développement des allures, assouplir, équilibrer, et particulièrement soumettre le jeune cheval. Elle détruira cette énergie fougueuse nuisible au dressage, et évitera ces sauts et bonds d'effroi qui ne tardent pas à prendre un caractère sérieux et habituel de défense, quand la solidité du cavalier n'en triomphe pas. Or dans cette hypothèse même, on ne peut se dissimuler que le cheval doit souffrir d'une lutte où l'homme est contraint de s'attacher à la main, pour assurer sa position violemment ébranlée. Les jarrets et les reins du cheval subissent la funeste influence de ces efforts pour se débarrasser du cavalier dont le poids, inaccoutumé et souvent trop lourd, est à peu près la seule cause de son insoumission.

Le caveçon, la longe, étant des moyens de dressage dont la forme et la disposition doivent être raisonnées, nous les décrirons successivement.

CHAPITRE II.

DU CAVEÇON.

Le caveçon n'est autre chose, comme on le sait, qu'une espèce de licol de cuir dont la muserolle est antérieurement formée d'une lame de fer cintrée, qui prend la forme de la partie de la tête du cheval qu'elle doit occuper. Un anneau à touret, solidement fixé au centre externe de ce demi-cercle, sert à y attacher la longe par un boucleteau. Le fer cintré du caveçon est composé de trois pièces : une déjà décrite qui sera posée sur les susnaseaux, et deux articulées avec celle-ci par charnière et disposées de manière à recevoir les montants qui devront supporter le caveçon. La force et la pesanteur de cette ferrure devront être en rapport avec la nature des chevaux soumis au dressage. Assez généralement on se sert de caveçons trop lourds et trop durs ; aussi dois-je recommander la légèreté réunie à la solidité de toutes les parties ; et pour éviter des inconvénients, j'insisterai pour que le fer soit légèrement évidé intérieurement, et recouvert d'un cuir assez épais, au besoin même, doublé à l'intérieur d'un coussinet de basane qu'on bouclerait en dessus, et qui garantirait encore le cheval d'à-coups violents et souvent dangereux. Pour de gros et lourds chevaux dont les bonds ont besoin d'être énergiquement réprimés, on pourrait sans danger se passer de cette dernière précaution.

A la têtière du caveçon on adapte trop souvent une simple sous-gorge. Nous ne saurions trop insister pour qu'on en mît deux dans la longueur des montants ou supports du caveçon, car il arrive souvent qu'aux mouvements violents du cheval pour se soustraire à la longe, le caveçon tourne, le côté de la têtière arrive jusqu'à l'œil, et détermine par son frottement des lésions sérieuses de cet organe.

Dans les pays où l'on monte encore les chevaux au caveçon, cet instrument porte trois anneaux : un médian pour la longe, et deux pour les rênes. Nous blâmons ce mode de dressage trop dur, et qui exige trop de savoir-faire de la part de l'écuyer, pour en parler ici. La position du caveçon sur la tête du cheval est soumise à une règle générale; il doit être de 3 centimètres (1 pouce) au-dessus de l'extrémité inférieure des susnaseaux ou os du nez ; trop haut, il n'aurait aucune puissance ; trop bas, c'est-à-dire sur les cartilages, il gênerait la respiration et aurait une action par trop douloureuse. Il doit conserver un peu de jeu, car s'il était trop serré sur le nez, il perdrait de sa puissance dans les saccades indispensables; trop lâche, il serait trop dur et déterminerait dans la région nasale des lésions et écorchures sans cela trop fréquentes. Lorsqu'on se sert du caveçon avec le bridon, on doit le passer en dessous des porte-mors ou montants de bridon, pour conserver libre l'action du mors de bridon sur la bouche du cheval.

CHAPITRE III.

DE LA LONGE.

La longe doit être d'une longueur de 10 mètres (30 pieds) ou environ, d'un tissu double, large de trois doigts, ou en corde de la grosseur du pouce, garnie à l'extrémité de nœuds en cuir qui la retiennent dans la main. Une longe trop grosse et trop courte est dangereuse et fatigue le cheval en rétrécissant trop le cercle ; une longe trop longue et trop faible est embarrassante et ne peut réprimer le désordre. Elle se fixe au caveçon au moyen d'un fort boucleteau de cuir.

CHAPITRE IV.

SELLER ET BRIDER LE JEUNE CHEVAL.

Le caractère des jeunes chevaux, par conséquent les difficultés qu'ils présentent dans leur éducation, varient selon les milieux où ils ont été élevés, leur degré de sang et enfin la première éducation qu'ils ont reçue. C'est donc une étude à faire avec chaque cheval et dans chacun des centres chevalins où l'on s'occupe de dressage. Toujours est-il, que la première fois qu'on selle et bride un jeune cheval, il y a des précautions à prendre que nous indiquerons sommairement ici. On relèvera les étriers et les sangles et l'on présentera la selle au jeune cheval pour qu'il la voie et la sente ; on lui parlera doucement et le flattera de la main, puis lorsqu'il se montrera indifférent à la vue de cet objet nouveau, on apportera très graduellement la selle en la faisant effleurer l'épaule et le garrot, et on la posera très-doucement à sa place. Un groom placé à droite du cheval, donnera les sangles l'une après l'autre à celui qui doit sangler. Le premier sanglage sera très léger et l'on n'arrivera qu'à deux ou trois fois à serrer les sangles à point. Les chevaux, surpris par une compression violente et inaccoutumée bondissent, tirent au renard et peuvent même se renverser. Les chevaux vendéens ont généralement cette défense au sanglage. Les chevaux du Merlerault sont à peu près dans le même cas; en un mot, toutes les races énergiques réclament de grandes précautions et une grande douceur dans les premiers jours d'écurie et les préliminaires d'éducation.

Nous avons dit comment on devait s'y prendre pour brider un cheval par principes, il faut, surtout dans le début, se conformer à nos prescriptions; cependant, on ne bride pas un jeune cheval tête à queue et l'on a soin au contraire de le tenir fixé à sa mangeoire par le licol, qu'on passe autour de l'encolure. Si le cheval est sensible et ne veut pas se laisser toucher la tête facilement, on le flattera jusqu'à ce qu'il se soit mis en confiance et ne s'effraie plus de l'approche des mains. La voix se joindra aux caresses comme moyen d'adoucissement, et ce sera, pendant les premiers jours, le même groom qui devra donner ces premiers soins, au début du dressage. Il est important aussi de faire tourner doucement et lentement le cheval dans sa stalle et de l'exercer aux deux mains, afin de l'y rendre également souple et adroit. Lorsqu'un cheval est trop vert et susceptible, on ne le sellera qu'après l'avoir mis à la longe, et alors dans un manége ou tout autre endroit spacieux, où l'on soit maître de ses mouvements et où les hommes ne puissent être exposés à aucun accident.

Je termine cette instruction, en recommandant encore d'aller lentement et très-graduellement dans cette leçon ; se presser serait évidemment retarder et compromettre le dressage.

PROGRESSION DE DRESSAGE

DES JEUNES CHEVAUX DE SELLE.

Travail en bridon.

§ 1ᵉʳ.

1° Porter le cheval en avant par la cravache et la traction des rênes de bridon.

Le cavalier conduit son cheval à main gauche sur la piste; il l'arrête et se place en face de sa tête, à 50 centimètres environ; il saisit les rênes de bridon de la main gauche à 20 centimètres de sa bouche, le regarde fixement; puis, de la main droite, qui tient la gaule, la pointe en bas, il le flatte à plusieurs reprises sur le front en lui parlant d'un ton de voix doux et grave; ces caresses se feront d'une manière lente et calme, pour éviter l'effroi que peut causer le passage de la gaule devant les yeux. Lorsque l'animal les accepte avec confiance, le cavalier lui donne de petits coups à l'épaule droite et au poitrail avec la pointe de sa gaule et l'attire à lui avec la main gauche. Si le cheval recule, il résiste de la main du bridon, en diminuant la force des petites attaques, sans pour cela les discontinuer. Sitôt qu'il a cédé et se porte en avant, il l'arrête et le flatte, puis recommence. Cette leçon doit durer un quart d'heure.

But du travail.

Le travail que nous indiquons a pour but d'habituer le jeune cheval à se porter en avant à la traction la plus légère du bridon (ce qui servira plus tard dans son éducation), et à accepter le toucher stimulant de la cravache qui doit, dans le commencement du dressage, seconder les jambes dans leur action impulsive.

« L'écuyer doit être avant tout pénétré d'une
« idée, c'est que l'esprit d'observation fait sa
« force et sa véritable supériorité dans le dres-
« sage.

« C'est au début de l'éducation, que l'écuyer
« doit chercher à connaître les moyens physi-
« ques et les divers caractères des chevaux qui
« lui sont confiés. Or c'est en s'appuyant sur
« l'appréciation de ces nuances, si sensibles
« pour un œil exercé, qu'il peut indiquer à
« chaque cavalier la marche qu'il a à suivre,
« les précautions qu'il a à prendre.

« C'est ainsi qu'en suivant la progression
« méthodique que nous traçons ici, il saura
« l'appliquer dans ses justes limites. C'est ainsi,

« dis-je, qu'en dirigeant la gymnastique éques-
« tre, qui fait l'objet d'une partie de cette mé-
« thode, il prolongera certains exercices, glis-
« sera sur d'autres, dans le but d'harmoniser le
« mouvement, en égalisant l'emploi des forces.

« La douceur et les caresses ne peuvent être
« trop souvent préconisées par l'instructeur.
« Les élèves et les jeunes piqueurs ne sont que
« trop enclins aux traitements brusques et vio-
« lents; cependant l'insoumission et le désor-
« dre ne doivent jamais être tolérés. Il faut
« obtenir tout ce que l'on demande, aussi ne
« faut-il demander que ce qu'on peut obtenir.

« L'influence de la voix est immense sur le
« jeune cheval; elle peut être, selon son in-
« flexion, un châtiment ou une récompense.
« Une petite saccade de bridon, un léger coup
« de gaule accompagné d'un *oh là!* énergi-
« que, suffiront pour faire cesser un désordre;
« enfin, la caresse qui succède à la sévérité,
« accompagnée de *oh!!! là!* sur un ton doux,
« sera la récompense de la soumission et le
« complément naturel et logique de la répres-
« sion qu'on se proposait. »

« Dès le début du dressage, en voyant la
« direction qui lui est imprimée, on peut déjà
« augurer de sa fin.

2° Flexions latérales d'encolure.

Après avoir fait doubler le cheval et l'avoir arrêté au milieu du manége, le cavalier se place à l'épaule gauche de son cheval, saisit de la main gauche la rêne gauche du bridon à 5 centimètres de l'anneau du bridon, et de la droite prend la rêne droite au-dessus du garrot; puis, exerçant une traction soutenue et progressive, qui ne fasse ni tourner ni reculer le cheval, il cherche à amener le bout de son nez, puis sa tête à droite. Il faut tâcher que l'encolure participe fort peu à cette flexion, qui, pour être complétement bonne, devrait se borner à n'amener qu'un pli de la tête sur l'encolure.

Le travail s'exécute aux deux mains par les moyens inverses.

Dix minutes, au plus, suffisent pour obtenir un bon résultat dans les premières leçons.

But du travail.

On se propose par cette flexion de faire comprendre et rendre faciles les inclinaisons de la tête, provoquées par les effets directs de traction ou d'adduction des rênes.

L'encolure vient toujours dans la direction où le cheval amène le bout du nez et la tête, et, sous l'influence de l'encolure, le reste du corps sera irrésistiblement déplacé dans le sens de l'inclinaison donnée.

« Ce travail doit être dirigé avec circons-
« pection. Le jeune cheval est rarement raide
« d'encolure, et tout le soutien dont peut être
« doué ce puissant levier de la masse, n'est pas
« de trop pour assouplir, régler et diriger l'ar-
« rière-main.

« Trop de souplesse d'encolure amène l'in-
« certitude dans les mouvements et paralyse
« l'impulsion en décomposant les forces. »

3° Leçon du montoir.

Les premières fois qu'on monte un jeune cheval, on doit prendre des précautions toutes particulières. Si le cheval est vert et sauvage, on commencera par le baisser à la longe. Le cavalier ne s'enlèvera pas sur l'étrier, mais se fera donner le pied par un groom ; il n'enfourchera pas de suite, mais restera appuyé sur ses poignets, tenant une forte poignée de crins de la main gauche ; la main droite sera posée sur le pommeau de la selle ; il sautera légèrement à terre et recommencera deux ou trois fois à se faire enlever jusqu'à ce que le cheval reste calme ; enfin il enfourchera doucement et légè-rement, afin de ne provoquer aucune surprise. On donnera les étriers au cavalier pour lui éviter de remuer les jambes et de toucher les flancs du cheval involontairement. L'instructeur qui devra tenir la longe, flattera le cheval et ne le portera en avant qu'après l'avoir mis en confiance. Les premiers pas en avant se feront en tournant et non sur la ligne droite, surtout si l'on craint que le cheval ne bondisse. On mettra le jeune cheval à la longe pendant quelques instants, se bornant à une courte leçon qui n'aura pour but que d'exercer le montoir, et de laisser à l'animal une impression durable. Si d'ailleurs le travail préparatoire à la longe a été bien fait, le cheval déjà soumis ne présentera pas de sérieuses difficultés. Les chevaux ne sont difficiles au montoir que parce qu'on veut aller trop vite et qu'on n'a généralement pris aucun soin pour les préparer au dressage de la selle. (Voir le chapitre où je traite du Jockey surfaix d'enrênement.)

4° Volte ou cercle individuel exécuté aux deux mains sous l'influence de la rêne directe seule.

Après avoir marché quelques instants au pas à main droite, le cavalier arrête son cheval, ouvre sa rêne droite autant que le bras peut s'étendre en baissant la main, et attire graduellement son cheval à droite, de manière à lui faire décrire une espèce de volte, ou cercle étroit plus ou moins régulier, dans lequel l'encolure s'étende tout naturellement et se plie en marchant dans le sens du mouvement ; l'impulsion en avant est donnée par un toucher de la gaule sur l'épaule droite, les jambes restent près et concourent dans certaines limites à l'impulsion, sans que l'on cherche à faire primer l'une sur l'autre. Après un tour ou deux, on arrête le cheval, on le flatte, on change de main et l'on recommence la volte à main gauche.

But du travail.

On cherche dans ce travail à faire connaître distinctement au cheval l'effet direct de traction de la rêne, et, en ne se servant pas de la rêne de soutien, qu'à cet effet on allonge autant que possible ; on veut éviter les effets d'avant en arrière des rênes, qui tendent à acculer et à contrarier l'effet simple et direct d'une rêne seule, écartée de l'encolure.

« L'écuyer doit veiller à ce que le cavalier
« conserve les poignets bas, ne tire pas la
« rêne à lui, mais toujours en écartant le
« bras, remplaçant ainsi, en quelque sorte,
« l'action d'un homme à pied, qui attirerait
« le cheval sur le cercle, agissant aussi per-
« pendiculairement que possible à son en-
« colure. »

Après ce travail, il est important de marcher

large, de provoquer l'impulsion en avant et de donner toute la franchise d'action désirable au mouvement.

5° Marche directe sur la piste au pas et au trot.
Attaques de gaules.

Pour obtenir cette activation, il faudra, après avoir soutenu et assuré ses poignets, que le cavalier rapproche vivement ses jambes en donnant deux coups de mollet énergiques et les accompagne au besoin de deux coups de gaule simultanés ; le cheval se portera en avant avec plus ou moins de vigueur ; il faudra alors baisser les mains et, tout en le contenant, lui donner une grande liberté de mouvement. On lui laissera faire quelques tours de manége au trot, sans trop chercher à régulariser l'allure.

But du travail.

Les attaques des gaules, une dans chaque main, comme les prescrivait l'ancienne école, et plus tard des jambes, lorsque les chevaux en connaîtront les effets, reproduites, à la fin de chaque leçon, auront pour but de les habituer à se porter franchement et sans hésitation en avant, sous l'influence des aides inférieures. C'est le moyen le plus assuré de prévenir les défenses et d'éviter l'acculement qui résulte toujours de la faiblesse ou d'un retrait des forces instinctives. On a très-bien dit : qu'il faut avoir son ennemi devant soi pour le combattre victorieusement.

La durée des leçons, y compris la préparation du travail à la main et de pied ferme, doit être de trois quarts d'heure ou une heure environ.

§ 2.

1° Travail à la main, comme dans la leçon précédente.
Toucher de la cravache derrière les sangles.

Après avoir porté le cheval en avant, par les moyens que nous avons indiqués dans le paragraphe précédent, le cavalier devra faire sentir la gaule au flanc de son cheval. Il agira progressivement à petits coups, en portant le cheval en avant par une traction du bridon.

Si l'animal recule au contact de la cravache, ce sera de nouveau à l'épaule qu'il faudra vivement l'attaquer pour provoquer l'impulsion, puis revenir à l'attaque du flanc ; s'il rue, il faudra lui parler sévèrement en lui donnant un coup plus sec en soutenant la main gauche. Sitôt qu'il aura cédé et sera calme, marchant franchement sous l'influence de la gaule, on l'arrêtera et le flattera.

But du travail.

Le but de ce travail est de préparer l'action des aides inférieures. En effet, les jambes ne tarderont pas à se faire comprendre lorsqu'elles seront puissamment secondées par les gaules.

« L'écuyer doit, dans ce travail, se défier de
« la brusquerie de certains cavaliers, qui, s'ils
« n'obtenaient pas le mouvement en avant, ne
« tarderaient pas à rendre leurs chevaux ramin-
« gues, et à leur donner une fausse crainte de
« la gaule. Cette leçon cependant peut et doit
« avoir les plus heureux résultats, si elle est bien
« appliquée. »

2° Monter à cheval.
Marche directe au pas.
Doubler aux deux mains.

« Le doubler sera arrondi, en quittant une
« piste comme en arrivant à l'autre, pour sim-
« plifier le travail du cheval qui ne connaît pas
« encore le demi-temps d'arrêt et, *à fortiori*,
« l'effet d'ensemble qui doit précéder un dou-
« bler exécuté carrément.

« Il ne faut rien exiger qui ne soit la con-
« séquence d'un travail précédent. »

3° Doubler dans la longueur.
Voltes aux deux mains par la rêne directe, puis avec le concours
de la rêne contraire.

Le travail des voltes, qui doit se faire dans la leçon précédente sous l'influence de la rêne directe, est reproduit dans celle-ci, pendant quelques instants, puis on commence à l'exécuter avec le concours de la rêne contraire. Ainsi, sur la volte à droite, la main droite reste plus basse que la gauche, un peu écartée de l'encolure, tandis que la main du dehors, au contraire, est soutenue et dirigée de gauche à droite, exerçant un soutien et une pression marquée sur l'encolure.

But du travail.

On comprend l'importance de ce travail, qui a non-seulement pour but de régler les déplacements de l'encolure, de déterminer l'étendue des mouvements qu'on veut exécuter, mais encore de faire connaître au cheval la pression de la rêne contraire, qui prépare le tourner d'une main, avec la bride.

« Les deux mains du cavalier ne doivent se
« rapprocher que lorsque le cheval comprend
« bien l'action de la rêne contraire, et n'a be-
« soin que d'une légère sollicitation de la rêne
« directe. L'instructeur doit chercher à faire
« comprendre à ce cavalier, tout en lui faisant
« suivre la progression, chacune des actions
« qu'il lui fait exercer, et l'accoutumer à cette
« dénomination de rêne *directe* et *contraire*, qui
« aura pour lui, désormais, un sens moins va-
« gue que rêne droite ou rêne gauche, puisque

« l'une et l'autre auront alternativement une
« action et un effet distincts. »

4° Voltes au petit trot.

« Il sera bon de seconder les effets de rênes
« dans la volte, par un toucher de la gaule à
« l'épaule opposée au mouvement. Ainsi, sur
« la volte à droite, le toucher de la gaule à l'é-
« paule gauche et *vice versá*. On répétera deux
« ou trois fois les voltes aux deux mains et non
« plus dans le milieu du manége, mais en quit-
« tant la piste pour y revenir à la fin de la volte. »

5° Marche directe au trot.
Allonger l'allure.

Pour allonger l'allure, il faut augmenter le soutien des poignets, diriger les gaules en arrière des sangles, leur extrémité passant obliquement sur les cuisses du cavalier, rapprocher les jambes, et, à l'indication donnée, faire sentir ces gaules par un mouvement sec et du poignet seulement, pour ne pas donner d'à-coup. Lorsque le cheval aura allongé l'allure, on diminuera graduellement la pression des jambes.

But du travail.

C'est, autant qu'on le peut, lorsque le cheval

est en mouvement, qu'on doit faire sentir une action impulsive qui ne peut alors provoquer de défense. Cet emploi de la gaule appliquée derrière les sangles, aura pour but de faire craindre les jambes, de porter le cheval en avant, et sans crainte d'acculement et de réticence.

« On doit particulièrement veiller à ce que
« l'aide des gaules, qui doit être essentielle-
« ment impulsive, ne perde pas tout son fruit
« par l'à-coup que donnent involontairement
« les mains inhabiles du cavalier. L'instruc-
« teur expliquera à ce dernier, comment on
« peut, du bas de la main et sans déplacer le
« poignet, donner une vibration suffisante à la
« gaule qui, par sa flexibilité, a toujours assez
« de force pour se faire sentir. »

6° Marche directe au pas.
Attaquer à l'épaule et derrière les sangles.

« Le jeune cheval, après un travail un peu
« soutenu, devient toujours calme, quelquefois
« même trop froid et mou. Il faut alors, par
« quelques attaques, d'abord sur les épaules,
« comme dans le premier paragraphe, puis der-
« rière les sangles, avec une puissante pression
« de jambes, réveiller son énergie. Lorsque
« cette impulsion a été transmise avec vigueur,
« on doit rendre la main, remettre le cheval au
« pas et le flatter. »

7° Doublé pour mettre pied à terre.
Flexions latérales.

Après avoir fait doubler et arrêter le cheval dans la longueur du manége, on fait exécuter quelques demi-flexions d'encolure à droite et à gauche, en badinant ou en tirant doucement la rêne ; on soutient alors le cheval de la rêne opposée à la flexion, pour éviter qu'il ne tourne au lieu de fléchir sa tête.

But du travail.

Rendre le cheval confiant, le confirmer dans les effets directs des rênes et faire cesser la contraction localisée dans l'encolure, après le travail, surtout celui du trot suivi des attaques, tel est le but qu'on doit se proposer.

« Cette flexion à la fin du travail n'a jamais
« d'inconvénient, l'animal l'accepte plus faci-
« lement, et les bons résultats s'en font sentir
« dans les leçons suivantes.

« Je n'ai point fixé le temps qu'il fallait con-
« sacrer au travail au trot, c'est à l'instructeur
« à juger ce qu'il peut exiger, en raison de l'âge
« et de la force relative de ses chevaux. Le
« jeune cheval ne doit pas rentrer fatigué à
« son écurie, il ne doit pas être épuisé par des
« transpirations abondantes, et qui sont sou-
« vent moins la conséquence du travail que de

« la surexcitation et des exigences du cava-
« lier. En alternant les exercices et les allures,
« on délasse l'animal, qui peut résister long-
« temps sans fatigue. Mais je m'adresse à des
« hommes consciencieux et éclairés ; ne pour-
« rais-je, ou ne devrais-je pas me dispenser de
« ces conseils ? »

§ 3.

1° Marche directe au pas.
Doubler dans la longueur,
Arrêt.
Quart de tour sur les épaules, à droite et à gauche.

Lorsque le cheval a parcouru la ligne du *doubler* dans toute la longueur, et qu'il se trouve ainsi au milieu du manége, l'instructeur le fait arrêter, et exécuter un quart de tour sur les épaules, en indiquant les moyens suivants : les poignets étant assurés et les rênes égales, les jambes près et les gaules placées de manière à atteindre le cheval derrière les sangles, le cavalier, pour obtenir le mouvement de droite à gauche, ferme sa jambe droite qu'il a portée un peu plus en arrière que la gauche, et exerce une pression dans le but de faire fuir les hanches de droite à gauche ; mais, comme le cheval ne comprend pas l'action directe de la jambe, le cavalier a recours à l'opposition de la rêne du côté de cette jambe ; ainsi, il résiste du poignet droit, en l'écartant de l'encolure, de manière à amener légèrement le bout du nez à droite ; il soutient le poignet gauche pour empêcher le cheval de déplacer ses épaules, et, enfin, il fait sentir sa gaule par petits coups derrière la jambe, pour la seconder et provoquer un mouvement de l'arrière-main de droite à gauche. Sitôt que le cheval a compris, et cédé à ce concours simultané d'aides, le cavalier discontinue son exigence, flatte son cheval et recommence le même mouvement, mais de gauche à droite.

Le soutien des poignets, réuni à l'opposition de la rêne droite dans le premier cas, empêche le mouvement de se produire en avant ; il amène les épaules dans une telle direction, qu'elles font obstacle au mouvement des hanches de gauche à droite, et, enfin, l'encolure se trouve disposée de manière à présenter un levier puissant et de nature à déplacer la masse dans un sens opposé à son action.

But du travail.

Le but de ce premier travail est moins encore la mobilisation des hanches, que la soumission de celles-ci à la pression isolée des jambes.

« Il est important dans ce travail de faire
« bien comprendre au cavalier les divers mo-
« des d'action des rênes, et l'utilité de l'oppo-
« sition des épaules aux hanches. Il faut lui

« dire que la rêne qui vient seconder l'action
« de sa jambe cessera bientôt d'agir dans ce
« sens, qu'elle est un moyen d'éducation aussi
« bien que la gaule, et qu'enfin le cheval
« dressé doit répondre à l'action des jambes
« seules et des rênes dans une seule main.

« Le travail que je viens de définir, sera exé-
« cuté aux deux mains pendant quelques ins-
« tants, et le cheval sera mis en reprise sur
« la ligne droite, au pas et fixé de nouveau sur
« la main. »

2° Demi-hanche, tête au mur.

Après quelques tours de manége à main droite, le cavalier, au sortir du second coin, ralentit son cheval, ouvre sa rêne gauche, forme une opposition, dans le but de placer le cheval obliquement à la muraille. Le soutien de rêne et de la jambe droite empêchera le cheval de tourner à gauche, et réglera le mouvement des hanches. Il faudra redresser le cheval après quelques pas de tête au mur, et recommencer ainsi plusieurs fois dans la longueur du manége et aux deux mains.

But du travail.

Le but de ce travail est de faire accepter, en marchant, la pression de la jambe et de mobiliser les hanches, sans interrompre le mouvement des épaules, enfin, de faciliter le *chevaler* des membres.

« Ce n'est pas la durée d'un mouvement de
« deux pistes qu'on se propose dans le début du
« dressage, mais bien d'exiger que le cheval
« accepte facilement telle ou telle position, telle
« ou telle inclinaison qui détermine le mouve-
« ment. Il faut donc reproduire fréquemment,
« dans le commencement surtout, chaque posi-
« tion et ne jamais insister sur la continuité du
« mouvement. »

3° Marche directe au pas et au trot.
Voltes.
Attaques.
Marche directe au pas.
Demi-tour entier sur les épaules.

« A mesure que le cheval s'assouplit et com-
« prend mieux les effets des rênes et des jam-
« bes, l'instructeur exige plus de précision
« dans l'exécution des voltes, il recommande
« l'action de la jambe du dehors pour activer
« et contenir la hanche la plus éloignée du
« centre, et le soutien de la rêne du dedans pour
« dégager l'épaule du dedans. Il est inutile de
« répéter ici que, la jambe du dedans étant le
« régulateur, le pivot qui détermine l'étendue
« du mouvement décrit par les hanches, la rêne

« du dehors contre-balance l'effet de celle du
« dedans et en modère les effets.

« On terminera la leçon par les attaques de
« jambes et de cravaches, c'est-à-dire, qu'on
« rapprochera les mollets avec vigueur sans
« faire arriver l'éperon et qu'en même temps
« les gaules se feront énergiquement sentir. Il
« faut expliquer de pied ferme au cavalier
« comment, en éloignant un peu la jambe et
« la rapprochant vivement, le talon bas, il
« peut transmettre une action énergique, qui
« ne tarde pas à rendre le cheval sensible à la
« pression des jambes.

« Le demi-tour sur les épaules se fera sur
« la piste très-lentement, en suspendant l'action
« à chaque pas. On ne peut exécuter ces rota-
« tions de hanches trop lentement ; car, je le
« répète, on cherche plus encore, dans le dé-
« but, à faire comprendre les jambes qu'à mo-
« biliser les hanches. »

§ 4.

1° Travail de deux pistes, comme dans la leçon précédente.

« La moitié de cette leçon doit être consa-
« crée à la reproduction des mouvements qui
« font la base de la précédente ; cependant il
« faut, autant que possible, diminuer l'emploi

« de la rêne d'opposition et de la gaule des-
« tinées à seconder la jambe.

« Ainsi, en marchant la tête au mur à main
« droite, on s'attachera avec la rêne droite à
« amener le bout du nez un peu à droite. Il en
« sera de même dans les quarts de tour et
« demi-tours sur les épaules. Ai-je besoin de
« répéter que le mouvement des épaules ne
« peut être juste et réglé que sous l'influence
« de la rêne directe, et que le travail, comme
« je le prescris en commençant, est purement
« éducatoire et doit se régulariser aussitôt qu'on
« le peut ? »

2° Demi-tour sur les hanches.

Le cheval étant arrêté à main droite, le cavalier porte sa jambe gauche un peu plus en arrière des sangles que la droite, dans le but de contenir la hanche, et d'immobiliser la croupe dans la conversion des épaules à droite ; puis après avoir communiqué par une pression des deux jambes, un peu de mouvement à son cheval, il ouvre sa rêne droite et attire les épaules à droite, un pas seulement, arrête son cheval, le flatte et recommence. Si, par suite d'une action trop intense de la rêne directe ou d'un défaut d'équilibre ou de soumission, le cheval jette ses hanches en dehors, et que la jambe ne puisse les contenir, le cavalier soutient le poignet gauche en ouvrant un peu la rêne, et fait usage de l'opposition des épaules aux hanches, dont nous avons parlé déjà et qui redonne à la jambe gauche sa valeur et sa force de soutien. L'effet d'opposition succédera donc forcément, et plusieurs fois s'il le faut, à l'effet direct, dans l'exécution du demi-tour sur les hanches. Lorsque le cheval sera complétement familiarisé avec ces mêmes demi-tours, la jambe droite sera fixée au sol et fournira le pivot ; mais, dans le commencement, on devra laisser décrire à l'arrière-main un petit cercle, car il vaut mieux conserver un peu de mobilité à l'arrière-main que de s'exposer à un acculement presque inévitable, lorsqu'on cherche trop tôt à immobiliser les hanches. Sans cette précaution, il arrive le plus souvent que le cheval recule ou qu'il effectue sa conversion, moitié avec les épaules, moitié avec les hanches.

But du travail.

La mobilisation de l'avant-main, soumission parfaite aux effets directs des rênes et au soutien des jambes : tel est le but que doit se proposer l'instructeur dans ce nouveau travail, qui est préparé et facilité par les leçons précédentes. Il ne peut trouver sa place qu'après la tête au mur et les demi-voltes renversées, puisqu'il faut pouvoir contenir l'arrière-main, pour mobiliser l'avant-main.

« Ce mouvement, qui est un des plus im-
« portants peut-être, car il assure la mobilité
« des épaules, donne la facilité dans le tourner
« et prépare efficacement le cheval à accepter
« l'action de la bride, doit être sagement, len-
« tement et fréquemment exercé. Ce n'est
« qu'en le décomposant pas à pas qu'on peut
« l'obtenir juste et promptement. »

3° Marche directe au pas et au trot.
Attaques.
Finir par un changement de main de deux pistes.

« Le changement de main doit être com-
« mencé directement et terminé de deux pistes.
« Ce mouvement exige plus de tact que la tête
« au mur, puisque le cavalier doit régler la
« piste que parcourt obliquement le cheval
« avec ses épaules et ses hanches. Il faut expli-
« quer au cavalier la valeur et l'emploi des
« temps d'arrêt et oppositions de la jambe
« destinée à pousser la hanche sur la ligne
« des épaules; on lui fera bien comprendre
« la position que le cheval doit avoir dans ce
« nouveau travail, et la nécessité où il se trouve
« de marcher à la fois de côté et en avan-
« çant. »

4° Marche directe au pas.

« A la fin du mouvement, on *marchera large*
« et flattera le cheval après avoir allongé les
« rênes pour le reposer et le détendre.

« Si je ne répète pas, après chaque mouve-
« ment d'une exécution difficile et nouvelle,
« qu'il faut un temps de repos, c'est que je
« crois avoir fait comprendre toute ma pensée
« à ce sujet, et que j'ai pour lecteurs des
« hommes de cheval intelligents. »

5° Attaques.

« Il ne faut jamais négliger les moyens im-
« pulsifs, surtout après les tours, les demi-
« tours sur place et les mouvements de deux
« pistes, qui amènent une incertitude inévita-
« ble qu'on doit combattre, en ramenant tou-
« jours les chevaux au mouvement en avant et
« à une allure franche. »

§ 5.

1° Travail de deux pistes,
Demi-tour sur les épaules, sur les hanches.
Contre-changements de main.

En reproduisant le travail de la leçon précédente, il faut tenir compte de la durée de la
leçon entière et des nouveaux mouvements qui

restent à exécuter ; ainsi, un tiers du temps sera consacré à repasser le travail de la veille, un tiers à étudier les nouveaux exercices, puis, la leçon sera toujours terminée par des mouvements directs, au trot et au pas, et enfin par les attaques.

Les contre-changements de main ne seront pas exécutés dans toute l'étendue du manége, mais consisteront à quitter la piste en tenant des hanches pendant quatre ou cinq pas, et à revenir trouver la piste pour la quitter de nouveau. On s'attachera dans cette figure à placer la tête du cheval dans le sens du mouvement ; mais comme, pour revenir plusieurs fois à la piste, le jeune cheval a de la peine à s'équilibrer et n'accepte pas toujours franchement la jambe, il faudra souvent avoir recours à l'opposition, pour lui faire changer de direction et passer d'une position à l'autre.

But du travail.

On se propose de mobiliser également les hanches et les épaules, de confirmer le cheval dans la soumission aux jambes et, enfin, de l'exercer au *chevaler*, ou marche de deux pistes.

2ᵉ Marche directe au pas et au trot soutenu.
Voltes.
Arrêts et départs fréquents.

« Les arrêts, les départs fréquents devien-
« nent plus opportuns et plus faciles à mesure
« qu'on avance dans le dressage. Plus oppor-
« tuns : car plus on exige de précision, plus le
« cheval doit être soumis aux oppositions de la
« main et accepter les demi-arrêts ; plus fa-
« ciles, car le cheval, déjà souple d'épaules et
« de hanches, résiste moins aux oppositions de
« la main, dont il a déjà appris, d'une façon
« progressive, les diverses actions. Il est im-
« portant, et je ne puis trop insister sur ce
« point, de recommander au cavalier de rap-
« procher ses jambes au moment de l'arrêt.
« Pour reporter le cheval en avant, les jambes
« doivent provoquer le mouvement, et les
« mains ne pas se déplacer, mais rester fixes
« et recevoir, pour ainsi dire, le cheval sur la
« main, car il ne peut se diriger franchement
« et sans incertitude que lorsqu'il est en con-
« tact avec le mors qui le dirige. »

§ 6.

4° Promenade extérieure au pas et au petit trot.

La conséquence des leçons précédentes, tels
intelligence et ménagement qu'on y apporte,

serait infailliblement d'amener chez le jeune cheval un peu de mollesse et d'hésitation dans la marche ; il finit par chercher ce qu'on lui veut, croit toujours qu'à une pression de jambes ou à un effet de main involontaires, il doit exécuter un mouvement. Il est indispensable alors de le remettre en confiance par de longues promenades au pas et au trot.

2° Accoutumer les chevaux aux bruits de guerre.

« Tout cheval de selle doit être habitué aux
« bruits divers et à la vue des objets extérieurs
« qui sont de nature à l'effrayer. J'indiquerai
« ici la manière de s'y prendre pour atteindre
« ce résultat.

« C'est après avoir jeté les premières bases
« du dressage et avoir fait prendre aux jeunes
« chevaux la connaissance des aides, qu'on doit
« s'occuper de leur faire entendre les bruits
« qui pourraient, dans le début, provoquer des
« désordres trop difficiles à réprimer.

« A la fin de chaque leçon, et, le cheval
« étant au petit trot, on fera brûler quelques
« amorces en se plaçant au centre du manége.
« On arrêtera le cheval après chaque détona-
« tion, on le flattera, le fera doubler pour se
« rapprocher de l'endroit d'où est parti le
« bruit, et lui donnera de l'avoine dans une

« vannette. On augmentera graduellement la
« charge de poudre, et l'on continuera chaque
« fois de faire doubler le cheval et de le rame-
« ner au centre du manége, où il ne tardera
« pas à venir, avec confiance, chercher son
« avoine près de l'arme à feu. Ce sera aussi à
« la fin des leçons et avec la même progres-
« sion, qu'on fera entendre le bruit du tambour
« et, qu'enfin, on habituera le cheval à la vue
« des drapeaux. Mais pour ces derniers, il faut
« plus de précaution encore et de gradation,
« car, entre la vue du drapeau immobile et de
« celui qu'on agite, il y a une grande différence,
« et, en se pressant trop de dominer l'effroi, on
« peut gâter un cheval pour toujours. »

§ 7.

1° Marche directe au pas.
Flexions d'encolure en marchant.

La flexion d'encolure en marchant s'exécute en ouvrant la rêne, et attirant graduellement la tête et l'encolure sans changer la direction des épaules et des hanches. Pour rendre cette flexion facile d'exécution, on la fait de la rêne gauche en marchant à main droite, et *vice versâ*. On n'agit que d'une rêne ; l'encolure qui peut alors s'allonger et se détendre, se prête promptement à la flexion. Le poignet du cavalier doit être bas et ne pas produire un effet rétrograde qui amène le poids sur l'arrière-main. C'est par un emploi soutenu de force égale à la résistance que le cheval présente qu'on obtient la flxion; si la force est trop grande, l'action de rêne réagit sur le mouvement; si la force est au contraire trop faible, elle ne peut combattre la résistance et n'amème pas le pli.

But du travail.

A mesure que le cheval devient souple d'arrière-main, l'encolure qui doit aider à donner les positions déterminantes du mouvement, l'encolure, dis-je, a besoin de plus de flexibilité et d'une soumission extrême aux effets de rênes. L'assouplissement d'encolure a donc pour but de mettre le levier de la masse en rapport avec les résistances qu'il a à combattre et le poids qu'il a à déplacer. Le rapport de souplesse entre l'avant et l'arrière-main, doit être le but constant de l'écuyer.

« Au sujet de la force à employer dans la
« flexion d'encolure, il est bon de rappeler à
« l'instructeur qu'une force d'opposition de
« main peut être *inférieure*, *égale* ou *supérieure* à
« la résistance. C'est l'emploi de la force égale,
« qu'on appelle souvent force inerte, qui pro-
« duit la flexion d'encolure, dont il est ici
« question, et en général qui combat victorieu-

« sement toutes les résistances musculaires
« ayant pour siége la tête et l'encolure *Si l'as-*
« *souplissement poussé trop loin est un grave incon-*
« *vénient et tend à détruire les forces instinctives,*
« *qu'on doit se borner à régler et à harmoniser,* l'as-
« souplissement, dans de sages limites, est un
« moyen puissant de mettre toutes les parties
« en rapport entre elles, et, tout en augmentant
« les moyens d'action du cavalier, de conserver
« intacts les rouages d'une machine d'autant
« plus forte qu'elle fonctionne sans désordre. »

2° Doubler dans la longueur du manége.
Arrêt.
Tour sur le centre.

Le cheval étant placé au milieu du manége, le cavalier ouvre sa rêne droite et donne à son cheval un pli d'encolure assez marqué, ferme sa jambe droite et l'amène graduellement à tourner sur place; moitié avec les épaules, moitié avec les hanches, ce qui constitue le tour sur le centre. Lorsqu'on a soin de décomposer, en deux temps distincts, l'effet de rêne et de jambe, c'est-à-dire de ne faire agir la jambe que lorsque les épaules ont fait un demi-tour, le mouvement se fait sans difficulté. On le répète aux deux mains plusieurs fois de suite, en arrêtant et flattant le cheval après chaque tour.

But du travail.

Le but de ce travail est de mettre l'avant-main en rapport intime avec l'arrière-main, de mobiliser également ces deux parties et de rendre plus facile le *tourner* sur place et en marchant. C'est le moyen de dominer et de maîtriser l'arrière et l'avant-main, en les décontractant l'une par l'autre. Enfin, dans ce travail, on peut activer l'arrière-main de l'un ou de l'autre côté, en se servant de l'éperon, sans craindre de défense ni d'acculement.

§ 8.

1° Marche directe et mouvements au pas et au trot.

On doit suivre dans l'exécution des mouvements une marche progressive que voici : Le doubler dans la longueur, le cercle, le changement de main, la demi-volte dans la longueur, le contre-changement de main. Chaque figure sera exécutée également aux deux mains.

2° Départ au galop.

Pour obtenir le départ au galop, il faut activer et soutenir le trot à l'approche du premier coin ; puis, en sortir du second, écarter et soutenir fortement la rêne du dehors, en donnant un petit coup de gaule du même côté, en même temps qu'on exerce une pression énergique des deux jambes, celle du dehors fermée un peu plus en arrière que l'autre. Le soutien de la rêne du dedans est important pour empêcher l'encolure de se trop plier en dehors, et d'amener ainsi le poids sur l'épaule du dedans. Ce départ de galop est dit *départ par accélération*, et s'applique particulièrement aux jeunes chevaux.

But du travail.

On se propose, par l'emploi de ces moyens, de mettre le jeune cheval dans l'impossibilité de partir faux ou de se refuser au départ.

« Le départ au galop ne pouvant être suffi-
« samment préparé en bridon par le rassem-
« bler, et par le petit trot cadencé qu'on n'ob-
« tient guère qu'en bride, ce n'est qu'en se
« servant des coins, en activant le trot et en
« mettant le cheval dans l'impossibilité d'un
« mauvais départ, qu'on peut espérer l'obtenir.
« Il faut, je le répète, éviter que l'effet d'oppo-
« sition de la rêne du dehors (rêne gauche,
« dans le départ à droite), qui a pour but d'ar-
« rêter le mouvement de l'épaule, plie trop
« l'encolure ; le poids de l'avant-main viendrait
« sur l'épaule droite et le départ serait difficile

« ou impossible. Il faut que le poignet droit
« soit soutenu et porté énergiquement à gauche
« pour concourir, avec la rêne d'opposition, à
« apporter le poids sur l'épaule gauche, en dé-
« gageant la droite. On répétera plusieurs fois
« les départs aux deux mains. Le cheval ne
« fera qu'un tour de manége à chaque main, et
« il sera important qu'au moment de l'arrêt, les
« jambes soutiennent énergiquement l'arrière-
« main et précèdent l'effet de la main. »

3° Finir au pas et ne rien demander.
Pas d'attaques.

Les départs de galop ont suffisamment entretenu et activé l'impulsion, pour qu'on ait besoin de terminer la leçon par des attaques.

§ 9.

1° Travail du commencement de la leçon précédente.

Ce travail sera moins long, pour conserver plus de temps aux départs de galop.

Lorsque le cheval part sagement au galop et commence à s'asseoir, on termine le travail par un cercle aux deux mains.

« Il est bon, à la fin de la leçon, de faire
« quelques flexions d'encolure de pied ferme,
« pour faire céder les contractions qui peuvent
« se manifester après le travail au galop. »

§ 10.

1° Promenade au pas et au trot.

« L'instructeur doit se proposer, dans ce
« dernier travail au bridon, d'exercer et de dé-
« velopper l'allure du trot, tout en la régulari-
« sant d'une manière moins fatigante, pour le
« jeune cheval, que dans une carrière ou un
« manége. »

Travail en bride.

---

§ 1er.

1° Travail à la main.

Porter le cheval en avant, sur la cravache.

Ce travail s'exécute en bride comme en bridon, avec plus de précautions, en raison de la puissance du mors. La gourmette sera aussi lâche que possible, le cheval ne devant qu'à peine en sentir l'effet dans ses premières leçons ; on la raccourcira vers la fin du dressage.

But du travail.

Comme le moyen d'action sur la bouche du

cheval est devenu beaucoup plus puissant ; que l'animal le redoute et cherche plutôt à s'en débarrasser qu'à en rencontrer le contact, il est important de l'amener à en recevoir les premières impressions, de pied ferme et à la main, en le soumettant à un exercice qu'il connaît déjà en bridon.

« Si j'ai fait pousser aussi loin le dressage
« en bridon, c'est dans le but de simplifier les
« difficultés, de rendre les chevaux francs et de
« les mettre dans le mouvement en avant.

« Le jeune cheval a besoin d'être relevé,
« grandi, affermi dans son encolure. Lorsqu'il
« n'a pas de sang, et qu'on le bride trop tôt,
« il a une tendance à s'encapuchonner ou à
« s'appuyer lourdement sur la main; si, au
« contraire, ayant de l'espèce et de l'énergie,
« on le bride avant qu'il connaisse les aides in-
« férieures, il lutte contre la main, emploie ses
« forces mal contenues à se défendre, et il faut,
« dès lors, beaucoup de temps et de soins pour
« le calmer et régler ses allures.

« Il existe encore un système, celui de ne
« mener les chevaux nouvellement bridés, pen-
« dant quelque temps, qu'avec les rênes du
« filet ; je condamne ce moyen. Les cavaliers
« s'embrouillent dans leurs rênes ; si le cheval

« leur gagne la main, ils tirent presque invo-
« lontairement sur la bride, et enfin le cheval,
« qui joue avec le frein libre dans sa bouche,
« est distrait, tracassé, et ne profite pas de ses
« leçons.

« J'ai cru devoir ici, en motivant la marche
« que je suis dans la transition du bridon à la
« bride, aller au-devant de certaines objections
« et d'idées préconçues. »

———

2° Flexions de mâchoire.

Le cavalier, après avoir passé les rênes sur l'encolure, se place en face de l'épaule gauche de son cheval, saisit de la main gauche le montant de la bride, au-dessus de l'œil du mors (Voir la planche); puis, de la droite, il prend la branche droite du mors et pose le pouce de cette main sur l'*apophyse génienne*; il glisse alors le pouce de la main gauche entre les molaires; la pression exercée par ce pouce, qui comprime la peau et la membrane buccale sur le bord de la molaire, détermine l'animal à ouvrir la bouche, et comme, au même moment, la main droite fait faire au mors un effet de bascule sur la barre droite, cette double action force la mâchoire à se décontracter, résultat que le cavalier constate aussitôt qu'il voit le cheval mâcher le mors et saliver. Le but de l'appui du pouce sur la barbe est de régler l'action de la main droite, qui doit agir très-graduellement et éviter toute saccade et trop d'emploi de force. Le pouce de la main gauche est d'un si grand secours qu'il n'est point de mâchoire, si contractée qu'elle soit, qui ne s'ouvre immédiatement sous sa pression; par conséquent, la pression douloureuse du mors est presque nulle. Comme on ne se propose, dans ce travail préparatoire, que l'assouplissement de la mâchoire, on doit soigneusement éviter toute participation de l'encolure, et c'est pour s'y opposer que le pouce droit, appuyé sur la *barbe*, repousse la tête chaque fois, et la ramène à sa position naturelle lorsqu'elle se rapproche du poitrail, par suite d'une flexion d'encolure. Le coude droit du cavalier sera appuyé sur la partie antérieure et inférieure de l'encolure, de manière à fournir un point d'appui au bras, qui repoussera la tête et s'opposera ainsi à la flexion d'encolure. Ce travail d'assouplissement s'exécute aux deux mains.

But du travail.

On a, d'une manière bien diverse et souvent bien contradictoire, enseigné le travail d'assouplissement. Quant à moi, je ne connais que deux flexions principales vraiment importantes à faire de pied ferme, celle qui tend à décontracter la mâchoire et celle qui a pour but de lever l'encolure. De ces flexions découlent toutes les autres, qui se font en mouvement et sous le cavalier, sans aucune difficulté. J'ai, depuis longtemps, reconnu qu'avec les jeunes chevaux, l'assouplissement d'encolure sur place, poussé trop loin, amenait l'incertitude dans le mouvement et enlevait au cavalier ses moyens d'action sur l'arrière-main. L'assouplissement de la mâchoire, sans torsion, sans pli d'encolure, ne peut jamais être poussé trop loin; il est donc sans danger d'en généraliser l'emploi, tandis que les autres flexions ne peuvent être appliquées que dans de justes limites, appropriées à la conformation, à l'âge et au degré d'énergie du cheval.

« Il est important de faire comprendre au
« cavalier qu'il n'a besoin d'aucune force pour
« exécuter cette flexion, que son pouce gauche,
« qui ne peut blesser le cheval, est positive-
« ment celui qui fait ouvrir la bouche, et que
« l'action du mors ne fait que seconder et ac-
« compagner l'effet produit par la main gauche.
« Il faut que le cavalier étudie le moment où
« le cheval cède pour le flatter, et enfin dis-
« tingue la concession qui vient de l'encolure,
« de celle qui résulte de l'écartement des mâ-
« choires décontractées. Cette flexion se fera
« avec des gourmettes assez lâches, pour ne

« pas irriter le cheval et lui permettre de goûter
« le mors.

« Ce travail ne doit pas durer plus d'un quart
« d'heure, à moins de difficultés exception-
« nelles (1). »

3° Flexion d'élévation (Voir la planche).

La flexion d'élévation est une des plus utiles dans la préparation des jeunes chevaux : elle est aux chevaux de selle ce qu'est le jockey aux chevaux d'attelage; elle se fait avec le filet et avec la bride.

On se place en face du cheval, et après avoir passé ses pouces dans les anneaux du filet, on élève les mains graduellement et les bras jusqu'à ce qu'on ait élevé la tête et l'encolure aussi

---

(1) Il est encore une flexion que je ne saurais trop recommander et qui est indiquée par M. Baucher. Elle consiste, pour le côté gauche, à saisir de la main gauche la rêne du filet et de la droite la rêne de bride, à 40 centimètres de la tête du cheval, et à provoquer la contraction de la mâchoire. La main gauche attire la tête en avant et la droite provoque le relâchement de la mâchoire inférieure. La force employée doit être graduée. On doit attendre que le cheval cède à la pression et mobilise sa mâchoire pour lui rendre et le flatter. Il est bon de pratiquer d'abord cette flexion sans gourmette dont l'appui augmente encore la contraction. Lorsqu'on l'aura obtenue ainsi, on la pratiquera avec la gourmette très-lâche, et l'on arrivera graduellement à la décontraction, avec la tension de la gourmette au point où elle devra rester pour que le mors ait l'action nécessaire et maîtrise le cheval à toutes ses allures. Cette flexion se pratique aux deux mains également.

haut que possible, puis on lâche les mains et laisse la tête revenir d'elle-même à sa position. On recommence ces élévations pendant quelques minutes.

Pour produire le même effet avec la bride, on met la gourmette très-lâche, on saisit les branches du mors, une de chaque main, et l'on élève la tête en faisant par conséquent remonter l'embouchure et agir un peu la gourmette, comme elle agira du reste plus tard, lorsque le cavalier élèvera sa main pour grandir son cheval, lors même qu'il est déjà dressé. Ces flexions seront pratiquées de pied ferme, puis le cheval monté ; et alors il est bon d'aider le cavalier, surtout lorsqu'il exerce l'élévation par la bride, et, dans ce cas, l'aide se sert du filet pour élever, pendant que le cavalier cherche à provoquer l'élévation, en tenant sa main très-haute et en avant, presque au-dessus de la tête de son cheval. Si la gourmette était serrée, cet effet serait impossible ou au moins sensiblement neutralisé par l'action puissante du mors agissant comme bras de levier, et ne pouvant pas relever ce qu'il sert à abaisser. L'éducation habituera plus tard le cheval, sous une main intelligente, à suivre les degrés d'élévation qu'elle prendra ; mais alors il y aura souplesse et mobilité chez lui, ce qui ne peut exister dans le début de l'éducation.

But du travail.

Les chevaux d'origine commune sont enclins à porter la tête basse ; chez eux le ligament cervical a peu de soutien, et sous l'influence du mors de bride ils s'enterrent et quelquefois s'encapuchonnent et deviennent lourds. L'élévation que j'indique et qui se reproduira souvent, même sous les cavaliers, obviera aux inconvénients que nous signalons ici. Avec certains chevaux de sang, qui ont le garrot sorti, l'encolure ferme et longue, il faut, au contraire, quelquefois les affaisser de pied ferme et en marchant, pour les préparer à recevoir les effets du mors dans la ligne de la croupe, et empêcher ainsi l'arrière-main d'être écrasée par un avant-main plus puissant et plus élevé proportionnellement.

4° Flexions latérales avec filet et bride.

La flexion latérale que nous avons définie en bridon, s'exécute en bride, les deux rênes ensemble dans chaque main pour que l'action du filet serve d'indication au cheval, dans l'effet direct de la rêne de bride qu'il ne connaît pas ; et pour rendre cette flexion plus facile on prend le montant de la bride du côté opposé au pli, et on glisse le pouce entre les mâchoires pour les décontracter.

But du travail.

Ce n'est pas, comme je l'ai déjà dit, l'assouplissement d'encolure que nous cherchons ici, c'est tout simplement la soumission à l'effet direct de la rêne de bride, qui nous servira dans les leçons suivantes pour déterminer le tourner.

« On doit éviter tout effet de force dans cette
« flexion préparatoire ; j'y ai introduit l'action
« du pouce entre les molaires, pour éviter qu'on
« insiste trop sur la traction de rênes, qui pro-
« voque souvent une contraction anormale des
« muscles, et peut amener des défenses chez
« certains chevaux souffrants et irritables. »

5° Monter à cheval.
Marche directe au pas en rênes séparées.

Le cavalier étant à cheval, où il est monté selon les principes prescrits, sépare ses rênes dans les deux mains, ainsi qu'il suit : il prend dans chaque main une rêne de bride et de filet, et les tient comme un bridon, avec cette différence que le petit doigt de chaque main est passé entre les deux rênes, en sorte que la rêne de bride est pressée entre l'annulaire et le petit doigt, tandis que le filet est tenu et pressé sur l'intérieur de la main par le petit doigt ; or, comme l'action du filet doit dans le commencement se faire sentir la première, pour aider à l'indication de l'effet de bride, il est naturel que le petit doigt, très-libre dans son action, accoutumé à exercer le premier sa pression sur la rêne, agisse aussi de la sorte, dans ce nouveau travail.

But du travail.

On cherche, par cette décomposition d'effets de rênes, à faire comprendre promptement au jeune cheval les actions simples et composées des rênes, pour arriver bientôt à le diriger plus sûrement d'une seule main.

« Rien n'est plus absurde que de chercher à
« conduire d'une main un cheval qui ne con-
« naît pas encore la puissance et les effets du
« mors ; on est alors obligé de se servir de l'effet
« direct du filet pour aider le tourner à droite
« et à gauche. Mais qu'arrive-t-il? c'est qu'on
« est constamment obligé de changer ses rênes
« de main ou de tenir les rênes de filet sépa-
« rées, et, alors, la main qui tient la bride n'a-
« git plus aussi exactement ; dans ce cas, le
« cheval apprend, tant bien que mal, l'effet de
« rêne contraire ; mais aussi, quand il tourne
« à droite, par exemple, le filet amène la tête
« à droite, et la rêne droite de bride fait guir-
« lande : le cheval tourne donc par la seule rêne

« gauche de bride, et la barre droite n'est point
« en contact avec le mors. La constante action
« du filet amène un pli, souvent trop marqué,
« qui ne ressemble point à la position d'un
« cheval qui tourne d'une main. Notre progres-
« sion, au contraire, amène le jeune cheval à
« la connaissance de la rêne contraire; elle le
« maintient droit et le conserve toujours en
« contact avec les deux effets des rênes qui se
« corrigent et se règlent réciproquement. Cette
« soumission acquise à l'action de la rêne di-
« recte de bride, rend le cheval franc, docile
« aux oppositions; ses défenses, ses désordres
« sont faciles à réprimer, et si, parfois, la peur
« d'un obstacle le porte à se dérober, on le
« redresse sans effort, et le remet dans un rap-
« port intime avec la main. Nous reviendrons
« plus tard sur cette question. La pratique dé-
« montrera à l'instructeur la supériorité de la
« théorie que j'avance, et de la progression que
« je lui conseille. »

6° Voltes aux deux mains par les rênes directes seules.

Lorsque le cheval est calme, on fait exécuter les voltes au pas par les rênes directes. On sait que le diamètre de la volte est de la moitié de la largeur du manége; mais dans ce mouvement, exécuté à volonté et où il n'est pas possible, ni même nécessaire d'exiger une grande rectitude, les voltes seront plus ou moins larges, selon le degré de souplesse et de soumission qu'on trouvera chez le jeune cheval; cependant il vaut mieux qu'elles soient plus petites que plus grandes, car le cheval s'assouplit davantage et comprend mieux l'action de la rêne directe dans un cercle étroit. Après avoir répété ces voltes à une main, cinq ou six fois, on marche large, et change de main pour les reproduire à l'autre main.

« Il faut veiller à ce que les rênes soient éga-
« lement tendues et que pourtant le filet prime
« dans l'action, si le cheval se refuse au *tour-*
« *ner.* »

7° Marche directe au pas et au trot.
Réunir les rênes dans une main.

On redresse le cheval et suit la marche directe pendant quelques instants au pas et au trot; lorsque le cheval est calme, on fait réunir les rênes dans une main. Elles seront tenues à l'allemande, et on finira la leçon sur la piste, sans demander aucun mouvement circulaire. On s'attachera à l'égalité parfaite des rênes. La tête du cheval doit être exactement droite. On se préoccupera peu du ramener, qui sera l'objet d'un travail particulier.

On cherche, en réunissant les rênes, à appuyer le cheval sur le mors, et on se propose de lui en faire accepter graduellement l'effet d'avant en arrière, qui provoque l'arrêt et règle le mouvement.

« Lorsque le cheval est déjà calmé par le
« travail, qu'il commence à accepter le mors
« et ses actions décomposées, il est important
« de le fixer et de lui faire prendre un confiant
« appui sur la main. C'est à la fixité de cette
« main que l'instructeur doit s'attacher. Toute
« tentative de mise en main, d'inflexion d'en-
« colure à droite et à gauche, détournerait du
« but qu'on se propose. »

8° Arrêt sur la piste.
4° Flexion d'encolure.

Après avoir terminé le travail au pas et arrêté le cheval sur la piste, le cavalier sépare ses rênes de filet à deux mains, et amène deux ou trois fois la tête de son cheval à droite et à gauche sans exiger un pli marqué d'encolure ; ce ne doit être qu'une demi-flexion. Pour obtenir la flexion à droite le cavalier ouvre la rêne droite, attire graduellement le bout du nez du cheval, et attend qu'il cède à la résistance inerte que la main lui présente. La rêne gauche offre un léger soutien, et s'oppose à ce que le cheval tourne. Les jambes restent fermées pour empêcher le cheval de reculer ; lorsqu'il aura cédé à l'action du filet, on exercera la flexion avec bride et filet.

Ce travail peut durer dix minutes, après lesquelles on mettra pied à terre. Il va sans dire qu'on doit flatter les chevaux chaque fois qu'ils ont cédé à ce qu'on leur demande.

§ 2.

1° Travail à la main comme au paragraphe précédent.
2° Marche directe.
3° Mouvements successifs au pas.
4° Doubler et changements de main

Les voltes par la rêne directe, que nous avons définies dans la leçon précédente, ne sont qu'une préparation à celles qu'on exécute dans celle-ci par la rêne contraire.

On commence par reproduire les mouvements circulaires par les rênes directes pour s'assurer de leur puissance d'action, puis on les exécute sous l'influence de la rêne contraire, secondée seulement par la rêne directe, comme il a été dit, en bridon. Après chaque volte, on arrête et on flatte les chevaux.

Ce mouvement sera exécuté lentement, sans emploi de force ; et, aussitôt que le cheval résistera et aura une tendance à s'acculer, on fera immédiatement sentir l'effet de la seule rêne directe, pour décomposer la résistance et faire comprendre au cheval ce qu'on veut lui demander.

Le dressage en bridon bien dirigé a aplani les difficultés, et les chevaux ont compris tellement l'appui de la rêne de bridon sur l'encolure, qu'on n'a plus en bride qu'à se préoccuper de l'effet rétroactif du mors qui, en reportant trop de poids sur l'arrière-main, peut souvent en paralyser le mouvement et empêcher le tourner.

5° Travail au pas et au trot,
les rênes dans une main.
6° Mise en main.

Lorsque les chevaux sont calmes et fixés sur la main, sur l'indication d'arrêter, le cavalier rapproche ses jambes pour contenir les hanches, assure sa main et oppose une résistance graduée, jusqu'à ce que le cheval s'arrête; mais comme il arrive presque toujours qu'après cet arrêt, le cheval s'appuie encore sur le mors et se contracte pour en repousser la sujétion, le cavalier conserve sa main dans la même position, sans la rapprocher de lui, mais sans la relâcher, jusqu'à ce que le cheval desserre sa mâchoire, se décontracte et goûte le mors. Le cavalier flatte son cheval, lui rend aussitôt de la main et des jambes, c'est-à-dire qu'il mollit sa main sans la déplacer, et qu'il cesse de faire agir ses jambes, sans pour cela les éloigner brusquement et les porter en avant.

Le cavalier, après un instant de repos, met de nouveau ses jambes au soutien, augmente graduellement l'opposition de sa main, et, cherchant, en place, à ramener la tête de son cheval, si elle est éloignée de la bonne position, emploie une résistance égale à celle que l'animal présente, jusqu'à ce qu'il goûte le mors, devienne léger et se place; puis il relâche ses jambes, mollit sa main et flatte son cheval.

On entend par mise en main l'action des aides tendant à imprimer à la tête du cheval une position qui permet au cavalier de régler ses mouvements. Chacun sait, aujourd'hui, qu'une position de tête trop élevée fait réagir le levier de l'encolure sur les reins et les jarrets, et qu'une tête encapuchonnée paralyse la puissance de ce même levier qui ne peut plus dominer l'arrière-main. C'est dire assez l'importance de la mise en main, dont on a beaucoup parlé sans s'en rendre peut-être bien compte.

Le cavalier peut facilement apprécier le degré de force qu'il emploie pour obtenir cette mise en main; en effet, si sa force est supérieure à la résistance, le cheval recule, se traverse ou s'arrête; si elle est inférieure, il se porte en avant; si elle est égale, il s'appuie sur le mors, résiste quelques instants et cède en se plaçant et en relâchant sa mâchoire.

« Cette leçon exige beaucoup de soin, de
« clarté dans sa démonstration : l'instructeur
« doit y attacher une grande importance, c'est
« un pas immense dans l'instruction du cava-
« lier, et le moyen le plus sûr de lui donner
« du tact dans la main et de l'initier à la véri-
« table finesse. Les mains dures et brutales,
« dirigées par des hommes sans raisonnement,
« sont la cause principale de la ruine des che-
« vaux et de leur rétiveté dans le dressage. »

« Le travail à la main devra être suspendu
« aussitôt que le relâchement de mâchoire sera
« obtenu et que l'élévation d'encolure se fera
« sans effort. »

§ 3.

1° Préparation à la main, comme dans le paragraphe précédent.
2° Voltes individuelles aux deux mains.

Les voltes doivent être beaucoup plus étroites, et le cavalier, en les exigeant d'abord par la rêne directe, doit amener un peu plus de flexion de tête à droite, et se servir de la jambe du côté où il tourne, pour activer la hanche et seconder l'effet de rêne

3° **Marche directe.**
4° **Demi-hanche, tête au mur, aux deux mains.**
5° **Changement de main de deux pistes, les rênes séparées.**

« Comme nous avons fait précéder le dres-
« sage en bride par une éducation préparatoire
« en bridon, nous ne devrions pas rencontrer
« de difficulté dans le travail de deux pis-
« tes avec l'aide du mors ; mais, comme on
« peut avoir à dresser des chevaux qui n'ont
« pas été débourrés au bridon, je vais indiquer
« la progression à appliquer, avec autant de
« précision que si les chevaux n'acceptaient
« pas les jambes.

« La demi-hanche tête au mur a été définie.
« On sait qu'il faut tenir peu de hanches au
« commencement des leçons. J'évite de faire
« exécuter les mouvements sur les épaules, en
« place, parce que je crains qu'en mobilisant
« ainsi l'arrière-main, on ne donne au jeune
« cheval de l'incertitude dans le mouvement
« en avant, et ce n'est qu'à la fin des leçons et
« lorsque le cheval sait exécuter le travail de
« deux pistes en mouvement, qu'on doit le finir
« sur place, par un tour ou deux sur les épaules.
« Ce travail n'a pas le même inconvénient en
« bridon, lequel ne peut acculer et agit très-
« faiblement d'avant en arrière ; tandis qu'en
« bride, et surtout lorsque le jeune cheval n'est

« point encore familiarisé aux effets du mors,
« on peut craindre qu'il ne s'accule et profite
« de la mobilité des hanches pour se soustraire
« à l'impulsion des aides provocatrices du mou-
« vement. N'oublions jamais, d'ailleurs, que
« tel moyen, appliqué avec succès par un ha-
« bile écuyer, devient souvent fatal et nuisible
« entre les mains d'un mauvais cavalier. Le
« changement de main, entre chaque mouve-
« ment de tête au mur, sera exécuté moitié sur
« le droit, moitié de deux pistes par la rêne et
« la jambe du même côté. La demi-hanche
« tête au mur sera, comme il est recommandé
« en bridon, interrompue tous les trois ou
« quatre pas, et recommencée, dans le but de
« faire accepter l'effet de la jambe et l'incli-
« naison, sans arrêter le mouvement. Ce tra-
« vail doit durer pendant le tiers de la leçon »

6° Marche directe, les rênes dans une main,
mises en main.

« Les mises en main ont été définies; on
« doit les renouveler plusieurs fois à la fin de
« cette leçon; faire un tour de manége au pas;
« arrêter; mettre en main; faire deux tours au
« trot; passer au pas; arrêter; mettre en main.
« On ne doit pas encore faire arrêter les che-

« vaux à l'allure du trot, parce qu'ils ne sont
« point encore assez placés et n'ont pas les
« hanches assez souples pour qu'on ne craigne
« pas d'acculer et d'écraser l'arrière-main. »

7° Doubler individuel, au pas.
Arrêt.
8° Finir par quelques flexions à droite et à gauche, en badinant avec les rênes.

« Il faut, à mesure qu'on avance dans le
« dressage, employer moins de force dans les
« quelques flexions qu'on fait en terminant la
« leçon; c'est presque en badinant avec les
« rênes qu'on doit les obtenir, et le pli léger
« de la tête à droite et à gauche suffit, car il
« faut conserver tout le soutien possible au
« reste de l'encolure. »

§ 4.

1° Même préparation à pied, mais plus courte.
2° Voltes, demi-voltes, les rênes séparées.

Après avoir exécuté les voltes, dans le but de faire connaître aux chevaux les actions de rênes, on régularise ces mêmes mouvements par l'action des deux rênes, en faisant sentir la puissance directrice de chacune d'elles; ainsi, dans la volte à droite, la main droite, qui donne une légère inclinaison au bout du nez, sur le dedans de la volte, doit contenir l'épaule droite en produisant un effet d'opposition de droite à gauche, et contre-balancer l'effet de la rêne contraire qui, poussant les épaules de gauche à droite, pourrait apporter trop de poids sur l'épaule du dedans, et par conséquent rétrécir la volte ; si, au contraire, la rêne du dehors ne produit pas encore l'effet qu'on se propose, et que le cheval ne réponde pas à sa pulsion, la rêne droite, par un petit écart, vient en aide à la gauche et en corrige l'effet.

Les jambes peuvent, dès à présent, agir d'une manière plus distincte et plus motivée ; ainsi, la jambe gauche, portée un peu plus en arrière, devra activer et contenir les hanches ; la jambe droite, espèce de pivot, réglera le mouvement, et, agissant concurremment avec l'autre, en entretiendra la durée.

3° Demi-hanche, tête au mur,
changements de main.
4° Demi-tour sur les hanches, les rênes séparées.

« Les demi-tours sur les hanches ne pré-
« sentent jamais l'inconvénient de l'abus des
« demi-tours sur les épaules ; ils augmentent
« la mobilité, rendent le tourner facile et don-
« nent de la légèreté à l'avant-main ; nous
« avons dit comment ils devaient s'exécuter en

« bridon. Ce sera avec plus de soin, d'une
« main plus fixe et plus légère qu'on devra les
« exiger en bride. Les rênes seront séparées
« pour pouvoir recourir plus vite aux opposi-
« tions.

« Plus ces mouvements, je ne saurais trop
« le répéter, seront faits lentement en décom-
« posant chaque pas, plus on simplifiera la
« difficulté et hâtera les progrès. C'est sur la
« piste qu'il faut exécuter ces demi-tours. On
« y consacrera un quart d'heure dans cette
« leçon. »

5° Les rênes dans la main gauche,
marche directe au pas et au trot.
6° Changements de main individuels, au pas et au trot,
attaques.
7° Flexions latérales, en marchant au pas.

Après avoir remis le cheval sur la ligne droite, l'avoir poussé sur la main par les attaques et mis en main, ainsi que nous avons recommandé de le faire à la fin de chaque leçon, on peut déjà lui demander, d'une main, le mouvement le plus simple et qui exige le moins de soumission aux effets de rênes, c'est-à-dire la marche oblique ou changement de main. Enfin, on termine cette leçon par quelques flexions latérales en marchant, qui n'ont pas l'inconvénient de donner trop de mollesse à l'encolure et confirment le jeune cheval dans la connaissance des effets de rênes directes. Il faut, pour ce travail, séparer les rênes à deux mains.

« Comme l'instructeur pourrait s'étonner de
« ne pas voir les mouvements qu'on a obtenus
« avec les rênes, séparées à deux mains, repro-
« duits plus tôt d'une seule main, je crois de-
« voir lui dire toute ma pensée. Bien que le
« cheval commence à céder aux jambes secon-
« dées par les oppositions, on ne peut pas dire
« qu'il comprenne encore l'action définitive
« des aides ; les moyens de conduite sont en-
« core appréciés par lui d'une manière trop
« incertaine pour se risquer à lui demander les
« *doubler,* les voltes et surtout le travail de deux
« pistes, en s'aidant seulement de la rêne con-
« traire. Je veux qu'on ne cherche que ce qu'on
« est sûr de trouver sans hésitation, enfin qu'on
« passe du simple au composé. »

§ 5.

1° Préparation à pied.

« Cette préparation à pied devra chaque
« jour être moins longue, et se proposer de
« combattre, à la main et en marchant, les
« contractions de mâchoire qui n'auraient pas
« été vaincues dans les leçons précédentes. On
« évitera toute espèce de pli ou d'inflexion

« fausse d'encolure, dont le jeune cheval ne
« tarde pas à profiter pour se mettre de tra-
« vers, fuir l'action directe du mors de l'un ou
« de l'autre côté, et se soustraire aux exigences
« de son cavalier. »

———

2° Reproduction du travail de deux pistes, au pas, rênes séparées.
3° Demi-hanche, tête et croupe au mur par opposition.

« On doit chaque jour, en exerçant la marche
« de deux pistes, diminuer l'action de la rêne
« d'opposition; ainsi, par exemple, en marchant
« la tête au mur à main droite, substituer le
« soutien de la rêne droite, à l'écart et à l'op-
« position de rêne gauche ; la rêne droite exer-
« cera une pulsion sur l'encolure de droite à
« gauche, dans le but d'amener le poids sur
« l'épaule gauche et d'agir en formant l'oppo-
« sition des épaules aux hanches, effet que cette
« rêne devra produire, lorsque le cheval dressé
« sera conduit d'une main. Le travail par op-
« position est, en définitive, un moyen d'édu-
« cation et de transition qui, au point de vue
« de l'équilibre et de la répartition de la masse,
« serait faux s'il devait être poussé trop loin.
« On doit se reporter toujours en pensée au
« but qu'on se propose d'atteindre, et, comme
« la rêne contraire est celle qui devra produire
« tous les déplacements de poids, toutes les

« oppositions, il faut, aussitôt que possible, ar-
« river à l'emploi de son action. Avant d'exi-
« ger les mouvements d'une main, l'instructeur
« devra se rendre compte de la manière dont
« le cheval accepte la pression de la jambe,
« et, pour rendre ce résultat plus prompt, mul-
« tiplier les déplacements des hanches, qui
« tendent à amener la véritable soumission du
« cheval aux aides inférieures.

« La croupe au mur, qui sera dans le commen-
« cement exécutée comme la tête au mur, par
« opposition, ne doit être exigée que lorsque les
« chevaux commencent à comprendre les jambes
« et lorsque les épaules ont été déjà mobilisées
« par les demi-tours sur les hanches. Ainsi que
« je l'ai recommandé, en parlant de la tête au
« mur, on ne fera que quelques pas de croupe
« au mur, puis on redressera les chevaux et re-
« **commencera le mouvement plusieurs fois**
« dans un tour de manége. »

4° Marche directe au pas et au trot
5° Doublé, voltes et demi-voltes individuelles, aux deux mains.

Ces voltes et ces demi-voltes doivent être exécutées et régularisées par le concours des deux mains et des deux jambes à un trot assez raccourci et cadencé.

6° **Marche directe.**

Arrêts fréquents ; rênes d'une main ; au pas, effets d'ensemble.
Tête au mur, demi-hanche, d'une main ;
demi-tour sur les épaules, à droite et à gauche.

« Le mouvement de la tête au mur, demi-
« hanche, étant le plus facile d'exécution, on
« peut le demander d'une main ; si un cheval
« se refusait à accepter la jambe, et qu'il fallût
« recourir à un peu d'opposition, qui alors se-
« rait celle du filet, je vais indiquer comment
« on se servirait des rênes de filet, et la ma-
« nière la plus commode de les tenir. »

La tenue des rênes dite à l'allemande est la plus simple, comme la plus pratique de toutes, pour dresser de jeunes chevaux, parce qu'on n'a jamais besoin de changer ses rênes de main. Au lieu de séparer les rênes par le petit doigt de la main gauche, comme à la française, on les sépare par l'annulaire, puis on prend les rênes de filet comme un bridon ordinaire et séparées dans les deux mains. Le petit doigt de la main gauche exerce sa pression sur le filet, et le sentiment des rênes de bride est réservé à l'annulaire qui les sépare et au médius qui fournit sa pression sur la rêne droite.

La rêne du filet doit conserver sa position parallèle à la rêne de bride et se trouver, par conséquent, au-dessus de celle-ci dans toute son étendue. Lorsque le cavalier a besoin d'une opposition de rêne gauche de filet, il raccourcit cette rêne comme on raccourcit un bridon avec la main droite; dans ce moment, la rêne de bride agit un peu moins, et le filet produit son effet plus distinctement. Aussitôt que l'opposition devient inutile, le cavalier ajuste ses rênes de bride, laisse un peu couler le filet dans la main gauche, et la bride seule agit; quant à l'opposition de rêne droite, il est inutile d'en parler. Cette rêne, placée dans la main droite, d'où elle ne bouge pas, agit selon l'opportunité et est d'un emploi trop facile pour avoir besoin de l'expliquer. La main gauche doit être particulièrement exercée, et il est important d'y concentrer tout le tact, toute la finesse de conduite dont le cavalier est susceptible. (Voir la planche *Tenue des rênes*.)

§ 6.
1° Préparation à la main, reculer.

Lorsque le cheval goûte son mors, accepte à pied les oppositions de main pour arrêter, sans humeur et sans bourrer à la main, on peut exercer le reculer. Le cavalier saisit les deux rênes de bride de la main gauche à quelques centimètres des porte-rênes, et, tenant la gaule de la main droite, il oppose graduellement la main jusqu'à ce qu'il provoque un pas en arrière ; il arrête son cheval, le flatte et le reporte en avant avec la gaule, comme il a été dit au commencement de ces leçons. Si l'animal se refusait au mouvement rétrograde, le cavalier lui donnerait quelques légers coups de gaule sur les genoux, et, s'emparant de la mobilité provoquée par ce stimulant, il ferait sentir l'action du mors qui déterminerait infailliblement le reculer. Il vaut mieux recourir à l'aide de la gaule lorsque le cheval se contracte, se refuse à reculer, que d'insister violemment sur l'effet du mors qui peut provoquer une défense, ou quelquefois même offenser les barres.

But du travail.

Le reculer, qui a le double but d'assouplir les reins et les hanches, est, en définitive, un mouvement indispensable pour le cheval de selle ; il présente généralement des difficultés d'exécution et provoque des défenses ; aussi est-il bon de l'exercer à la main et lentement pour le faire décomposer au jeune cheval et le lui faire exécuter, sans poids, et avec le secours des aides les plus simples.

2° Travail de deux pistes, au pas, rênes séparées.
3° Tours sur le centre.

Les tours sur le centre s'exécutent par un mouvement alternativement circulaire des épaules et des hanches ; la piste décrite par les deux extrémités est un cercle parfait qui a pour diamètre l'espace compris entre les membres antérieurs et postérieurs. Pour faire exécuter ce mouvement, on fait arrêter le cheval ; puis le cavalier, imprimant à la tête et à l'encolure un pli assez marqué à droite, si l'on veut le tour de ce côté, attire à droite les épaules qui, après avoir décrit un quart de tour, sont suivies du mouvement des hanches sous la pression de la jambe droite qui les active ; les épaules recommencent alors leur évolution, puis les hanches, et enfin un tour complet est effectué. (Voir ce qui a été dit précédemment.)

But du travail.

Ce travail, d'une grande importance, comme je l'ai déjà dit, et comme je n'hésite point à le répéter, se propose d'harmoniser et d'égaliser les mouvements exécutés isolément des épaules autour des hanches et des hanches autour des épaules. Il tend à décontracter, à assouplir toutes les parties et à amener une facilité, une aisance parfaite dans le tourner sur place, si utile au cheval de selle.

« Ce mouvement pourra être, les premières
« fois, décomposé en quatre évolutions succes-
« sives d'épaules et de hanches ; mais ensuite
« on l'exécutera sans interruption et plusieurs

« fois de suite, à chaque main. C'est dans ce
« travail qu'on pourra, sans inconvénient et
« lorsque le cheval est plié d'encolure, faire
« sentir l'éperon, si l'animal est froid, pares-
« seux à la jambe et qu'il faille la lui faire
« craindre. On n'a point alors à redouter de
« défenses, la position même du cheval para-
« lyse tous les efforts de contraction nuisibles,
« la mobilité dans laquelle on l'entretient est
« un puissant obstacle au retrait de ses forces,
« et l'opposition efficace de la rêne droite, du
« côté où la jambe agit, force le cheval à fuir
« le contact de l'éperon, dont on ne fera cepen-
« dant usage que sobrement et selon le degré
« de froideur ou d'irritabilité du cheval. Les
« juments sont et seront presque toujours une
« exception, et la jambe, secondée de la gaule,
« devra suffire pour les assouplir et les porter
« en avant. »

4° Marche directe au pas et au trot, rênes dans une main ;
reculer.

Le reculer doit être exercé à la fin de cette leçon et lorsque les chevaux sont mobilisés autant que possible. Pour l'obtenir, le cavalier rapproche ses jambes, met son cheval dans la main, puis il augmente graduellement l'opposition de sa main, jusqu'à ce que le cheval fasse un pas en arrière ; il rend aussitôt, fait cesser la marche rétrograde, en laissant primer le soutien des jambes, puis flatte son cheval et le remet dans la main. Si, à l'opposition de main qui doit déterminer le reculer, le cheval se contracte, s'immobilise, le cavalier, sans augmenter la résistance de sa main, provoque, par une pression de jambe un peu plus intense, la mobilité de l'arrière-main, dont il s'empare pour déterminer, sous l'influence du mors, la marche rétrograde. Il est bon aussi, dans ce moment, de s'aider de la gaule dirigée en arrière des sangles, et dont l'attaque légère, et plusieurs fois répétée, obtient une mobilité d'arrière-main que les jambes seules n'amèneraient pas toujours. Le reculer ne doit être reproduit dans cette leçon que trois ou quatre fois, et l'on n'exigera qu'un pas ou deux en arrière.

« On voit, par ce qui précède, que cette im-
« portante leçon réclame beaucoup de soin et
« de prudence ; on voit que la mobilisation de
« l'arrière-main est indispensable, avant que
« la main produise son effet ; on voit, enfin, que
« le soutien et l'action des jambes sont les
« moyens provocateurs et régulateurs du re-
« culer, et qu'entre une marche rétrograde ré
« gulière et soumise, et un acculement qui
« amène les défenses, il peut n'exister qu'un
« pas, qu'une nuance que l'instructeur doit

« saisir. Le reculer ne doit donc être exercé
« que lorsque le jeune cheval est parfaitement
« franc aux aides impulsives, qu'il est complé-
« tement mobilisé et assoupli, et qu'ainsi la
« marche en arrière peut être demandée et
« suspendue sans désordre. »

5° Marche directe.
Attaques.
6° Finir au pas, en allongeant les rênes.

« Les attaques de jambes et de gaule sont
« nécessaires pour entretenir l'impulsion après
« cette leçon si utile, qui pourrait cependant
« amener un peu d'incertitude dans le mouve-
« ment direct.

« On finira le travail au pas et on allongera
« les rênes dans la main gauche jusqu'au bou-
« ton, pour laisser le cheval se détendre et
« se reposer de la fatigue inévitable de l'ar-
« rière-main. Un conseil, dont on comprendra
« toute l'utilité et la portée, trouve ici sa place
« naturelle, celui de faire succéder les descentes
« de main à tout travail un peu fatigant et qui
« exige un effort des reins et des jarrets; jus-
« qu'à présent je n'en ai pas parlé, parce que
« la manière dont les exercices étaient dispo-
« sés, donnait aux jeunes chevaux des inter-
« valles de repos dont j'avais calculé l'impor-

« tance, et qu'il était indispensable, en com-
« mençant et dans un travail préparatoire,
« d'avoir toujours les chevaux fixes et occupés
« par la main Il n'est pas un homme de cheval
« qui ne comprenne que le jeune cheval, sur-
« tout, ne peut supporter une longue sujétion,
« que son arrière-main se fatigue vite, et que
« bien des défenses et des cas assez graves de
« rétiveté ne résultent que d'exigences trop
« prolongées et d'exercices qui auraient été
« bons et profitables, s'ils eussent été moins
« longs et mieux dirigés. »

§ 7.

1° Tours sur le centre, en rênes séparées.
2° Demi-tours sur les hanches et sur les épaules, les rênes dans une main.

« L'assouplissement et la préparation à la
« main ne figurent plus dans cette leçon, qui
« se propose pour but de perfectionner les di-
« vers mouvements sur place, dont nous avons
« donné la définition, et de les faire exécuter
« d'une main.

« Les tours sur les épaules sont ceux qui ont
« le moins besoin d'être étudiés, et, comme
« j'ai déjà eu l'occasion de le dire, il faut même
« se défier d'une trop grande mobilité d'ar-
« rière-main : elle peut devenir un principe
« de défense. Ce sont surtout les demi-tours et

« tours sur les hanches qu'on ne saurait trop
« multiplier ; ce sont eux qui rendent le cheval
« vraiment facile à manier et le préparent aux
« départs de galop, en l'amenant à une soumis-
« sion complète aux effets de main. Les tours sur
« le centre sont considérés ici comme une gym
« nastique préparatoire de toutes les parties,
« et je les ai, pour cette raison, placés au com-
« mencement de la leçon ; il va sans dire au-
« jourd'hui, puisque je l'ai déjà recommandé,
« que l'on commence toujours la leçon au pas
« et au petit trot pour calmer les chevaux.

« Dans l'exécution des demi-tours sur les
« hanches, on aura souvent besoin de se ser-
« vir des rênes du filet, ou comme opposition,
« ou pour seconder l'effet de la rêne contraire,
« lorsque les rênes sont dans une main. J'ai
« dit comment il fallait se servir de ces rênes, je
« crois ne pas avoir besoin de revenir sur cette
« question ; cependant il est important de re-
« commander aux cavaliers de ne pas abuser
« du concours de la rêne directe du filet, afin
« de les habituer à n'employer que la force né-
« cessaire pour déterminer les épaules par la
« rêne contraire, et à accoutumer le cheval à en
« comprendre et en accepter définitivement
« l'effet. Ce n'est que lorsque le désordre est
« trop grand, lorsqu'on craint une défense,
« qu'il faut prendre la rêne du filet ; mais en-

« core, aussitôt que le cheval est replacé, faut-
« il le ramener à l'action du mors et faire cesser
« celle momentanée de la rêne accessoire.

« Cette leçon doit être terminée par des
« mouvements simples et successifs, un peu de
« reculer, des mises en main et les attaques. »

§ 8.

1° Contre-changements de main courts, plusieurs fois répétés, les rênes séparées.

Lorsqu'on s'est assuré, par les leçons précédentes, de la mobilité parfaite des épaules et des hanches et de la soumission du cheval à la pression de la jambe, il est important de l'habituer à passer facilement d'une jambe sur l'autre. C'est en exécutant les contre-changements que j'indique, qu'on arrive à une translation de forces, qui contribue puissamment à assujettir le cheval et à le rassembler.

On exerce les mouvements en rênes séparées, pour être plus sûr de régler sa position et pour s'opposer avec plus de précision et d'à-propos aux diverses résistances qu'on rencontre. Le cavalier quitte la piste de quelques pas, avec les épaules et les hanches, comme s'il voulait exécuter un changement de main de deux pistes, puis revient à la muraille, qu'il quitte de nouveau, et exécute ce mouvement jusqu'à ce que l'instructeur lui dise de marcher large. Ce travail s'exerce aux deux mains, et, en raison de la manière dont les chevaux acceptent l'effet alterné des jambes, on doit s'attacher à leur imprimer une position de tête plus correcte et plus en rapport avec le mouvement : ainsi, en allant de gauche à droite, le bout du nez sera-t-il plutôt à droite qu'à gauche, ou au moins la tête sera-t-elle parfaitement droite et la rêne droite assez sentie pour régler le mouvement de l'épaule. Il va sans dire que les deux jambes doivent être près, et que si l'une, la gauche par exemple, prime sur l'autre, celle qui agit le moins, doit recevoir les hanches, en régler les déplacements, en arrêter le mouvement et provoquer la translation de forces qui détermine la marche opposée au changement de main ordinaire. (Voir la planche *Figures de manége.*)

2° Marche directe au pas et au trot, effet d'ensemble.

On entend par effet d'ensemble la centralisation des forces du cheval activées par les jambes du cavalier et retenues par la main qui les fait refluer sur elles-mêmes et tourner ainsi au profit d'un équilibre plus parfait, qui se traduit à l'œil par l'élévation et la cadence de l'allure. Pour obtenir l'effet d'ensemble, il ne faut pas prendre sur le mouvement acquis, au moment même où l'on veut le provoquer ; mais il faut donner une accélération à ce mouvement, pour ne reprendre avec la main, que cet excédant de puissance motrice. Soit l'allure évaluée à 5 au moment de l'effet d'ensemble, il faudra, par exemple, la porter à 6 pour reprendre avec la main ce 6° d'action transmise et le faire retourner vers le centre de gravité. S'il en était autrement, il y aurait ralentissement de l'allure et non concentration et élévation ; il y aurait un retrait des forces, un principe d'acculement qui finirait par mettre le cheval derrière la main et diminuer son impulsion instinctive et acquise dès le commencement de son dressage. L'effet d'ensemble s'obtient au pas, au trot et au galop et amène promptement la régularité et la cadence dans chaque allure. C'est, en définitive, le demi-temps d'arrêt des anciens maîtres, expliqué et présenté sous une forme peut-être plus précise et plus rationnelle. Nous devons cette théorie à un savant écuyer moderne. Il résulte de ce que je viens de dire, que les jambes doivent toujours précéder l'action de la main, lorsque cette dernière veut concentrer les forces, et nous serons amené à dire que l'arrêt lui-même déterminé par la main, n'est qu'un effet d'ensemble poussé à la limite extrême et que, par conséquent, l'action des jambes doit encore précéder celle de la main, pour éviter l'acculement et forcer l'arrière-main à accepter et à supporter le poids de la masse au moment de l'arrêt.

L'effet d'ensemble est donc, je le répète, une concentration des forces et ne peut être que le résultat d'une soumission acquise aux aides de la main et des jambes. Il faut que la mise en main soit facile et que les jambes aient toute leur valeur d'action, pour que l'effet d'ensemble tourne au profit de l'équilibre et de la répartition du poids.

L'effet d'ensemble est la préparation logique du rassembler, qui, lui-même, n'est autre qu'une concentration plus parfaite ou un rapprochement des extrémités sous le centre

L'effet d'ensemble, qui peut s'obtenir à toutes les allures, doit être exercé d'abord au pas. Le cavalier, après s'être assuré de la mise en main, augmente la pression de ses jambes, accélère l'allure, oppose la main et cherche à renfermer l'impulsion qu'il provoque. Aussitôt qu'il sent que son cheval, fixe et cependant léger à la main, se grandit et cadence son allure, il lui rend la main et relâche graduellement ses jambes.

But du travail.

Il est inutile, je crois, de définir le but de ce travail autrement qu'en répétant qu'il est le complément de tous les assouplissements que nous avons indiqués, et que son application devient indispensable à tout changement d'allure et de direction, puisqu'il augmente l'harmonie, concentre les forces et prédispose l'animal à accepter la position d'où découlent les divers mouvements.

« L'instructeur doit bien faire comprendre
« au cavalier que ses jambes ne doivent jamais
« stimuler de mouvements, que sa main ne
« puisse les contenir et les régler; par consé-
« quent, qu'il doit agir progressivement; que
« la mise en main, la bonne position de la
« tête de son cheval sont indispensables, et
« qu'enfin, un travail qui a pour but d'aug-
« menter le soutien et l'harmonie, pourrait
« devenir nuisible, si l'on n'était pas en mesure
« de dominer les forces qu'on a déplacées. »

3º Finir la leçon au trot et au pas, avec descente de main.

Cette leçon demande autant de soin que de patience ; ses résultats au point de vue de l'instruction sont immenses; on devra la reproduire chaque jour, jusqu'à la fin du dressage et toutes les fois que le besoin s'en fera sentir.

« Les mouvements de deux pistes peuvent
« être exécutés au trot, lorsque le cheval ac-

« cepte les jambes, sans le concours des oppo-
« sitions et les rênes réunies dans une main.

« Je laisse ici l'instructeur apprécier le mo-
« ment opportun pour exiger ce travail, qui
« réclame une exacte répartition des forces et
« une grande soumission aux aides. Pour de
« très-jeunes chevaux, il n'est pas sans incon-
« vénients; il peut donner trop de mobilité et
« amener de la fatigue. »

§ 9.

1° Préparation du rassembler à pied.

Le cavalier, marchant à main gauche, saisit de la main gauche les rênes de bride à 15 centimètres de la bouche du cheval, porte son cheval en avant en le touchant de la gaule à l'épaule; puis recevant cette impulsion sur sa main gauche, sans l'arrêter, et touchant à petits coups le flanc gauche, il cherche à activer le mouvement des hanches et à déterminer le cheval à rapprocher les membres postérieurs sous le centre. Aussitôt qu'on remarque un peu de mobilité de l'arrière-main et que le cheval se cadence, on l'arrête et le flatte. Il arrive bientôt un moment où, conservant plus longtemps cette mobilité, et soumis aux oppositions de la main, il peut exécuter le rassembler sur place. L'arrière-main alors, par les petites attaques répétées de la gaule, engage de plus en plus ses membres postérieurs, le rein se voûte en contre-haut, les hanches s'abaissent et le résultat du travail préparatoire est complet.

D'après la définition que j'ai donnée des effets d'ensemble, on doit conclure que le rassembler est une concentration plus exacte de toutes les forces par le rapprochement des extrémités sous le centre. Le rassembler, devant donc rendre l'équilibre plus instable, permet au cavalier de disposer à son gré des forces de son cheval et de déplacer, selon qu'il en a besoin, son centre de gravité. Ainsi, le rassembler qui doit précéder le départ au galop, permet de faire refluer le poids de la masse sur l'arrière-main, en dégageant l'avant-main.

But du travail.

Cette concentration importante de toute l'énergie impulsive de l'animal, soumis à notre domination, ne peut être que le résultat d'un assouplissement préparatoire bien dirigé, et doit être elle-même l'objet d'un travail particulier.

Le rassembler, exercé à la main, sera d'une grande utilité, et, d'ailleurs, il fait mieux comprendre au cavalier dans quelle attitude et sous quelle influence le cheval peut être dit *rassemblé*.

« Tout en reconnaissant l'utilité de ce tra-
« vail, je ne me dissimule pas qu'avec des che-
« vaux communs et qui n'ont pas d'énergie, le
« rassembler à la main ne dépasse pas cer-
« taines limites très-restreintes ; mais il faut
« prendre en considération la somme de bons
« résultats qu'on en peut obtenir, et ne pas se
« laisser arrêter par les exceptions fâcheuses,
« ni rebuter par les difficultés. Lors même que
« le cavalier n'obtiendrait pas de son cheval
« un rassembler suffisant, il aurait cependant
« augmenté sa soumission aux aides, et aurait
« compris, pour son compte, tout ce qu'il lui
« reste à faire, s'il veut mettre sa monture
« dans les meilleures conditions de service.
« L'instructeur doit, tout en admettant cette
« progression, la modifier dans son application
« selon l'habileté des hommes dont il se sert
« pour le dressage et par conséquent selon les
« difficultés d'exécution qu'il rencontre. »

2° Marche directe au pas.
Effets d'ensemble.
3° Ralentir l'allure, rassembler.

Après avoir fait quelques tours au pas, avoir obtenu un bonne mise en main et exercé les effets d'ensemble, le cavalier ralentit le pas, en cherchant à renfermer son cheval dans les aides, puis il dirige le bout de la gaule derrière les sangles, et essaie, par de petits coups, à augmenter l'action de son cheval, tout en le conservant au pas le plus ralenti possible. A l'aide de cette excitation motivée, le cheval se cadence, mobilise son arrière-main et commence à le rapprocher. Aussitôt qu'on obtient ce premier degré de rassembler, on rend la main, on caresse le cheval et on relâche graduellement les jambes. A des intervalles de quelques minutes, consacrés au repos, on recommence les mêmes effets de rassembler. Ce travail doit être de courte durée et ne jamais provoquer de désordre.

But du travail.

Cette leçon est la reproduction du travail à la main, sous l'action des aides du cavalier. On comprend trop son utilité et son enchaînement à tout ce qui précède, pour que j'aie besoin d'en faire ressortir les avantages.

« L'instructeur doit particulièrement veiller,
« pendant ce travail, à ce que la main du
« cavalier soit fixe, qu'elle rende à propos,
« que toute exigence soit motivée, et qu'on
« ne fasse pas abus de la gaule, qui, si elle
« était brusquement employée, déterminerait
« des défenses, au lieu d'amener la concen-
« tration et l'harmonie. Il faut bien recomman-
« der au cavalier d'augmenter l'action et le

« soutien des jambes, au moment du toucher
« de la gaule, afin que l'arrière-main mobili-
« sée ne cherche pas à se dégager en s'éloi-
« gnant du centre ou en déviant à droite ou à
« gauche. »

4° Rênes dans une main.
Finir cette leçon au trot et par quelques attaques d'éperons.

« Pendant cette leçon, on ne doit demander
« aucun mouvement de deux pistes ; il est tou-
« jours bon de concentrer exclusivement l'at-
« tention de l'homme et du cheval sur un tra-
« vail unique, lorsqu'il est fatigant et demande
« du soin.

« Dans l'allure du trot on cherchera à régu-
« lariser la cadence, à la raccourcir ; enfin,
« comme le rassembler pourrait provoquer un
« peu d'hésitation dans la marche directe, il
« est bon de finir la leçon par quelques atta-
« ques de jambes et de gaule, dont le but im-
« portant, je ne saurais trop le répéter, est de
« conserver une grande franchise d'impulsion.

« Je n'ai point parlé jusqu'ici de l'emploi de
« l'éperon, et je me suis donné de garde de le
« systématiser ; cependant un cheval de selle
« n'est vraiment dressé que lorsqu'il l'accepte
« franchement. Je dirai plus, le rassembler ne
« devient facile que lorsque le cheval com-
« mence à en accepter le contact.

« J'ai donc besoin d'exprimer toute ma pensée à ce sujet, le temps en est venu.

« L'éperon est bien évidemment, ainsi que l'ont dit nos maîtres, une aide délicate et tout à la fois un moyen très-énergique d'impulsion. Le toucher de l'éperon peut venir seconder les jambes, lorsqu'après un effet d'ensemble, elles se trouvent insuffisantes à rassembler les forces éparses et à rapprocher l'arrière-main sous la masse. Ce toucher, ou pincer de l'éperon, ne doit provoquer aucun désordre, aucune accélération brusque de l'allure, sur le cheval préparé à le recevoir, par une bonne mise en main, par une soumission déjà très-grande aux aides. Aussi, est-il très-important, pour éviter tout désordre et chatouillement, que la pression de jambes précède, accompagne et suive le toucher de l'éperon. Mais si cette aide fine est d'une grande efficacité pour un cavalier instruit et discret dans son application, ne peut-elle, sans de grandes précautions, être enseignée et mise en pratique par des *élèves dresseurs*. Les cavaliers sont déjà trop enclins à se servir de l'éperon au lieu de la jambe ; la paresse, l'humeur, la négligence, les y portent la plupart du temps. Ce n'est donc que de l'éperon, considéré comme moyen énergique d'impulsion, que nous de-

« vons généraliser l'emploi. Si la progression
« que nous avons tracée a été scrupuleusement
« suivie, si les attaques de gaule et de jambes
« ont été bien appliquées, l'éperon ne devra,
« assurément, faire naître aucune difficulté
« nouvelle. Cependant on devra prendre quel-
« ques précautions, les premières fois qu'on
« en prescrira l'usage.

« A la fin du travail, et lorsque le cheval, un
« peu fatigué, commence à devenir froid, et à
« l'allure du trot, l'instructeur, après avoir fait
« prendre au cavalier la position de jambes et
« de gaule indiquée pour les autres attaques,
« lui dira de rapprocher vivement les deux ta-
« lons sans déplacer les jambes et de faire sen-
« tir vertement la molette de l'éperon, puis de
« baisser aussitôt le talon sans éloigner la
« jambe. Si, au contact du fer, le cheval cher-
« chait à se retenir, il faudrait l'attaquer, en
« même temps, d'un vigoureux coup de gaule
« derrière la botte. La main du cavalier, au
« moment de l'attaque, doit être l'objet d'une
« attention toute particulière de l'instructeur,
« car il arrive souvent qu'une contraction de
« poignet involontaire paralyse l'impulsion et
« provoque l'acculement. Le cavalier doit avoir
« la main bien assurée, un peu soutenue, afin
« de s'opposer à la ruade ; mais à l'instant où
« le cheval se porte en avant, elle doit s'abais-

« ser, se mollir sans perdre le contact de la
« bouche du cheval, dont il faut, dans ce mo-
« ment surtout, diriger et régler les mouve-
« ments.

« Le cavalier laissera passer la contraction
« momentanée qui fait suite à l'attaque, dût-
« elle amener un peu de désordre, puis mettra
« son cheval au pas et le flattera. Si le che-
« val a bien répondu à cette première atta-
« que, il faudrait s'en tenir là et ne la renou-
« veler qu'à la leçon suivante. Comme il
« n'existe aucune règle sans exception, il y
« aura certains chevaux tellement froids et
« lymphatiques qu'on pourra sans inconvé-
« nient se servir de l'éperon pour aider l'exé-
« cution des mouvements de deux pistes et
« faire craindre l'action de la jambe ; mais
« encore, avec ces derniers; ne faut-il pas en
« faire abus, et, par conséquent, n'en user
« qu'avec une grande sévérité. »

§ 10.

1° Marche directe au pas, les rênes dans une main,
rassembler.
2° Travail au trot très-cadencé.
3° Élévations d'encolure.

Le cavalier, après avoir mis son cheval
au pas, saisit les rênes du filet de la main
droite en les croisant, puis étend le bras droit

de toute sa longueur et élève le poignet jusqu'à ce qu'il provoque l'élévation de l'encolure. La main gauche, qui est restée fixe dans sa première position, exerce, en même temps, une opposition graduée, dans le but de ramener la tête en la faisant fléchir sur l'encolure. Lorsque le cheval goûte le mors et se place, le cavalier lui rend la main et le flatte. Cet exercice sera répété huit ou dix fois dans un tour de manége. Les jambes du cavalier doivent rester près et entretenir l'action, qui, si elle était ralentie par l'effet du soutien du filet, pourrait amener de l'acculement. Lorsque le cheval comprendra cette action nouvelle des aides de la main, au pas, on pourra la reproduire au trot. Du reste, le travail d'élévation à la main et de pied ferme sous le cavalier, s'il a été exécuté comme je l'ai prescrit, doit rendre très-faciles les effets d'élévation en mouvement.

But du travail.

Le jeune cheval, par suite de l'action du mors, est sujet à un affaissement d'encolure voisin de l'encapuchonnement, qui ne tarde pas à le rendre lourd à la main, et qui augmenterait la difficulté qu'on éprouve toujours, lorsqu'on veut l'asseoir et le préparer au galop. On se propose donc ici de prévenir ces inconvénients, en redonnant à l'encolure tout le soutien dont elle a besoin pour reporter la masse sur l'arrière-main et l'y fixer.

§ 11.

1° Marche directe au pas et au petit trot.

« Le cheval ayant été, par tous les exercices
« qui précèdent, amené graduellement à un
« rassembler ou concentration de ses forces,
« qui permet d'exiger de lui l'allure du galop,
« cette leçon sera, surtout, consacrée aux dé-
« parts à cette allure qui n'a été que rare-
« ment exercée dans le travail en bridon. On
« se bornera à une très-courte reprise au pas
« et au trot cadencé. La mise en main devra
« être confirmée par de fréquents effets d'en-
« semble. Le cheval devra être aussi calme que
possible, et l'instructeur s'assurera, par quelques essais de rassembler, s'il réunit toutes
les conditions favorables au travail qu'il va
lui demander. »

2° Départs de galop.

Le cavalier séparera ses rênes, les tenant à eux mains, le filet entre le petit doigt et l'anulaire. Il est plus facile et plus sûr d'employer s actions de rênes directes et contraires très-istinctement, autant pour déterminer le galop ue pour y maintenir et y régler le jeune cheval, les premières fois surtout qu'on exige ce travail.

Pour partir à droite, le cavalier mettra son cheval au petit trot cadencé, sur le grand côté du manége ; à l'approche du coin, il accélérera le mouvement en opposant la main et résistant davantage de la rêne gauche, pour arrêter le mouvement de l'épaule gauche, puis au passage du second coin, il enlèvera son cheval, en employant plus énergiquement l'action de ses jambes, et donnant au besoin un petit coup de sa gaule derrière sa jambe gauche. Après un tour de manége, le cheval sera remis au pas. Les jambes précéderont l'effet de la main, afin de faciliter la transition du galop au pas et d'empêcher le cheval de se porter sur les épaules. Les départs de galop seront, par ces moyens, exercés aux deux mains et plusieurs fois de suite. A la fin de la leçon, et si déjà le cheval accepte les effets de rênes dans une main, on pourra demander un départ, en ne se servant que de la main gauche. C'est à l'instructeur à juger de l'opportunité de cette modification. D'après les principes précédemment énoncés, il va sans dire que le cheval une fois embarqué au galop, l'opposition de la rêne du dehors doit cesser, et que celle du dedans doit redresser le cheval, et, par son appui sur l'encolure, joint à un soutien convenable, maintenir le cheval droit sur la piste.

Les rênes, je le répète, peuvent avoir un double effet à produire. La rêne gauche doit pouvoir agir comme opposition directe et seconder la pression de la jambe gauche, mais la rêne droite doit aussi, par sa pression, exercée sur l'encolure, et par son soutien, qui tend à porter le poids sur l'épaule gauche, en faisant refluer les forces de droite à gauche diagonalement, la rêne droite, dis-je, doit être véritablement régulatrice du mouvement. Il est inutile de répéter que l'action des rênes de filet est toujours associée à celle de bride, lorsqu'on les sépare afin d'en adoucir les effets, tout en en faisant mieux comprendre l'action.

« Sans vouloir revenir ici sur de vieilles dis-
« cussions équestres, à l'endroit des aides dé-
« terminantes du galop, je m'arrêterai sur ce
« point important de l'allure du galop : c'est
« qu'il faut que la jambe du dedans soit affer-
« mie dans sa position, qu'elle contienne les
« hanches et favorise l'inclinaison du cheval à
« gauche, avant que la jambe gauche trans-
« mette l'action au bipède diagonal droit. Si l'on
« voit tant de chevaux se traverser au galop,
« c'est que, dans leur dressage, on a négligé de
« se servir de la jambe du dedans, et que l'épe-
« ron gauche, dans le départ à droite, la plu-
« part du temps, a déterminé, à lui tout seul,
« la position et le mouvement.

3° Finir la leçon au trot un peu allongé et au pas, quelques mises en main et quelques flexions en marchant.

« Les premiers départs de galop occasionnent
« toujours un peu de désordre ; il est bon de
« calmer les chevaux et de les remettre dans le
« mouvement en avant sur la ligne droite, pour
« équilibrer les forces et rétablir l'harmonie.
« Quelques mises en main, quelques flexions et
« enfin un peu de reculer, obtiendront promp-
« tement ce résultat. »

§ 12.

1° Préparation au pas et au petit trot.
2° Départs du trot au galop sur la ligne droite, aux deux mains.

Lorsque les départs de galop en rênes séparées sont devenus faciles, le cavalier réunit ses rênes dans une main, met son cheval au petit trot, et en arrivant au point où il doit déterminer l'allure, c'est-à-dire en marchant à main droite, quand il sort du second coin, il rassemble son cheval, soutient sa main gauche en la portant à gauche, pour amener le poids sur l'épaule du dehors (il est bon de raccourcir un peu la rêne du dedans); puis il active par la jambe gauche le bipède diagonal droit, et provoque ainsi le départ de galop à droite. Les chevaux feront ainsi un tour ou deux de manége et seront remis au pas. On évitera alors, autant que possible, qu'ils passent du galop au petit trot, que l'on a toléré dans la leçon précédente, pour éviter un emploi de force d'opposition qui aurait pu provoquer l'acculement.

3° Finir la leçon au pas, au trot et par quelques tours sur le centre.

« On ne doit pas s'étonner, je le répète en-
« core, si le travail au galop amène quelques
« contractions et un peu de décousu dans les
« mouvements. Les tours sur le centre, que j'ai
« tant recommandés, sont un moyen efficace
« de décomposer toutes les résistances et de
« faire renaître l'ordre et l'harmonie dans les
« mouvements. »

§ 13.

1° Reprise au pas et au trot,
rassembler.
2° Départs du pas au galop.

« Quand les départs de galop ont été exercés
« comme je l'ai prescrit dans la leçon précé-
« dente, et que le cheval commence à se régler
« à cette allure ; que la position de sa tête est
« bonne et fixe ; qu'il accepte les oppositions
« de la main en mouvement et surtout au mo-
« ment de l'arrêt, sans chercher à s'y soustraire
« et à se reporter sur les épaules, il est temps
« d'exiger les départs, du pas au galop. Le

« cheval y sera préparé au commencement de
« la reprise, par des effets d'ensemble et le
« rassembler, exercés au pas, puis par un peu
« de trot cadencé, qui est, comme on le sait,
« le moyen le plus sûr d'asseoir le jeune che-
« val, sans fatiguer son arrière-main et nuire
« au développement de ses allures. Il n'est pas
« indispensable, dans ce travail, que le cheval
« parte toujours sur le bon pied ; l'important
« est que le rassembler soit aussi complet que
« possible, que le cheval reste calme et parte
« droit sur la piste sans se traverser. Le galop
« à droite ou à gauche résulte de la position
« imprimée, de la répartition de la masse sur
« les extrémités, et si, dans un moment où le
« cavalier se préoccupe de concentrer les forces
« et d'amener le centre de gravité sur l'arrière-
« main, on exige de lui la complication d'aides
« que réclame la position déterminante du ga-
« lop plutôt d'un pied que de l'autre, on s'ex-
« pose à amener le désordre et quelquefois la
« défense.

« Il faut, toujours et en tout, simplifier les
« difficultés et passer, comme je l'ai dit, du
« simple au composé. Lorsque le cheval partira
« facilement du pas au galop, on complétera
« ce point important de l'éducation, en déter-
« minant le départ d'un pied, puis de l'autre.
« Le cheval étant embarqué sagement au ga-

« lop, on se contentera de le laisser galoper
« pendant une longueur de manége, on l'arrê-
« tera, le flattera et le laissera marcher au pas
« quelques instants, en lui rendant tout.

« Ces départs seront exercés plusieurs fois
« aux deux mains. »

3° **Marche au trot** allongé et au pas, puis finir par quelques tours sur le centre.

« Le trot allongé, et dans lequel le cheval
« reprend en vitesse ce qu'il a dépensé en élé-
« vation et en soutien, a pour but de reposer
« les reins, de ramener sur les épaules le poids
« momentanément apporté sur l'arrière-main.
« Tel cheval, qui, sous l'influence des aides qui
« l'étonnent, aura galopé facilement aujour-
« d'hui et aura montré beaucoup de soumis-
« sion, pourra demain se défendre et mani-
« fester de l'humeur, si le travail de la veille a
« fatigué ses jarrets ou ses reins. Il ne faut
« pas se laisser illusionner par les résultats
« séduisants et faciles, ni juger le jeune cheval
« par ce qu'il fait dans le moment, mais par
« ce qu'il pourra et devra faire plus tard.
« Nous voyons chaque jour tels chevaux ré-
« tifs, qui ont été soumis et brillants dans le
« début de leur éducation, mais qui malheureu-

« sement ont tant promis, qu'on a cru ne pou-
« voir jamais trop exiger d'eux. Alterner les al-
« lures, changer la nature des points d'appui et
« la répartition de la masse, lorsqu'on veut
« dresser un jeune cheval, en lui conservant ses
« moyens, tel est le conseil que mon expérience
« me permet de donner. Si chaque instructeur
« veut bien, avec moi, faire son examen de
« conscience, il conviendra que ce que je viens
« de dire, lui rappelle plus d'une faute et lui
« fait naître plus d'un regret. Ne perdons ja-
« mais de vue que, généralement, le cheval
« français n'est pas fait avant sept ans, et qu'il
« faut ménager le frottement et l'usure préma-
« turés des rouages, encore mal trempés, d'une
« machine qui doit nous rendre de longs ser-
« vices. »

§ 14.

1° Préparation au pas et au petit trot.
2° Départ du pas au galop.
3° Doubler au galop.
4° Changement de main.
5° Départ du pas au galop à droite et à gauche en partant du milieu du petit côté du manége.

« Après s'être assuré de la soumission du
« cheval dans les départs isolés au galop sur le
« pied droit et le pied gauche, on peut faire
« exécuter quelques doubler individuels aux

« deux mains. On changera de main diagona-
« lement, en mettant le cheval au pas au bout
« de la ligne.

« La préparation au pas et au petit trot et
« le travail de galop forment la première
« partie de cette leçon ; la seconde sera con-
« sacrée aux départs sur la ligne du milieu du
« manége ; ainsi, marchant à main droite au
« pas, le cavalier double au milieu du petit
« côté, rassemble son cheval et l'embarque
« au galop sur le pied indiqué par l'instruc-
« teur ; il marche droit perpendiculairement
« à l'autre muraille et met son cheval au pas
« avant d'y arriver. On comprend toute l'im-
« portance de cet exercice, qui force le cavalier
« à user uniquement de ses aides pour pro-
« voquer les départs de galop, sans le secours
« de la muraille. C'est aussi le moyen de s'as-
« surer du degré de dressage où l'on est ar-
« rivé, et l'instructeur doit chercher souvent,
« par des épreuves de ce genre, à se rendre
« compte des résultats obtenus. On peut re-
« marquer que tous les exercices que j'ai indi-
« qués ont constamment pour but d'occuper
« l'attention de l'homme et du cheval, et c'est
« le moyen d'arriver promptement, pour l'un
« et l'autre, à la connaissance des aides et à
« leur emploi. Cette leçon, comme les précé-
« dentes, sera terminée au trot, puis au pas,

« puis, enfin, par quelques flexions d'encolure
« en marchant, et par du reculer. »

6° Finir la leçon au trot allongé, au pas.
Flexions d'encolure en marchant, et reculer.

« On pourrait s'étonner que, depuis le mo-
« ment où j'ai parlé du rassembler, qui n'a
« trouvé sa place qu'après l'assouplissement de
« toutes les parties et la connaissance acquise
« des aides, je n'aie pas prescrit le moindre
« travail de deux pistes. En voici la raison :
« c'est afin d'éviter la confusion qui résulte,
« pour le jeune cheval, d'une succession de
« mouvements de nature différente. Il faut,
« autant que possible, ne l'occuper que d'une
« chose à la fois, et que cette chose soit tou-
« jours, quoique neuve pour lui, la consé-
« quence exacte de ce qu'il a appris précédem-
« ment ; ainsi, le travail de deux pistes a eu
« pour but de faire connaître les aides infé-
« rieures, de mobiliser les épaules et les han-
« ches, de préparer le rassembler, et enfin de
« faciliter les inclinaisons et les translations de
« poids qui doivent déterminer le galop et as-
« surer son départ sur l'un et sur l'autre pied.
« Arrivé à ce point, il faut se servir de toutes
« les ressources qu'on s'est créées précédem-
« ment, pour déterminer et régulariser l'allure

« du galop, en conservant toutes les forces
« du cheval réunies à son centre. Lorsqu'on
« aura obtenu et réglé cette allure, nous indi-
« querons une reprise progressive, où tout ce
« qui s'est trouvé précédemment à l'état d'exer-
« cice préparatoire, se présentera groupé et en-
« chaîné, dans le but de perfectionner le dres-
« sage et d'habituer le jeune cheval à une suc-
« cession de mouvements destinés à confirmer
« sa mobilité et à augmenter son soutien et sa
« durée dans le travail. »

§ 15.

1° Préparation ordinaire au pas et au trot.
2° Départs de galop à gauche en marchant à main droite, et *vice versâ*.

« Toujours dans le but de sortir le cheval de
« la routine, de le rendre plus soumis aux aides
« et de forcer le cavalier à s'en servir, on exer-
« cera les départs de galop à faux. L'instruc-
« teur devra s'assurer si le cavalier emploie
« avec justesse les moyens prescrits pour pro-
« voquer le départ au galop ; il lui fera répé-
« ter plusieurs fois, dans un tour de manége,
« ces départs à faux, et chaque fois que le
« cheval sera remis au pas, il aura soin de
« veiller à sa mise en main, avant de provoquer
« un nouveau départ. Je n'ai point parlé, dans
« ces diverses leçons, de l'inclinaison du bout
« du nez, autrement dit, du pli à donner dans

« le travail au galop. Cette perfection, dans la
« position du cheval de manége, ne peut pas être
« recherchée chez le jeune cheval qui doit être
« exactement droit et sans inflexion. Les oppo-
« sitions de la main qui déterminent alors les
« inclinaisons diverses et la répartition de la
« masse, doivent s'exercer par la pression où le
« soutien de la rêne contraire ou de pulsion.
« L'effet de la rêne directe, une fois que le
« cheval connaît bien les effets du mors et ac-
« cepte les jambes, ne doit plus être employé
« que très-exceptionnellement, et lorsqu'un
« désordre se manifeste. Quant aux chevaux
« qui auraient une tendance à se placer un peu
« plus d'un côté que de l'autre, il suffira de
« recommander au cavalier de raccourcir un
« peu plus une rêne que l'autre, pour rendre la
« position de la tête aussi directe que possible.
« Dans le galop à faux, les chevaux éprouvent
« toujours une difficulté au passage des coins,
« qu'il faudra dans ce cas les arrondir; or, en
« marchant à droite, par exemple, le cavalier
« soutiendra la main de gauche à droite, de façon
« à maintenir le poids de ce côté, et à dégager
« l'épaule gauche pour empêcher le changement
« de pied. Il va sans dire que la jambe droite,
« fermée un peu plus en arrière des sangles,
« contiendra la hanche, en même temps que la
« jambe gauche entretiendra le mouvement. »

§ 16.

1° Préparation comme dans les leçons précédentes.
Travail de galop, sur la volte.

« Quand le cheval commence à être assis, « réglé dans son galop, le travail de la volte ou « cercle étroit devient indispensable, et cette « marche circulaire rend le cheval plus souple, « plus maniable et ralentit le galop. Il serait « superflu d'en dire davantage sur son but « pratique, dont chaque homme de cheval com- « prend l'importance.

« L'instructeur doit veiller à ce que la main « du cavalier soutienne et règle les mouvements « de l'avant-main, et que les jambes, la jambe « du dehors surtout, contiennent et activent la « hanche la plus éloignée du centre de la volte. « La main, tout en imprimant la direction cir- « culaire, devra soutenir l'épaule de dedans « en dehors de la volte, pour combattre la « force centripète et mettre en rapport l'action « de la rêne du dedans avec le soutien de la « jambe du dehors. Les premières voltes qu'on « exécutera, sans avoir pour diamètre toute la « largeur du manége, ne seront cependant pas « trop étroites et ne devront se rétrécir qu'au « fur et à mesure que le cheval s'y prêtera avec « plus de facilité et sera plus assis dans son « galop. »

§ 17.

1° **Préparation au pas et au petit trot.**
2° Départs et arrêts multipliés sur la même piste, le cheval partant alternativement sur le pied droit et sur le pied gauche; changement de pied en deux temps.
3° Voltes et demi-voltes, finir au trot, reculer.

« Il faut, pour arriver aux changements de
« pied en l'air, qu'on ne trouvera dans ma
« progression qu'à la fin du dressage, que le
« cheval accepte avec une grande facilité les
« inclinaisons diverses et soit parfaitement
« soumis aux temps d'arrêt. Pour s'assurer de
« cette soumission et l'obtenir si elle n'était
« pas complète, il faut exercer le cheval à des
« départs successifs et rapprochés, autant que
« possible, aux deux mains; ainsi, marchant à
« main droite, le cavalier part du pied droit,
« fait faire à son cheval 5 ou 6 foulées, le met
« au pas en l'inclinant immédiatement dans le
« sens inverse, le fait partir à gauche, puis à
« droite, et ainsi de suite, en cherchant à rap-
« procher tellement un départ de l'autre, qu'il
« n'y ait, pour ainsi dire, que l'intervalle d'un
« pas ou deux entre chaque départ. La leçon
« sera terminée au trot et au pas, comme il a
« été dit précédemment. Le reculer ne devra
« pas être négligé; on sait qu'il est destiné à
« mobiliser les hanches, à assouplir les reins
« et à décontracter l'arrière-main. »

§ 18.

1° Changement de pied en l'air, du tac au tac, sur la piste.

« Le cavalier, après avoir mis son cheval au
« galop à droite et l'avoir rassemblé, porte sa
« main de gauche à droite, dans le but de
« charger la partie droite et l'épaule droite en
« particulier ; la jambe droite, fermée plus en
« arrière que la gauche, vient aider au change-
« ment de position, et provoque, par une pres-
« sion un peu plus énergique, l'engagement
« sous la masse du membre postérieur droit
« et la détente du membre antérieur gauche
« qui lui correspond diagonalement ; l'allure
« dans ce moment, et pour les premières fois,
« doit être plutôt activée que ralentie. Lorsque
« le changement de pied s'est effectué, comme
« il en résulte ordinairement un peu de désor-
« dre, le cavalier met presque aussitôt son che-
« val au pas, le flatte et ne recommence le
« même travail que quelques instants après.

« Il est très-important qu'au moment où le
« cavalier provoque le changement de pied de
« droite à gauche, la rêne gauche ait toute sa
« valeur d'action, et que l'opposition qu'elle
« produit, lorsque la main se porte de gauche
« à droite, corresponde bien à l'effet de la
« jambe droite, pour que l'effet diagonal se

« produise complétement; ainsi, dans le cas où
« le cheval aurait, par exemple, le bout du nez
« tourné à droite au moment où la main gauche
« fait opposition de gauche à droite, le poids
« de l'encolure ne serait pas reporté suffisam-
« ment sur l'épaule droite, le membre antérieur
« gauche ne pourrait pas effectuer son exten-
« sion en avant du droit, et, en dépit de l'ac-
« tion stimulante de la jambe droite, le chan-
« gement de pied s'exécuterait difficilement et
« donnerait le plus souvent le galop désuni.
« Il ne faut pas oublier que la rêne gauche ou
« rêne contraire, en exerçant une pression sur
« l'encolure qui doit amener le poids sur l'é-
« paule droite, a un autre effet bien distinct,
« qui est de réagir diagonalement sur l'arrière-
« main. En effet, quand la main se porte de
« gauche à droite, pour provoquer le change-
« ment d'inclinaison, il se produit une tension
« de la rêne et un soutien, qui partant de l'ex-
« trémité du levier représenté par l'encolure,
« se continuent obliquement en passant par le
« centre, jusqu'à la hanche droite, sur laquelle
« ils amènent le poids en l'y fixant. J'ai pré-
« cédemment cherché à faire comprendre com-
« bien il était important de conserver au levier
« de l'encolure toute sa puissance d'action pour
« déplacer la masse, et j'ai dit aussi que, selon
« qu'on imprimait une direction plus ou moins

« juste à ce même levier, on augmentait ou
« diminuait son influence sur les parties qu'il a
« à déplacer ; il est dont bien évident que si,
« dans un moment difficile et qui nécessite une
« si juste distribution des forces, l'encolure
« prend une fausse direction ; si les rênes n'a-
« gissent pas d'une manière précise et oppor-
« tune, le résultat que les aides obtiendront
« ne pourra être qu'incomplet ou défectueux.

« Les changements de pied en l'air s'exécu-
« teront sur la ligne droite, aux deux mains ;
« et si je ne les fais pas exercer d'abord au
« bout des changements de main, comme on
« le fait généralement, c'est que j'en ai reconnu
« l'inconvénient. En effet, ils sont ordinaire-
« ment le résultat d'un renversement de han-
« ches ; le cheval est sujet à se précipiter, il
« arrive brusquement dans un tournant, qui le
« gêne encore, et prend l'habitude, difficile à
« corriger, d'exécuter son changement de pied
« avant d'arriver à la piste opposée.

« D'ailleurs, lors même que le changement de
« pied en l'air sur la ligne droite présenterait
« quelques difficultés d'exécution, de bons et
« d'infaillibles résultats ne tarderaient pas à dé-
« montrer la supériorité de la progression que
« j'indique.

« Lorsque le cavalier a exécuté les change-
« ments de pied sur la ligne droite, les demi-

« voltes ne présentent plus de difficultés d'exé-
« cution ; toutefois il ne faudra provoquer le
« changement de pied que lorsque le cheval
« sera redressé sur la piste. »

On finira la leçon comme les précédentes.

§ 19.

REPRISE PROGRESSIVE POUR CONFIRMER LE DRESSAGE

(Voir la planche).

1° Travail au pas.

Demi-hanche, tête et croupe au mur, aux deux mains.

Changement de main de deux pistes.

Demi-tour sur les épaules et sur les hanches

Contre-changement de main.

Volte et demi-volte individuelle.

Tour sur le centre, aux deux mains.

Arrêt.

Reculer.

2° Travail au trot.

Doubler, volte et demi-volte individuelle.

Changement et contre-changement de main de deux pistes.

Marche directe, arrêt, demi-tour sur les épaules et sur les hanches.

Reculer.
Descente de main, repos, au pas.

3° Travail au galop.

Départ du pas au galop.
Doubler.
Changement de main.
Voltes.
Demi-voltes.
Contre-changement de main.
Départ à faux.
Arrêt.
Demi-tour sur les hanches.
Reculer, repos au pas.
Départ de pied ferme.
Changements de pied sur la ligne droite.

« Cette série de mouvements, qui sont en-
« chaînés d'une manière progressive, est,
« comme on le voit, de nature à faire repasser
« au cavalier et au cheval tous les mouvements
« auxquels ils ont été séparément exercés ; mais
« comme l'exécution de cette reprise dans toute
« son étendue serait trop fatigante, l'instruc-
« teur prendra, aux trois allures, quelques-uns
« des mouvements indiqués.

« Entre l'exécution de chaque figure à une
« allure cadencée et qui peut fatiguer le jeune
« cheval, il y aura un temps de repos et une
« descente de main, dont j'ai déjà expliqué toute

« l'utilité. La reprise sera terminée au pas et
« par quelques flexions en marchant, afin de
« rentrer le cheval à l'écurie, calme et décon-
« tracté. »

§ 20.

SAUT DE LA HAIE ET DU FOSSÉ.

1° Saut de la haie.

Ce travail, qui ne pourra pas présenter de grandes difficultés, si l'on considère la soumission aux aides obtenue par la progression méthodique de notre dressage, réclame cependant du soin, de la prudence et du tact. Si je ne parle pas du saut de la barre, c'est que je regarde cet exercice comme moins profitable aux jeunes chevaux et que souvent il présente de graves inconvénients. Le cheval juge mal ce genre d'obstacle : s'il le renverse, il prend l'habitude de bourrer dessus et ne saute pas. Si on le place trop bas, le cheval passe dessus ou se prend les jambes dedans ; enfin rien ne le stimule à sauter. Une haie, au contraire, est un obstacle que le cheval voit et comprend mieux ; il le saute quelquefois en faisant un bond trop élevé, mais dont il se corrige bientôt, en prenant connaissance de l'obstacle.

Le cavalier, placé à une certaine distance de la haie et fixant son cheval sur les rênes du filet, séparées dans les deux mains, comme je l'ai expliqué précédemment, l'amènera au pas jusqu'à la haie, l'arrêtera, le flattera ; puis retournant sur ses pas pour pouvoir donner un peu plus d'impulsion, il reviendra sur l'obstacle au trot, conservera ses mains fixes, maintiendra la tête du cheval droite, et le pressera dans ses jambes avec assez d'énergie, pour lui ôter toute hésitation. Etant arrivé à la haie, le cavalier se donnera de garde d'élever les poignets ou de chercher à enlever le cheval ; il se bornera à lui maintenir la tête et à augmenter son action. Le cheval doit sauter d'abord de lui-même et selon que son instinct l'y porte. Vouloir l'aider dans un tel moment, c'est presque toujours le gêner et paralyser son mouvement. Aussitôt que le cheval a passé l'obstacle, il faut l'arrêter, le flatter, le ramener sur la haie et mettre pied à terre.

Si certains chevaux craintifs manifestaient trop d'hésitation à s'approcher de la haie, comme on aurait lieu de penser que cette crainte peut dégénérer en défense, il serait bon de les conduire à la main par les rênes du filet, jusqu'à l'obstacle, au pas et même au trot, jusqu'à ce qu'ils y vinssent franchement et presque d'eux-mêmes.

La plupart des instructeurs se servent de fouets et de chambrières pour faire sauter les jeunes chevaux ; il faut se défier de ces moyens et n'y recourir qu'à toute extrémité. Il arrive souvent aussi qu'au moment où le cavalier aborde l'obstacle, il donne à son cheval un coup de gaule ; mais comme dans ce moment, il ne se sert plus que d'une main pour le diriger et que, rendant complétement la main, la tête du cheval n'est plus fixée et maintenue sur la ligne droite, par une égale opposition des deux rênes, l'animal en profite pour se dérober, et le coup de gaule tourne au préjudice du dressage. Le point important et sur lequel je ne saurais trop appeler l'attention de l'instructeur, c'est qu'il faut, pour rendre un cheval bien franc aux obstacles, *lui tenir constamment la tête*, autrement dit, ne lui laisser aucune liberté de se dérober de l'un ou de l'autre côté.

Lorsque le cheval sera franc et passera presque de lui-même avec les rênes du filet, on pourra l'exercer à sauter sur la main de bride, les rênes dans une main ; mais il faudra que cette main soit fixe et basse, que les rênes soient tendues, que le cheval reste dans un rapport intime et constant avec la main, sinon, il ne tarderait pas à devenir incertain dans sa marche, et à profiter de la liberté que lui donneraient des rênes flottantes, pour se dérober.

Par exception, si un cheval présentait une résistance d'encolure telle que le cavalier ne pût l'amener droit sur l'obstacle par les rênes de filet seulement, il séparerait alors à deux mains les rênes de filet et de bride tendues également, ce qui donnerait alors plus de valeur et de puissance à ses oppositions latérales. C'est, du reste, ainsi que le pratiquent les Anglais pour franchir les obstacles difficiles et lorsque leurs chevaux manifestent de l'hésitation et cherchent à se dérober.

Je ne puis trop répéter au professeur, que, pour qu'un cheval saute bien, sans à-coup, qu'il soit réglé et sûr, il faut qu'il reste en contact avec la main, avant, pendant et après le saut.

Il est important de faire disposer la haie de manière à prévenir le dérober, c'est-à-dire qu'au moyen de haies latérales, placées aux deux extrémités de l'obstacle, il se présente presque en entonnoir. Il ne faut pas qu'il soit trop large, car le cheval incertain cherche l'endroit qui lui semble le plus facile à franchir; enfin il sera bon que les espèces d'oreilles, placées sur les deux côtés, soient plus élevées que la haie elle-même, pour que le cheval n'ait pas l'idée de se jeter de côté.

Quand on peut se procurer un cheval fait et bien franc, on s'en sert comme d'un maître d'école en le faisant passer devant les jeunes chevaux; c'est un des moyens de dressage les plus pratiques et les plus simples.

2° Saut du fossé.

Le fossé doit être d'une largeur d'environ 2 mètres de gueule, et être fait en entonnoir. Il est nécessaire, comme pour la haie, de mettre des oreilles à ses extrémités, pour éviter le dérober. Il sera bon de placer sur le bord, du côté où on veut sauter, quelques petites branches simulant une haie, de $0^m,33$ environ, qui fixe l'attention du cheval et le force à passer plus franchement.

J'ai dit qu'il était important de laisser faire les chevaux, lorsqu'ils commençaient à sauter; cette recommandation est encore plus importante, lorsqu'il s'agit du fossé, car le saut doit se faire en long. Tout ce que le cheval gagnerait en élévation, si on la recherchait, il le perdrait en extension, et sa chute dans l'obstacle, au moins celle de son arrière-main, serait le résultat le plus ordinaire de cette faute. Plus un fossé est large à sauter, moins le cheval doit être assis; le saut d'un fossé, en un mot, ne doit être, en quelque sorte, qu'une foulée de galop très-allongée.

Quant aux précautions à prendre et à la progression à suivre, elles sont les mêmes que pour la haie.

Il existe quelques chevaux exceptionnels, qui peuvent résister à l'application des moyens que j'ai indiqués. Pour ceux-là, il sera bon de leur mettre le caveçon et de les faire sauter à la main sans cavalier, à l'aide de la longe.

§ 21.

DU TRAVAIL EN REPRISE.

Afin de donner plus de clarté et de précision à la progression de dressage qui précède, je ne me suis occupé que de l'éducation d'un cheval isolé ; mais comme dans presque toutes les écoles, on aura toujours plusieurs chevaux à dresser en même temps, je donnerai ici quelques éclaircissements pratiques dont le sous-écuyer, ou piqueur-instructeur, devra faire son profit.

Dans le travail de préparation à la main, les cavaliers seront placés à une distance de 6 mètres l'un de l'autre.

Dans le travail au pas et au trot, la distance sera de 3 mètres de tête à croupe.

Les doubler seront exécutés individuellement et successivement ; il en sera de même des cercles et des voltes.

Les départs de galop jusqu'à dressage à peu près terminé, se feront, un cavalier après l'autre et à de grands intervalles.

Le travail en reprise n'exclura pas le travail individuel, et les chevaux seront fréquemment exercés à passer de la tête à la queue de la reprise, et *vice versâ*.

On tirera de la reprise tous les avantages qu'elle peut offrir au point de vue de l'ensemble et de la régularité des mouvements.

On mettra généralement en tête et en queue de reprise les chevaux les plus francs et les plus avancés dans le dressage.

Dans les promenades, on habituera les jeunes chevaux à marcher par deux, et on les exercera à quitter le rang pour se porter en avant.

Bien que l'instruction donnée au cavalier soit générale, l'application des moyens indiqués laissée toute à l'appréciation de l'instructeur, nécessitera des conseils et des démonstrations pratiques pour chaque cavalier en particulier; car telle bonne que puisse être une méthode, elle a, eu égard à tel sujet ou à telle difficulté qu'on rencontre, ses inconvénients et ses avantages.

Ce n'est d'ailleurs qu'en se pénétrant bien de l'esprit d'un livre didactique qu'on peut en appliquer fructueusement les théories et les préceptes; et si simple que soit celui-ci, encore doit-il être interprété avec intelligence et surtout beaucoup de circonspection.

N. B. Je n'ai rien dit de l'emploi du pelam et fort peu de chose de la martingale fixe ou à anneaux. Je laisse aux instructeurs à juger de l'opportunité de ces moyens.

Le pelam est un mors de transition entre le bridon et la bride.

La martingale fixe est propre à fixer la tête d'un jeune cheval qui bat à la main

La martingale à anneaux facilite le ramener de la tête, rend plus facile à tenir et à dominer les jeunes chevaux en bridon et qui ont une mauvaise position de tête ; enfin, e le aide à combattre les résistances latérales dans *le tourner*. Il est important de l'ajuster convenablement. Trop longue, elle est sans effet ; trop courte, elle enterre le cheval et gêne la liberté de ses mouvements.

§ 22.

DRESSAGE DES CHEVAUX EXCEPTIONNELS.

On peut diviser en trois catégories les jeunes chevaux, tels que les écoles de dressage les reçoivent. La première renferme tous ceux que leur conformation, à peu près régulière, permet de soumettre à un dressage uniforme ; la deuxième comprend les chevaux que certaines défectuosités et une prédominance marquée de l'avant-main sur l'arrière-main, rendent difficiles à ramener et à soumettre aux effets du mors. Enfin, dans la troisième catégorie, nous plaçons tous ceux qui ont un mauvais rein, de mauvais jarrets, et dont le dressage présente évidemment le plus de difficultés. C'est ordinairement aussi dans ces deux catégories que se rencontrent les chevaux ramingues.

Ces sortes de chevaux doivent être montés à

part et former une reprise d'étude, pour laquelle on n'emploie que les meilleurs cavaliers et surtout les hommes les plus patients.

La progression que je me suis proposée, étant basée sur des principes équestres qu'aucune exception ne saurait modifier, les conseils que je crois devoir donner ici porteront seulement sur l'opportunité et l'application des moyens d'assouplissement, à tels ou tels individus, dans telles ou telles conditions.

CHEVAUX PRÉSENTANT DES DIFFICULTÉS D'AVANT-MAIN.

Encolures longues et renversées.

Ces sortes d'encolures sont bien évidemment celles qui présentent, dans le cheval de selle, les plus grands obstacles au ramener. Lorsque le cheval qui *porte au vent* n'a pas été très-soigneusement ramené et assoupli de mâchoire, il devient tellement difficile à conduire, qu'il ne tarde pas à s'égarer complétement et cherche à gagner à la main.

Le levier de l'encolure réagit, dans cette position, directement sur les reins et les jarrets qu'il écrase, et la main du cavalier se trouve dans l'impossibilité de maintenir la tête dans une bonne position.

C'est dès les premières leçons en bride que l'instructeur, appréciant les difficultés qu'il pourra rencontrer plus tard, doit s'attacher à mettre chaque cheval dans les conditions les plus avantageuses de locomotion. Les chevaux qui portent au vent sont sujets à passer d'une position extrême à l'autre ; aussi, après quelques jours d'assouplissement et d'affaissement d'encolure, de tels chevaux prennent-ils, aux allures lentes, du moins, une position de tête très-basse, voisine de l'encapuchonnement, sur laquelle on se fait souvent illusion ; mais aussitôt qu'on arrive aux allures vives, la position de tête change brusquement et l'animal se soustrait à l'action du mors en rejetant sa tête en l'air et revenant à son premier désordre. Que faut-il faire pour remédier à ce mal?

S'attacher spécialement à la décontraction de mâchoire, jusqu'à ce que le cheval goûte le mors et que le pli de la tête sur l'encolure commence à se faire sentir ; puis, comme presque tous les chevaux qui ont ce défaut de conformation dans l'avant-main ont une grande roideur d'arrière-main, et que l'encolure mince et mal dirigée déplace difficilement les hanches, il faut s'occuper spécialement de l'assouplissement de ces mêmes hanches, par des demi-tours de l'arrière sur l'avant-main et de l'avant-main sur l'arrière-main, puis par des tours multipliés sur le centre, et enfin par du reculer. Ce sera le moyen le plus efficace d'arriver au ramener et au rassembler, dont de tels chevaux ont plus besoin que tous autres. Il faudra être sobre des mouvements de deux pistes prolongés, et, pendant quelque temps, se servir d'une martingale à anneaux où passeront les rênes du filet, afin de fixer la position de la tête et de faire prendre au cheval l'habitude du ramener pendant toute la durée de son travail. Aussitôt qu'on sera sûr de la mise en main et que le cheval sera soumis à la pression des jambes, on multipliera, autant que possible, les arrêts et les départs; et, enfin, on n'exigera l'allure du galop que lorsque le cheval supportera tous les effets de la main, sans contraction et sans revenir à sa première position; autrement dit, qu'il se laissera constamment renfermer.

Tel soin qu'on ait pu apporter dans ce dressage, il sera encore prudent, lorsqu'on mettra un semblable cheval en service, de lui faire ajuster une martingale fixe, qui, dans un moment de surexcitation, l'empêchera de sortir de la main.

———

Encolures longues, puissantes, garrot plus élevé que la croupe.

Cette conformation, qui donne beaucoup de

brillant au cheval et met entre les mains de son cavalier un puissant moyen d'action sur sa masse, présente cependant, et dans bien des cas, des difficultés réelles dans le dressage. En effet, les chevaux particulièrement riches en avant-main sont faibles et écrasés dans leur arrière-main ; aussi sont-ils généralement enclins à se détraquer, à se défendre même, si la main du cavalier n'use pas avec tact et modération des effets du mors.

Dès le commencement du dressage en bride, l'instructeur, après en avoir fait comprendre l'importance au cavalier, lui prescrit d'exécuter toutes les flexions de mâchoire, en amenant, autant que possible, un affaissement marqué de l'encolure, dans le but de faire agir l'opposition de la main sur la ligne de la croupe et de diminuer, par conséquent, la trop grande puissance réactive de l'encolure sur l'arrière-main ; autrement dit, de décharger l'arrière-main de tout le poids possible, en l'apportant sur l'avant-main. Pour de tels chevaux, le travail à la main bien dirigé est d'une grande importance, et l'instructeur ne tardera pas à constater la bonté des résultats qu'il peut en obtenir, car le jeune cheval, qui, sous l'action du mors, se tracassait, s'acculait et présentait une arrière-main écrasée et douloureuse, marchera bientô carrément et avec calme.

Pour amener l'affaissement d'encolure plus promptement, le cavalier saisit de la main droite les rênes de filet, à quelques centimètres de l'anneau du mors, exerce une traction de haut en bas dans le but d'abaisser la tête autant que possible, et, en même temps, pour seconder cet effet, il exerce avec le pouce gauche la pression indiquée entre les deux molaires qui, en relâchant le maxillaire, rend l'abaissement de la tête si facile, que bientôt le filet ne rencontre presque plus de résistance à sa traction. Quelques minutes suffisent pour obtenir ce résultat ; il va sans dire que chaque fois que le cheval cède et baisse sa tête, on le flatte. Avec de tels chevaux, les demi-tours de l'avant sur l'arrière-main ne doivent être pratiqués que lorsque l'arrière-main est parfaitement soumise aux effets de jambes et se mobilise facilement. S'il en était autrement, on amènerait involontairement trop de poids sur les reins, et on ne tarderait pas à provoquer un acculement auquel ces chevaux sont naturellement trop enclins.

Encolures courtes.
Têtes mal attachées.

Je crois avoir fait comprendre toute l'importance que j'attachais au ramener et à la bonne position de tête ; il existe cependant des cas, tout exceptionnels, où des natures défectueuses nous forcent à nous écarter un peu du principe. Ainsi, par exemple, le cheval dont l'encolure est courte, la tête grosse et mal attachée, ne peut arriver à un ramener régulier qu'en faisant perdre à son encolure la puissance dont il a besoin pour le déplacement de sa masse. Un tel cheval, ramené, a nécessairement affaissé son encolure à partir de la base ; sa tête, lourde et inerte, a entraîné son support naturel et s'est laissée appesantir sur la main du cavalier, lequel, lorsqu'il a besoin de ralentir l'allure ou de mobiliser son cheval, n'a plus aucun moyen d'action sur la masse.

Avec ces chevaux, il faut se borner à relâcher et décontracter la mâchoire ; il faut grandir et élever leur position, sans se préoccuper de l'attitude plus ou moins gracieuse de la tête, qui, un peu étendue en avant de la verticale, donne, par là même, un peu plus de longueur au levier de l'encolure et rend au cavalier la conduite du cheval plus sûre et plus facile.

CHEVAUX QUI ONT DE MAUVAIS REINS ET DE MAUVAIS JARRETS.

Lorsque l'instructeur a constaté les défectuosités particulières à l'arrière-main, il doit se proposer de soulager, par tous les moyens possibles, les parties souffrantes. Or, pour nous, ces moyens les voici : choisir un cavalier aussi léger que possible, affaisser complétement l'encolure, appeler tout le poids sur l'avant-main et rendre le levier de cette encolure tellement souple, que ses actions arrivent plus décomposées sur l'arrière-main ; enfin, mobiliser cette arrière-main par des tours sur les épaules et sur le centre, en exiger très-peu sur les hanches, ou ne le faire que lorsque les deux bouts sont parfaitement en harmonie ensemble.

Il faut tâcher de donner à ces chevaux une sorte d'appui sur la main, non-seulement comme soulagement de la partie postérieure, mais encore pour les forcer à amener le poids sur l'avant-main. L'emploi des jambes, tendant à concentrer les forces et à provoquer des effets d'ensemble et le rassembler, doit être très-gradué, car, tant que l'avant-main serait contractée, ces jambes, en activant une arrière-main trop faible proportionnellement, loin d'amener un effet d'ensemble, détermineraient infailliblement un écrasement de la partie postérieure, par la réaction de la partie antérieure plus puissante. On ne doit pas oublier que les jambes ne doivent jamais provoquer un déplacement de forces dont la main ne puisse s'emparer avec avantage; car, dans ce cas, elles ne font qu'augmenter la contraction et compliquer la difficulté.

CHEVAUX QUI ONT UNE DISPOSITION A SE CABRER ET A RUER.

Désordres qui résultent de l'acculement.

Il est bien évident que si le dressage a été dirigé avec progression, les chevaux ne peuvent présenter aucune défense sérieuse. Cependant on ne peut pas toujours prévenir certains désordres ou tendances à la rétiveté, qui résultent d'un caractère irritable et d'une conformation vicieuse.

Toute défense a pour point de départ l'acculement ou le retrait des forces; il faut donc, par une mobilité gymnastiquement exercée, rendre l'équilibre aussi instable que possible, prévenir cet acculement et, par des attaques sur la ligne droite. augmenter l'impulsion en avant et amener le poids sur l'avant-main. Les tours sur le centre avec pli d'encolure sont, de tous les moyens d'assouplissement que j'ai appliqués dans le dressage des chevaux rétifs, ceux qui ont atteint le plus promptement et le plus sûrement le résultat que je me proposais. Du moment où l'on peut plier l'encolure, autrement dit, gagner la tête d'un cheval latéralement, le cabrer est impossible, par suite de la décomposition des forces nécessaires pour amener le cabrer; et la mobilisation d'arrière-main, qui résulte des tours sur le centre, répartit d'ailleurs le poids si également sur les quatre extrémités et décontracte à tel point toutes les parties, que le cheval ne tarde pas à se porter franchement en avant et à se remettre d'aplomb.

La disposition qu'on remarque chez certains chevaux, à ruer lorsque les oppositions de la main se font sentir, peut être attribuée à différentes causes; le plus souvent à une souffrance des reins ou des jarrets, quelquefois à une irritabilité anormale du système nerveux ou aux éperons du cavalier qui seront arrivés involontairement et avant que le cheval connaisse l'effet de la jambe.

Le moyen de corriger ces tendances, si elles proviennent d'une souffrance, c'est l'abaissement de l'avant-main; peu d'exigence dans les oppositions de la main; aucune concentration de forces, jusqu'à ce qu'une harmonie complète existe entre les deux extrémités; enfin, une grande mobilisation, qu'on atteint par les tours sur le centre. Si les éperons sont cause du désordre, on devra les supprimer complétement et forcer le cavalier à se servir de ses jambes et de ses talons, secondés par la gaule, pour porter le cheval en avant et prévenir son acculement.

Flexion latérale d'encolure.

Nous avons dit qu'en général, il fallait se défier des flexions latérales, comme ayant pour résultat ordinaire de trop briser ou amollir l'encolure; mais, comme il n'est pas de règle sans exception, il existe aussi des cas où une excessive mobilité ou faiblesse d'arrière-main, et une roideur considérable d'encolure, nous font une loi d'amoindrir ou de décomposer la réaction des effets de la main sur la partie postérieure, en combattant, par des flexions latérales très-multipliées, la trop grande roideur du bras de levier.

On exécute cette flexion comme celle dite *de mâchoire*, que j'ai définie; mais, au lieu de maintenir la tête droite sur la ligne de l'encolure, ainsi que je l'ai recommandé, on amènera graduellement la tête à droite et à gauche, en lui imprimant alors un pli marqué, auquel devra participer l'encolure. On aura soin, toutefois, de conserver à la tête son attitude aussi verticale que possible, pendant cette flexion, qui ne devra être provoquée qu'après avoir obtenu le relâchement de la mâchoire. Il est bien entendu que ce travail gymnastique ayant pour but de combattre des résistances localisées dans l'encolure, l'on s'attachera surtout à l'assouplissement du côté où elles se manifesteront principalement.

Emploi exceptionnel du caveçon, à la main.

L'emploi du caveçon peut, dans certains cas exceptionnels, simplifier et abréger le dressage. Les chevaux d'une conformation défectueuse, chez lesquels l'avant-main écrase l'arrière-main, ou ceux d'une grande irritabilité, ont ordinairement beaucoup de peine à se mobiliser par l'action des aides en général, et acceptent surtout péniblement celle des jambes ; il est alors très-rationnel de leur faire exécuter le travail de deux pistes et les tours et demi-tours sur les épaules ou les hanches, en les tenant à la main avec un caveçon léger. On exerce ainsi une influence directe sur le cheval, en le calmant et en secondant, par des oppositions, les aides du cavalier ; enfin, on peut, par des indications données à propos, diriger ce dernier et prévenir les fautes qu'il commet. Quatre ou cinq jours de ce travail avancent plus l'éducation du cheval difficile, qu'un mois d'exercices faits en reprise, et pendant lesquels l'animal se confirme dans ses défenses, et combat presque toujours victorieusement les moyens qui, malgré leur judicieux emploi, n'en sont souvent pas moins inefficaces.

PRÉPARATION ET ENTRAINEMENT DES TROTTEURS.

La préparation et l'entraînement des trotteurs ne sont pas assez connus, et à part quelques hommes spéciaux qui ont fait l'étude de leur vie de ce genre de chevaux, la généralité a sur ce point des notions tout à fait incomplètes.

L'entraînement d'un trotteur et son dressage sont tout aussi difficiles que ceux d'un cheval de galop, et je crois important de donner ici une théorie générale qui trouvera son application dans les écoles de dressage.

Le jeune cheval qu'on veut destiner aux épreuves, ou courses au trot, doit être, disons-le, pris de préférence dans une race trotteuse; son origine d'abord et sa conformation ensuite, devront guider le choix du propriétaire.

Le cheval devra être mis en box à l'entrée

de l'hiver et recevoir une alimentation toute spéciale; son dressage au pas et s'il se peut dans un manége, se fera lentement et en même temps que sa force et sa condition s'élèveront. Il devra être souple, maniable, franc aux jambes et son allure au pas développée et réglée. On aura soin de relever son encolure tout en ramenant sa tête, afin de donner à l'avant-main toute la liberté d'action désirable.

Au fur et à mesure que le cheval deviendra et plus fort et plus énergique, on augmentera la durée de ses exercices et le fera trotter, sans le presser dans son allure, mais plutôt en la grandissant et faisant fonctionner les muscles de l'avant et de l'arrière-main avec tride et élévation.

L'exercice au trot sera court et n'amènera jamais de fatigue. La promenade au pas n'aura jamais d'inconvénients.

Au printemps et lorsque le jeune cheval sera dans une condition très-élevée, que ses muscles seront durcis par l'exercice, on commencera à lui donner quelques suées, après lui avoir, au préalable, donné une médecine, avec prudente préparation; ces suées se donneront sous les couvertures, à un trot régulier mais sans vitesse. Des promenades soutenues au pas, après ces suées, laisseront le cheval pendant plusieurs jours se refaire de cette fatigue, car ce qu'il faut par-dessus tout avec les trotteurs, c'est éviter la lassitude du rein et l'amoindrissement des forces musculaires qui se manifestent aussitôt qu'on en abuse et obligent l'entraîneur à suspendre le travail.

A mesure qu'on sent au contraire les forces et l'énergie s'accroître, on exige un peu plus de vitesse vers la fin de l'exercice, mais toutefois ces exigences ne doivent pas se renouveler plus de deux fois la semaine. Le trotteur bien amené dans son entraînement, viendra de lui-même à la vitesse. Il surprendra son entraîneur et lui révélera chaque fois, des moyens inconnus. C'est dire, je crois, jusqu'à quel point il faut être économe des forces de l'animal et ne jamais pousser ses exigences jusqu'à la fatigue ; je ne saurais trop donner d'importance à ce conseil.

Bien que les suées et les médecines ne doivent pas être d'un emploi aussi fréquent pour le trotteur que pour le cheval de galop, cependant, tout en restant plus haut de condition, le trotteur, pour atteindre sa vitesse sans user ses extrémités, doit perdre tout ce qu'il y a d'inutile dans son poids. Ses muscles doivent être fermes et accusés, sa peau doit se détacher facilement du tissu cellulaire, et il doit enfin avoir la forme du beau cheval de service en condition de travail.

Les trotteurs qui ont beaucoup d'action et se rapprochent du sang, sont souvent enclins, à prendre le galop lorsqu'on cherche à développer leur vitesse au trot. Dans ce cas, il ne suffirait pas de les arrêter et de les remettre au trot, mais il faut évidemment qu'ils soient corrigés de ce désordre, en les attaquant de la cravache et en criant fortement de manière à frapper leur mémoire et à leur faire comprendre que l'action qu'on leur communique doit avoir uniquement le trot pour résultat. La voix doit avoir une très-grande influence sur les trotteurs et pouvoir les calmer ou les activer au moment de la lutte. Quant à l'appui qu'ils doivent avoir sur la main, ainsi que le prétendent certains entraîneurs, c'est une idée fausse. En effet, un cheval qui tire considérablement à la main n'est point dans les conditions d'équilibre qui conviennent aux trotteurs vites et réguliers, qui ne doivent pas être plus portés sur l'avant que sur l'arrière-main. Les trotteurs qui tirent beaucoup à la main sont généralement irréguliers d'allure et roulants dans leurs épaules. D'ailleurs, le cheval est ce qu'on le fait, il prend les habitudes et les attitudes qu'on lui donne, et de ce qu'un trotteur, vite par exception, a eu le défaut d'un appui anormal, nous n'en devons pas conclure que tous les trotteurs doivent avoir ce défaut.

Les trotteurs américains se dirigent presque exclusivement à la voix, et n'ont que des mors de bridon en cuir dans leur bouche qui ne présente aucune résistance. Nous ne saurions mieux faire. imitons ce dressage.

Les trotteurs destinés à courir attelés, sont généralement entraînés montés, et doivent être cependant dressés à l'attelage aussitôt qu'ils sont devenus souples et sages sous le cavalier. On ne les rattèlera ensuite que peu de jours avant la course, à moins que ce ne soit au pas et pour entretenir, de temps à autre, et confirmer leur premier dressage.

CHAPITRE Ier.

DRESSAGE DES CHEVAUX D'ATTELAGE A DEUX.

*Préparation du cheval, avec le jockey,
ou l'enrênement et en guides.*

La préparation du jeune cheval qu'on veut atteler, a pour but de simplifier et de hâter le dressage, tout en diminuant les chances d'accidents et les difficultés qu'il présente.

Lorsqu'on veut préparer un cheval à l'attelage, sans se presser et avec le temps et les ménagements que l'âge réclame, il est bon de le faire monter et de lui faire subir un demi-dressage de selle, car alors sa bouche est faite, il est habitué au contact de la cravache, franc d'impulsion, se mobilisant facilement et familiarisé aux objets extérieurs; mais, comme dans les écoles et établissements de dressage, on est obligé de hâter, par principe d'économie, l'éducation des jeunes chevaux, nous indiquerons ici la préparation qui doit remplacer celle du travail à la selle, et nous lui donnerons toute l'importance qu'elle mérite.

La connaissance du caractère, du degré d'irritabilité et de l'énergie des chevaux qu'on est appelé à dresser, doit tout naturellement indiquer les précautions qu'il faut prendre dans le début du dressage. Je m'en remets donc à la prudence et au discernement des piqueurs d'attelage.

Le travail à la longe est généralement indispensable et doit précéder, pendant un ou deux jours, l'emploi du surfaix d'enrênement ou jockey, afin de baisser la trop grande énergie du cheval et de lui faire accepter avec soumission l'application de son premier harnais.

Après avoir fait usage de tous les genres de jockeys ou hommes de bois, les avoir trouvés insuffisants dans leur action, j'en ai composé un moi-même, dont j'ai tiré un trop bon parti pour ne pas le recommander à tous les dresseurs (*Voir la planche*). Cependant, comme je ne veux pas imposer ma conviction sur ce point, je signalerai comme fort bon, le jockey à tige en fer, que j'ai vu employer en Angleterre, et dont les résultats sont excellents.

Avec ce dernier système, comme avec le mien, il faut agir avec gradation, tendre les rênes au fur et à mesure de l'appui que le cheval prend sur le mors du bridon, et éviter de ralentir son impulsion par une gêne inaccoutumée.

Si enterrés que puissent être de jeunes chevaux, mon enrênement les relève au bout de quelques jours, pour peu que le travail à la longe soit bien compris et qu'on active adroitement l'arrière-main. Cet enrênement porte un caveçon mobile que l'on enlève lorsque l'on veut travailler les chevaux en guide, travail que l'on pourra commencer aussitôt que le cheval acceptera la longe aux deux mains et n'aura plus d'hésitation sur le cercle.

Les guides destinées à cet exercice doivent être une fois plus longues que des guides ordinaires. Le cocher les manie de la même manière que sur son siége et doit avoir un fouet très-long, ou espèce de chambrière.

Il se place comme pour tenir la longe au centre du cercle et n'a pas besoin d'un aide pour tenir son fouet, dont il use lui-même avec plus de justesse et de rapport avec les effets de sa main.

Le cheval sera conduit sur le cercle et y sera maintenu par les guides, agissant successivement par traction, pour ramener le cheval sur le cercle, et par soutien pour l'y maintenir et empêcher ce cercle de se rétrécir, ce qui demande beaucoup de tact de la part du cocher et une habitude spéciale.

Les demi-tours ou changements de main se font en dehors du cercle; ainsi, en marchant à main droite, le cheval fait son demi-tour à gauche. Le cocher doit arrêter souvent son cheval en se servant de la voix et de la main, de même qu'il lui apprendra la valeur de l'appel de langue pour le départ, en s'aidant de son fouet. Le cheval devra être exercé au pas et au trot, à une allure cadencée, et le tout avec le plus grand calme. A la fin de chaque leçon, il sera bon de faire reculer le cheval de quelques pas, mais seulement lorsqu'il sera appuyé sur la main et qu'il en acceptera les effets sans manifester de gêne, ni d'irritation.

Pour le travail en guides, il est bon de se servir d'un mors allemand, indépendamment du filet ou bridon, sur lequel est fixée la courroie de l'enrênement qui sert à relever.

Lorsque le cheval est sage sur le cercle aux deux allures, il est utile de lui faire faire quelques voltes d'arrière-main autour des épaules, ce que l'on obtient en se servant d'une longue cravache ou du fouet replié, dont on donne de petits coups sur le flanc et le haut des cuisses, en fixant, avec la main, les épaules du cheval sur un point qui sert de pivot, autour duquel se mobilise l'arrière-main. Il sera bon, ensuite, de faire faire au jeune cheval un peu de tête au mur. Dans ce cas, on amène d'une main la tête du cheval près du mur, et fait ranger ses hanches de l'autre, en s'aidant du fouet ; les épaules doivent marcher les premières et le cheval rester placé obliquement par rapport à la muraille, afin qu'il ait plus de facilité à croiser ses jambes.

Cette marche de deux pistes et cette mobilité dans les mouvements latéraux sont très-importantes, puisque le cheval d'attelage, dans tous les mouvements circulaires, surtout raccourcis, doit croiser ses jambes et marcher de côté ou de deux pistes; enfin, l'emploi que l'on fait du fouet pour obtenir le travail à la main, habitue le cheval à en accepter les effets lorsqu'il est attelé.

En résumé, la préparation, telle que je l'indique, permet au cocher de faire connaître au jeune cheval les aides dont il se servira pour le diriger plus tard. Elle lui fait connaître le caractère du cheval, lui permet de le dominer sans danger, et le met, en un mot, dans les conditions les meilleures et les plus sûres pour l'atteler avec un maître d'école.

Je n'ai rien dit des précautions à prendre lorsqu'on garnit, pour la première fois, le jeune cheval, parce qu'il va sans dire qu'on apportera à cette opération la plus grande douceur et le plus grand calme. On évitera de le sangler trop fort, et enfin, s'il se montrait trop craintif à l'approche du harnais qu'on lui fera voir et sentir, il sera bon d'avoir recours à la courroie de pied qui simplifie la difficulté et peut éviter un accident. Les jeunes chevaux, très-impressionnables, ne doivent pas être garnis dans l'écurie, mais dans un manége ou une carrière entourée.

Les surfaix d'enrênement ou jockey ont tous pour but de relever l'encolure du jeune cheval et de l'habituer à conserver une belle prestance, tout en s'appuyant sur son mors. On emploie souvent le jockey, sans mettre pour cela le cheval en mouvement, et on le laisse ainsi enrêné tête à queue, dans sa stalle ou libre dans une box. Je ne blâme point cet emploi du jockey, mais je préfère qu'on ne s'en serve ainsi que lorsque le cheval a été travaillé préalablement sur le cercle, à la longe et en guides. Du reste, cela dépend de l'âge du cheval, de sa conformation et de son caractère.

Il est bon de se servir, pour laisser les chevaux enrênés à l'écurie, de gros bridons non brisés et munis de jouets qui, en chatouillant la langue, provoquent la salivation et amènent petit à petit la décontraction de la mâchoire.

Lorsque les chevaux ont été ainsi relevés et habitués à supporter l'enrênement du jockey, ils conservent une position élevée sans avoir besoin d'être fortement rênés à la voiture; ils ne craignent plus l'appui du mors au moment du départ, et, en un mot, la position libre de leur encolure, la souplesse qu'ils ont acquise dans le dos et dans les reins, donnent aux mouvements de l'avant-main l'élévation et la liberté qu'on doit chercher dans le cheval d'attelage.

Il y a certains chevaux auxquels ces moyens d'élévation seraient préjudiciables ; je veux parler de ceux qui ont un garrot très-élevé et l'encolure longue et en dessous, le rein faible, et enfin, qui sont disposés à élever exagérément leur encolure plutôt qu'à l'abaisser. Dans ce cas, mon système d'enrènement est d'un emploi plus avantageux que tout autre, parce qu'il permet d'abaisser la tête et de la ramener graduellement pendant le travail en guides, en se servant de la seconde poulie, dont la courroie se boucle au bas du mors (*Voir la planche*). On ne doit du reste commencer les jeunes chevaux, qui se trouvent dans des conditions ordinaires, qu'en les enrènant sur le filet et en se servant de la courroie qui provoque l'élévation.

CHAPITRE II.

EMPLOI DU MAITRE D'ÉCOLE.

Un bon maître d'école est un cheval précieux; il rend le dressage prompt et sûr, le met à l'abri d'une foule d'accidents et doit être choisi entre beaucoup d'autres, pour remplir sa destination. Calme et franc au départ, il ne doit pas laisser d'hésitation à son écolier, le calmer lorsqu'il se presse, l'entraîner avec lui dans les tournants et le pousser lorsqu'il hésite à tourner du côté où il est attelé. Ce genre de cheval doit avoir des allures pour les développer dans le cheval qu'il dresse; enfin, sans être chaud, il ne doit pas avoir besoin de fouet. Le cocher qui dresse ne doit avoir à s'occuper que du jeune cheval qu'il attelle.

Il sera bon, avant d'atteler un cheval pour la première fois, de s'assurer s'il tire en mettant des longes au bout de ses traits, et un ou deux hommes au bout de ces longes, qui présentent ainsi assez de résistance pour provoquer le tirage.

C'est surtout avec le jeune cheval qu'il faut prendre des précautions minutieuses lorsqu'on l'approche du timon. Ce ne sera jamais en le reculant, mais en lui faisant décrire un demi-cercle, qu'on l'amènera près du maître d'école, à la gauche duquel il doit être placé de préférence ; on aura soin de fixer immédiatement la chaînette un peu longue avant de mettre les traits ; le tout se fera sans bruit, sans grand mouvement et avec ce calme qui inspire la confiance. Une première leçon manquée par imprudence ou par maladresse, peut faire échouer le dressage ou le retarder sensiblement. Le jeune cheval aura ses guides placées au banquet d'un mors allemand très-doux. Le moniteur sera un peu plus long sur ses traits, en sorte que les guides aient plus d'action sur lui que sur le jeune cheval ; s'il est un peu lourd à la main, ce qui arrive souvent au moniteur, on aura soin de placer ses guides en bas du mors, afin d'égaliser la puissance des deux guides.

Le jeune cheval doit être un peu serré sur chaînette et la guide du dedans un peu courte, pour lui ramener la tête et le serrer près du moniteur.

Les traits devront être courts, afin d'éviter que l'arrière-main soit flottante et que la croupe s'écarte du timon.

Le départ se fera par un appel de langue que le jeune cheval connaît déjà, et que le moniteur rendra efficace dès son premier coup de collier.

La première leçon sera courte et au pas ; on

gardera au besoin un groom près du jeune cheval, qui, s'il était violent, serait conduit pendant quelque temps avec une petite longe de main. Tous les tournants, pendant cette première leçon, se feront du côté du moniteur. Jusqu'à ce que l'écolier se montre en confiance, soit sur ses traits et détache sa queue, il ne faut rien exiger.

La durée de la leçon doit être proportionnée, comme nous l'avons souvent dit, à l'âge, à la force et à l'impressionnabilité du sujet. Il faut redouter les grandes transpirations, qui amènent trop souvent les gourmes, les fluxions de poitrine et une lassitude générale, qui forcent à suspendre le dressage et font perdre le fruit des leçons précédentes.

Lorsque le cheval tire et marche franchement au pas et au trot, on commence à lui faire prendre de grands cercles à droite et à gauche, au pas et en le conservant sur ses traits. Lorsqu'il tourne à droite du côté du moniteur, on l'appuie doucement du fouet pour le faire suivre ; et lorsqu'il tourne à gauche, comme on sait à l'avance que le moniteur le poussera dans le mouvement, on aura soin de l'appuyer sur son collier, dont il se retirera généralement, autant par l'effet de la guide qui l'attire sur le cercle, que par l'effort qu'il fait pour tirer le timon avec la chaînette. Pour remédier à cet inconvénient, il est important que le cocher sache bien qu'après chaque indication de sa guide pour tourner le jeune cheval, il doit la relâcher momentanément pour le laisser se détendre, replacer son encolure droite et exécuter son mouvement sans contorsion d'encolure et presque de lui-même. Si j'insiste sur cette recommandation, c'est que j'ai vu la plupart des cochers et dresseurs, même intelligents, essayer de déterminer le tourner avec un pli d'encolure qui le rend impossible, et insister sur leur effet de guide, sans tenir compte des efforts de l'animal. Dans ce cas, le moniteur intelligent détermine, quand même, le tourner, mais le jeune cheval n'a rien appris.

Dans un cercle un peu court et où la voiture se meut presque sur elle-même, le tourner doit être fait pas à pas, avec des indications de guides renouvelées, et, par conséquent, des remises de main aussi fréquentes. Je veux naturellement parler du tournant à gauche, puisqu'à droite il ne donne aucune peine et que le moniteur l'entraîne et en règle l'étendue.

Lorsque le cheval est sage à main gauche, on le change de main ; et enfin, lorsqu'il est franc aux deux mains, sûr dans ses départs, calme à l'arrêt, on peut l'atteler avec un autre jeune cheval, préparé avec les mêmes soins. Il ne faut pas se presser d'atteler les chevaux en paire, avant d'être bien sûr de leur sagesse et de leur franchise dans le tirage ; ce serait, pour aller plus vite, retarder le dressage.

J'ai parlé des cercles ou tournants plus ou moins courts ; je dois terminer ces indications par quelques conseils sur l'emploi des lignes obliques ou petits contre-changements de main, qui sont le moyen de donner aux jeunes chevaux de la finesse et une soumission parfaite aux effets de guides, lorsqu'on les met en service.

Etant sur une route ou sur un terrain assez spacieux, on marque un demi-temps d'arrêt et on fait obliquer ses chevaux d'un pas ou deux à droite ou à gauche, puis on les ramène sur la ligne droite après quelques foulées, au pas et au trot ; on recommence ce travail huit ou dix fois de suite, et l'on a soin, en l'exécutant, de faire bien suivre le cheval du dehors et de rendre sensiblement la guide de ce côté, pour que le mouvement oblique s'effectue sans hésitation.

Le temps d'arrêt est indispensable pour rassembler les chevaux et leur permettre de déplacer la flèche au moment du mouvement oblique. Les jeunes chevaux sur une indication de guide, plient généralement l'encolure, et hésitent à déplacer l'avant-main, s'ils ne sont pas convenablement rassemblés dans ce moment ; le déplacement se fait lentement avec une fausse position, et l'action de guide déterminante doit être alors beaucoup plus large et plus forte ; il n'est pas un cocher intelligent qui ne comprenne la portée de l'avis que je donne ici.

En résumé, ces obliques ont pour but de rendre les chevaux plus sensibles aux effets de guides, de les amener à se rassembler facilement et à se suivre dans les diverses directions qu'on leur donne.

On ne tardera pas à remarquer que la guide du dehors qu'il est nécessaire de relâcher sensiblement, pour faciliter le tourner avec de jeunes chevaux, pourra après le travail que nous indiquons, être tenue plus courte et que l'effet de guide deviendra de plus en plus insensible.

Lorsqu'on pourra d'une seule main faire obliquer les chevaux à droite ou à gauche, par le moyen d'un simple doigter, on aura acquis la preuve d'une bonne préparation, et les chevaux pourront être d'un service sûr et facile.

Nous avons recommandé, pendant les premiers temps du dressage, de tenir les jeunes chevaux un peu serrés sur le dedans, et je crois bon, à ce sujet, d'indiquer un moyen dont je me suis toujours bien trouvé, qui consiste à fixer les guides du dedans au deuxième anneau du mors et les guides de dehors au banquet.

Au fur et à mesure que les chevaux se confirment dans le dressage, je les relâche d'un point en dedans et j'allonge d'un point les chaînettes ; enfin je les amène autant que possible à être complétement droits devant eux, élargis sans être flottants et sans inflexion de tête de l'un ou l'autre côté.

On ne doit se servir des mors ordinaires à longues branches fixes et à liberté de langue qu'avec des chevaux faits ayant atteint leur développement, et par conséquent possédant un soutien d'allure et d'énergie qui tient à la puissance et à la rigidité musculaires.

Si l'on se sert trop tôt de mors durs, on s'expose à rendre la bouche des chevaux désagréable, à leur ramener la tête trop bas, et s'ils sont impressionnables, à leur fatiguer les reins et les jarrets.

Pour les jeunes chevaux, je préfère, après leur dressage, la conduite à quatre guides qui d'une part ménage les reins et les jarrets, et de l'autre, présente toutes les garanties possibles de sécurité, puisque en admettant une action exagérée ou même des sauts de gaieté, on a toujours dans les rênes de sûreté une ressource efficace et un moyen d'arrêter le désordre.

Le reculer ou remiser est la dernière opération du dressage; on ne doit s'en préoccuper que lorsque les chevaux sont francs et sûrs au départ, soumis aux effets de guides et enfin qu'ils savent, sur place, mobiliser à droite et à gauche l'avant-train; mobilisation qui ne doit être demandée elle-même que lorsque tous les tournants les plus courts s'exécutent avec sûreté et sans précipitation.

Si les chevaux ont été bien préparés en guides, le reculer présentera peu de difficultés ; cependant il faudra l'entourer d'une foule de précautions, et le cocher devra se faire aider par un homme à pied placé à la tête des chevaux, qui devra faciliter ce reculer, soit en poussant sur la flèche, soit en donnant quelques petits coups de cravache sur les genoux du cheval qui hésiterait à se porter en arrière.

Il arrive souvent que les jeunes chevaux, en commençant, reculent avec humeur, se précipitent, et dans ce cas le reculer ne tarderait pas à être une cause de défense.

L'homme qui est à pied doit alors arrêter les chevaux, en même temps que le cocher leur parle, et au besoin, les appuie doucement du fouet.

Le reculer se fera donc pas à pas et sera suivi de la marche en avant, pour remettre les chevaux sur traits et en confiance. On choisira pour cette leçon un terrain très-uni et un véhicule léger qui ne présente pas trop de résistance. Cette leçon, du reste, ne devra durer que quelques minutes, toujours avant l'exercice et lorsque les chevaux sont frais et peuvent disposer de toutes leurs forces.

A la fin du travail, le jeune cheval devient mou, il se détend, et la fatigue s'oppose à ce qu'il se rassemble et fasse un nouvel effort contre nature.

Pour cette leçon comme pour toutes les autres, il faut tenir compte de la conformation, de l'âge et de la condition où se trouve le jeune cheval.

J'ai parlé jusqu'ici des divers mouvements et évolutions dont se compose le dressage; mais il me reste à appeler l'attention des cochers sur un point important, c'est le développement des allures régulières sur la ligne droite, et la force comme la durée qu'elles doivent acquérir pour que le cheval soit propre à rendre des services.

Après un dressage, tel intelligent qu'il soit, et les assouplissements dont il se compose, les jeunes chevaux deviennent incertains dans leurs allures, en un mot, assez difficiles à conduire, pour les cochers médiocres. Il faut donc porter remède à cet inconvénient, en finissant le dressage par des exercices gradués sur la ligne droite aux allures franches et soutenues dont on augmente chaque jour la durée, jusqu'à exiger le trot pendant deux lieues; c'est alors qu'on remarquera si les chevaux vraiment dressés conservent leur position, ne prennent pas de faux plis, tirent également et enfin sont véritablement accordés.

Il arrive rarement que deux chevaux présentent des conditions identiques d'énergie, de souplesse et de soumission à la main. Ce n'est qu'après un trajet assez long qu'on apprécie bien la dissemblance et qu'on peut, avec intelligence, égaliser, en quelque sorte, des moyens inégaux ; ainsi, le cheval qui aura le plus d'action devra être embouché un peu plus fort, ou les guides fixées au bas du mors ; les guides elles-mêmes seront ajustées un peu plus courtes par les boucleteaux de guides. Enfin, le cheval le plus froid sera mis sous la main et rendu plus sensible aux appels de langue.

Il est un dernier conseil que je dois donner aux dresseurs de chevaux, avant de terminer ce chapitre, c'est celui d'habituer leurs chevaux au bruit du tambour, aux obstacles qu'ils rencontrent dans les villes et enfin de les forcer à rester tranquilles devant les portes ; il sera bon, dans ce cas, de faire descendre le groom et de le placer, pendant quelque temps, devant la tête des chevaux.

DRESSAGE DES CHEVAUX AU TILBURY.

La préparation du cheval destiné au tilbury est exactement la même que celle des chevaux qui doivent être attelés à deux.

Ce cheval doit être dressé à l'aide du moniteur aux deux mains et ne doit être mis au tilbury que lorsque sa soumission est complète. On peut, avec beaucoup de précaution, et avec des chevaux d'un caractère doux et froid, se dispenser du moniteur, mais ce n'est que par exception, et, à ce titre, je n'en parlerai pas.

La première fois qu'on met un cheval au tilbury, il faut user de grandes précautions et apporter beaucoup de calme en posant les brancards et en plaçant le cheval droit pour les recevoir. Un homme sera placé à la tête du cheval, pendant que deux autres fixeront les brancards et les traits. Les guides, bien entendu, seront placées à l'avance, et non, comme on le fait trop souvent, bouclées quand le cheval est attelé. Il sera bon d'avoir des guides de sûreté, ainsi que nous l'avons indiqué plus haut.

Au moment du départ, et afin qu'il se fasse sans hésitation, un homme, placé à chaque brancard, aidera à la traction, et, si le départ était hésitant, cherchera à le rendre plus facile, en faisant faire au cheval une oblique ou un quart de cercle, car, règle générale, toutes les fois que les départs sont difficiles, il est bon de les prendre en tournant pour décomposer la résistance que présente le véhicule, et mobiliser le cheval qui hésite à la vaincre.

Les cercles et les tournants un peu courts

sont la seule difficulté sérieuse que présente le dressage au tilbury. Le cheval est gêné par le brancard du côté où il tourne. Il hésite à se pousser dessus, et la résistance, cependant minime, que le véhicule lui oppose à déplacer, suffit souvent pour provoquer un refus ou même un désordre. Il faut donc que, dès le premier tournant qu'on fait exécuter au jeune cheval, un homme à pied lui prête assistance en poussant sur le brancard opposé, afin de diminuer la résistance et de lui ôter toute hésitation et tout prétexte de défense.

Les premiers tournants seront pris larges, enfin, lorsque le cheval les aura acceptés facilement, on les lui fera exécuter sur place, en faisant pivoter le tilbury et faisant ainsi marcher le cheval de deux pistes et décrire une volte régulière, où l'avant-main parcourt un cercle plus grand que l'arrière-main ; ce mouvement sera fait pas à pas, en donnant le temps au cheval de croiser ses jambes, comme au manége, dans la préparation que nous avons prescrite.

On se contentera d'abord d'un quart de tour ou demi-tour aux deux mains.

Le travail sur les obliques trouvera son application spéciale aux chevaux attelés au tilbury, qui, pour être agréables à conduire, doivent avoir une mobilité d'avant-main exceptionnelle et répondre aux plus légers effets de main.

Ils doivent rester fixés et soutenus d'encolure, ne pas plier la tête, ni l'encolure, au moment où l'effet de guides se fait sentir, et par conséquent déplacer les épaules et l'avant-main, en entraînant sans hésitation le brancard.

S'il en était autrement, le menage serait aussi difficile que disgracieux, et l'emploi d'un tel cheval serait souvent dangereux dans les rues fréquentées.

Chez les jeunes chevaux, cette flexion d'encolure, que l'on remarque si souvent au moment du tourner, tient à plusieurs causes : tout d'abord, à la mollesse de toute la région cervicale, puis au peu de souplesse acquise de l'avant-main, et enfin parce que les dresseurs ne comprennent pas généralement que la guide de soutien doit contre-balancer et régler l'effet de la guide qui détermine le tourner, en sorte qu'ils tournent, pour la plupart, avec une guide, relâchent complétement l'autre, et faussent, sans s'en douter, l'équilibre du cheval.

Le demi-temps d'arrêt, dont nous avons déjà si souvent parlé, est la véritable préparation du tourner et de tous changements de direction; c'est surtout avec le cheval attelé seul qu'on en remarque l'effet et qu'on en apprécie l'importance. Le cheval, légèrement rassemblé par un petit appel de langue et un soutien de main, est mis dans un contact si immédiat avec les guides, que la moindre différence d'action, exercée par l'une d'elles, se fait sentir aussitôt et détermine une direction nouvelle.

C'est dans le dressage du cheval au tilbury qu'on peut juger de la justesse et du tact de la main d'un cocher ; c'est là qu'on voit s'il sait chercher et trouver les moyens que renferme son cheval. Ce dressage est donc plein d'intérêt ; j'en recommande l'étude, que je viens d'esquisser, aux cochers qui veulent devenir de véritables dresseurs.

Le reculer, plus facile à exercer au tilbury, réclame cependant à peu près les mêmes précautions que pour l'attelage à deux, et est indispensable dans la pratique.

PRÉPARATION DES CHEVAUX ATTELÉS A QUATRE.

Etant donnés quatre chevaux destinés à composer un *four in hand*, le premier soin du cocher après les avoir tous les quatre convenablement préparés à la main et en guides, comme nous l'avons dit plus haut, sera de les atteler par paire en tenant compte de leur modèle, de leur taille et de leur genre d'action.

Il destinera, bien entendu, au timon les chevaux les plus étoffés et les plus grands, réservant pour la volée ceux qui accusent le plus de sang et le plus d'énergie.

Il préparera donc ses deux attelages d'une manière toute spéciale pour leur destination distincte, s'attachant à rendre froids, calmes et légers à la main les chevaux de timon et au contraire à donner tout *le perçant* et la sensibilité possible aux chevaux de volée.

Le plus léger appel de langue devra porter ces derniers en avant, la plus légère indication de guide devra les faire changer de direction ; ils devront cependant supporter le toucher du fouet et ne pas craindre le contact des traits; ils devront enfin être particulièrement familiarisés avec tous les objets extérieurs de nature à effrayer.

Après le dressage à la main et en guides, de bons chevaux de volée doivent avoir été montés en rênes séparées et assouplis dans le manége au pas et au trot.

Lorsqu'on réunira ces deux attelages pour former un *four in hand,* on aura soin de placer sous la main le cheval de timon ou de volée, le plus froid et le moins franc.

Au moment du départ et pendant les premiers jours du dressage à quatre, il sera bon d'avoir un homme à la tête de chaque cheval de volée pour les amener sur leurs traits au moment du départ et permettre au cocher de s'occuper de ses chevaux de timon qui souvent se font tirer par ceux de volée et hésitent à partir. Il faudra, autant que possible, atteler sur un terrain uni et assez spacieux pour n'être pas obligé de tourner tout d'abord et se donner le temps de mettre les chevaux en confiance et d'égaliser le tirage. Je crois important de faire remarquer ici que, dans tous les changements de direction, et les cercles, il faut laisser couler sensiblement le guide de volée de dehors, afin de laisser toute liberté au cheval de suivre son camarade qui donne la direction, et ne venir au soutien de la guide que lorsque le mouvement est très-dessiné.

Enfin il faut au contraire soutenir particulièrement le guide de dehors du timon, parce que les chevaux de timon non encore habitués à ce genre d'attelage se jettent presque d'eux-mêmes dans la direction imprimée aux chevaux de volée, et font naturellement leur conversion d'autant plus vite qu'ils ont moins de terrain à parcourir. En un mot, dans le dressage de quatre jeunes chevaux, les effets des guides doivent être larges et distincts; ils se serreront d'eux-mêmes quand le dressage sera plus avancé et que les chevaux seront accoutumés à marcher ensemble et à se prêter un mutuel concours.

Les arrêts et demi-arrêts seront aidés par la

voix, et le fouet trouvera son emploi assez fréquent pour activer le cheval de volée du dehors et entretenir le tirage des chevaux de timon.

On peut trouver dans ce qui précède des indications suffisantes pour se livrer à cet intéressant dressage. Je ne prétends point dire ici tout ce que comporte ce sujet, je me borne à tracer la marche et à poser des principes.

CINQUIÈME PARTIE.

CONSEILS AUX PROFESSEURS,
POUR LA SELLE ET L'ATTELAGE.

CHAPITRE Ier.

DE LA MANIÈRE D'ENSEIGNER ; CONSEILS AUX PIQUEURS DE SELLE.

L'enseignement des grooms et des élèves grooms étant dans les attributions des piqueurs, et un des devoirs qu'ils doivent accomplir avec le plus de zèle et d'intelligence, je vais leur donner ici quelques principes dont ils ne devront jamais se départir pour transmettre fructueusement ce qu'ils ont appris eux-mêmes.

Leçon du montoir et tenue de rênes.

La leçon du montoir et la tenue des rênes seront données avec beaucoup de soin et de détails, non pas seulement verbalement, mais en plaçant l'élève avec la main et faisant devant lui ce qu'on lui prescrit.

La première leçon tout entière sera consacrée

à cet enseignement. L'élève devra apprendre à sauter à cheval sans étriers et en s'enlevant sur les poignets. On lui montrera à ajuster sa gourmette et ses étriers, à tenir sa cravache, à ajuster ses rênes en bridon ou en bride.

En parlant du bridon, je veux indiquer ici la manière de le prendre et de le placer dans la main gauche au moment du montoir.

Les rênes de bridon étant sur l'encolure, on saisit de la main gauche la rêne gauche du bridon à la boucle qui la fixe à l'anneau du mors; on élève la main gauche, en laissant glisser la rêne dans l'intérieur de cette main jusqu'à la naissance des crins et à dix centimètres environ du garrot; on saisit de la main droite, les ongles en dessus, l'excédant de la rêne gauche qui se trouve sur l'encolure; puis, redescendant la main gauche, on fait glisser dans l'intérieur de la droite la rêne droite, jusqu'à ce qu'elle soit raccourcie et présente la même longueur à droite qu'on lui a donnée à gauche; enfin on croise cette rêne droite sur la rêne gauche dans le poignet gauche, de sorte que les deux rênes se trouvent égales et sur leur plat, ajustées en trois temps qui s'exécutent très-vite.

Après avoir ainsi réuni les rênes, on place la cravache dans la main gauche, on saisit de la main droite une poignée de crins à dix centimètres du garrot, et on les place dans la main gauche, l'extrémité du crin sortant par le petit doigt. On a soin de prendre les crins à la racine pour ne pas les arracher, et d'en tourner l'extrémité entre les doigts afin qu'ils n'échappent pas, surtout lorsque l'on veut sauter à cheval, en s'enlevant sur les poignets ; dans ce cas, on prend les crins un peu plus loin du garrot, pour qu'il y ait entre les deux poignets, le droit étant appuyé sur le pommeau de la selle, une distance suffisante pour que le corps puisse y être placé.

Contrairement à l'ancien usage de faire commencer les élèves sans étriers, on devra les leur laisser et les ajuster de manière qu'ils puissent les conserver, c'est-à-dire ni longs, ni courts.

On tiendra les élèves sur la ligne droite, au pas et au trot, jusqu'à ce qu'ils aient pris confiance et acquis une position que l'on régularisera non pas seulement verbalement, et en récitant une théorie générale à laquelle l'élève ne comprend rien, mais en maniant ses mains, ses jambes et son corps, et les replaçant convenablement, et ajoutant chaque fois quelques mots d'explication bien simple.

Lorsqu'on redresse la position d'un élève, il faut toujours commencer de l'assiette jusqu'à la tête, pour le buste ; et de l'assiette jusqu'aux talons pour la partie inférieure du corps.

19

L'élève auquel il ne restera à corriger qu'un ou deux défauts sera donc particulièrement redressé pour ces mêmes défauts habituels, afin de fixer son attention et par là, triompher de la difficulté.

Pour les commençants, la leçon générale n'a donc aucune valeur ; et pour que les progrès soient rapides, il faut s'occuper de chaque élève en particulier, étudier sa conformation et ses aptitudes, pour en tirer tout le parti possible.

Il faut peu parler avec des commencants; ils sont trop préoccupés de cet exercice nouveau, et ont souvent trop de peine à se tenir en selle, pour écouter ce qu'on leur dit.

La connaissance des aides et surtout leur emploi ne doivent donc pas leur être enseignés dans le début ; on se bornera à leur faire comprendre que les jambes, fermées derrière les sangles, doivent pousser le cheval en avant et que la main doit le retenir et le tourner à droite et à gauche.

On apportera le plus grand soin à ne pas laisser l'élève contracter de mauvaises habitudes, par exemple, porter sa tête en avant, cambrer le rein exagérément, ouvrir ses genoux et tordre ses pieds, en cherchant à en rentrer les pointes en dedans.

Le redressement de la position des jambes se fera toujours par la cuisse qui graduellement ramenée sur sa face interne, donnera au bas de la jambe la position qu'elle doit avoir.

Les premières leçons se donneront au pas et au petit trot, de fréquents arrêts apprendront à l'élève à dominer son cheval, lui donneront confiance et permettront au professeur la leçon de pied ferme pour la rectification de la position.

Lorsqu'on remarquera que la confiance et un certain degré de solidité sont acquis, on fera quitter les étriers, à la dernière moitié de la leçon, sans les relever, et l'on fera faire une courte reprise au trot, pendant laquelle les élèves pourront reprendre et quitter leurs étriers.

La position de la jambe sans étrier ne devra être en rien modifiée; le talon sera bas, la pointe du pied soutenue de manière à conserver de la force à la jambe et à empêcher les genoux de remonter; on ne fera descendre les pointes de pieds que lorsque les élèves seront complétement d'aplomb et auront une position de cuisse régulière; mais alors, l'affaissement des pointes de pied ne sera que pour donner de l'indépendance au coude-pied, et seulement sur l'indication du professeur.

Aussitôt qu'on verra les élèves solides et confiants à cheval, on leur expliquera leurs effets de rênes, l'action isolée et réunie des jambes; on leur fera décrire des voltes et des demi-voltes, des demi-tours sur les épaules et sur les hanches, et enfin les pas de côté dans les changements de main et la tête et la croupe au mur. Tout cela s'exécutera au pas, bien entendu, et en expliquant très-simplement les moyens à employer et les effets à obtenir ; on cherchera à faire comprendre aux élèves la mise en main et les effets d'ensemble, et alors on pourra commencer le travail au galop.

Dès cette première leçon, on donnera une théorie très-claire de cette allure, on dira à quoi se reconnaît le galop à droite ou à gauche, et l'on continuera dès lors à développer chez l'élève le sentiment du mouvement du cheval, qui peut seul donner plus tard le tact et la finesse.

On dira, par exemple, à l'élève que lorsque son cheval galope à droite, il doit s'en apercevoir au déplacement de sa cuisse et de son genou droits et à ce que son assiette est rejetée de droite à gauche.

On empêchera les élèves de regarder l'épaule du cheval, cherchant à les mettre ainsi dans la nécessité de se recueillir et de se rendre compte du déplacement.

La position du cavalier au galop n'est pas identiquement la même que celle au trot; dans ce dernier cas, l'élève est obligé de résister au déplacement, en portant le haut de son corps en arrière ; dans le galop, au contraire, le déplacement ayant lieu d'avant en arrière, le cavalier doit maintenir son corps droit, sans effort, et suivre moëlleusement le déplacement régulier de l'allure en s'identifiant avec elle, au point de ne pas quitter la selle avec son assiette.

Lorsque devenus solides à cheval, les élèves feront la reprise au trot sans étriers, il sera bon de les exercer à certains mouvements gymnastiques que nous indiquerons ici. Mais, avant tout, je dois dire quelques mots de la leçon à la longe, qui est de toutes la plus efficace pour confirmer la solidité, habituer l'élève à suivre avec son corps les déplacements circulaires et à combattre la force centrifuge. C'est enfin le moyen de rectifier une mauvaise position et de mettre l'élève carrément à cheval en lui faisant comprendre l'importance d'avancer l'épaule du dehors et de retirer celle du dedans, dans tous les mouvements circulaires. Tout élève qui n'aura pas été mis pendant quelque temps à la longe, se reconnaîtra à une position irrégulière dans tous les passages de coins et sur les cercles; son assiette sera toujours déplacée en dehors, son genou du dedans remontera, et il paraîtra placé obliquement sur son cheval. Je tiens donc comme fort importante la leçon de longe, qui devra être donnée deux fois par semaine à chaque élève, pendant une demi-heure.

On comprend d'ailleurs combien il est facile de rectifier la position d'un cavalier qui fixe exclusivement votre attention, et dont vous pouvez, de si près, observer toutes les fautes.

Les moyens gymnastiques seront ensuite : 1° la flexion du corps porté graduellement en arrière jusqu'à venir toucher les reins du cheval avec le dos; cet assouplissement des reins du cavalier se fera d'abord au pas ; 2° la flexion du corps en avant en l'inclinant jusque sur l'encolure, en assurant l'équilibre par la pression des genoux ; 3° le glissement de la selle à droite et à gauche comme si l'on tombait, pour se remettre en selle par la pression du genou opposé à celui qui se lâche et par la souplesse des hanches ; 4° l'assouplissement des cuisses l'une après l'autre, en les portant en arrière jusqu'à la verticale et maintenant l'équilibre par des pressions de cuisses et le soutien du haut du buste en arrière.

Pour que cet assouplissement de cuisses se fasse régulièrement, il faut que la jambe reste tendue et la pointe de pied soutenue.

Je recommande particulièrement cet exercice à l'élève qui, une fois en équilibre sur son cheval, doit chercher à prendre de la longueur de jambes, et de l'enveloppe et perdre ce qu'il y aurait de trop écrasé et de trop assis dans son buste ; c'est aussi le seul moyen de donner de l'élégance au cavalier et une attitude toute différente de celle du postillon. Plus les cuisses sont descendues, moins les jambes ont besoin d'être fléchies pour agir et plus aussi elles ont de force dans la pression.

Il va sans dire que les élèves, devenus solides, devront être fréquemment conduits au dehors pour prendre l'habitude des grandes allures, et qu'on leur fera franchir des haies et des obstacles de steeple-chase, aussitôt qu'on les trouvera suffisamment réguliers dans leur position et sûrs de l'emploi de leurs aides.

On leur montrera le moyen de se servir de la cravache en attaquant le cheval en travers de l'encolure ou derrière la botte.

Enfin, si l'on veut obtenir des résultats complets et transmettre des traditions qui fructifient, il ne faudra passer légèrement sur aucun des détails de l'enseignement, et ne tolérer aucune négligence dans leur application pratique.

Je n'ai rien dit du trot à l'anglaise, parce qu'il a été clairement expliqué dans la première partie de ce livre ; je me bornerai à recommander de ne l'enseigner et de ne le tolérer que lorsque les élèves ont acquis une assiette parfaite, avec et sans étriers. Il faudra éviter soigneusement que le trot à l'anglaise ne change la position des jambes et exiger que l'appui soit pris, plus sur l'étrier que sur les genoux; il sera bon d'exercer les élèves à trotter à l'anglaise sans étriers.

Lorsque les jeunes cavaliers ont été ainsi enseignés, on peut les confier aux chefs d'entraînement, pour donner les galops d'exercice aux jeunes chevaux et prendre la position de course, ou monter des trotteurs.

N. B. Il n'est pas inutile de rappeler aux professeurs qu'ils doivent exercer fréquemment leurs élèves aux trois maniements de rênes usités, à l'anglaise, à l'allemande et à la française. Plus un cavalier a de facilité à manier ses rênes, plus il est adroit dans l'emploi qu'il en fait.

CHAPITRE II.

POSITION DE COURSE. — POSITION POUR LES TROTTEURS.

La position que prennent généralement les élèves jockeys est si défectueuse, et l'enseignement qu'on leur donne sur ce point si négligé, qu'ils contractent de mauvaises habitudes et perdent de vue les bons principes équestres qu'on leur a donnés. Je ne crois donc pas inutile de définir ici la position du jockey telle que nous l'avons étudiée dans les types si réguliers que l'Angleterre nous fournit.

Au pas, la position du buste est littéralement la même que celle que nous avons indiquée; seulement, les étriers un peu plus courts, afin de favoriser l'enlever de l'assiette au galop, et l'étrier chaussé jusqu'au coude-pied.

La tête sera droite, la poitrine ouverte, le rein soutenu, les cuisses sur leur plat, les genoux adhérents aux quartiers de la selle, les jambes liées moelleusement au corps du cheval, par une demi-flexion; en un mot, une position parfaitement régulière et gracieuse. Les coudes seront fixés au corps, les poignets fixes, et tout l'aspect du cavalier, d'un calme et d'une tranquillité extrêmes.

Au galop, ses poignets seront généralement fixés à droite et à gauche du garrot et appuyés à cette place, ne s'élevant que lorsque l'équilibre du cheval l'exige et qu'il est nécessaire de soutenir son avant-main; les bras seront donc à peu près tendus, mais sans roideur, et ce qu'il faut, pour donner au cheval l'appui qu'il réclame. Le corps sera incliné en avant, et le cavalier, prenant un appui sur ses étriers et ses genoux, maintiendra son assiette élevée de la selle, à ce point que les foulées du galop ne l'y fassent pas revenir. Cette position du corps dans le galop a un double but : le premier est de décharger l'arrière-main de la gêne que l'assiette et le poids du corps pourraient lui occasionner; le second est de présenter moins de résistance à la colonne d'air, coupée tout naturellement par la position inclinée du corps et de la tête en avant. Pour que la position de course soit régulière, il faut que les pointes de pied soient basses, et cela s'explique par la position que le corps affecte, et ensuite parce que c'est un moyen d'empêcher les étriers de sortir du pied.

L'inclinaison du corps en avant est déterminée par le cheval lui-même, lorsqu'il commence à tirer à la main en roidissant son encolure; mais aussi, pour que le cavalier ait toute sa force pour résister à la traction de son cheval et respirer librement, il faut qu'il ouvre sa poitrine, efface ses épaules, cambre légèrement son rein, et en un mot, soit toujours prêt à reporter son corps en arrière et à trouver ainsi une force de résistance que ses bras et ses poignets seuls ne pourraient lui donner.

La plupart des accidents qui arrivent en steeple-chase et en courses de haies ne viennent que de la mauvaise position des jockeys, qui ne peuvent pas à temps faire des retraites de corps, préparer ainsi leurs chevaux à l'obstacle et le recevoir de l'autre côté.

Ainsi que nous l'avons dit dans l'équitation de chasse et de manége, l'action de reprendre et de rendre en course ne consiste pas à allonger ses rênes ou à les raccourcir par à-coup, mais à serrer ou à mollir ses poignets, qui, ainsi que les bras, doivent être alternativement souples et fermes.

Une bonne main, en course, conserve les aplombs du cheval, le ménage, active ou ralentit sa vitesse sans efforts apparents ; une mauvaise main fait dégénérer l'appui en contraction et en roideur, compromet la sûreté et épuise prématurément la vitesse.

Les opinions sont partagées sur la manière de monter les trotteurs : les uns veulent qu'on les trotte à l'anglaise, les autres en s'asseyant, et enfin, d'autres, et je suis de ce nombre, affirment qu'il faut prendre l'attitude qui gêne le moins le cheval, et passer, selon qu'on en éprouve le besoin, de la position à l'anglaise à celle à l'allemande, c'est-à-dire un peu droit et sur l'enfourchure, avec les chevaux qui ont certaines foulées désordonnées et irrégulières, ou qui se précipitent dans leur mouvement.

La position à la française, et qui doit fatiguer le rein du cheval, est, à mon avis, la moins bonne et la moins pratique.

Il faut, dans tous les cas, que les jambes soient près du corps du cheval, pour l'activer sans à-coup, que l'assiette soit fixe et ne se laisse jamais déplacer latéralement par les réactions, et enfin, que les poignets et les bras ne soient ni roides ni incertains dans leur attitude et que la position entière du cavalier contribue, en un mot, à seconder plutôt qu'à gêner le développement de l'allure.

CONSEILS AUX MAÎTRES COCHERS.

Les piqueurs d'attelage et les maîtres cochers, dans les écoles de dressage, ont une mission fort importante et qu'ils doivent s'efforcer de comprendre. Le dressage des chevaux qui leur sont confiés rend assurément de grands services, mais l'éducation des jeunes cochers et la

Page 337.

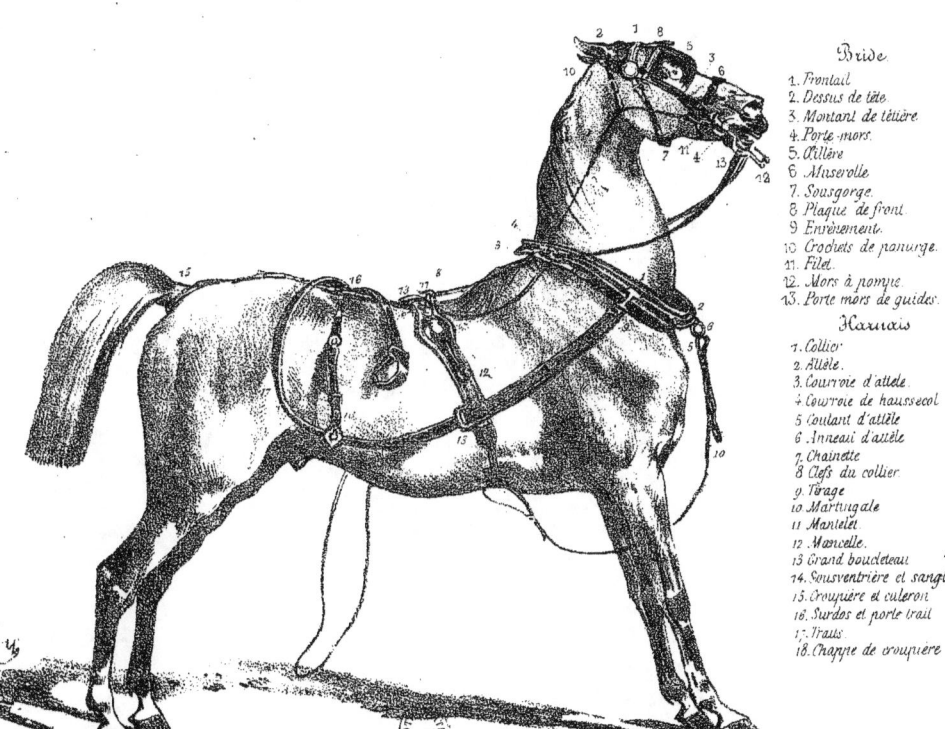

Bride
1. Frontail
2. Dessus de tête
3. Montant de têtière
4. Porte-mors
5. Œillère
6. Muserolle
7. Sousgorge
8. Plaque de front
9. Enrênement
10. Crochets de panurge
11. Filet
12. Mors à pompe
13. Porte mors de guides

Harnais
1. Collier
2. Attèle
3. Courroie d'attèle
4. Courroie de haussecol
5. Coulant d'attèle
6. Anneau d'attèle
7. Chainette
8. Clefs du collier
9. Tirage
10. Martingale
11. Mantelet
12. Mancelle
13. Grand boucleteau
14. Sousventrière et sangle
15. Croupière et culeron
16. Surdos et porte trait
17. Traits
18. Chappe de croupière

Nomenclature du harnais

...nais de M⁰ E. Hermès. Sellier 56 rue basse du rempart Fournisseur des écoles de dressage de France.

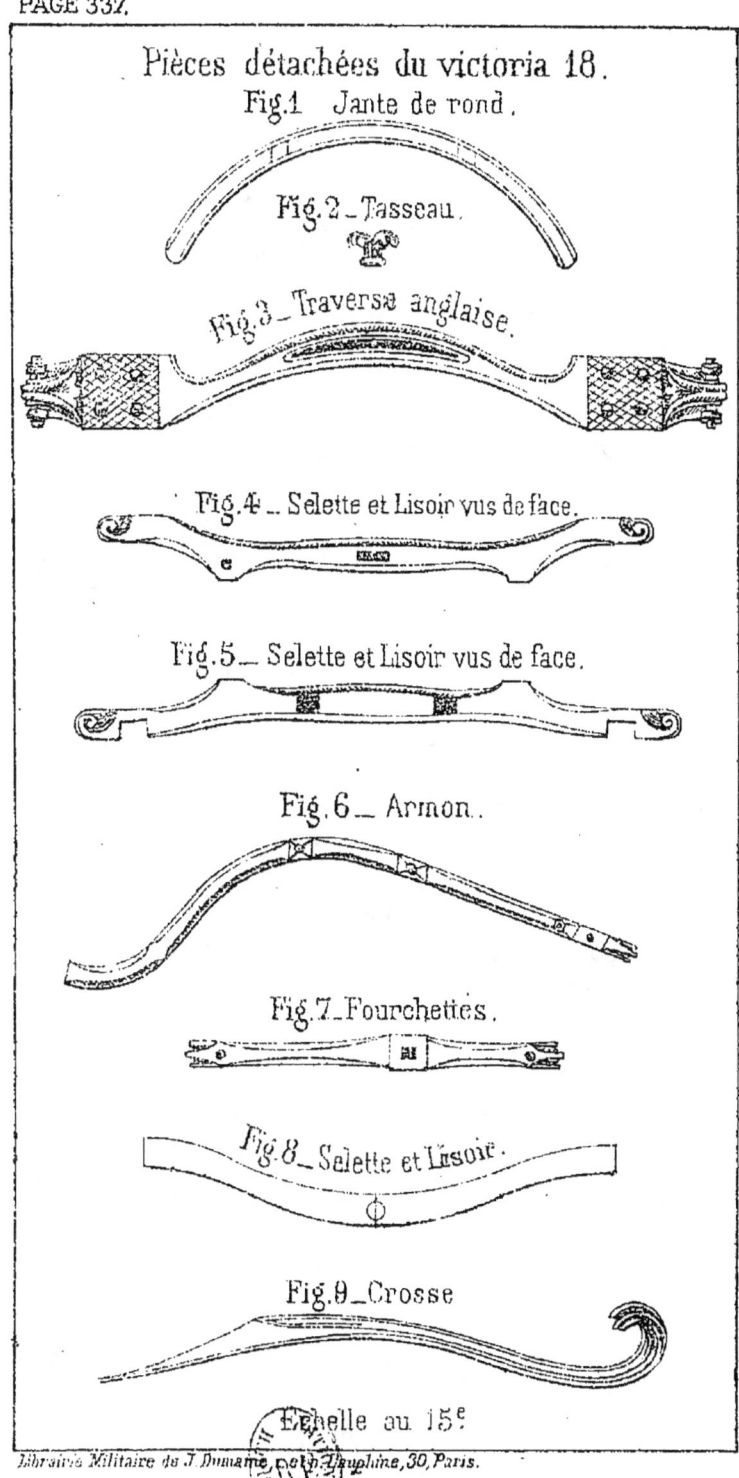

Pièces détachées du coupé 20.

Fig. 1 — Traverse anglaise.

Fig. 2 — Sellette et lasoir vus en plan de pourvoir.

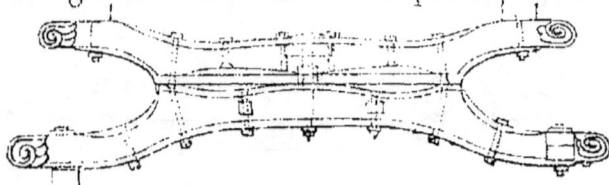

Fig. 3 — Avant-train vu dessus et dessous.

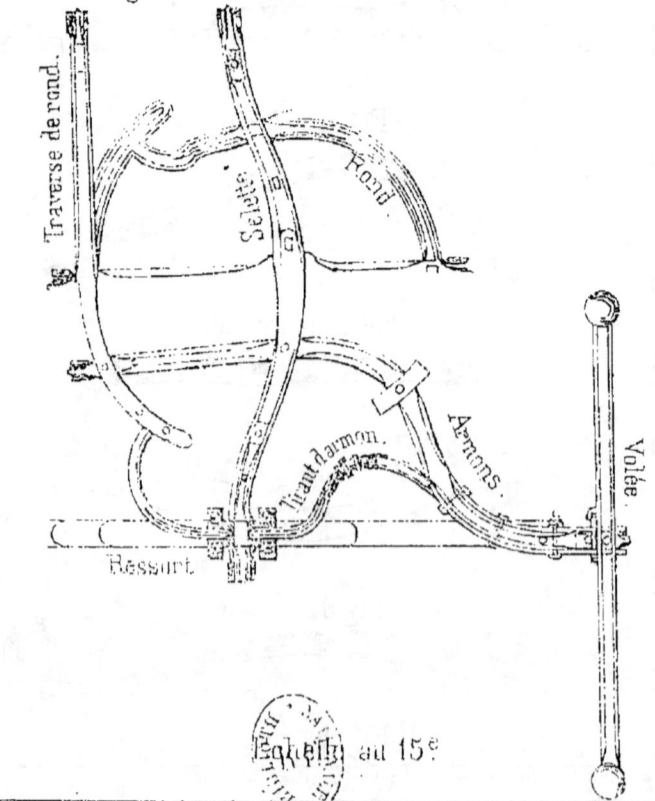

Échelle au 15ᵉ

Librairie Militaire de J. Dumaine, r. et p. Dauphine, 30, Paris.

transmission de bonnes traditions est, à mes yeux, d'une utilité plus grande encore. Un maître cocher doit donc attacher une sorte de point d'honneur à instruire et à produire de bons élèves.

L'enseignement ne doit pas consister uniquement à leur montrer le maniement de guides, la pose sur le siége et la conduite plus ou moins tolérable de chevaux dressés, mais il doit leur enseigner la manière de garnir, d'ajuster un attelage, de le conserver dans ses aplombs, de le régulariser dans ses allures et de le ménager dans le service.

Il devra leur apprendre la nomenclature des harnais, leur en indiquer la meilleure forme et veiller à ce qu'ils sachent les entretenir. Il devra s'assurer s'ils connaissent, par leur nom, les différentes parties d'une voiture et la forme qui distingue les uns des autres les principaux véhicules en usage. Il veillera à ce qu'ils s'exercent à laver et entretenir les voitures, et enfin, comme dernier conseil, il s'attachera à imprimer à ses élèves une tenue et une pose irréprochables lorsqu'ils sont sur le siége.

Il va sans dire que lorsqu'ils lui serviront d'aide dans le dressage, il leur expliquera la valeur des moyens qu'il emploie, et mettra à leur portée la méthode dont il s'inspire.

SIXIÈME PARTIE.

HIPPOLOGIE.

L'ORGANISATION ET L'EXTÉRIEUR DU CHEVAL.

CHAPITRE Ier.

DE L'ORGANISATION.

Nous entendons sous cette dénomination l'étude abrégée des différentes parties qui composent le corps du cheval et les fonctions que chacune d'elles a à remplir.

Le corps du cheval est formé de tissus et de liquides. Les principaux tissus sont : le tissu cellulaire, qui est blanc et spongieux ; il entoure les organes en les séparant les uns des autres.

Le tissu adipeux, qui contient de la graisse ; il est répandu dans toute l'économie. On le voit sous la peau, autour des reins et à la paroi interne de l'abdomen.

Le tissu fibreux: qui est une trame blanche très-résistante dont sont formés les tendons et les ligaments. Les tendons sont ces cordes fibreuses fixées aux muscles d'un côté, et de l'autre aux os ; ce sont eux qui transmettent les contractions des muscles. Les ligaments servent à réunir les os entre eux et entourent les articulations.

Le tissu *fibreux élastique*, ainsi appelé parce qu'il est, en effet, plus élastique que tous les autres tissus, est celui dont est formé le ligament cervical, dont nous parlerons plus tard.

Les cartilages qui sont les parties blanches et lisses que l'on voit recouvrir les surfaces articulaires.

Les *membranes séreuses*, qui sont minces en forme de sacs clos de toutes parts; elles renferment les viscères ou tapissent l'intérieur des articulations, et dans ce cas, s'appellent membranes synoviales, parce qu'elles contiennent de la *synovie*.

Les *membranes muqueuses*, qui tapissent les cavités communiquant au dehors ; par exemple, les organes digestifs et ceux de la respiration.

La *peau*, qui recouvre toute la surface du corps et qui est composée de deux couches : le *derme*, qui en forme la base, et l'*épiderme*, qui le recouvre.

La *corne*, qui n'est autre chose que la réunion de petits tubes cornés unis ensemble par une substance de même nature, qui est insensible comme les crins.

Les *poils*, qui sont aussi de nature cornée.

Les *glandes*, qui sécrètent des liquides ; tels sont le foie, les reins, les glandes salivaires et les mamelles.

Les *os*, qui sont les organes passifs de la locomotion.

Les *muscles*, qui en sont, au contraire, les organes actifs.

Les *vaisseaux*, qui sont des canaux dans lesquels circulent le sang et la lymphe.

Les *nerfs*, enfin, qui partent du cerveau ou de la moëlle épinière et vont communiquer la sensibilité à tous les organes.

Les liquides forment le plus grand poids de l'animal ; c'est de l'eau où se trouve différentes substances en dissolution.

Les principaux liquides sont : *le sang*, qui circule dans les artères et les veines.

Le *chyle*, liquide blanc formé par la partie nutritive des aliments, renfermés dans des vaisseaux particuliers situés dans l'abdomen.

La *lymphe*, qui est la partie du sang qui n'a pas servi aux nutritions et qui retourne à la circulation générale par des vaisseaux particuliers.

La *synovie*, enfin, qui est un liquide blanc, renfermé dans les membranes synoviales et destiné à faciliter le jeu des articulations.

Les tissus, en se réunissant, forment des *organes*. On appelle *fonctions* l'acte exécuté par chacun des organes.

Il y a trois sortes de *fonctions*:

1° *Les fonctions de relation*;

2° *Les fonctions de nutrition*;

3° Et enfin *les fonctions de génération*, destinées à conserver l'espèce.

CHAPITRE II.

FONCTIONS DE RELATION

comprenant:

La locomotion, l'innervation et les sens.

§ 1ᵉʳ.

Locomotion.

La locomotion résulte de la faculté qu'ont les animaux de mouvoir leur corps dans les allures qui leur sont propres, ou de se servir de leurs membres isolément, selon le besoin ou l'instinct. Les mouvements s'exécutent à l'aide des os articulés entre eux et des muscles qui les déplacent.

Les os sont les parties les plus dures du corps et en déterminent la forme. Il y a 191 os dans le cheval ; on leur a donné un nom particulier qui tient à la forme même de ces os ou à la place qu'ils occupent dans l'animal.

Les os sont pairs ou impairs, et, selon leur dimension, *longs*, *larges* ou *courts*.

Les os longs ont à l'intérieur un canal qui renferme la *moëlle*.

Les os sont composés du *tissu osseux*, qui en forme la base. Il se compose lui-même d'une substance organique qui est sa trame et d'une substance inorganique composée de sels déposés dans les cellules de la trame, le *phosphate calcaire*, et du *périoste*, membrane très-mince qui enveloppe l'os et concourt et sert à sa nutrition, et enfin d'un liquide graisseux qui porte le nom de *moëlle*.

Les articulations qui lient les os entre eux se divisent en *mobiles, immobiles* et *mixtes*. Les articulations mobiles permettent des mouvements étendus ; elles sont au nombre de cinq.

1° L'articulation *orbiculaire*, où la tête d'un os est placée dans une cavité correspondante ; elle permet les mouvements en tous sens ; exemple : les articulations *scapulo-humérale* et *coxo-fémorale ;*

2° La *charnière parfaite*, qui ne permet que la flexion et l'extension ; exemple : l'articulation du genou, du boulet et du pied ;

3° La *charnière imparfaite*, qui, outre la flexion, exécute les mouvements latéraux ;

4° L'*articulation par pivot*, qui permet les mouvements de rotation ; exemple : l'articulation de l'*atloïde* avec l'*axoïde ;*

5° L'articulation planiforme, qui ne permet qu'un léger glissement, comme dans les *apophyses* articulaires des vertèbres.

On appelle *apophyse* les éminences des os ou prolongement du tissu de l'os lui-même.

On appelle **épiphyse** le nom donné aux *apophyses* lorsque dans la jeunesse, l'éminence n'est pas encore continue avec l'os et en est séparée par une couche cartilagineuse. L'*épiphyse* n'existe plus dans l'animal adulte.

Les articulations immobiles ne permettent pas de mouvement, excepté dans le tout jeune âge ; exemple : les os de la tête articulés entre eux.

Les *articulations mixtes*, réunies au moyen d'un *fibro-cartilage* interposé, ont des mouvements très-limités ; exemple : le corps des vertèbres unies ensemble.

Les *muscles* sont, comme nous l'avons dit, les agents actifs du mouvement ; ils forment la *chair*, ils sont rouges, ont presque tous des tendons, et se contractent selon la volonté de l'animal ; ils sont très-nombreux et ont chacun un nom particulier correspondant à leur forme, à leur position ou à leur usage.

On a divisé les muscles en *fléchisseurs, extenseurs, adducteurs, abducteurs* ou *rotateurs*, selon les mouvements qu'ils concourent à faire exécuter.

Les muscles sont composés de fibres infiniment petites qui, en se réunissant, forment des fascicules, qui, eux-mêmes, réunis entre eux, forment des faisceaux ; ces faisceaux joints ensemble, forment un muscle.

Des vaisseaux, des nerfs, du tissu cellulaire et de la graisse se trouvent associés aux fibres musculaires.

Du squelette et des muscles en particulier.

Le squelette est l'assemblage de tous les os de l'animal, sa forme osseuse.

Il se divise en tronc et en membres.

Le tronc se subdivise en : *tête ; rachis* ou colonne vertébrale et thorax.

J'emprunte ici à l'excellent ouvrage de M. Vallon, sa description si méthodique et si abrégée des os et des muscles dont la connaissance est particulièrement nécessaire ; c'est vainement que j'essaierais de faire quelque chose de plus simple et de plus pratique.

§ 1.

De la tête.

Située à l'extrémité antérieure de la colonne vertébrale, la tête se compose de 27 os, et se divise en deux parties : le *crâne* et la *face*.

Crane.

Le crâne est une boîte osseuse qui occupe la

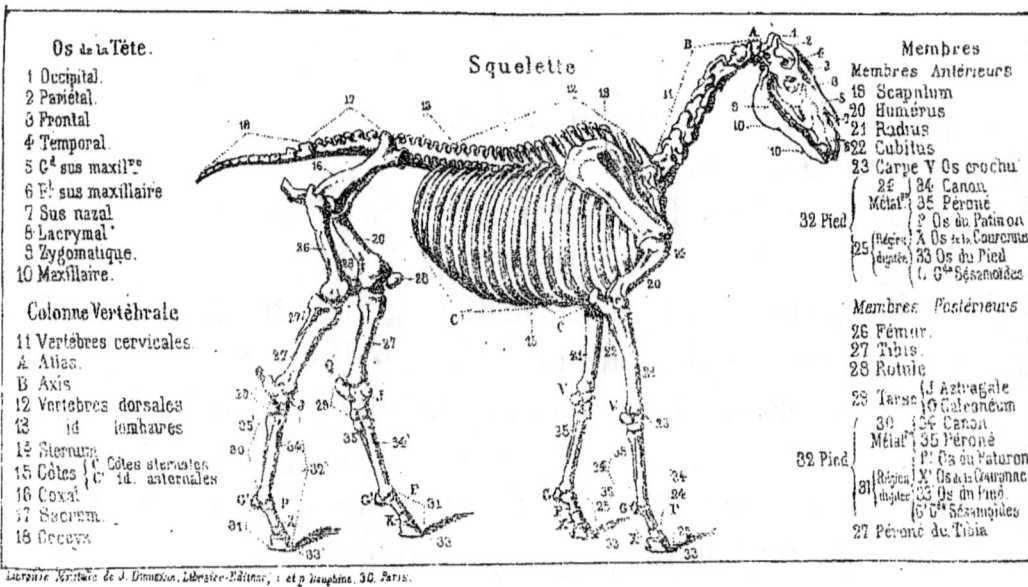

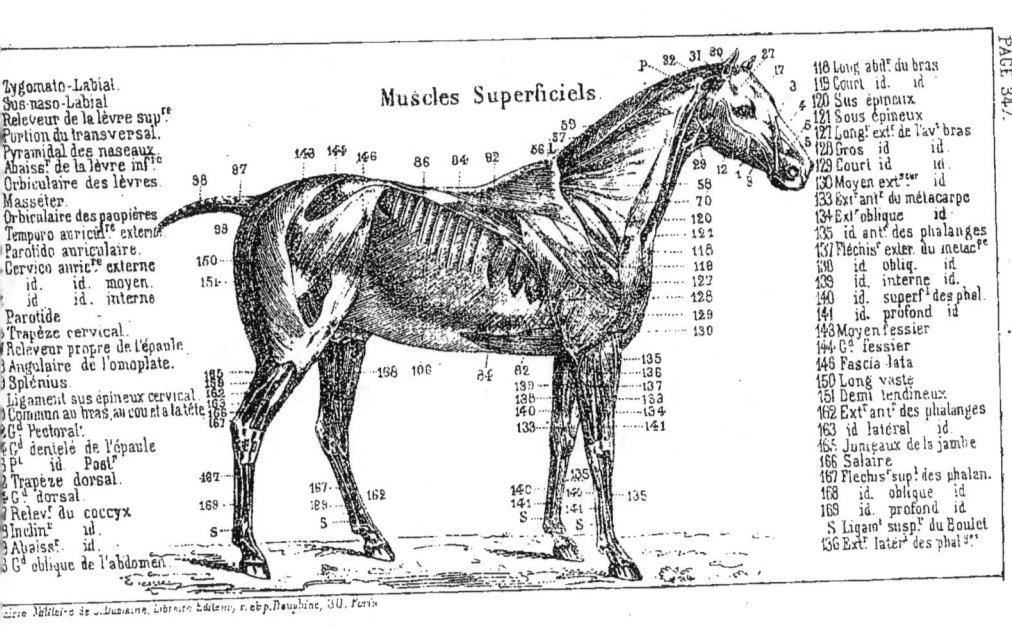

partie supérieure et postérieure de la tête, et qui renferme et protége l'encéphale.

Il est composé de sept os : l'*occipital*, le *pariétal*, le *frontal*, le *sphénoïde*, l'*ethmoïde* et les deux *temporaux*.

OCCIPITAL (Pl. 15, 1). L'occipital est situé à la partie supérieure et postérieure de la tête. Il forme la base de la nuque.

PARIÉTAL (Pl. 15, 2). Le pariétal occupe la partie moyenne et antérieure du crâne, dont il recouvre la plus grande partie.

FRONTAL (Pl. 15, 3). Le frontal est situé en avant du crâne, qu'il concourt à former, ainsi qu'une partie de la face.

SPHÉNOÏDE. Le sphénoïde est placé à la partie postérieure du crâne et en forme la base.

ETHMOÏDE. L'ethmoïde occupe la partie inférieure du crâne et la sépare des fosses nasales.

TEMPORAUX (Pl. 15, 4). Au nombre de deux, un à droite, l'autre à gauche, les temporaux sont situés sur les côtés du crâne. Ils se divisent en portion *pétrée* et en portion *écailleuse*.

Face.

La face fait suite au crâne et présente, intérieurement, plusieurs cavités destinées à loger les organes de la vue, de l'odorat et du goût.

On la divise en mâchoire supérieure et en mâchoire inférieure.

A. Machoire supérieure. La mâchoire supérieure est formée de neufs os pairs, qui sont : le *grand sus-maxillaire*, le *petit-sus-maxillaire*, le *sus-nasal*, le *lacrymal*, le *zygomatique*, le *palatin*, le *ptérygoïdien*, les *cornets*, et d'un os impair, le *vomer*.

Grand sus-maxillaire (Pl. 15, 5). Le grand sus-maxillaire occupe le côté externe de la mâchoire, et s'étend du fond de l'orbite aux deux tiers de l'espace inter-dentaire supérieur. Il porte les dents molaires supérieures.

Petit sus-maxillaire (Pl. 15, 6). Le petit sus-maxillaire est placé à la partie inférieure de la tête, qu'il termine, et présente les alvéoles dans lesquelles sont logées les dents incisives et les crochets de la mâchoire supérieure.

Sus-nasal (Pl. 15, 7). Le sus-nasal occupe la partie antérieure et inférieure de la tête et forme le plafond des cavités nasales.

Lacrymal (Pl. 15, 8). Le lacrymal est situé à la partie antérieure et inférieure de l'orbite, qu'il concourt à former.

Zygomatique (Pl. 15, 9). Le zygomatique est placé sur le côté externe de l'orbite.

Palatin. Le palatin termine la voûte osseuse du palais.

Ptérigoïdien. Le ptérigoïdien, le plus petit des os de la face, est juxtaposé sur le palatin.

Cornets. Les cornets, au nombre de deux de

TABLEAU SYNOPTIQUE DES PRINCIPAUX MUSCLES.

N°s	RÉGIONS.	NOMS.	SITUATION.	ORIGINE.	INSERTION.	USAGES.
4	DU CHANFREIN.	Releveur de la lèvre supérieure.	Sur le côté de la face.	A la face externe du grand sus-maxillaire et du zygomatique	A la lèvre supérieure.	Elève la lèvre supérieure ou la porte de côté.
9		Abaisseur de la lèvre inférieure.	Le long du bord inférieur du buccinateur.	Sur la surface ext. de la tubérosité alvéolaire.	A la lèvre inférieure.	Abaisse la lèvre inférieure ou la porte de côté.
11		Orbiculaire des lèvres.	Entre la peau et la muqueuse des lèvres.	Sur les os maxillaires.	Au bord des lèvres et au cartilage de l'aile externe du nez.	Sert à la préhension des aliments.
5		Buccinateur.	Sur les côtés de la face.	Sur le bord du grand sus-maxillaire.	Sur le bord alvéolaire du maxillaire inférieur.	Ramène les aliments sous les dents molaires pendant la mastication.
42	MASSÉTÉRINE.	Masséter.	Sur les côtés de la face.	A la crête zygomatique.	A la portion élargie du maxillaire inférieur.	Rapproche les mâchoires.
		Crotaphite.	Occupe la fosse temporale.	Dans toute l'étendue et sur le pourtour de la fosse temporale.	Sur l'apophyse coronoïde du maxillaire.	Rapproche les mâchoires.
	DE L'ENCOLURE.	Grand complexus.	Entre le splénius et le ligament cervical.	Aux apophyses transverses et épineuses des 2, 3, 4, 5 et 6es vertèbres dorsales.	A la protubérance occipitale.	Elève la tête et l'incline de côté.
80		Splénius.	Dans le triangle formé par les vertèbres dorsales, cervicales et le ligament cervical.	Aux apophyses épineuses des 1res vertèbres dorsales.	A la troisième vertèbre cervicale.	Elève la tête et l'incline de côté.
70		Commun au bras, au cou et à la tête.	Occupe tout le côté du cou, depuis la tête jusqu'au bras et au sternum.	A l'apophyse mastoïde, aux apophyses transverses des premières vertèbres cervicales.	Au sternum et au corps de l'humérus.	Il porte le bras en avant, ou fléchit la tête et l'incline de côté.
		Sterno-maxillaire.	Le long du cou, au côté antérieur et externe.	Au sternum.	Au bord refoulé du maxillaire.	Fléchit la tête.
		Omoplat-hyoïdien.	Le long du cou.	Au scapulum.	Au corps de l'hyoïde.	Abaisseur de l'hyoïde, sépare la jugulaire de la carotide.
		Long fléchisseur du cou.	Couché sous les vertèbres cervicales et les six premières dorsales.	Au corps des six premières vertèbres dorsales.	Au corps de l'atlas et des six premières vertèbres cervicales.	Fléchit directement l'encolure.
	DU DOS ET DES LOMBES.	Ilio-spinal.	Couché le long des apophyses épin. des vertèbres dorsales et lombaires et sur le 1/4 sup. des côtes.	Au bout supérieur de l'ilium.	Aux vertèbres et aux côtes sur lesquelles il est couché, aux dernières vertèbres cervicales.	Extenseur de la colonne vertébrale.
		Rhomboïde.	Sous le trapèze dorsal.	Au ligament cervical et aux apophyses épineuses des six premières vertèbres dorsales.	Au cartilage du scapulum.	Releveur de l'épaule.
94		Grand dorsal.	De l'épine dorso-lombaire à l'humérus.	Du sommet des apophyses épineuses des vertèbres lombaires et des dix dernières dorsales.	A la tubérosité interne de l'humérus.	Porte le bras en arrière et en dedans.
84	COSTALE.	Grand dentelé.	Sur le côté du thorax.	De la surface externe des côtes sternales.	A la face interne et à l'angle dorsal du scapulum.	Suspend le tronc entre les membres antérieurs, attache l'épaule au thorax.
		Inter-costaux ext. et int.	Dans les espaces inter-costaux.	Du bord d'une côte au.	bord opposé de la côte voisine.	Les internes sont inspirateurs, les externes expirateurs.
	BRACHIALE antérieure.	Long fléchisseur de l'avant-bras.	Sur la face antérieure de l'humérus.	A l'apophyse coracoïde du scapulum.	A l'extrémité supérieure et interne du radius.	Fléchit l'avant-bras, étend le bras.
		Court fléchisseur de l'avant-bras.	Autour du corps de l'humérus.	A l'extrémité supérieure de l'humérus.	Sur le côté interne du radius	Fléchit l'avant-bras et le porte en dehors.
	BRACHIALE postérieure.	Long extenseur de l'avant-bras	Sur le côté interne et le long du gros extenseur.	A l'angle dorsal du scapulum.	Au côté interne de l'olécrâne.	Étend l'avant-bras sur le bras.
128		Gros extenseur de l'avant-bras.	Remplit presque tout l'angle formé par l'humérus et le scapulum.	Au bord supérieur du scapulum.	A l'olécrâne.	Extenseur de l'avant-bras.
133	ANTI-BRACHIALE antérieure.	Extenseur ant. du métacarpe.	A la face antérieure du radius.	A l'épitrochlée.	A l'extrémité supérieure du métacarpe.	Extenseur du métacarpe et du carpe, fléchisseur de l'avant-bras.
135		Extenseur ant. des phalanges.	A la face antérieure du radius.	A l'épitrochlée.	A l'éminence pyramidale de la 3e phalange.	Étend les différentes parties du membre sur l'avant-bras, fléchit celui-ci.
140	ANTI-BRACHIALE postérieure.	Perforé.	Face postérieure de l'avant-bras.	A l'épicondyle.	Par un tendon bifurqué sur les côtes de la deuxième phalange.	Fléchit la partie inférieure du membre, étend l'avant-bras.
141		Perforant.	Sous le précédent.	Trois branches : une à l'épicondyle, une à l'olécrâne, une au radius.	A la crête semi-lunaire de la troisième phalange.	Fléchit les phalanges du métacarpe ; celui-ci et le carpe sur l'avant-bras.
143	CROUPALE.	Moyen fessier.	A la surface du grand fessier.	Aux deux angles antérieurs de l'ilium.	A la tubérosité externe du corps du fémur.	Fléchisseur, abducteur et rotateur de la cuisse en dehors.
144		Grand fessier.	Remplit l'espace compris entre l'ilium et le sacrum.	A la fosse iliale et à l'épine sus-sacrée.	Au trochanter.	Extenseur, abducteur et rotateur de la cuisse en dehors.
146	CRURALE antérieure.	Fascia lata.	A la partie supérieure et antérieure de la cuisse.	A l'angle externe de l'ilium.	A la rotule.	Extenseur de la jambe et fléchisseur de la cuisse.
		Droit antérieur de la cuisse.	Entre les trois portions du triceps crural.	A l'angle cotyloïdien de l'ilium.	A la rotule.	Extenseur de la jambe et fléchisseur de la cuisse.
150	CRURALE postérieure.	Long vaste	Sur le côté externe de la cuisse.	A la tubérosité ischiale.	Trois branches : face postérieure du fémur, rotule et crête tibiale.	Fléchit la jambe. Extenseur du coxal.
151		Demi-tendineux.	A la partie postérieure et médiane de la cuisse.	A la crête ischiale.	A la crête du tibia.	Congénère du précédent.
162	JAMBIÈRE antérieure.	Extenseur ant. des phalanges.	Face antérieure du tibia.	A l'extrémité inférieure du fémur.	Éminence pyramidale de la troisième phalange.	Extenseur des phalanges, fléchisseur du métatarse, extenseur de la jambe.
		Fléchisseur du métatarse.	Sous le précédent.	Extrémité infér. du fémur, face antér. du tibia.	A l'extrémité supérieure du métatarse.	Fléchisseur du métatarse.
165	JAMBIÈRE postérieure.	Jumeaux de la jambe.	Partie postérieure de la jambe.	Au-dessus des condyles du fémur.	A l'extrémité du calcanéum.	Fléchit la jambe, étend le pied.
167		Perforé.	Entre les deux portions du précédent.	Au-dessus du condyle externe du fémur	Sur les côtés de la deuxième phalange.	Fléchit les phalanges sur le métatarse, étend le tarse sur la jambe, fléchit celle-ci.
169		Perforant.	Couché sur la face postérieure du tibia.	A la face postérieure du tibia.	Crête semi-lunaire de la troisième phalange.	Congénère du précédent.

chaque côté, sont formés par des lames osseuses enroulées sur elles-mêmes ; ils sont couchés l'un au-dessus de l'autre sur le paroi externe des fosses nasales.

Vomer. Le vomer s'étend depuis le sphénoïde jusqu'au petit sus-maxillaire et sert de support à la cloison nasale.

B. Machoire inférieure. La mâchoire inférieure n'est formée que par un seul os, le *maxillaire* (Pl. 15, 10), dont la forme est celle d'un V. Il présente un corps et deux branches. Le corps porte les alvéoles qui logent les dents incisives et les crochets inférieurs. Les branches, au nombre de deux, laissent entre elles un espace libre et s'articulent avec les temporaux. Leur bord supérieur présente les alvéoles qui reçoivent les dents molaires.

Muscles. Les os de la tête sont recouverts par des muscles nombreux, ayant pour fonction de faire mouvoir les oreilles, les yeux, les lèvres, les mâchoires et les ailes du nez. Les plus importants sont les muscles du chanfrein, consistant en de petites bandelettes charnues, destinées à mettre en jeu les lèvres, les naseaux et la houppe du menton, ou à pousser les aliments sous les dents molaires (1), et les mus-

---

(1) Les principaux sont : le releveur de la lèvre supérieure (4) ; l'abaisseur de la lèvre inférieure (9), dont les noms indiquent les usages ; l'orbiculaire des lèvres (10), qui ferme l'ouverture buccale ; le buc-

cles des mâchoires, qui, groupés autour de l'articulation temporo-maxillaire, sont les agents spéciaux des mouvements de la mâchoire inférieure (1).

Mouvements. La tête représente un balancier très-mobile, jouissant de la faculté de se fléchir, de s'étendre, de se porter sur les côtés et même de tourner sur l'encolure ; et c'est grâce à ces divers mouvements qu'elle prend les attitudes les plus variées. La mâchoire inférieure est douée de mouvements propres : elle s'éloigne, se rapproche de la supérieure, se porte de côté, et c'est en vertu de ce jeu que s'opèrent la préhension et la mastication des aliments.

Hyoïde.

L'hyoïde est un os impair, situé entre les deux branches du maxillaire. Il est composé du *corps* et des *branches*, que l'on distingue en grandes branches et en petites branches.

§ 2.

De la colonne vertébrale.

La colonne vertébrale ou le rachis constitue

---

cinateur, qui chasse les aliments sous les dents molaires, et le naso-transversal qui dilate les naseaux.

(1) Ces muscles sont : le masseter (12), le crotaphite, le ptérygoïdien externe, le ptérygoïdien interne, qui rapprochent la mâchoire infé-

une tige flexible s'étendant de la tête au coccyx, et présentant, intérieurement, un canal (*canal vertébral*), qui renferme la moelle épinière.

Elle est composée d'os appelés vertèbres, et se divise en cinq régions, savoir : la région cervicale, la région dorsale, la région lombaire, la région sacrée et la région coccygienne.

La *région cervicale* (Pl. 15, 11) est composée de sept vertèbres : la première (A) s'appelle *atlas* ou *atloïde*, la seconde (B) *axis* ou *axoïde*; les autres n'ont pas reçu de noms particuliers. Les vertèbres cervicales sont plus longues, plus épaisses et jouissent de plus de mobilité que les autres.

La *région dorsale* (Pl. 15, 12) est formée par dix-huit vertèbres, remarquables par leurs apophyses épineuses, longues et dirigées en arrière dans les huit premières.

La *région lombaire* (Pl. 15, 13) se compose de six vertèbres, dont des apophyses transverses sont très-longues et très-larges; elle jouit de peu de mouvement.

La *région sacrée* (Pl. 15, 17) ne comprend qu'un seul os, le *sacrum* (1). Cet os est situé

---

rieure de la supérieure et la portent de côté ; et le digastrique qui en produit l'abaissement.

Nota. Les chiffres placés entre *parenthèses*, correspondent aux mêmes chiffres du tableau synoptique et de la figure II.

(1) Dans le fœtus, le sacrum est composé de cinq vertèbres qui se soudent peu de temps avant la naissance.

entre les deux iliums, auxquels il est solidement uni ; il s'articule, en avant, avec la dernière vertèbre lombaire, et, en arrière, avec le premier des os coccygiens.

La *région coccygienne* (Pl. 15, 18) est composée de 12 à 18 vertèbres dégénérées formant la base de la queue.

Muscles de la colonne vertébrale. De nombreux muscles recouvrent les vertèbres et les mettent en jeu. Au cou, les muscles, placés au-dessus des vertèbres, sont séparés en deux parties latérales par le *ligament cervical*, composé d'une expansion et d'une corde de tissu fibreux-élastique, qui s'étend des vertèbres dorsales à la tête. Ces muscles ont pour fonctions, les uns d'étendre la tête sur l'encolure ; les autres, d'étendre les vertèbres les unes sur les autres ; d'autres agissent sur l'épaule (1). Les muscles situés au-dessous des vertèbres produisent la flexion de la tête ou des vertèbres cervicales (2).

Les muscles du dos et des lombes sont situés dans la gouttière vertébrale formée par les côtes et les vertèbres dorsales et lombaires. Leurs fonctions consistent à étendre les vertèbres du

---

(1) Les principaux sont : le grand et le petit complexus, le trapèze cervical (56), le splénius (59).
(2)   id. . . . . . le commun au bras, au cou et à la tête (70), l'omoplat-hyoïdien.

dos et des lombes, et à convertir la colonne dorso-lombaire en une tige flexible (1).

Mouvements. La colonne vertébrale représente un long levier, flexible en divers sens, mais dont la mobilité n'est pas la même dans toutes les régions. Au cou, la mobilité est très-grande, et la colonne cervicale forme, de concert avec la tête, un balancier très-mobile, dont le cheval se sert à chaque instant pour déplacer son centre de gravité. Au dos et aux lombes, le rachis représente une espèce d'arche de pont, jetée entre l'avant et l'arrière-main pour transmettre l'action impulsive produite par les membres postérieurs, et pour résister au poids des viscères et du cavalier, qui tendent sans cesse à le fléchir en contre-bas. Les mouvements de ces régions sont très-bornés et ne consistent qu'en une légère flexion en contre-haut, en contre-bas et sur les côtés.

§ 3.

De la poitrine.

La poitrine, ou le thorax, est une cavité dans laquelle sont renfermés les principaux organes de la respiration et de la circulation. Elle a pour base osseuse : en haut, les vertèbres dor-

---

(1) Les principaux sont : l'ilio-spinal, le rhomboïde, et le trapèze dorsal (92).

sales, que nous avons décrites ; latéralement, les côtes ; inférieurement, le sternum.

Sternum (Pl. 15, 14).

Le sternum forme le plancher inférieur de la poitrine, et présente, sur les faces latérales, huit surfaces articulaires dans lesquelles sont reçus les cartilages des côtes sternales.

Côtes (Pl. 15, 15).

Au nombre de 36, 18 de chaque côté, les côtes sont des os pairs, allongés et courbés en arc. Les 8 premières s'articulent directement avec le sternum et sont dites *côtes sternales* ou *vraies côtes;* les 10 suivantes sont appelées *côtes asternales* ou *fausses côtes*, parce qu'elles ne s'unissent pas au sternum.

Toutes les côtes s'articulent avec les vertèbres dorsales et sont formées de deux parties : une supérieure, osseuse, une inférieure, cartilagineuse.

Muscles. La poitrine et les parois abdominales sont formées et mises en jeu par des muscles nombreux. Le plus étendu est le pannicule charnu, qui est situé sous la peau et recouvre tous les autres ; il a pour mission de faire froncer la peau.

Les muscles des côtes servent à former la cavité thoracique et concourent, les uns, à la respiration ; les autres, aux mouvements soit de l'épaule, soit du bras (1).

Les muscles de l'abdomen remplissent la double fonction de former les parois de la cavité abdominale et de servir à la respiration (2).

Le diaphragme est un grand muscle, mi-charnu, mi-aponévrotique, qui sépare la cavité thoracique de la cavité abdominale. Il est le principal agent de la dilatation et du resserrement de la poitrine.

DES MEMBRES.

Les membres représentent quatre colonnes brisées, formées de pièces ou rayons osseux articulés ensemble et destinés à supporter le corps de l'animal.

§ 1.

Des membres antérieurs.

Les membres antérieurs ou thoraciques sont formés par quatre régions, savoir : l'épaule, le bras, l'avant-bras et le pied, ayant pour base, chacune, un ou plusieurs os.

---

(1) Les principaux sont : le grand dentelé (84), le petit dentelé antérieur, le petit dentelé postérieur (86).

(2)   id. . . . . . . le grand et le petit oblique de l'abdomen (106), le transverse et le grand droit de l'abdomen.

Os de l'épaule (Pl. 15, 19).

L'épaule a pour base le *scapulum*, os pair, aplati, triangulaire, obliquement dirigé d'arrière en avant et fixé au thorax par des parties molles. Le scapulum présente, à son bord supérieur, un cartilage de prolongement; à son angle inférieur, une cavité par laquelle il s'articule avec l'humérus; sa face externe offre une épine, appelée *acromion*, qui la divise en deux fosses.

Os du bras (Pl. 15, 20).

Le bras est formé par l'*humérus*, os long, obliquement dirigé de haut en bas et d'avant en arrière. Cet os présente, supérieurement, une tête qui est reçue dans la cavité du scapulum, et deux fortes éminences non articulaires; inférieurement, deux surfaces articulaires sur lesquelles se meut le radius.

Os de l'avant-bras.

Les os de l'avant-bras sont au nombre de deux : le *radius* et le *cubitus*.

Le radius (Pl. 15, 21) est un os long, verticalement placé, qui forme la base de l'avant-bras. Cet os s'articule, supérieurement, avec l'humérus, et, inférieurement, avec la première rangée des os du carpe.

Le cubitus (Pl. 15, 22) est situé en appendice derrière le radius; son extrémité supérieure, appelée *olécrâne*, forme la base du coude.

Os du pied (Pl. 15, 23).

Le pied du cheval se compose du carpe, du métacarpe et de la région digitée.

Carpe (Pl. 15, 23). Le carpe est formé de 7 os, disposés sur deux rangées superposées; la supérieure est de 4 os, dont un, l'*os crochu* (V), est situé en arrière des autres, et du côté externe; l'inférieure comprend 3 os qui s'articulent avec le métacarpe.

Métacarpe (Pl. 15, 24). Le métacarpe a pour base l'*os du canon* (34) et les deux *péronés* (35), placés en arrière.

Région digitée (Pl. 15, 25). La région digitée termine le membre; elle est composée de 6 os, qui ont reçu le nom de *phalanges* et de *sésamoïdes*.

Les phalanges sont au nombre de 3 : la première s'appelle *os du paturon* (P); la deuxième, *os de la couronne* (X); la troisième, *os du pied* (33).

Les sésamoïdes sont aussi au nombre de 3 : deux grands et un petit.

Les *deux grands sésamoïdes* (G) sont placés en arrière et à la partie supérieure de l'os du paturon; le *petit sésamoïde* ou *os naviculaire*, est situé en arrière de l'articulation de l'os de la couronne avec l'os du pied.

Muscles. Les os des membres antérieurs sont recouverts de muscles remarquables par la puissance de leur développement, de tendons très-longs et très-forts, lesquels vont porter au loin les effets de la contraction musculaire. Les muscles placés à la face interne du scapulum fléchissent le bras et le ramènent en dedans (1). Ceux qui recouvrent extérieurement cet os, étendent le bras et l'écartent du corps (2).

Les muscles placés en avant de l'humérus fléchissent le radius (3), tandis que ceux situés en arrière en opèrent l'extension (4).

Les muscles de la face antérieure du radius ont pour effet, les uns, d'étendre le carpe et le métacarpe sur l'avant-bras ; les autres, d'étendre les phalanges (5). Parmi les muscles situés en arrière du radius, trois opèrent la flexion du carpe et du métacarpe (6); les deux autres, con-

---

(1) Les principaux sont : l'abducteur du bras et le sous-scapulaire.
(2) id. . . . . . le long abducteur du bras (148), le court abducteur du bras (149).
(3) id. . . . . . le long fléchisseur de l'avant-bras et le court fléchisseur de l'avant-bras.
(4) id. . . . . . le long extenseur de l'avant-bras (127), le gros extenseur de l'avant-bras (128).
(5) id. . . . . . l'extenseur antérieur des phalanges (135), l'extenseur antérieur du métacarpe (133).
(6) id. . . . . . le fléchisseur externe du métacarpe et le fléchisseur oblique du métacarpe.

nus sous le nom de *perforant* et de *perforé*, descendant le long du canon et du paturon, et s'insèrent, le perforé, à la couronne, le perforant, à l'os du pied ; ils fléchissent la région digitée.

Mouvements. Les os des membres antérieurs jouent les uns sur les autres de différentes manières. L'épaule, fixée au tronc par des parties molles, peut s'élever, s'abaisser, se porter en avant ou en arrière. L'humérus se meut dans la cavité du scapulum dans tous les sens et exécute toutes sortes de déplacements. Les rayons situés au-dessous du bras ne peuvent se mouvoir qu'en deux sens : la flexion et l'extension.

§ 2.

Des membres postérieurs.

Chaque membre postérieur ou abdominal se compose de la croupe, de la cuisse, de la jambe et du pied, et chacun de ces rayons est formé d'un ou de plusieurs os.

Os de la croupe (Pl. 15, 16).

La croupe a pour base le *coxal,* os pair, très-irrégulier, toujours soudé avec celui du côté opposé, et présentant, dans son milieu, une cavité (cavité *cotyloïde*), qui reçoit la tête du fémur.

Cet os est formé de trois pièces (1) : l'*ilium*, placé en avant, l'*ischium* tout à fait en arrière et le *pubis* entre les deux précédents.

Os de la cuisse (Pl. 15, 26)

L'os de la cuisse ou le *fémur* est un os pair, cylindrique, présentant, supérieurement, une tête, qui s'articule avec le coxal, et deux éminences appelées, l'une *trochanter*, l'autre *trochantin*; inférieurement, deux condyles, et, en avant, une poulie sur laquelle glisse la rotule.

Os de la jambe.

La jambe est formée par trois os : le *tibia*, le *péroné* et la *rotule*.

Le tibia (Pl. 15, 27) est l'os principal de la jambe ; il est situé entre le fémur et la poulie du jarret avec lesquels il s'articule.

Le péroné (27 bis) est un petit os s'étendant de l'extrémité supérieure et externe du tibia vers le tiers inférieur de cet os.

La rotule (28) est un os court, qui glisse sur la poulie du fémur auquel elle est unie, au moyen de deux ligaments. Elle est fixée au tibia par trois ligaments très-forts.

---

(1) Ces trois pièces ne sont distinctes que dans la vie fœtale : à la naissance, elles sont déjà soudées ensemble.

Os du pied (pl. 15, 32).

Le pied postérieur comprend le tarse, le métatarse et la région digitée.

Tarse (29). Au nombre de six ou sept, les os du tarse sont disposés sur deux rangées : la supérieure est formée par *l'astragale* (J) ou la *poulie*, placée en avant et s'articulant avec le tibia, et par le *calcanéum* (Q), situé en arrière, et dont le sommet forme la pointe du jarret; la rangée inférieure comprend les autres os, que l'on appelle *os plats*.

Métatarse (30). Les os du métatarse sont au nombre de trois : le *canon* (34), en avant, et les deux *péronés* (35), en arrière; ils ne diffèrent en rien de ceux du métacarpe.

Région digitée (31). Elle est semblable à la région digitée des membres antérieurs.

Muscles. Les membres postérieurs reçoivent leur action de muscles nombreux, puissants, et pourvus, la plupart, comme ceux des membres antérieurs, de forts tendons. Le coxal est recouvert par trois muscles, qui forment la base de la croupe et ont pour action d'étendre le fémur sur le coxal, et réciproquement (1).

Les muscles de la cuisse ont des usages divers suivant leur position. Les uns, placés en

---

(1) Les plus importants sont : le grand fessier (144) et le moyen fessier (143).

avant du fémur, agissent sur la rotule et étendent la jambe sur la cuisse (1) ; les autres, situés en arrière, sont les principaux agents de la ruade et du cabrer (2). Ceux qui occupent la face interne ont pour effet de porter le fémur en avant et en dedans.

Les muscles de la jambe correspondent à ceux de l'avant-bras ; ils en ont la forme et les usages. Les muscles placés en avant de la région, agissent, les uns, sur le canon, qu'ils fléchissent ; les autres, sur les phalanges, qu'ils étendent (3). Parmi les muscles situés à la face postérieure de la jambe, deux (4) s'arrêtent au tarse, qu'ils étendent sur le perforant, longent le canon et le paturon, et vont se terminer, le premier, à l'os de la couronne, le second, à l'os du pied, dont ils opèrent la flexion.

Mouvement. Les membres, antérieurs et postérieurs, ne sont point fixés au tronc de la même manière. Les antérieurs y sont unis par des parties molles, qui permettent à l'épaule de s'élever, de s'abaisser, de se porter en avant et en arrière, tandis que les postérieurs y sont fixés par une articulation immobile, qui unit le coxal

---

(1) Les plus importants sont : le fascia lata (146) et le droit antérieur de la cuisse.
(2) id. . . . . les ischio-tibiaux.
(3) id. . . . . le fléchisseur du métatarse et l'extenseur antérieur des phalanges (162).
(4) id. . . . . les jumeaux de la jambe (165).

au sacrum d'une manière très-solide et ne permet aucun mouvement. Les articulations scapulo-humérale et coxo-fémorale sont des énarthroses permettant aux os qui les forment, et au membre, dans son ensemble, d'exécuter des mouvements dans tous les sens. Les autres articulations des membres, à l'exception de l'articulation fémoro-tibiale, sont des charnières parfaites ne pouvant, par conséquent, jouer que dans deux sens : la flexion et l'extension. L'articulation fémoro-tibiale exécute en outre des mouvements de latéralité.

§ 3.

L'innervation.

Nous entendons par innervation l'influence du système nerveux. Rien ne fonctionne dans l'organisme qu'à la condition de recevoir l'influx nerveux ou innervation.

L'appareil de l'innervation se compose :

1° Des *nerfs*, qui se ramifient à l'infini dans toutes les parties du corps ;

2° De la *moëlle épinière*, logée dans la colonne vertébrale ;

3° Du *cerveau*, qui est renfermé dans le crâne.

Les nerfs sont des filaments blancs très-fins qui viennent de toutes les parties du corps, se réunissent les uns aux autres, et, après avoir formé des cordons, se dirigent vers le cerveau, qui est leur centre commun. Ces filaments se réunissent sans se confondre, comme un écheveau de fil ou de soie, et, ainsi accolés, pénètrent dans le crâne ou la colonne vertébrale.

Les filets nerveux qui viennent des membres inférieurs du tronc, des membres supérieurs et du cou, entrent dans le canal rachidien par les ouvertures que l'on remarque dans la colonne vertébrale et forment ainsi la moëlle épinière.

La moëlle épinière est donc une tige presque cylindrique renfermée dans le canal rachidien, qui par son extrémité supérieure, pénètre dans le crâne pour y former le cerveau, où viennent aussi se réunir les nerfs venant de la tête.

Le cerveau est la masse nerveuse renfermée dans le crâne.

Le renflement qui existe à l'endroit où s'unit la moelle épinière avec le cerveau, s'appelle protubérance annulaire.

Le cervelet est la partie du cerveau qui est placée postérieurement et antérieurement à la masse cérébrale, et les hémisphères cérébraux occupent toute la partie supérieure et antérieure de cette masse.

La moëlle épinière et le cerveau ne sont donc que la continuation des nerfs, chacun d'eux communiquant par une de ses extrémités avec une partie du corps, et l'autre avec le cerveau.

Les nerfs reçoivent les impressions du dehors et les rapportent directement au cerveau, qui en apprécie la valeur.

C'est ainsi qu'une douleur causée par un corps quelconque, à une des extrémités, est immédiatement transmise au cerveau, et que celui-ci, par l'intermédiaire d'autres nerfs qui agissent sur les muscles, fait repousser ou fuir la cause de la douleur.

Les cordons nerveux servent donc, à la fois, à transmettre au cerveau l'impression reçue et à porter la volonté sur le point même d'où l'impression est partie. Or, si l'on coupe un cordon nerveux, les parties où le nerf allait se distribuer, cessent d'être en communication avec le cerveau, et les impressions ne lui étant plus rapportées, il cesse de pouvoir exercer sa volonté sur un phénomène dont il n'a plus la conscience. C'est ce qu'on appelle la *paralysie*.

Si nous supposons donc des lésions de la moëlle épinière à de différentes hauteurs, les parties inférieures à la lésion, seront paralysées, parce qu'elles ne seront plus en communication avec le centre commun de la sensibilité, le *cerveau*.

On appelle *paraplégie*, la paralysie de la moitié inférieure du corps, et *hémiplégie* la paralysie d'un côté du corps seulement, lorsqu'un côté de la moëlle est détruit et l'autre sain.

Les nerfs, au moment de se réunir à la moëlle épinière, fournissent un grand nombre de filaments qui constituent deux racines distinctes : une *postérieure* et l'autre *antérieure*. La première sert au sentiment, la deuxième au mouvement, ou autrement dit, la racine postérieure apporte l'impression au cerveau et la racine antérieure transmet la volonté.

Il est donc bien démontré que les impressions du dehors sont transmises au cerveau par les nerfs, et que l'action des corps extérieurs est d'autant plus sûrement et promptement perçue, qu'un plus grand nombre de fibrilles nerveuses sont simultanément impressionnées.

En résumé, le corps de l'animal est composé de molécules microscopiques, et cependant dans chaque molécule où se trouve une artère, une veine et un vaisseau lymphatique, une fibrille nerveuse prend naissance et, se réunissant aux autres fibrilles, forme des faisceaux que l'on appelle nerfs et qui communiquent au cerveau.

Le cerveau est enveloppé de trois membranes protectrices que l'on connaît sous le nom de *dure-mère*, *pie-mère*, et *arachnoïde*.

La *dure-mère* tapisse les os du crâne et du canal rachidien. Cette membrane est très-résistante.

La *pie-mère* est remplie de vaisseaux et fournit du sang à la pulpe cérébrale.

L'*arachnoïde* est une membrane séreuse extrêmement mince, lubréfiée constamment par la sérosité, et qui se trouve entre la *dure-mère* et la *pie-mère;* elle a pour but d'adoucir le frottement du cerveau contre la *dure-mère*.

§ 4.

ORGANE DES SENS.

Du toucher, du gout, de l'odorat, de l'audition et de la vision.

Après avoir démontré que l'épanouissement du nerf, son extrémité, reçoit les impressions; que le cordon nerveux les transmet au cerveau, et que ce dernier les compare et en déduit des conséquences, il est facile de comprendre les sens et comment s'opèrent le toucher, le goût, l'odorat, l'audition et la vision.

Il résulte enfin de ce que nous avons dit, que plus les fibrilles nerveuses sont multipliées et impressionnées simultanément, plus l'impression est fidèlement transmise au cerveau.

Du toucher.

Les nerfs sont ramifiés à l'infini dans la peau, et les fibrilles tellement rapprochées, qu'on ne peut mettre en contact une pointe d'épingle avec elles, sans en toucher au moins une. L'épiderme recouvre ces fibrilles et les protége du contact immédiat des corps extérieurs.

L'impression produite sur les fibrilles et transmise au cerveau, sera d'autant plus parfaite que cet épiderme qui les recouvre sera plus mince, et qu'elles seront plus multipliées.

Du goût.

Des myriades de fibrilles nerveuses s'épanouissent dans la peau qui tapisse la langue, et portent au cerveau les impressions qu'elles reçoivent des molécules savoureuses.

Le nerf *lingual* est formé par la réunion des fibrilles qui concourent elles-mêmes à la formation des papilles qui recouvrent la partie antérieure de la langue.

La saveur est portée au cerveau, qui l'apprécie et la compare, et cette impression est d'autant plus complète que le corps savoureux est plus divisible et a impressionné un plus grand nombre de papilles nerveuses.

De l'odorat.

L'appareil de l'odorat se compose des *fosses nasales* et de la membrane *pituitaire*, où sont placés les nerfs de l'*olfaction*.

La membrane *pituitaire*, continuation de la

peau, s'amincit, devient plus spongieuse à l'intérieur des narines et est recouverte de fibrilles nerveuses.

Des filets nerveux, formés par la réunion de ces fibrilles, pénètrent dans le cerveau par des ouvertures isolées.

C'est surtout dans la partie supérieure des *fosses nasales* que se trouvent les *papilles olfactives*.

Le plus ou moins de *papilles nerveuses* influe sur la finesse de l'odorat, à condition toutefois, que la peau qui les recouvre ait peu d'épaisseur.

De l'audition.

L'audition est l'exercice de la faculté par laquelle l'impression produite par les sons est transmise au cerveau. Nous trouvons pour l'audition, comme pour les autres sens, un cordon nerveux appelé *nerf auditif*, s'épanouissant pour présenter la plus grande surface possible à l'impression des agents extérieurs, qui sont les *ondes sonores*.

Le son est dû au déplacement des molécules d'un corps élastique, mises en mouvement par un choc quelconque ; ce mouvement s'appelle vibration ou oscillation, et l'intensité du son est proportionnelle au nombre de ces vibrations. Le son se transmet à de grandes distances au moyen du déplacement de l'air, et l'on appelle ondes sonores les ondulations qui se forment par suite de l'ébranlement transmis aux molécules de l'air.

Le son parcourt l'espace beaucoup moins rapidement que la lumière ; ainsi, l'on voit le feu du canon bien avant d'en entendre le bruit.

L'appareil au moyen duquel s'opère l'audition est très-compliqué.

Nous remarquons tout d'abord l'*oreille externe* en forme d'entonnoir, qui est destiné à conduire les ondes sonores sur le tympan, membrane assez résistante et tendue comme la peau d'un tambour.

L'*oreille interne* ou *labyrinthe* se compose de canaux de petit calibre, logés dans une masse osseuse appelée *rocher*. Ces canaux s'ouvrent dans une petite poche appelée *vestibule*, qui met le labyrinthe, par une ouverture appelée *fenêtre ovale*, en rapport avec les impressions du dehors et présente encore une ouverture appelée *conduit auditif interne*, par où passent les nerfs qui mettent l'oreille en rapport avec le cerveau.

L'*oreille moyenne* est un espace compris entre le tympan et le labyrinthe appelé *caisse du tympan;* elle est remplie d'air par un conduit qu'on appelle *trompe d'Eustache*, dont l'extrémité s'ouvre dans les fosses nasales.

Il y a dans l'*oreille moyenne* quatre petits osselets : le *marteau*, l'*enclume*, l'*os lenticulaire* et l'é-

trier qui mettent en communication le *tympan* et la *fenêtre ovale*.

Le mouvement communiqué au *tympan* par les *ondes sonores* est transmis par les petits os à la *fenêtre ovale* et au liquide contenu dans le *labyrinthe*. Dans ce liquide flottent des myriades de fibrilles nerveuses dont les filets se dirigent en se réunissant vers le conduit auditif; les faisceaux que forment les filets nerveux constituent le nerf auditif.

Nous voyons par ce qui précède, que c'est dans l'eau, ou *liquide de cotugno*, que s'épanouissent les fibrilles du nerf acoustique, abritées qu'elles sont, dans des conduits osseux, de toutes lésions extérieures.

Les *ondes sonores*, dirigées par le *pavillon* de l'oreille, ébranlent le *tympan;* ces oscillations se communiquent au *marteau* qui ébranle l'*enclume*, l'*enclume* repousse l'étrier, et la pellicule qui ferme la fenêtre ovale, ébranle à son tour le liquide enfermé dans le *labyrinthe;* les fibrilles nerveuses contenues dans ce liquide éprouvent alors les impressions du dehors et les transmettent au cerveau, percevant ainsi toutes les vibrations que le tympan a communiquées, comme on le voit, au liquide renfermé dans le labyrinthe.

De la vision.

Nous trouvons dans la vision, comme pour les autres sens, un cordon nerveux appelé *nerf optique* et un épanouissement nerveux qu'on appelle *rétine;* enfin un appareil spécial qui se compose ainsi qu'il suit :

Le *globe de l'œil*, renfermant à l'intérieur un corps transparent appelé corps vitré, sur lequel s'épanouissent les fibrilles de la rétine. L'extérieur de ce globe est composé d'une enveloppe formée elle-même de plusieurs membranes.

Le corps vitré, placé au centre de l'œil, est d'une nature transparente comme le cristal; il est à peu près sphérique et forme le noyau de l'œil; sa texture est celle d'une éponge dont les cellules sont remplies d'eau; le tout est recouvert d'une pellicule appelée membrane *hyaloïde*, qui renferme par conséquent le liquide dans les cellules. Si l'on incise cette membrane, le liquide s'écoule goutte à goutte, et il ne reste que le réseau spongieux.

La rétine n'est autre que la réunion d'une quantité innombrable de fibrilles nerveuses qui s'épanouissent sur le corps vitré, et ont l'apparence d'une membrane blanche; après avoir marché en rayonnant vers la partie postérieure du globe de l'œil, elles se réunissent pour former le nerf optique, qui pénètre dans le crâne et se croise avec le nerf correspondant, en sorte que celui de gauche va à droite et celui de droite va à gauche.

La *choroïde* est la membrane qui se trouve immédiatement au-dessus de la rétine ; elle est d'une teinte noire et tapissée d'une espèce de poussière noire qui lui donne sa couleur ; par sa partie postérieure elle donne passage, par une ouverture, au nerf optique ; antérieurement, elle donne passage au rayon lumineux par une autre ouverture appelée *pupille*. C'est le point noir plus ou moins ovale, que l'on remarque au centre de l'œil.

L'*iris* est cet anneau qui forme la partie colorée de l'œil ; les fibres musculaires dont il se compose, sont destinées à élargir ou à rétrécir la pupille.

La *sclérotique* est une membrane placée au-dessus de la *choroïde* ; elle est blanche, fibreuse et résistante, c'est le blanc de l'œil ; elle offre comme la *choroïde*, un passage au nerf optique ; sa partie antérieure est transparente : on lui donne le nom de *cornée*. La *cornée* est plus convexe que la sclérotique ; c'est une espèce de verre de montre enchâssé dans cette dernière.

Sur la partie blanche de la sclérotique viennent s'implanter des fibres musculaires qui en se réunissant, forment des faisceaux qui, en faisant mouvoir l'œil, changent l'axe visuel.

Entre le corps vitré, que nous avons décrit, et la *cornée*, on remarque un espace dans lequel flotte l'*iris*, qui partage ainsi cet espace en deux parties ou chambres remplies l'une et l'autre d'un liquide, connu sous le nom d'*humeur aqueuse*.

Le *cristallin* est placé dans la chambre postérieure, derrière la pupille, sa forme est celle d'une lentille ; il est parfaitement transparent et est fixé sur un petit renfoncement du corps vitré, où le maintiennent les replis de la membrane *hyaloïde*.

Le *cristallin* a la propriété de réunir la lumière en faisceau.

Le mécanisme de la vision, dont nous essaierons de donner ici quelques notions, fera comprendre l'utilité des parties intégrantes de l'œil et les admirables dispositions de cet organe.

Les rayons lumineux qui partent d'un corps, s'en éloignent en divergeant ; les rayons qui se dirigent vers l'œil, forment donc un cône dont le sommet est au corps lumineux et la base sur le globe de l'œil ; il en résulte qu'un certain nombre de rayons tombent sur la *pupille*, d'autres sur l'*iris* et enfin sur la sclérotique. L'*iris* et la *sclérotique* étant des corps opaques, les rayons qui les touchent sont réfléchis et perdus ; ceux qui tombent sur la *pupille* sont les seuls qui pénètrent dans l'œil et, arrivent à la rétine qui transmet l'impression au cerveau. Mais pour que la vision ait lieu, il faut qu'il n'arrive dans l'œil qu'un nombre suffisant de rayons ; or l'*iris*, comme nous l'avons dit, rétrécit ou agrandit l'ouverture de la pupille. Une lumière trop vive l'irrite, et provoquant la contraction, détermine le rétrécissement de la pupille. Si la lumière est moins vive, la pupille s'agrandit ; comme nous le remarquons chez le cheval, dont la pupille a la faculté de se dilater d'une manière très-saisissable.

Le *cristallin* a la propriété de concentrer et réunir les rayons. On connaît le phénomène qui se produit lorsqu'on fait passer la lumière à travers un verre épais et convexe : c'est le même phénomène qui se produit dans l'œil.

Les organes protecteurs de l'œil sont les *paupières* et la *conjonctive*, qui n'est que la continuation de la peau qui s'amincit et vient s'appliquer à la face antérieure de l'œil ; elle a pour but d'empêcher l'usure qui résulterait du frottement des paupières contre le globe de l'œil.

L'*appareil lacrymal* favorise le glissement des paupières, en couvrant la *conjonctive* d'une couche de liquide appelé *larmes*. Ces larmes, sécrétées par une glande, sont versées à la surface de l'œil et reprises par les points lacrymaux, que tout le monde connaît, et conduites dans le *canal nasal*.

Pour que les larmes ne s'échappent pas de l'œil, on voit à la face interne des paupières des glandes appelées **glandes de Méibomius** qui sécrètent et déposent sur leurs bords un liquide onctueux qui rend l'écoulement des larmes difficile. Enfin, les *cils* protégent l'œil de la poussière tenue en suspension dans l'air.

CHAPITRE III.

FONCTIONS DE NUTRITION.

La digestion ; la respiration ; la circulation ; les sécrétions.

Tous les organes ne sont pas en rapport direct avec le cerveau et soumis à notre volonté ; les nerfs de certains organes dépendent d'un appareil nerveux particulier appelé le *grand sympathique;* il y a donc deux systèmes nerveux, l'un de la *vie animale*, placé sous l'influence du cerveau, et l'autre de la *vie organique*, sous l'influence du grand sympathique. Dans cette seconde catégorie se trouvent le *cœur*, les *poumons*, l'*estomac*, une grande partie du tube digestif, etc., etc.

Le *grand sympathique* est un composé de petits *ganglions* qui communiquent entre eux par des filets très-déliés, placés, comme un chapelet, sur les côtés et au-devant de la colonne vertébrale, ils s'étendent du cou jusqu'à la partie inférieure du tronc. Tous les ganglions communiquent avec les nerfs de la vie animale et au moyen de petits filets collés aux vaisseaux, vont se distribuer dans tous les organes composant l'appareil de la vie organique.

§ 1ᵉʳ.

De la digestion.

La digestion est la fonction par laquelle les aliments se modifient, et après avoir été absorbés se convertissent en substance organique.

L'appareil digestif se compose d'un tube qui se divise en *bouche, pharynx, œsophage, estomac, intestin grêle, gros intestin* ou *colon ;* les *glandes salivaires,* le *foie* et le *pancréas* sont des annexes du *tube digestif.*

La *bouche* est formée par les *lèvres,* les *joues,* la *langue,* les *gencives,* le *palais,* le *voile du palais* et les *dents.* Les *lèvres,* servent à la préhension des aliments et des boissons, les *joues* poussent les aliments sous les *dents molaires,* la *langue* aide à préparer le *bol alimentaire ;* les *gencives* revêtent les *arcades alvéolaires ;* le *palais* constitue la paroi supérieure de la *bouche ;* le *voile du palais* est une espèce de soupape qui sépare la *bouche* du *pharynx ;* les *dents* enfin, servent à inciser et à mastiquer les aliments.

Le *pharynx* est situé entre la bouche et l'*œsophage,* il sert de passage aux aliments et à l'air ; les premiers le traversent pour aller de la *bouche* à l'*œsophage* et le second pour se rendre des qualités nasales au *larynx* et *vice versâ.*

L'*œsophage* est un conduit musculaire membraneux qui va du *pharynx* à l'estomac et y conduit les aliments.

La *cavité abdominale*, ou le ventre, est placée en arrière du *thorax* et en est séparée par le *diaphragme*. Les parois de l'abdomen sont tapissées intérieurement par le *péritoine*, membrane séreuse qui recouvre tous les viscères; ses replis s'appellent *mésentères* et sa partie flottante *épiploon*.

L'*estomac* est situé à la face postérieure du diaphragme: c'est un sac musculo-membraneux qui fait suite à l'œsophage et précède l'intestin grêle; il a deux ouvertures, une dite *œsophagienne* par où entrent les aliments, et l'autre *pilorique* par où ils entrent dans l'intestin grêle.

L'*estomac* secrète les sucs gastriques qui servent à la digestion.

L'*intestin* est un canal de 28 à 30 m. de long chez le cheval; il s'étend de l'estomac à l'anus.

L'*intestin grêle*, qui est le plus long, s'étend de l'estomac au *cœcum*, première partie du gros intestin. Ce dernier s'étend de l'intestin grêle à l'anus.

Les *glandes salivaires* jouent un rôle important dans la digestion. Elles sont placées à droite et à gauche de la tête, trois de chaque côté.

La *parotide* est au-dessous de l'oreille.

La *maxillaire* sur le côté de la langue.

La *sous-linguale* sous la langue.

Le *foie*, la plus considérable de toutes les glandes, est en arrière et à droite du *diaphragme;* elle secrète la bile qui est conduite dans la première partie de *l'intestin grêle, duodénum,* par un canal particulier.

La *rate* occupe *l'hypocondre gauche.*

Le *pancréas* est situé à la région *sous-lombaire* et secrète un fluide qui se rend dans le *duodénum* avec la bile.

§ 2.

Mécanisme de la digestion.

Pour que les aliments et les boissons introduits dans les voies digestives se convertissent en substances nutritives, elles doivent subir des changements qui s'opèrent par une succession d'actes qui commencent à la bouche et se terminent par la *défécation.*

Le cheval qui a faim prend les aliments avec ses lèvres et ses incisives; ces aliments, une fois dans la bouche, sont triturés, mastiqués, mêlés à la salive et subissent ainsi la première préparation aux phénomènes qui s'accompliront plus tard. Les aliments s'agglomèrent sous forme de *bol;* ils passent de la bouche à l'arrière-bouche et descendent de l'œsophage dans l'estomac. Là, mélangés au suc gastrique, et après y avoir séjourné assez longtemps pour y être changés et convertis en *chyme*, ces aliments, à l'état de pâte, descendent dans l'intestin grêle pour y subir l'action de la *bile* et du suc *pancréatique*. Toutes les parties non digérées pendant ce travail, arrivent dans le gros intestin où elles se modifient encore, et où se termine la digestion.

Le résidu de cette digestion est enfin rejeté dans les dernières parties du gros intestin, où ils se pelotonnent, pour être expulsés au-dehors par l'anus.

La digestion des boissons diffère un peu de celle des aliments ; le cheval boit en faisant le vide et portant sa langue au fond de sa bouche. L'eau suit les mêmes voies que les aliments, mais traverse rapidement l'estomac et l'intestin grêle, et arrive en quelques minutes au gros intestin, où elle est absorbée par les veines et les *lymphatiques*, qui la portent dans la circulation.

C'est par l'absorption, que les substances liquides ou gazeuses traversent les parois des vaisseaux sanguins et lymphatiques, et sont entraînées dans le torrent de la circulation ; c'est par l'absorption que les principes contenus dans les aliments et préparés à l'état de *chyme* dans l'estomac et dans l'intestin, pénètrent dans des vaisseaux absorbants et donnent lieu au liquide appelé *chyle*.

Le *chyle* est blanc et renferme les principes nutritifs des aliments. Des vaisseaux appelés *chylifères*, le pompent dans l'intestin, le conduisent dans un canal dit *thoracique* qui le porte dans la veine cave antérieure, où il doit rendre au sang les principes qu'il a perdus.

Ce sont les veines principalement qui sont chargées d'absorber les boissons dans l'estomac, et surtout le *cœcum*.

C'est par l'absorption que la lymphe, résidu du sang, qui n'a pas servi à la nutrition, parvient dans le torrent circulatoire. Des vaisseaux *lymphatiques* sont destinés à cette absorption qui a lieu dans toutes les parties du corps.

§ 3.

De la respiration.

La respiration est la fonction par laquelle le sang veineux est changé en sang artériel. L'appareil qui sert à accomplir cette fonction comprend les *fosses nasales*, le *larynx*, la *trachée*, les *bronches* et les *poumons*.

Les *fosses nasales* sont les deux cavités situées entre les os de la face et séparées par une cloison qui s'étend jusqu'aux naseaux ; elles donnent passage à l'air qui se rend aux poumons.

Au fond des cavités nasales se trouvent des

ouvertures gutturales qui font communiquer les cavités avec le *pharynx*.

Une muqueuse appelée *pituitaire* tapisse les fosses nasales, c'est dans cette membrane que se trouvent les nombreuses ramifications du nerf de l'odorat.

Le *larynx* est ce conduit cartilagineux où se produit la voix ; il est situé à la partie supérieure de la trachée, et son ouverture dans l'arrière-bouche est recouverte par un cartilage, l'*épiglotte*, qui empêche les aliments d'entrer dans le larynx.

La *trachée* est ce tube cartilagineux qui va du *larynx* aux bronches ; il est formé de cerceaux superposés unis par de petits muscles qui les font jouer les uns sur les autres.

Les *bronches* résultent de la bifurcation de la trachée et se divisent à l'infini dans les poumons et présentent l'aspect d'un arbre, de ses branches, de ses rameaux et ramuscules terminés par des vésicules.

Les *poumons* au nombre de deux sont situés, à droite ou à gauche de la cavité thoracique. Leur tissu est mou et spongieux, formé de vésicules où arrivent une ramification de l'artère pulmonaire, une division de l'artère bronchique et un filet nerveux ; c'est de ces vésicules que partent les racines des veines pulmonaires.

Les *plèvres*, membranes séreuses tapissent la

cavité *thoracique,* se replient sur les organes renfermés dans cette cavité et forment une enveloppe protectrice qui favorise leurs mouvements.

Pour que l'acte de la respiration s'accomplisse, il faut que l'air et le sang se mettent en contact, autrement dit, que l'air soit incessamment introduit dans les poumons et en puisse sortir sans interruption. Ce phénomène a reçu le nom d'*inspiration* et d'*expiration*.

L'inspiration s'opère par la dilatation successive des naseaux, des bronches, et des poumons. A chaque inspiration l'air entre par les naseaux, traverse le tube respiratoire, se met en harmonie avec la température du corps, s'imprègne de vapeur d'eau et arrive dans les poumons dilatés par son introduction. La dilatation des poumons ne peut avoir lieu sans la dilatation de la cavité thoracique. Celle-ci s'opère en deux sens : dans son diamètre transversal par l'écartement des côtes, et longitudinalement par la contraction du diaphragme qui se porte en arrière.

L'air parvenu dans les vésicules pulmonaires, se met en contact avec le sang et lui cède son *oxygène*. L'*oxygène* change le sang qui était rouge-brun, impropre à la nutrition, en sang essentiellement nutritif et le rend d'un rouge plus vif. L'oxygène se combine avec certains principes du sang, d'où résulte de la chaleur, de l'eau et de l'acide carbonique. L'eau et l'acide carbonique traversent les vésicules pulmonaires et sont rejetés avec l'air expiré.

C'est ce phénomène que l'on a appelé *hématose*. L'*expiration* ou rejet au dehors de l'air et de l'acide carbonique s'accomplit par le resserrement du *thorax*, le relâchement du *diaphragme* et la contraction des muscles de l'abdomen.

L'*inspiration* et l'*expiration* s'exécutent alternativement et sans interruption. Une respiration complète est donc le résultat d'une inspiration et d'une expiration. On compte jusqu'à 15 ou 16 expirations par minutes chez le cheval au repos.

§ 4.

De la circulation.

La circulation est la fonction par laquelle le sang est porté du cœur dans toutes les parties du corps et est ramené de toutes ces parties à son point de départ.

L'appareil de la circulation se compose du *cœur*, des *artères*, des *veines* et des *vaisseaux capillaires*.

Le *cœur* est placé au milieu de la cavité thoracique, entre les deux poumons, au-dessus du *sternum*, au-dessous des vertèbres dorsales et en avant du diaphragme ; sa forme est celle d'un cône dont la base est tournée en haut et le sommet en bas.

Ce viscère présente quatre cavités séparées en deux parties par une cloison. Dans chaque, nous trouvons un compartiment supérieur appelé *oreillette* et un inférieur nommé *ventricule*. L'*oreillette* communique avec le *ventricule* par une ouverture fermée par des soupapes appelées *valvules*. Ces soupapes sont disposées de telle sorte que le sang passe de l'*oreillette* dans le *ventricule* mais ne puisse refluer dans l'*oreillette*.

Il y a dans l'intérieur de ces deux cavités des colonnes charnues qui par leur contraction et le relàchement de leurs fibres, dilatent ou resserrent les *oreillettes* ou les *ventricules* et causent ce que nous appelons les battements du cœur. Cette contraction et cette décontraction qu'on appelle *diastole* et *systole*, sont la cause principale de la circulation dont le cœur est l'organe central.

Le cœur est entouré d'une poche membraneuse dure et transparente appelée *péricarde*. Cette poche adhère fortement au *diaphragme*, et protége ainsi le cœur et sert à le maintenir en place.

On appelle *veines* tous les vaisseaux qui se rendent au cœur, et *artère* ceux qui en partent.

Les *veines* sont composées de deux tuniques,

l'une externe et l'autre interne, lisses et brillantes en contact avec le sang.

Dans les *artères*, on trouve, entre la tunique interne et externe, une troisième tunique jaune résistante et qui, par son élasticité et sa force de contraction, agit sur le cours du sang.

Dans les *veines*, il existe des *valvules* disposées de telle sorte que le sang puisse arriver facilement au cœur, mais qu'il ne puisse refluer des grosses veines dans les bronches ou ramifications.

Les *artères* portent le sang du cœur dans toutes les parties du corps et forment deux systèmes : 1° Le sang noir qui est conduit au poumon pour y être modifié par la respiration; il part du ventricule droit.

2° Le sang rouge qui sort du ventricule gauche et qui est porté à tous les autres organes. Les deux principales artères sont donc l'*artère pulmonaire* qui sort du ventricule droit et est pleine de sang noir ou *veineux* et l'*artère aorte* qui naît du *ventricule gauche* et distribue le sang aux organes.

Les *veines* sont aussi divisées en deux systèmes, l'un pulmonaire à sang rouge, qui ramène le sang des poumons dans l'*oreillette* gauche, l'autre à sang noir, qui ramène ce sang de tous les autres organes dans l'oreillette droite du cœur.

Les *veines* superficielles les plus importantes à connaître sont la *jugulaire*, où l'on saigne le plus ordinairement le cheval, la veine de l'*ars*, qui est située au poitrail, et enfin la veine qui se trouve à la face interne de la jambe : on la nomme *saphène*.

Les principales veines profondes sont les *veines pulmonaires*, les *veines caves*, qui rapportent le sang noir, et la *veine porte*, qui, formée par la réunion de toutes les veines de l'intestin, se plonge dans le foie.

Les vaisseaux capillaires se trouvent dans tous les tissus ; ils sont microscopiques, et le sang artériel, en les traversant, fournit ainsi aux organes les éléments de nutrition et se transforme en sang veineux.

C'est donc du sang qu'émane tout ce qui sert à la conformation et à l'entretien des organes ; il est, comme nous voyons, d'un rouge plus vif dans les *artères* et plus brun dans les *veines*. Il est composé de *sérum*, liquide assez semblable à de l'eau, de *fibrine*, sous forme d'un corps blanc résistant et filamenteux, et enfin les *globules*, qui colorent le sang. Lorsque ce sang est extrait des vaisseaux, il se sépare en deux parties, une liquide, c'est le *sérum*, eau jaunâtre dont nous avons déjà parlé, et l'autre solide, que l'on nomme *caillot*.

MÉCANISME DE LA CIRCULATION.

L'appareil circulatoire, que nous venons de décrire, constitue un réservoir continu et fermé de toutes parts, dans lequel le sang se meut sans sortir des vaisseaux qui le contiennent.

Cet appareil décrit deux cercles, ayant un point de communication dans le cœur. De ces deux cercles, le plus considérable commence au ventricule gauche, traverse les organes et revient à l'oreillette droite; l'autre commence au ventricule droit, traverse le poumon et revient à l'oreillette gauche : de là, la division de la circulation en *circulation générale* ou *grande circulation,* et en *circulation pulmonaire* ou *petite circulation.*

Le cœur est l'agent principal de la circulation; c'est lui qui, par ses mouvements alternatifs de contraction et de relâchement, chasse le sang dans toutes les parties du corps, et lui fait parcourir tout l'appareil circulatoire.

L'itinéraire du sang dans le cœur et les vaisseaux qui le renferment est facile à suivre. Si nous prenons le sang au moment où il est apporté par les veines caves dans l'oreillette droite du cœur, nous voyons qu'aussitôt après son entrée dans l'oreillette, cet organe se contracte, et cette contraction chasse le liquide qu'elle contient dans le ventricule droit. En arrivant dans ce dernier, le sang le dilate et provoque ses contractions. Or, en se contractant, le ventricule droit pousse le liquide de sa pointe à sa base, et le chasse dans l'artère pulmonaire, qui le conduit aux poumons. Des poumons, le sang revient dans l'oreillette gauche, d'où il passe dans le ventricule gauche. De ce ventricule, le sang est lancé dans l'aorte, qui le transporte, par ses ramifications nombreuses, dans toutes les parties du corps. Le sang traverse ensuite les capillaires et revient au cœur par les veines.

§ 5.

Nutrition.

La nutrition est un acte occulte par lequel chaque partie du corps emprunte au sang les matériaux qu'elle s'assimile et qui servent à son accroissement, au renouvellement de sa substance, en même temps qu'elle abandonne les matériaux hors de service.

C'est aux dépens du sang que toutes les parties du corps se nourrissent. Ce fluide porte à chaque organe les substances nécessaires à sa formation et à sa nutrition, et c'est de cette source unique que procèdent les éléments si variés : os, tendons, ligaments, glandes, vaisseaux, nerfs, etc., qui existent dans l'économie. Le sang éprouve donc incessamment des pertes considérables, qu'il répare avec les matériaux divers qui lui viennent de la digestion, du chyle et de la lymphe.

L'activité de la nutrition varie suivant les âges et suivant les individus. Elle est plus grande dans le jeune âge que dans l'âge adulte; plus grande à cette dernière époque que dans la vieillesse. Jusqu'à l'âge de 6 ou 7 ans, l'assimilation l'emporte de beaucoup sur la décomposition, et l'animal grandit et s'accroît dans tous les sens. De 6 ou 7 ans à 14 ou 15 ans, il y a équilibre entre les pertes et les assimilations. A partir de l'âge de 14 ou 15 ans, la décomposition prend le dessus, la nutrition devient languissante, l'animal maigrit et arrive insensiblement à la décrépitude. L'exercice, l'exposition au grand air et surtout une alimentation abondante et substantielle, sont autant de causes qui favorisent la nutrition.

§ 6.

Sécrétions.

La fonction des sécrétions est celle en vertu de laquelle les glandes produisent, avec les éléments du sang, des liquides divers qui n'existaient pas primitivement dans le fluide nourricier et qui remplissent dans l'économie des usages différents.

Les sécrétions sont très-nombreuses et jouent un rôle de la plus haute importance ; les principales sont : la *sécrétion urinaire* et les *sécrétions de la peau*.

SÉCRÉTION URINAIRE.

La fonction qui nous occupe a pour but de produire l'urine, de la conserver pendant quelque temps dans un appareil particulier et de l'expulser au dehors. L'appareil urinaire se compose des reins, des *uretères*, de la *vessie* et du *canal de l'urèthre*.

Reins. Les reins sont les organes sécréteurs de l'urine ; ils sont situés à la région sous-lombaire, l'un à droite, l'autre à gauche de la colonne vertébrale.

Uretères. Les uretères sont les canaux qui portent l'urine des reins à la vessie.

Vessie. La vessie est un réservoir destiné à recevoir l'urine et à la contenir jusqu'à ce que l'accumulation d'une certaine quantité de ce liquide sollicite son expulsion. Elle est située au-dessous du rectum, chez le cheval, au-dessous de l'utérus, chez la jument.

Canal de l'urèthre. Le canal de l'urèthre est le conduit qui mène l'urine de la vessie au dehors.

Chez le cheval, il s'étend de la vessie à l'extrémité libre de la verge ; chez la jument, il n'a que quelques centimètres de long et se termine à la partie postérieure et inférieure du vagin.

MÉCANISME DE LA SÉCRÉTION URINAIRE.

L'urine s'échappe des reins goutte à goutte, et, à mesure qu'elle est formée, elle est apportée, par les uretères, dans la vessie où elle s'accumule.

Lorsque la vessie est suffisamment distendue par l'urine, les contractions des parois de ce réservoir, aidées de celles des muscles abdominaux, la font passer dans le canal de l'urèthre, qui la conduit au dehors.

La sécrétion urinaire donne en moyenne de 15 à 20 litres d'urine par jour, mais bien des circonstances peuvent en modérer l'activité. La chaleur, le travail, une alimentation sèche la ralentissent ; tandis que le vert, le repos, le froid la favorisent.

L'émission de l'urine est un acte pénible pour le cheval ; elle ne peut s'effectuer que lorsque l'animal est au repos, et il faut bien se garder d'y mettre empêchement. La jument urine plus facilement que le cheval.

SÉCRÉTION DE LA PEAU.

La peau a d'importantes fonctions : elle revêt et protége la surface extérieure du corps, et fournit deux sécrétions d'une grande importance au point de vue de l'hygiène et de la physiologie. Ces sécrétions sont celles de la transpiration et de la matière sébacée.

Transpiration. La transpiration consiste dans la production, soit d'une vapeur qui n'est pas visible, soit d'un liquide ; de là sa division en transpiration insensible et en transpiration sensible.

La première a lieu sans cesse, et la quantité de vapeur aqueuse qui s'échappe par cette voie est considérable.

La transpiration sensible produit la sueur, liquide jaunâtre, d'une saveur salée et d'une odeur particulière. Cette sécrétion n'est pas continue et n'a lieu que dans certaines circonstances ; elle est active en été et pendant l'exercice, tandis qu'en hiver, pendant le repos, par le froid, elle est peu abondante.

Que la transpiration soit sensible ou insensible, elle est produite par des milliers de glandes, appelées glandes *sudoripares*, logées dans l'épaisseur du derme et dont le canal excréteur vient se faire jour à la surface de la peau.

La transpiration joue un rôle important dans l'économie ; elle en expulse certains produits nuisibles, et contribue puissamment à maintenir le corps à une température constante, lorsqu'il est placé dans des milieux dont la température est plus élevée. Sa suppression et même sa diminution, occasionnent des maladies graves.

Matière sébacée. La peau produit aussi un liquide gras, onctueux, appelé matière sébacée. Ce liquide est sécrété par des glandes situées sur tous les points de la peau, mais plus abondantes au fourreau et au pourtour des ouvertures naturelles, que partout ailleurs. La matière sébacée donne aux poils leur brillant et à la peau sa souplesse ; mais une sécrétion trop considérable ou une accumulation trop grande de ce liquide sur la peau peuvent y occasionner des démangeaisons et un état inflammatoire que l'on prévient par des soins de propreté.

CHAPITRE IV.

FONCTIONS DE LA GÉNÉRATION.

La génération est la fonction par laquelle les animaux donnent naissance à des êtres semblables à eux et se reproduisent.

Cet acte exige le concours des deux sexes, et chaque sexe a un appareil particulier.

APPAREIL GÉNITAL DU MALE.

L'appareil génital du cheval comprend : les *testicules*, l'*épididyme*, les *canaux déférents*, les *vésicules séminales*, les *prostates*, les *canaux éjaculateurs* et le *pénis*.

Testicules. Les testicules sont deux glandes préposées à la sécrétion du sperme ; ils sont situés dans la région inguinale et sont recouverts par plusieurs enveloppes, appelées *bourses*, dont la plus superficielle, formée par la peau, porte le nom de *scrotum*.

Épididyme. L'épididyme est un canal replié un grand nombre de fois sur lui-même et placé au-dessus du testicule.

Canal déférent. Le canal déférent fait suite à l'épididyme ; il transporte le sperme aux vésicules séminales.

Vésicules séminales. Les vésicules séminales sont deux poches destinées à tenir le sperme en réserve.

Prostates. Les prostates sont deux glandes, situées au col de la vessie, qui sécrètent un liquide (fluide prostatique) destiné à favoriser l'émission du sperme.

Pénis. Le pénis est l'organe préposé à la copulation et à l'émission des urines.

APPAREIL GÉNITAL DE LA FEMELLE.

Cet appareil comprend les *ovaires*, les *trompes utérines*, l'*utérus*, le *vagin*, la *vulve* et les *mamelles*.

Ovaires. Organes producteurs des ovules ; les ovules sont situés dans la cavité pelvienne, où ils sont maintenus flottants par des ligaments.

Oviductes. Les oviductes ou *trompes utérines* sont des conduits qui transportent les ovules de l'ovaire à l'utérus.

Utérus. L'utérus ou la matrice est une vaste poche destinée à contenir le fœtus depuis le moment de la fécondation jusqu'à celui de la naissance. Il est situé au-dessous du rectum et au-dessus de la vessie.

Vagin. Le vagin est un canal cylindroïde qui s'étend de la vulve à l'utérus ; il sert à l'accouplement et au passage du fœtus lors de la mise-bas.

Vulve. La vulve est l'orifice externe des organes génitaux.

Mamelles. Les mamelles sont deux glandes, situées à la région inguinale, qui sécrètent le lait.

FÉCONDATION.

La fécondation est l'acte occulte duquel résulte la production d'un nouvel être. Cet acte s'accomplit dans la matrice, par suite du contact de l'ovule et du sperme.

Le sperme est un liquide blanchâtre, d'une odeur aliacée, dans lequel on découvre, à l'aide du microscope, des milliers de filaments extrêmement mobiles, connus sous le nom d'*animalcules spermatiques*. Leur présence dans le sperme est indispensable à la fécondation.

L'ovule est un petit œuf arrondi qui, en passant par différentes phases de développement, constitue le fœtus.

Le fœtus séjourne pendant onze mois environ dans la cavité utérine, puis il en sort ; ce phénomène constitue la mise-bas.

SEPTIÈME PARTIE.

DE L'EXTÉRIEUR.

L'étude de l'extérieur a pour but la connaissance des beautés et des défectuosités du cheval, par conséquent, des services qu'il peut rendre et de ceux auxquels il est impropre.

Je diviserai cette partie de mon livre en six chapitres, savoir :

1° Les robes ;
2° Les régions du corps ;
3° Les proportions ;
4° Les aplombs ;
5° Les allures ;
6° L'âge.

CHAPITRE Ier.

DES ROBES.

On entend par robes, la couleur et la nuance propres à chaque cheval et les signes particuliers qui le distinguent d'un autre de même couleur et servent à donner son signalement exact.

On a divisé les robes en cinq classes, subdivisées elles-mêmes, selon les nuances qui les caractérisent.

La première classe renferme les robes qui n'ont qu'une seule couleur générale, savoir : le *noir*, le *blanc*, le *soupe de lait* et l'*alezan*.

Le *noir* se subdivise en *noir mal teint*, *roussâtre* et *noir jais* ou *franc*.

On distingue dans la *robe blanche*, le *blanc mat*, le *blanc sale* et le *blanc porcelaine*.

Le *soupe de lait* est une robe formée de poils d'un *blanc jaunâtre*.

L'*alezan*, dont la couleur est roussâtre, se subdivise en *alezan clair* et *alezan doré*, quand il a des reflets métalliques, en *alezan foncé*, en *alezan brûlé*, quand sa couleur se rapproche de celle du café brûlé et enfin, l'*alezan* proprement dit, **couleur cannelle**.

La deuxième classe est formée des robes d'une *seule couleur* avec les jambes et les crins noirs, exemple, le *bai* et l'*isabelle*.

Le *bai* est reconnaissable par la nuance plus ou moins rouge de sa robe et par la couleur noire des crins et des jambes, à partir des genoux et des jarrets.

On distingue plusieurs sortes de *bai* : le *bai clair*, teinte peu prononcée ; le *bai cerise* qui se rapproche de la couleur du fruit dont il porte le nom ; le *bai châtain*, couleur d'une *châtaigne*. Le *bai marron* qui a les reflets plus foncés du marron. Le *bai brun*, presque noir, et qui se reconnaît aux marques de feu qu'il porte aux naseaux et aux flancs.

L'*isabelle* est d'une teinte jaunâtre et porte souvent la raie de mulet qu'on doit signaler ; il y a enfin une robe très-rare appelée *souris*, en raison de sa nuance.

La troisième classe comprend le *gris*, l'*aubère* et le *louvet ;* le *gris* est un mélange de *poils noirs* et de *poils blancs*, et selon les proportions où ils se trouvent répandus sur les corps, on le distingue en *gris clair, gris foncé, gris de fer, gris étourneau*, quand il est mélangé de taches noires et de taches blanches.

L'*aubère* est un mélange de poils blancs et de poils rouges ; il est clair ou foncé selon la prédominance de l'un des deux poils.

Le *louvet* se rapproche du poil du loup et est composé de deux nuances, le noir et le jaune.

La quatrième division comprend les robes composées de trois poils, le *blanc*, le *rouge* et le *noir* et ne renferme que le *rouan;* il a généralement les extrémités, la queue et la crinière noires, on le distingue en *rouan clair*, *foncé* ou *vineux* si le rouge prédomine.

La cinquième classe enfin comprend les robes *pies* formées de larges taches blanches et d'autres couleurs, *alezan*, *bai* ou *noir*.

§ 1er.

PARTICULARITÉS DES ROBES.

Sous ce nom, on désigne des signes particuliers que présentent les robes.

Nous les diviserons en deux groupes : le premier comprendra les particularités qui tiennent, soit à la couleur et à la direction des poils et des crins, soit à la décoloration de la peau; le deuxième, celles qui sont indépendantes de la robe.

1er Groupe. — *Particularités dépendant des poils ou des crins ou de la décoloration de la peau.*

Ce premier groupe renferme quatre genres, suivant que les particularités ont leur siége :
1° Sur toutes les parties du corps ;
2° A la tête ;
3° Au tronc ;
4° Aux membres.

I.—Particularités qui peuvent se rencontrer sur toutes les parties du corps.

Ces particularités se subdivisent en quatre classes :
1° Les reflets brillants ;
2° Les mélanges divers ;
3° La direction irrégulière des poils ;
4° La décoloration de la peau.

1re classe.—Reflets brillants.

Les reflets brillants comprennent toutes les particularités produites par la teinte brillante des poils. Ils sont au nombre de cinq, savoir : le *doré*, l'*argenté*, le *jayet*, le *bronzé*, le *cuivré* auxquels nous ajouterons le *miroité*, le *marqué de feu* et le *lavé*.

Doré. Le doré est caractérisé par un reflet jaunâtre et brillant ; il se remarque sur les robes baie, alezane.

Argenté. L'argenté est le reflet brillant que présentent les robes blanche et grise.

Jayet, se dit des robes d'un noir brillant.

Bronzé et cuivré. Le bronzé et le cuivré sont des teintes brillantes, ressemblant à celles du cuivre ou du bronze ; ils sont propres aux robes alezane, louvet.

Miroité. Le miroité est constitué par des taches arrondies, formées de poils d'une même couleur, mais d'une nuance plus foncée au centre qu'à la circonférence. On le voit dans les robes noire, baie, alezane, etc.

Marqué de feu. Lorsque les poils du pourtour du nez, des yeux, du poitrail, des ars, des coudes, du grasset, ont une nuance de rouge vif, on dit que le cheval est *marqué de feu*.

On appelle *lavées*, les robes qui présentent une décoloration partielle ou générale, surtout aux extrémités.

2° *classe*.—Mélanges divers de poils.

Cette classe est produite par des mélanges inégaux de poils de différentes couleurs.

Elle comprend le *pommelé*, le *moucheté*, le *tigré*, le *truité*, le *neigé*, le *tisonné*, le *zébré*, le *zain*, le *rubican*, le *bordé*, le *vineux*.

Pommelé. Les pommelures sont des taches arrondies, plus foncées à la circonférence qu'au centre, plus foncées aussi que le fond de la robe ; elles sont propres à la robe grise.

Moucheté. Les mouchetures sont de petites taches noires, disséminées çà et là sur un fond blanc ou gris.

Truité. Les truitures diffèrent des mouchetures par leur couleur, qui est rouge.

Tigré. La robe est tigrée, quand les mouchetures présentent de grandes dimensions.

Neigé se dit de petites taches blanches, distribuées comme les mouchetures.

Tisonné ou charbonné. Le charbonné consiste en des taches noires, qu'on dirait faites avec un charbon ou un tison éteint.

Zébrures. Les zébrures sont des lignes noirâtres transversales que l'on remarque surtout aux avant-bras dans les robes isabelle, souris, etc.

Zain. Un cheval est dit zain, quand il ne présente pas de poils blancs.

Rubican. Le cheval est rubican, quand, aux poils de sa robe sont mélangés des poils blancs, mais en quantité suffisante pour en changer la couleur.

Vineux. Lorsque les robes grises ont quelques poils rouges à telle ou telle région, on donne à cette particularité le nom de vineux.

Bordé désigne un mélange de poils blancs et de poils d'une autre couleur au pourtour d'une marque en tête et d'une balzane.

3ᵉ classe.—Direction irrégulière des poils.

Cette classe ne comprend que les *épis*. Les épis consistent en des changements de direction des poils. Ils sont concentriques ou excentriques, suivant que les poils convergent vers le centre ou sont dirigés vers la circonférence.

4ᵉ classe.—Décoloration de la peau.

Cette classe est formée par les particularités appelées *ladre* et *marbré*.

Ladre. Le ladre indique la décoloration de la peau et sa teinte rosée.

Marbré. Quand le ladre est parsemé de petites taches noires, de grosseur variable, on dit qu'il est *marbré*.

II.—PARTICULARITÉS DE LA TÊTE.

Les marques particulières de la tête sont : le *cap de more*, la *marque en tête*, le *boire dans son blanc*, l'*œil vairon*, le *nez de renard* et les *moustaches*.

Cap de more. Le cheval est dit *cap de more*, quand la tête est noire et que le reste du corps a une autre couleur.

Nez de renard. On dit que le cheval a le nez de renard, quand il est marqué de feu autour des yeux et du nez.

Marque en tête. Le cheval est marqué en tête ou a du blanc en tête, quand il présente des poils blancs en plus ou moins grande quantité sur le front ou le chanfrein.

On dit qu'il a *quelques poils en tête*, s'il n'a qu'un petit nombre de poils blancs sur le front ;

Qu'il est *légèrement en tête*, s'il porte au front une petite tache blanche, sans forme déterminée ;

Qu'il est *en tête*, si la tache est de moyenne grandeur ;

Qu'il est *fortement en tête*, si elle est très-grande.

La marque en tête est appelée *pelote*, quand elle est ronde ;

Étoile, lorsque sa forme est anguleuse ;

En croissant, si elle a la forme d'un demi-cercle. Le croissant peut être tourné à droite ou à gauche, suivant la direction du demi-cercle.

La marque en tête peut être *mélangée, bordée, truitée, mouchetée*.

La marque prend le nom de *liste* ou de *lisse*, quand elle existe sur le chanfrein ; et si, avec cette particularité, le cheval a du blanc en tête, on dit qu'il est *en tête, prolongée par une liste*.

Si la liste s'étend sur les deux côtés du chanfrein, le cheval est appelé *belle-face*, et *demi-belle-face*, si elle ne s'étend que d'un côté.

La liste peut être *continue* ou *interrompue*, *ronde* ou *petite*, placée dans le *plan médian* ou *déviée* à droite ou à gauche. Elle peut se terminer en *pointe*, en *dentelures*, par du *ladre*. Elle peut être *bordée*, *mouchetée*, *herminée*.

BOIRE DANS SON BLANC. Le cheval boit dans son blanc, quand les lèvres seront recouvertes de ladre.

ŒIL VAIRON. On nomme ainsi l'œil dont l'iris, dépourvu de matière colorante, reflète une couleur grise jaunâtre.

MOUSTACHES. On appelle *moustaches* une petite houppe de poils que le cheval présente quelquefois au bout du nez ou à la lèvre supérieure.

III.—PARTICULARITÉS DU TRONC.

Les particularités du tronc comprennent :

Les *crins blancs*, qui sont propres à la robe alezane ;

Les *crins mélangés*, que l'on remarque sur les robes baie, noire, alezane ;

La *raie de mulet* est une raie noire s'étendant du garrot à la queue.

IV.—PARTICULARITÉS DES MEMBRES.

Ces particularités sont la *balzane* et la *couleur des sabots*.

BALZANE. La balzane est une tache blanche plus ou moins étendue, située à la partie inférieure des membres.

Un cheval peut avoir une, deux, trois, quatre balzanes. Quand il y en a trois, on indique celle qui est isolée; exemple : *trois balzanes dont une antérieure ou postérieure, droite ou gauche.*

D'après leur étendue, on divise les balzanes en :

Principe de balzane, si la tache blanche est peu étendue en hauteur, mais entoure la couronne.

Trace de balzane, si le principe est incomplet;

Petite balzane, quand elle n'enveloppe pas le boulet;

Balzane incomplète, lorsqu'elle n'embrasse pas en entier la partie inférieure du membre ;

Balzane, quand elle ne dépasse pas le boulet;

Grande balzane, lorsqu'elle arrive au milieu du canon;

Balzane chaussée, quand elle enveloppe le genou ou le jarret;

Balzane haut-chaussée, si elle recouvre la jambe ou l'avant-bras.

Les balzanes peuvent être *bordées, dentées, herminées, régulières, irrégulières, mouchetées, truitées.*

COULEUR DE LA CORNE. Elle est blanche ou noire. On ne l'indique pas dans les signalements composés.

2ᵉ *Groupe.*—*Particularités indépendantes de la robe et de la direction des poils.*

Les particularités indépendantes de la couleur et de la direction des poils sont *naturelles* ou *accidentelles*.

Les particularités naturelles sont : le *coup de lance*, dépression musculaire sans solution de continuité à la peau que l'on remarque surtout à l'encolure ;

Le *coup de hache*, dépression qui existe au bord supérieur de l'encolure, à son point de jonction avec le garrot.

Les particularités accidentelles consistent en des cicatrices produites par le harnachement, les chutes, les opérations chirurgicales, le feu.

§ 2.

Des signalements.

Pour qu'un signalement soit bien fait, il faut qu'il renferme : 1° l'origine du cheval ; 2° sa race ; 3° son âge ; 4° sa taille ; 5° sa robe ; 6° les particularités de cette robe. Exemple : *Emilio par Fitz Gladiator pur sang et jument demi-sang carrossière, âgée de 5 ans, taille 1 mètre 58, alezan* doré, trois balzanes, dont une antérieure gauche, haut chaussée, liste continue bordée, buvant dans son blanc, coup de lance à l'encolure, marque de feu au tendon antérieur gauche, légèrement rubican.

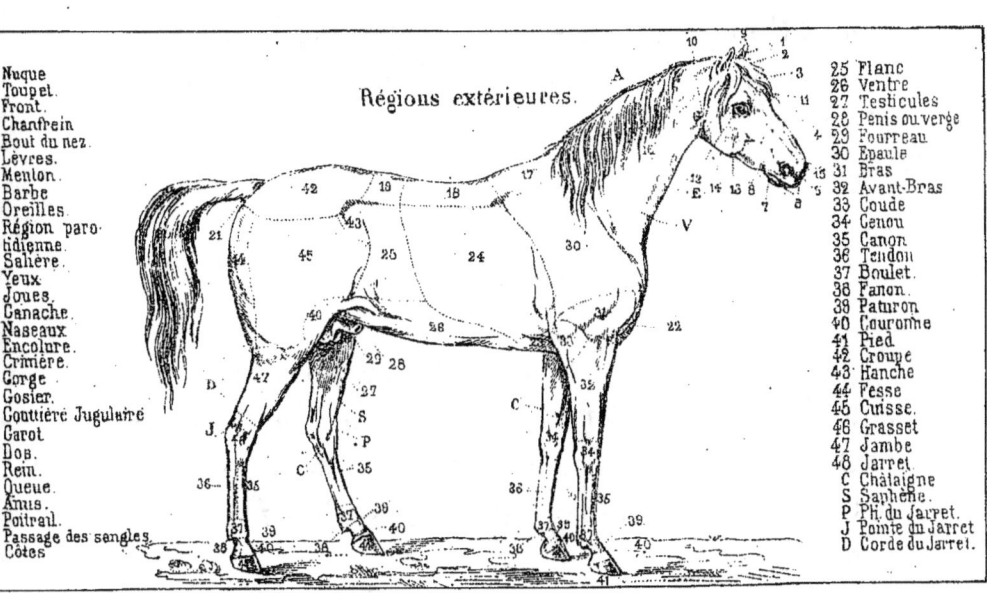

CHAPITRE II.

LES RÉGIONS DU CORPS.

Nous diviserons les parties du cheval que nous allons étudier, en deux régions : le *tronc* et les *membres*. Le tronc se divise en *tête*, *encolure* et *corps*.

§ 1.

La tête.

La *tête* se compose de plusieurs régions qui sont la *nuque*, le *toupet*, le *front*, le *chanfrein*, le *bout du nez*, la *bouche*, le *menton*, la *barbe*, l'*auge*, les *oreilles*, les *tempes*, les *salières*, les *joues*, les *naseaux* et les *ganaches*.

La *nuque* occupe le sommet de la tête entre les deux oreilles; elle est quelquefois le siége d'une maladie appelée le *mal de taupe*.

Le *toupet* est constitué des crins qui tombent entre les deux oreilles et ombragent le front.

Le *front* occupe la partie antérieure et supérieure de la tête; il doit être large et long, c'est une preuve d'intelligence et de race.

Le *chanfrein* s'étend du front aux *naseaux*; il doit être court et large; s'il est concave, la tête est dite *camuse*; s'il est convexe, la tête est *busquée* ou *moutonnée*.

Le *bout du nez* est situé entre les naseaux et la lèvre supérieure; il doit être bien accentué et recouvert d'une peau fine qui annonce de la race.

La *bouche* est la première cavité du tube digestif; elle présente à examiner les *lèvres*, les *barres*, les *dents*, le *canal* et le *palais*.

Les *lèvres* doivent être minces, fermes, mobiles, moyennement fendues et recouvertes d'une peau fine; lorsqu'elles sont trop épaisses, elles s'opposent à l'action régulière du mors sur les barres. La lèvre pendante est un signe de décrépitude et dénote une absence d'énergie.

Les *dents;* nous nous en occuperons en parlant de l'âge.

Les *barres* sont l'espace qui s'étend des deux côtés de la mâchoire depuis les dents molaires jusqu'aux crochets chez le cheval et jusqu'aux incisives chez la jument. C'est sur les barres que portent les canons du mors, et selon qu'elles sont tranchantes ou trop arrondies, on a soin de modifier la grosseur des canons qui seront plus minces pour les barres rondes que pour les barres tranchantes, la liberté de langue sera elle-même plus élevée, si les barres surtout sont protégées par une langue volumineuse.

La *langue* doit rester constamment dans la bouche, n'être ni trop épaisse, ni trop mince, c'est un point important pour le cheval de selle, pour que l'action du mors s'exerce convenablement sur les barres.

Le *menton* est placé entre la barbe et la lèvre inférieure.

La *barbe* est en arrière du menton, elle a pour base la réunion des branches du maxillaire; elle doit être légèrement arrondie afin que l'action de la gourmette ne soit pas trop douloureuse.

L'*auge* est la cavité qu'on remarque entre les deux branches du maxillaire; elle doit être large et sans engorgement ou glande; chez les chevaux faits, ces glandes sont souvent un symptôme de la *morve*.

Les *oreilles* pour être belles doivent être amincies, dirigées parallèlement en haut, recouvertes d'une peau fine et très-mobiles, douées d'une grande mobilité. Lorsque les oreilles sont trop longues et tombantes on dit que le cheval est *oreillard*. Le jeu des oreilles révèle le caractère et les impressions du cheval : celui qui veut mordre et se défendre les couche en arrière; le cheval qui a peur les redresse; elles donnent en un mot une expression toute particulière à la physionomie de l'animal.

Les *tempes* sont situées entre les joues et le front, au-dessous de l'oreille et au-dessus de l'œil.

Les *salières* sont ces cavités que l'on voit au-dessus des yeux et sur les côtés du front, elles sont considérées un peu à tort comme un indice de vieillesse.

L'*œil* pour être beau doit être grand, bien ouvert, à fleur de tête, placé bas et exprimer de la douceur et de la vivacité. Les paupières seront minces et bien fendues; les humeurs de l'œil seront transparentes, et l'iris ne sera pas exagérément sensible à la lumière. Un œil petit, caché dans l'orbite est défectueux; il indique un mauvais caractère et un principe de dégénérescence. L'*œil* trop saillant au dehors de l'orbite, a une expression bête et est souvent *myope,* surtout si la cornée transparente forme une saillie trop marquée; si, au contraire, la cornée transparente est aplatie, l'œil est presbyte. Les maladies les plus communes de l'œil sont : la *taie,* la *fluxion périodique,* la *conjonctivite,* l'*amaurose* et la *goutte sereine.*

Les *joues* sont situées sur les côtés de la tête; elles seront bien développées et recouvertes d'une peau fine.

Les *ganaches* sont formées par les bords postérieurs du maxillaire ; elles circonscrivent la cavité de l'*auge* et doivent être larges et écartées.

Les *naseaux* sont les orifices des cavités nasales par où passe l'air pour s'introduire dans les voies respiratoires; ils doivent être bien ouverts et dilatables. La membrane pituitaire qui les tapisse devra être de couleur rosée. Les naseaux petits indiquent que les organes de la respiration manquent d'ampleur. Les ailes du nez doivent entrer en mouvement quand les allures s'accélèrent et reprendre leur état normal d'immobilité au repos. L'agitation des naseaux à l'état calme est un indice de maladie des voies respiratoires.

La tête est une des parties les plus importantes à étudier, en raison des indices qu'elle fournit pour juger la race et le caractère du cheval, et aussi parce qu'elle joue un grand rôle dans la locomotion. La forme de la tête, pour être belle, doit être celle d'une pyramide *quadrangulaire* large à sa partie supérieure, étroite et courte à sa partie inférieure. Une tête carrée est donc le type de la bonne conformation. Il existe plusieurs genres de tête : ainsi, la tête *camuse,* qui diffère de la précédente en ce que la ligne qui s'étend du front au bout du nez est concave; cette forme donne beaucoup d'expression à la physionomie, et elle n'est pas moins bonne que celle de la tête *carrée;* la tête *busquée,* celle dont le *chanfrein* décrit une courbe en avant. Cette conformation est disgracieuse et les chevaux qui la présentent sont souvent atteints de cornage;

La *tête moutonnée* diffère de la précédente en ce que la courbure commence au front;

La *tête de vieille* est longue, sèche, busquée; ce défaut est commun chez les vieux chevaux amaigris.

La *tête* peut être grosse, grasse ou longue, trois défauts qui rendent le cheval plus ou moins désagréable dans le service et dénotent une origine commune; cependant il ne faudrait pas attacher une trop grande importance à la petitesse de la tête; l'expérience démontre, chaque jour, que les chevaux à grandes qualités ont la tête un peu forte et un peu longue.

L'attache de la tête sur l'encolure est d'une haute importance; on la dit *plaquée* quand elle semble se confondre avec elle, et *mal attachée* lorsque le sillon qui existe entre la tête et l'encolure est trop prononcé. Enfin la tête est bien attachée lorsque la *gouttière parotidienne* est large et bien évidée.

§ 2.

L'encolure.

L'encolure s'étend depuis le garrot et les épaules jusqu'à l'attache de la tête; elle a pour base les vertèbres cervicales, et des muscles nombreux et puissants.

L'encolure doit être longue, bien musclée,

large à son bord inférieur, pourvue de crins soyeux, ce qui est un indice de race ; elle doit être bien sortie à partir du garrot et un peu *rouée* à sa partie supérieure. L'extrémité antérieure de l'encolure sera mince et séparée de la tête par une gouttière bien marquée, pour que le jeu de la tête soit libre. On remarque, le long du bord inférieur de l'encolure, la gouttière où rampe la veine jugulaire et où se pratique le plus ordinairement la saignée.

L'encolure renversée est celle dont le bord supérieur est concave, et le bord inférieur convexe ; elle est disgracieuse pour le cheval d'attelage. Quand l'encolure est longue et bien sortie elle donne au cheval un aspect noble et gracieux, et le rend propre à tous les services lorsque, surtout, elle vient s'unir à un garrot élevé et se fondre harmonieusement à une épaule très-inclinée.

L'encolure est le bras de levier de toute la masse ; c'est elle, ainsi que la tête, qui nous servent à équilibrer et à répartir convenablement le poids du cheval ; c'est donc de cette partie du corps, quand elle est défectueuse, que naissent une foule de difficultés pour le cavalier et le cocher : car, de la position qu'on donne et que l'on sait conserver au cheval, résultent le brillant comme la sûreté de ses allures.

§ 3.

Le corps.

Le corps comprend les régions suivantes :

Le *garrot*, le *dos*, le *rein*, la *queue*, l'*anus*, le *raphé*, le *périnée*, le *poitrail*, l'*ars*, l'*inters-ars*, le *passage des sangles*, les *côtes*, la *poitrine*, le *flanc*, le *ventre*, et les *organes génitaux*.

Le *garrot* est situé entre l'encolure et le dos. Il a pour base les *apophyses* épineuses des neuf premières vertèbres dorsales, les muscles et les ligaments qui les entourent et le bord supérieur du cartilage de prolongement du scapulum.

Le garrot pour être beau doit être élevé, se prolonger en arrière et être un peu étroit avec un plan incliné qui l'unisse insensiblement à l'épaule.

Un garrot *bas*, *noyé* et *gras* rend un cheval impropre au service de la selle qui ne peut jamais être placée convenablement, et à l'attelage, parce que le collier s'applique mal et que d'ailleurs, ce genre de cheval n'a généralement pas l'encolure bien sortie et bien soutenue.

Le *dos* fait suite au garrot et précède le rein ; il a pour base les apophyses épineuses des neufs dernières vertèbres dorsales, et les muscles qui les recouvrent.

Le dos doit être droit ou plutôt légèrement incliné d'arrière en avant. On dit qu'un cheval est *ensellé*, quand le dos décrit une courbe en contrebas. Lorsque ce défaut n'est pas trop exagéré, il devient une qualité pour le carrossier, et même pour le cheval de selle, lorsqu'il a comme compensation le rein fort, l'encolure bien sortie et longue et l'épaule bien inclinée. Ces sortes de chevaux ont ordinairement de belles actions et sont agréables à monter. Il faut, dans tous les cas, que le dos soit fortement musclé et dominé par un garrot élevé et se prolongeant aussi loin que possible.

Le *rein* fait suite au dos et se termine à la croupe ; il a pour base les vertèbres lombaires, le ligament sus-épineux et les muscles *iliospinaux*. Le rein doit être court et large, fortement musclé ; il doit être bien attaché, c'est-à-dire s'unir à la croupe sans transition et sans paraître plus bas qu'elle. Un rein fort peut seul transmettre l'action produite par les membres postérieurs au dos et à tout l'avant-main. Le *rein* doit être flexible et fléchir légèrement sous les doigts qui le pincent ; en résumé, un rein faible ou roide rend le cheval impropre au service de la selle.

La *queue* qui termine le tronc a pour base, comme on le sait, les os *coccygiens* et les muscles qui les mettent en mouvement. La queue doit être attachée aussi haut que possible, disent les auteurs ; cependant la queue attachée trop haut est un indice de faiblesse. Elle doit être forte à sa base et mince à son extrémité, portée, droite, et détachée des fesses, fournie de crins soyeux, qui indiquent toujours un degré de sang.

On appelle queue de rat, la queue dépourvue de crins ou seulement lorsqu'ils ne sont que clair-semés.

L'*anus*, qui est l'orifice extérieur du canal intestinal, doit être dur, bien fermé et peu volumineux. Les défauts contraires à ces qualités indiquent un tempérament mou et lymphatique.

Le *raphé* est une ligne médiane qui sépare le *périnée* et le *scrotum* en deux parties latérales.

Le *périnée* est l'espace compris entre les deux cuisses, de l'anus aux testicules chez le mâle, de l'anus à la vulve chez les juments.

Le *poitrail* est situé au-dessous de l'encolure entre les bras et la pointe des épaules. Il a pour base l'extrémité antérieure du sternum et les muscles qui se portent de cet os aux épaules et aux bras. Le poitrail doit être plus ouvert chez un carrossier que chez un cheval de selle, ce dernier ne peut être vîte lorsqu'il a le poitrail large, et en résumé, le grand développement de cette partie ne convient qu'au cheval de gros trait qui ne marche qu'au pas.

L'*ars* est le point de jonction du bras avec le tronc.

L'*inter-ars* est l'intervalle qui existe entre les deux membres antérieurs.

Le *passage des sangles* est situé en arrière des coudes et en avant du ventre ; il doit être bien descendu et arrondi sur les côtés.

Les *côtes*, situées en arrière des épaules et au-dessous du dos, précèdent le flanc et le ventre. Pour être belles, elles doivent être arrondies, cintrées en arrière des coudes, espacées les unes des autres et particulièrement longues. La côte courte et plate annonce que la circulation n'est pas puissante et la respiration peu étendue ; c'est, en un mot, l'indice d'un mauvais cheval.

La *poitrine* est, comme nous l'avons vu, la cavité qui renferme les organes de la circulation et de la respiration ; cette cavité ne saurait donc être ni trop longue, ni trop large, ni trop profonde. La longueur de la poitrine se mesure de la partie antérieure du poitrail au flanc, sa largeur, d'une côte à la côte opposée, sa profondeur du sommet du garrot au passage des sangles.

Le développement de la poitrine est un indice de santé et de fonds, car il prouve le développement tout particulier des organes respiratoires et du cœur.

24.

Le *flanc* est situé entre les côtes et les hanches d'une part, et entre le ventre et le rein de l'autre; le flanc doit être court et bien cylindré. On dit que le flanc est creux, lorsqu'il offre une concavité trop prononcée; on le dit levretté lorsqu'il est retroussé.

L'état du flanc doit être l'objet d'une fréquente observation. Chez le cheval en santé, les mouvements du flanc sont lents et réguliers, au nombre de seize par minute; dans les maladies aiguës des organes respiratoires, ils sont plus nombreux; dans la *pousse,* ils ont lieu en deux temps.

Le *ventre* a pour base les muscles abdominaux, et est situé entre le *passage des sangles*, et l'*aine* en dessous des côtes et des flancs. Le ventre ne doit pas être trop volumineux; ce défaut se trouve chez les chevaux lymphatiques et gros mangeurs. Un ventre trop peu développé et un flanc retroussé annoncent un mauvais état des organes digestifs, à moins qu'il ne soit le résultat d'une alimentation particulière, ou d'un travail spécial, comme dans l'entraînement.

Des organes génitaux du cheval.

Les organes génitaux du cheval comprennent: les *testicules,* le *fourreau* et la *verge.*

TESTICULES. Les testicules sont situés dans un

sac, formé par la peau, que l'on appelle *bourses*. Ils doivent être libres de toute adhérence, fermes, bien séparés et volumineux. Les bourses seront souples, luisantes, non engorgées et bien détachées des parties sous-jacentes.

On appelle *monorchides* (1) les chevaux qui n'ont qu'un testicule; *cryptorchides* (2) ceux dont les deux testicules sont restés dans l'abdomen. Ces chevaux sont ardents, vicieux, méchants; ils doivent être proscrits de l'armée. On appelle *hongre*, *castré* ou *châtré*, le cheval privé de ses testicules par la castration. Quand on achète un cheval récemment châtré, il faut s'assurer si l'opération a été bien faite et si elle est bien guérie.

Verge. Le pénis, ou la verge, doit être lisse, uni, cylindroïde, d'un volume médiocre, sortir librement du fourreau et y rentrer de même.

La verge est quelquefois *pendante*, c'est-à-dire qu'une fois sortie du fourreau, elle ne peut plus y rentrer et bat entre les jambes du cheval; ce défaut est désagréable à la vue, et grave parce qu'il expose le pénis à des contusions fréquentes.

Fourreau. Le fourreau est un repli de la peau qui enveloppe et protége la verge; il doit

---

(1) Monorchides, de μονος, seul, et ορχις, testicule.
(2) Cryptorchides, de χρυπτος, caché, et ορχις, testicule.

être moyennement développé, et permettre à celle-ci d'y entrer facilement et d'en sortir de même.

Si le fourreau est trop étroit, il empêche le pénis de sortir; alors l'animal pisse dans son fourreau, ce qui dénote ordinairement un manque d'énergie et de force. S'il est trop volumineux, il est souvent le siége d'une inflammation produite par une sécrétion trop abondante de matière sébacée.

Le verge et le fourreau peuvent être atteints de *verrues*, d'une inflammation produite par la malpropreté.

Des organes génitaux de la jument.

Les organes génitaux de la jument comprennent la *vulve* et les *mamelles*.

VULVE. La vulve est l'orifice extérieur des organes génitaux de la jument. On lui reconnaît deux lèvres et deux commissures.

Les lèvres seront moyennement fortes, arrondies et recouvertes d'une peau fine, luisante et dépourvue de poils.

La vulve est séparée de l'anus par le périnée; sa commissure inférieure porte le *clitoris*, petit corps arrondi et noirâtre.

La vulve doit être exempte de plaies et de verrues.

Mamelles. Au nombre de deux, les mamelles sont situées à la région inguinale. Elles doivent être peu développées chez la jument qui n'est pas suitée.

§ 4.

Les membres.

Avant de faire connaître les diverses régions des membres, nous dirons ce qu'on entend par *bipède*. On entend par *bipède*, deux membres considérés ensemble, par exemple : *bipède antérieur*, ce sont les deux jambes de devant; *bipède postérieur*, ce sont les deux de derrière; *bipède latéral*, les deux jambes d'un même côté; *bipède diagonal*, une jambe de devant et une de derrière du côté opposé.

Membres antérieurs.

Chaque *membre antérieur* comprend l'*épaule*, le *bras*, l'*avant-bras*, le *coude*, le *genou*, le *canon*, le *tendon*, le *boulet*, le *pâturon*, la *couronne*, le *fanon*, l'*ergot* et le *pied*.

L'*épaule* est située sur la partie latérale du *thorax* entre l'encolure et les côtes d'avant en arrière, et le garrot et le bras de haut en bas. La base de l'épaule est le *scapulum* et les muscles dont il est recouvert.

L'*épaule* doit être oblique et longue ; c'est une des conditions principales de vitesse et de belles actions; l'épaule droite et courte est le défaut général des races de trait communes.

Les muscles de l'épaule doivent être développés. La maigreur de l'épaule est un indice de faiblesse et nuit à la vitesse comme au fonds.

On appelle *épaules froides*, celles qui n'ont pas d'action au sortir de l'écurie, et *épaules chevillées*, celles dans lesquelles ce défaut persiste même après l'exercice.

Le *bras* est situé entre l'épaule et l'*avant-bras;* il a pour base l'humérus et les muscles qui le recouvrent. L'articulation qui l'unit avec l'épaule, s'appelle la pointe de l'épaule. Le bras doit être incliné et suffisamment long. Les trotteurs ont généralement le bras très-développé, et se rapprochant de l'horizontale. Le bras doit se trouver dans un plan parallèle à l'axe du corps, pour éviter toute déviation dans la ligne que parcourt le membre.

L'*avant-bras* fait suite au bras et précède le genou. Il a pour base le *radius* et les muscles extenseurs et fléchisseurs qui le recouvrent. L'avant-bras doit être long et bien musclé. Un avant-bras court ne convient que pour les chevaux de trait lents. Les deux conditions de beauté de l'avant-bras sont donc : qu'il soit vertical, pour que le poids du corps soit régulièrement supporté, et qu'il soit remarquable par le développement des muscles.

La *chataigne* est cette plaque cornée qu'on voit au tiers inférieur de la face interne de l'avant-bras ; elle est très-petite chez les chevaux de sang.

Le *coude* est situé à la partie inférieure et postérieure du bras. Il a pour base l'*olécrane* et les muscles qui s'y insèrent. Le coude doit être comme le bras, dans un plan parallèle à celui de l'axe du corps ; s'il est en dedans, le membre est *panard ;* s'il est en dehors, le membre est *cagneux*.

Le *coude* doit être long, afin d'avoir plus de puissance pour favoriser l'extension de l'avant-bras dans le mouvement, comme la bonne direction du membre dans la station.

Le *genou* fait suite à l'avant-bras et précède le canon ; il a pour base l'extrémité du *radius*, l'extrémité supérieure des *métacarpiens*, et les os *carpiens*, enfin, les tendons et les ligaments qui unissent le tout ensemble. Le *genou* doit être large, épais et bien descendu dans la direction de la ligne d'aplomb. Si le genou se porte en avant, on le dit *arqué ;* s'il se porte en arrière, on le dit *creux*, et en dedans, *genou de bœuf*.

Le genou est quelquefois atteint d'*exostoses*, appelées *osselets;* on dit que le genou est cerclé lorsque ces *osselets* en font le tour ; cette tare met le cheval à peu près hors de service.

Le *canon* fait suite au genou, s'étend jusqu'au boulet; il a pour base les *os métacarpiens*, et les tendons extenseurs du pied. Le *canon* doit être court et sa direction verticale; le canon long n'est tolérable que chez le cheval de trait. Le canon est souvent le siége de tumeurs osseuses appelées *suros ;* s'il en existe plusieurs à la suite l'un de l'autre, on les nomme *fusés*. Si les suros sont fixés sur le trajet des tendons ou près des articulations, ils font souvent boîter.

Le *tendon* occupe la partie postérieure du canon et s'étend du genou au boulet; il a pour base les tendons des muscles fléchisseurs du pied. Le tendon doit être bien développé, ferme, et sans engorgements, bien détaché du canon et de la corde du ligament suspenseur du boulet; la peau qui le recouvre doit être fine et bien adhérente. Un tendon grêle et peu rigide manque de force; on dit qu'il est *failli* s'il ne se détache pas assez du canon, au sortir du genou. Si le tendon est couvert de poils longs et durs, cela dénote une origine commune. On donne le nom d'effort de tendon, ou de *nerf-ferrure*, à un engorgement très-douloureux dont le tendon est souvent atteint après des exercices violents, tels que la chasse et l'entraînement ; c'est une affection très-grave.

Le *boulet* est placé entre le canon et le pâturon ; il a pour base les abouts articulaires du canon et du paturon, et les deux grands *sésamoïdes* unis entre eux et consolidés par des ligaments et les tendons des extenseurs et fléchisseurs du pied. Le boulet doit être large, épais et suffisamment éloigné du sol, ce qui dépendra de l'inclinaison du paturon. Si le boulet se porte en avant au point de faire une saillie, on dit que le cheval est *boulleté*. Le *boulet* est quelquefois atteint d'*exostoses*; si elles enveloppent l'articulation, on dit le boulet cerclé. La plus fréquente des tares du boulet, c'est la *molette* ou dilatation *synoviale*, que l'on voit au-dessus du boulet et sur le trajet du tendon. On la dit *simple* ou *chevillée*, selon qu'elle est sur un seul ou sur les deux côtés du tendon en dedans ou en dehors. Elle fait boiter le cheval, et est à peu près inguérissable.

Le *paturon* fait suite au boulet et précède la couronne. Il a pour base la première *phalange* et les tendons qui glissent sur ses faces antérieure et postérieure. Le paturon doit être large, de longueur moyenne et former avec le sol un angle d'environ 55 degrés. Selon que le paturon est trop long ou trop court, ou qu'il est trop ou trop peu incliné, on dit que le cheval est *long-jointé*, *court-jointé*, *bas-jointé* ou *droit-jointé*.

Un cheval *court-jointé* est dur de réaction, mais l'usure est moins prompte; s'il est *long-jointé*, les réactions sont plus douces, mais la fatigue des fléchisseurs du pied amène une usure prématurée.

Le *fanon* est la touffe de poils qui est en arrière du boulet. Elle est d'autant moins abondante que les chevaux ont plus de sang.

L'*ergot* est la production cornée qui occupe le milieu du fanon.

La *couronne* est située entre le paturon et le sabot. Elle a pour base la deuxième phalange et les tendons qui glissent dessus. Elle doit être large et exempte de *forme*, tare très-dangereuse, parce qu'elle est presque toujours incurable.

Le *pied* est la dernière région du membre recouverte par le sabot, mais elle est d'une si haute importance que nous en avons fait une description spéciale en parlant de la ferrure (*voir ce chapitre*). Nous dirons quelques mots des principales défectuosités du pied.

Le pied peut être *grand*, et alors il rend le cheval lourd, maladroit, particulièrement impropre à la selle.

Petit, c'est-à-dire qu'il pèche par défaut de développement et est prédisposé à l'*encastelure;* il comprime les parties vives et rend l'appui douloureux.

Maigre, lorsqu'il est sec et cassant ; il se dérobe facilement et expose l'animal à se déferrer.

Gras, quand la corne est molle : tient mal les clous et se déferre souvent.

Plat, lorsque la paroi est très-oblique, la sole aplatie, la fourchette volumineuse, les talons bas. Ce pied rend le cheval impropre au service de la selle.

Comble, c'est le pied dont la sole est convexe et dépasse le milieu de la paroi ; il est sujet aux blessures de la sole et impropre à tous services sur un sol dur, aux allures vives.

Panard, lorsque la pince est tournée en dehors ; l'appui se fait plus sur le quartier interne que sur le quartier externe, et le cheval est sujet à se couper avec l'éponge.

Cagneux : dans ce cas, la pince est tournée en dedans, l'appui se fait sur le quartier externe et le cheval se coupe avec la pince, et souvent au-dessous du genou.

Dérobé, se dit enfin d'un pied qui n'a pas la forme normale, et présente à sa partie inférieure des parties rentrantes qui rendent l'application du fer difficile.

MEMBRES POSTÉRIEURS.

Les membres postérieurs comprennent : la *croupe*, la *hanche*, la *fesse*, la *cuisse*, le *grasset*, la *jambe*, le *jarret*, le *canon*, le *tendon*, le *boulet*, l'*ergot*, le *phanon*, le *paturon*, la *couronne* et le *pied*.

La *croupe* fait suite aux reins et aux hanches et se trouve située au-dessus de la cuisse et de la fesse ; elle a pour base le *sacrum*, le *coxal* et les muscles puissants qui les recouvrent. Elle unit l'arrière-main avec le corps auquel elle communique la force impulsive provenant des membres postérieurs. La *croupe* doit être longue, large et fortement musclée, légèrement inclinée d'avant en arrière dans la direction de la fesse. Une croupe horizontale est élégante, mais n'est pas un signe de force et n'est pas favorable à l'élévation de l'avant-main.

Une croupe trop oblique est disgracieuse; elle peut être puissante, mais n'est pas favorable à la vitesse.

La *croupe avalée*, *double*, *courte* ou *tranchante*, se rencontre plus particulièrement dans les races communes destinées au gros trait ou dégénérées.

La *hanche* a pour base la saillie formée par l'angle antérieur et externe de l'*illium* et par les muscles qui s'y rattachent. Si la hanche est trop proéminente, elle est désagréable à la vue ; mais si elle ne l'est pas assez, on la dit *noyée* ou *effacée*, ce qui est un indice de faiblesse dans l'arrière-main et qu'un connaisseur regarde comme un grave défaut.

La *fesse*, qui est placée au-dessus de la jambe et derrière la cuisse, a pour base l'*ischium* et présente une saillie qu'on appelle la pointe de la fesse.

La *fesse* doit être bien descendue et fortement musclée ; sa pointe doit être éloignée de celle du côté opposé ; cela donne de l'ampleur à l'arrière-main qui n'est belle qu'à condition de la largeur et de la longueur de la croupe, et enfin d'une grande puissance musculaire.

La *cuisse*, qui a pour base le *fémur* et les muscles qui s'y rattachent, fait suite à la croupe et précède la jambe. La cuisse doit être longue, oblique et fortement musclée. C'est une des principales parties qu'il faut chercher dans un cheval de service, particulièrement celui destiné à la selle.

Le *grasset* a pour base la *rotule*, il est recouvert par la partie de la peau qui semble unir le membre postérieur au ventre. Le grasset doit être bien développé.

La *jambe* précède le *jarret* et a pour base le *tibia* et les muscles extenseurs et fléchisseurs des parties inférieures du membre ; la jambe doit être longue, oblique et particulièrement musclée. Les mouvements d'une jambe longue et grêle peuvent être étendus, mais le cheval ne peut avoir de résistance ; une jambe courte et très-musclée ne convient que pour les allures lentes.

Le *jarret*, situé entre la jambe et le canon, a pour base la partie inférieure du tibia, l'extrémité supérieure du *canon* et du *péroné*, les os *tarsiens* et les tendons. Le *jarret* est la région la plus importante du membre postérieur; elle est sujette à de nombreuses tares. On ne saurait la rechercher ni assez forte, ni assez bien développée. Pour que le jarret soit beau, il doit être large et épais, placé dans un plan parallèle à l'axe du corps. Il devra être sec, bien descendu et exempt des tares dont nous allons parler.

On appelle *jarret étranglé* celui qui est large dans la partie supérieure et étroit dans la partie inférieure. Le *jarret droit* celui qui, à la jonction du *tibia* avec le *canon*, présente un angle trop ouvert; l'une et l'autre de ces conformations sont sujettes à des tares précoces. Le *jarret* est dit *coudé* quand l'angle est trop fermé; et enfin, selon que le jarret se porte en dehors ou en dedans de la ligne d'aplomb, on dit que le cheval est *trop ouvert* ou *clos du derrière*.

On distingue plusieurs régions dans le *jarret*: le *pli;* la *pointe;* la *corde* ou réunion des tendons qui s'insèrent au *calcanéum ;* enfin le *creux* que l'on voit entre la corde et l'extrémité du tibia.

Il y a deux sortes de *tares* : les *tares dures* et les *tares molles*.

Les *tares dures* sont : la *courbe*, l'*éparvin* et la *jarde.*

La *courbe*, tumeur osseuse, se développe sur la tubérosité interne de l'extrémité inférieure du *tibia*. La courbe est une tare grave quand elle se porte en arrière et qu'elle gêne le jeu du tendon et du ligament interne de l'articulation ; elle occasionne alors de la roideur et souvent la boiterie.

L'*éparvin calleux* est une tumeur osseuse de même nature que la *courbe*, et qui se manifeste à la face interne du jarret, au-dessous de la courbe et à la partie supérieure du canon ; cette tare est plus commune et plus grave que la courbe. Elle occasionne une claudication très-intense, même lorsqu'elle est peu développée, si elle se trouve placée sur les parties mobiles de l'articulation. Lorsque l'éparvin est en arrière, il atteint quelquefois la grosseur d'un œuf de pigeon et ne fait pas boiter.

Pour apprécier l'*éparvin* et la *courbe*, il faut se placer en face de la tête du cheval et examiner les jarrets soit en regardant entre les deux jambes de devant ou en se plaçant obliquement.

La *jarde* ou *jardon* est une tumeur dure qui affecte la partie inférieure du jarret, à l'opposé de l'éparvin ; on la nomme *jardon* si elle se localise sur la tête du *péroné*, auquel elle donne un développement anormal ; mais on l'appelle *jarde* si elle s'étend sur les os du *tarse* et sur la face postérieure du canon, au point de faire dévier de sa direction le tendon du muscle fléchisseur.

On remarque facilement cette tare en se plaçant un peu en arrière et un peu de côté ; si le *jardon* existe, la ligne que le jarret décrit extérieurement est fortement convexe. Pour la *jarde*, il faut se placer de profil, et alors on constate la tare, si la ligne que le jarret présente en arrière est courbe au lieu d'être droite.

La *jarde* est une tare grave, surtout chez les jeunes chevaux ; le cheval qui a atteint son entier développement, et qui a été exercé, boite rarement de cette tare, qui ne pourrait s'aggraver qu'à la suite de grands efforts ; mais elle indique toujours une faiblesse de l'articulation.

Le *jardon* fait rarement boiter ; c'est souvent plutôt une défectuosité qu'une tare sérieuse.

Les *tumeurs*, ou tares molles du jarret, sont le *vessigon*, le *capelet* et la *varice*.

Le *vessigon* est une tumeur indolente, qui est due à une trop grande accumulation de *synovie* dans la capsule de l'articulation du *tibia* et de l'*astragale* ou dans les gaînes tendineuses du jarret.

Il y a le *vessigon articulaire*, qu'on appelle improprement varice, et qui se trouve un peu en dedans du jarret.

Le *vessigon tendineux*, qui est dans le pli du jarret, et qui se dit *simple* ou *chevillé* s'il existe seulement à la partie externe du jarret ou s'il se fait remarquer des deux côtés à la fois.

Les *vessigons* font rarement boiter le cheval,

à moins qu'ils n'aient un développement considérable.

Le *capelet* est une tumeur molle et assez généralement indolente, que l'on remarque à la pointe du jarret, et qui est le résultat des coups que se donne le cheval en frappant dans sa stalle ou en ruant contre tout autre corps dur. Le *capelet* fait rarement boiter, mais est difficile à guérir.

La *varice* est une dilatation anormale de la veine *saphène* à la face interne du jarret; elle est, du reste, fort rare et ne présente pas un grave inconvénient.

Nous ne dirons rien du *canon*, du *tendon*, du *boulet*, etc., etc., puisque nous n'aurions qu'à reproduire ce qui a été expliqué en parlant des membres antérieurs.

CHAPITRE III.

LES PROPORTIONS.

On appelle proportions le rapport qui doit exister entre toutes les parties du corps du cheval, d'où résulte l'harmonie dans la forme comme dans le mouvement, harmonie qui doit contribuer puissamment à la conservation de l'animal et à la durée des services qu'il est appelé à rendre.

Bourgelat créa un système de proportions en prenant la tête pour unité de mesure ; mais son système, basé sur l'idée qu'il se faisait lui-même du joli cheval, voulut que tout animal, quelle que fût son aptitude ou sa destination, fût établi sur le même modèle : aussi ses proportions ne sont-elles plus aujourd'hui admises complétement par les hommes de la science.

Un cheval, pour être bon, doit présenter les proportions spéciales qui le rendent apte au service auquel il est destiné ; en sorte que ce qui sera beau pour tel service peut être défectueux pour tel autre. Il existe cependant des défauts et des qualités qui tendent à éloigner ou à rapprocher le cheval du type que nous devons nous en faire, et que nous ne pouvons passer ici sous silence.

Une *tête trop longue* et *trop forte* alourdit l'avant-main, lui ôte de la grâce et est plus nuisible au cheval de selle qu'au cheval de trait. Une *tête petite* est plus gracieuse, sans doute, mais elle fait craindre que, le cerveau étant trop petit, l'animal ne soit doué de peu d'intelligence et d'énergie. Je n'ai jamais vu de bons chevaux avec de *petites têtes*.

Une *encolure démesurément longue et grêle* est difficile à manier si elle n'est secondée par un arrière-main puissant ; mais une encolure courte rend le cheval maladroit et disgracieux dans tous ses mouvements, difficile à diriger et à équilibrer. Ni le service du harnais, ni celui de la selle ne peuvent s'arranger d'une encolure courte. Un *cheval bas du devant* est impropre à tous les services où il faut de la vitesse et du soutien dans l'allure. L'avant-main, constamment écrasé par l'arrière-main, s'use prématurément. Un cheval construit de cette sorte porte mal le collier, plus mal encore la selle.

Un *cheval trop haut du devant* est généralement brillant, mais aussi difficile à conduire, car l'arrière-main, trop surchargé, s'écrase sous le poids de l'avant-main, le cheval devient chaud et irritable, et ses membres postérieurs s'usent promptement.

La *trop grande longueur du corps*, qui vient de celle du dos et du rein, a pour conséquence la faiblesse de la colonne *dorso-lombaire*. L'arrière-main du cheval est impuissant à soutenir l'avant-main et à lui communiquer de l'impulsion.

Lorsqu'au contraire le cheval est long par suite du développement remarquable de la croupe et de la poitrine, loin d'être un défaut, c'est une preuve de puissance et de grands moyens de locomotion. On dit alors que le cheval est *court dessus* et *long dessous*. Enfin le *défaut de longueur du corps* peut provenir d'une croupe ou d'une poitrine *trop courtes*; dans ce cas, le cheval est essentiellement mauvais; si, au contraire, c'est le rein qui se trouve trop court, le cheval est sans élasticité, généralement sans allures vives, et convient plus particulièrement à porter le poids; ses allures, quoique dures, seront meilleures au galop.

CHAPITRE IV.

LES APLOMBS.

Les aplombs sont la répartition régulière du poids sur les membres.

Les aplombs sont bons quand les membres tombent verticalement sur le sol. Ils sont mauvais quand ces membres sont plus ou moins déviés de la verticale.

Pour juger des aplombs d'un cheval il faut le placer sur un plan horizontal, de manière que chacun des membres corresponde à un des angles du rectangle qui représente la *base de sustentation.*

Selon les mouvements que le cheval exécute, cette base de sustentation se modifie à l'infini et peut être formée par trois, par deux ou même par un seul pied ; on comprend par là l'importance que doit avoir chacun de ces membres ou appuis.

Pour apprécier plus facilement l'aplomb des membres, on a indiqué des lignes qui partent de telle ou telle partie du corps, et qui précisent la direction que doivent présenter les membres pour que le poids soit régulièrement réparti.

Les aplombs doivent être examinés de face et de profil dans chaque *bipède* antérieur et postérieur.

Aplombs des membres antérieurs.

Pour juger de profil les *aplombs* des membres antérieurs, il faut abaisser une ligne verticale de la pointe de l'épaule jusqu'au sol qu'elle doit rencontrer à quelques travers de doigt de la pince, pour que l'aplomb du cheval soit régulier. Si cette ligne tombe à une grande distance de la pince, le cheval est dit *sous lui du devant;* cette conformation fait supporter trop de poids à l'avant-main; le cheval s'use promptement et manque de solidité.

Si la verticale tombe plus près du sabot, ou sur le sabot avant de rencontrer le sol, le cheval est dit *campé du devant.* Un cheval ainsi conformé doit être faible, ses articulations se fatiguent vite; il marche généralement sur les talons, et si l'arrière-main n'est pas assez fort pour recevoir la surcharge de poids que cette conformation lui impose, le cheval ne sera jamais d'un service durable ni sûr.

Une seconde verticale sera abaissée du tiers postérieur de la partie supérieure et externe de l'avant-bras; elle devra partager le *genou*, le *canon*, le *boulet* en deux parties à peu près égales, et tomber à un décimètre environ des talons. Si le genou fait saillie en avant de cette ligne, on dit le cheval *arqué* ou *brassicourt.*

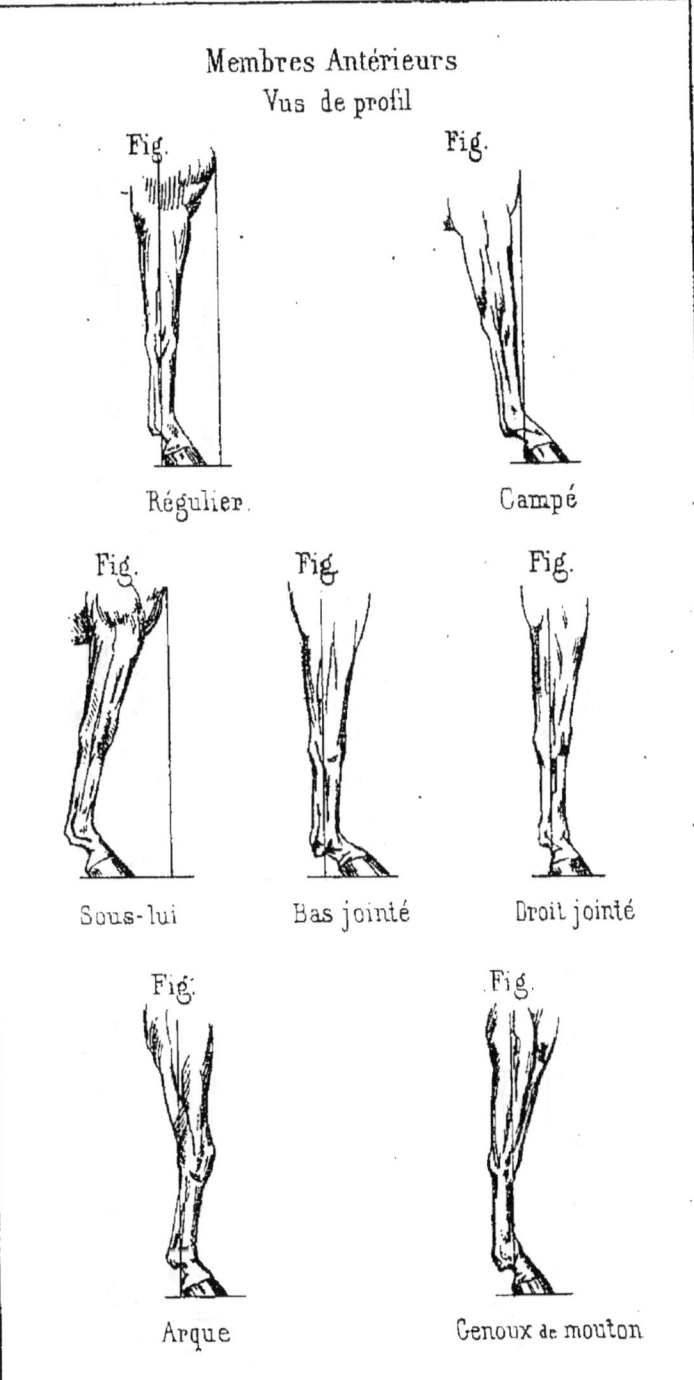

Membres Antérieurs
Vus de face

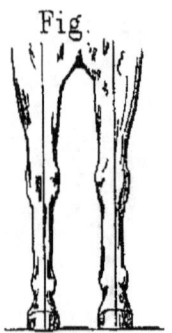

Fig.
Régulier

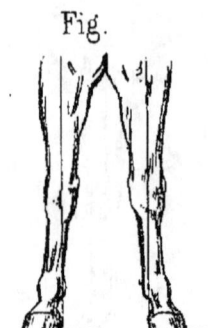

Fig.
Trop ouvert

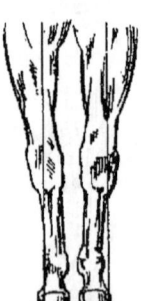

Fig.
Trop serré

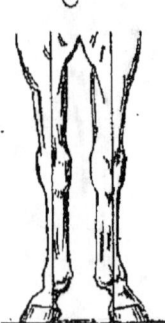

Fig.
Panard

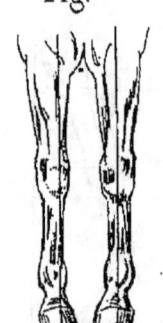

Fig.
Cagneux

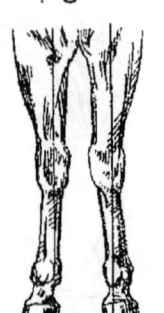

Fig.
Genoux de bœuf

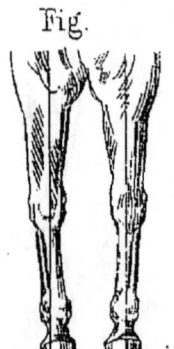

Fig.
Cambré

Si le genou se porte en arrière de la ligne, il est dit *creux* ou *effacé*. Si la ligne tombe trop en arrière des talons, le cheval est long et *bas-jointé;* si elle tombe trop près des talons, il est *droit jointé.*

On dit qu'un cheval est *brassicourt,* quand cette déviation est naturelle et ne vient pas d'usure. On a vu des chevaux *brassicourt* avoir beaucoup de solidité dans la marche et de résistance dans le service. Cependant ils *rasent le tapis* et ne doivent pas inspirer une grande confiance.

Le *genou arqué* est au contraire le résultat de l'usure; il rend le cheval à peu près impropre à des services pénibles.

Le *genou creux* ou *effacé* est un des défauts d'aplomb les plus grands; il fatigue les tendons et les abouts articulaires, empêche la rapidité de l'allure et compromet la solidité des membres.

Le *paturon court* rend les réactions dures, mais ne nuit pas à la solidité.

Le *paturon long et bas-jointé* rend les réactions plus douces, mais contribue à l'usure du membre.

Pour juger le *bipède* antérieur de face, il faut abaisser une ligne verticale de la pointe de l'épaule à terre, qui devra, si le membre est d'aplomb, le partager en deux parties égales dans son axe longitudinal.

Si le membre est porté en dedans de cette ligne, on dit le cheval *serré du devant;* s'il est en dehors, on dit qu'il est trop *ouvert du devant.*

Un cheval trop serré du devant peut être vite en raison de l'étroitesse de sa base de *sustentation;* mais il est sujet à se couper et manque généralement de fonds.

Le *cheval trop ouvert* n'est propre qu'au gros trait et pour les allures lentes.

On abaisse enfin une verticale de la partie la plus étroite de la face antérieure de l'avant-bras, qui doit partager le membre en deux parties égales.

Si le membre est trop en dehors, le cheval est *panard;* si au contraire le membre est tourné en dedans et que les *pinces* se rapprochent, le cheval est *cagneux.*

Si le genou se porte en dedans de la ligne, il est dit *genou de bœuf;* s'il se porte en dehors, il est dit *cambré.*

Le cheval peut être *panard* par la direction entière du membre ou par sa partie inférieure seulement. La pince s'éloigne de la ligne médiane, le membre est tourné en dehors, l'appui se fait sur le quartier interne, et par conséquent d'une manière inégale ; le cheval s'atteint avec l'éponge du fer.

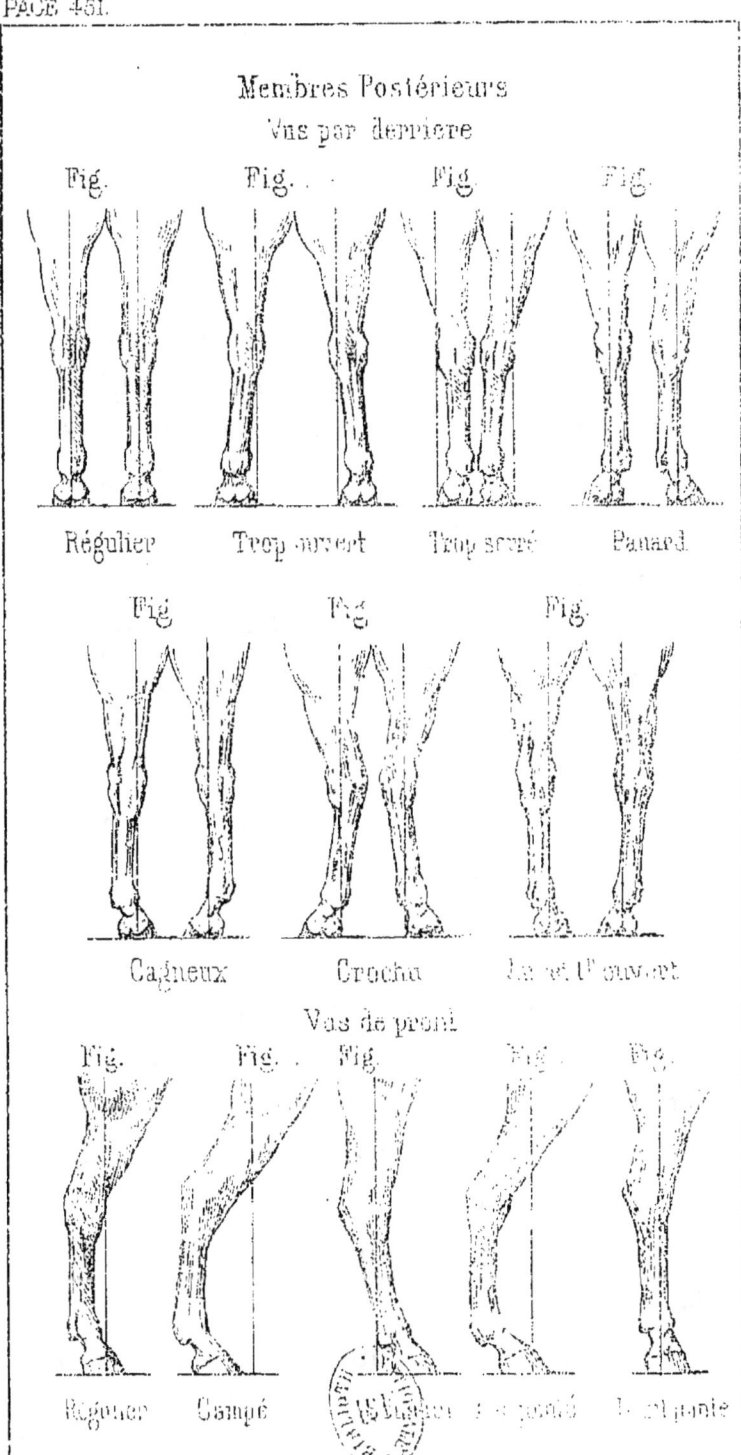

L'usure du membre doit donc être prématurée.

Comme le cheval panard, celui qui est cagneux peut avoir ce défaut dans tout le membre ou seulement dans sa partie inférieure. Les pinces se rapprochent l'une de l'autre, l'appui se fait sur les quartiers externes, le cheval s'atteint avec la mamelle du fer, son usure est précoce, il est généralement plus maladroit et moins sûr dans le service que le cheval panard.

Le *genou cambré* et le *genou de bœuf* sont à la fois disgracieux et nuisibles à l'aplomb du cheval, par l'inégale répartition du poids sur les surfaces articulaires.

Aplombs des membres postérieurs.

Pour juger les membres postérieurs de profil, il faut abaisser une perpendiculaire partant de l'articulation *coxo-fémorale* et qui arrive à terre, après avoir partagé le pied en deux parties égales.

Si cette ligne tombe trop en arrière du pied, le cheval est dit *sous lui du derrière*.

Si elle tombe trop en avant, il est dit *campé du derrière*.

Si la partie antérieure du boulet ne s'éloigne pas assez de cette ligne, le cheval est *droit-*

jointé. Si le boulet au contraire s'en éloigne trop, le cheval est *bas-jointé*.

Un cheval *sous lui* du derrière peut avoir du brillant et s'asseoir facilement sous le cavalier, mais ses allures n'ont pas de vitesse et il s'use promptement.

Le cheval *campé* du derrière est difficile à équilibrer; il pousse toujours le poids de sa masse sur l'avant-main, son galop est particulièrement désagréable.

Les inconvénients du cheval *droit-jointé* et *bas-jointé* sont les mêmes dans les membres postérieurs que dans les membres antérieurs, mais sont plus nuisibles peut-être dans le cheval de selle que l'on veut asseoir et rassembler.

Pour juger *les aplombs par derrière*, il faut abaisser une ligne verticale de la pointe de la fesse tombant sur la pointe du jarret, un peu plus en dehors qu'en dedans, et partager le pied en deux parties, l'externe un peu plus forte que l'interne.

Si le membre est en dehors de cette ligne, le cheval est dit *ouvert du derrière;* s'il est en dedans de la ligne, le cheval est dit *serré du derrière*.

Si les jarrets seuls se portent en dedans de la ligne, on les dit *jarrets clos*.

Un cheval trop ouvert du derrière peut être

puissant, mais il est disgracieux dans son mouvement.

Un cheval trop serré est toujours faible, sa base de *sustentation* est trop étroite, il est sujet à se couper et impropre au service de la selle.

Le cheval qui a les *jarrets clos* manque de chasse, mais il s'asseoit et se rassemble facilement.

Le cheval dont les *jarrets sont ouverts* a les pieds généralement très-rapprochés; il se coupe et est particulièrement désagréable pour le service de la selle.

Si après avoir enfin abaissé une perpendiculaire qui divise le canon, le boulet et le pied, en deux parties à peu près égales, on remarque que le membre est tourné en dehors, ou dedans, le cheval sera *panard* ou *cagneux*, comme il est dit des membres antérieurs, et il aura les mêmes inconvénients.

CHAPITRE V.

LES ALLURES

Les allures sont une série de mouvements diversement combinés à l'aide desquels le cheval se transporte d'un point à un autre.

On a divisé ses allures en *naturelles*, *artificielles* et *irrégulières*.

Les allures *régulières* ou *instinctives* sont le *pas*, le *trot* et le *galop*.

Le *pas* est une allure en quatre temps dans laquelle les membres se meuvent diagonalement.

Voici quel est son mécanisme; supposons que le cheval parte du pied droit.

1° *Membre antérieur droit;*
2° *Membre postérieur gauche;*
3° *Membre antérieur gauche;*
4° *Membre postérieur droit.*

Un membre n'attend pas pour se lever que celui qui le précède ait effectué son appui, mais il se lève lorsque ce dernier est au milieu du soutien, de sorte que le cheval est alternativement supporté par un *bipède latéral* et par un *bipède diagonal*, excepté au moment de l'arrêt et du départ où l'appui se fait sur trois membres.

Le *trot* est une allure en deux temps par bipèdes diagonaux. Ces deux temps sont séparés l'un de l'autre par un intervalle pendant lequel le cheval est complétement en l'air.

Dans le *trot* ordinaire, les membres postérieurs viennent marquer leurs foulées sur la piste des antérieurs,

Dans le *grand trot*, les pieds postérieurs dépassent de beaucoup ceux de devant.

Dans le *petit trot*, les pieds postérieurs se posent en arrière des antérieurs.

Le *galop* est une allure en trois temps ; on distingue le *galop raccourci* ou *de manége*, le *galop de chasse*, que le cheval peut soutenir le plus longtemps, et enfin le *galop de course*.

Nous avons défini dans un chapitre précédent le mécanisme du galop, nous n'en reparlerons pas ici.

Le *galop de course*, que tout le monde connaît, ne diffère de l'autre que parce que le cheval est porté sur l'avant-main, que l'arrière-main s'éloigne du centre et que son attitude générale est l'inverse de celle du cheval *rassemblé*, grandi du devant et assis sur son arrière-main, ainsi que doit être le cheval d'armes ou de manége.

Les allures artificielles.

Les allures artificielles sont le *passage*, le *piaffer*, le *pas espagnol* et les divers sauts qu'on fait exécuter au cheval dans les piliers ou en liberté.

Ces *allures* sont toutes prises dans les moyens naturels du cheval, et résultent de la concentration plus ou moins grande et de la répartition de ses forces.

Elles sont l'objet d'une *étude artistique* pour le cavalier et tendent aussi à développer l'élasticité et la puissance du cheval.

Le *piaffer* est le *trot sur place*, le *passage* est un trot extrêmement raccourci et avec élévation de mouvement.

Dans le pas espagnol le cheval élève et soutient ses membres antérieurs plus haut que les membres postérieurs.

Allures irrégulières.

Les *allures irrégulières* sont ainsi nommées, parce qu'elles ne portent point les caractères des trois allures que nous venons de décrire.

Les *allures irrégulières* comprennent : *l'amble, l'amble rompu*, le *pus relevé*, le *traquenard* et l'*aubin*.

L'*amble* est une allure à deux temps, exécutée par les bipèdes latéraux successivement. Le cheval a toujours deux pieds en l'air et deux pieds à terre.

L'amble rompu s'exécute en quatre temps; chaque membre du bipède latéral fait son appui isolément, le postérieur avant l'antérieur.

Le *pas relevé* s'exécute en quatre temps, diagonalement comme dans le pas; c'est en effet un pas précipité.

Le *traquenard* est un trot brisé, où les membres des bipèdes diagonaux arrivent l'un après l'autre sur le sol.

Dans l'*aubin* le cheval galope du devant et trotte du derrière; ces deux allures sont le résultat de la faiblesse et de l'usure.

Il est bon de signaler encore quelques défectuosités des allures, qui se rencontrent communément.

On dit qu'un cheval *rase le tapis*, lorsqu'il lève trop peu les pieds et s'expose à butter et à tomber à la rencontre du moindre obstacle.

On dit qu'un *cheval se berce*, lorsqu'en marchant, son corps se laisse aller à une espèce de balancement prononcé qui indique de la faiblesse, et donne de l'incertitude dans l'allure.

On dit qu'un cheval *billarde*, lorsqu'en marchant, ses membres antérieurs décrivent un *arc de cercle* en dehors; ce défaut tient ordinairement à l'écartement des coudes et à une mauvaise direction générale du membre.

On dit qu'un *cheval forge*, lorsqu'en trottant, son pied postérieur vient frapper le pied antérieur. Le cheval qui forge est sujet à se déferrer et à se couper; cette irrégularité dans le mouvement tient à un défaut d'aplomb ou de proportion et le plus souvent à la faiblesse.

On dit enfin qu'un cheval a *des éparvins secs,* quand on remarque un mouvement brusque de flexion du jarret, au moment où le membre quitte le sol; ce mouvement est connu sous le nom *harper*, et est considéré comme purement nerveux, le jarret ne présentant rien d'anormal qui puisse au repos faire supposer une affection.

L'*éparvin sec* ne compromet pas la solidité, il n'est que désagréable à la vue.

CHAPITRE VI.

DE L'AGE.

On entend par âge le temps qui s'est écoulé depuis la naissance du cheval jusqu'au jour où on l'examine.

Cette partie de l'hippologie est d'une grande importance. Elle permet d'arriver à la connaissance exacte de l'âge du cheval, même jusqu'à une grande vieillesse, et par elle on évite de commettre des erreurs dont les conséquences seraient fâcheuses.

L'étude de l'âge repose sur la connaissance de la structure, de la forme et de la direction des dents. Nous devons donc, tout d'abord, donner une description succincte de ces organes.

Anatomie des dents.

Les dents sont de petits corps semblables aux os par leurs caractères physiques et aux poils par leur mode de formation et de croissance. Elles sont implantées dans les alvéoles des os maxillaires, où elles forment deux lignes paraboliques, appelées *arcades dentaires*.

Les dents sont divisées en dents de *lait,* ou dents de *poulain,* ou dents *caduques,* et en dents de *cheval* ou dents d'*adulte.*

Toute dent comprend deux parties : une libre ou la *couronne*, l'autre enchâssée dans la cavité alvéolaire ou la *racine*. Elle est composée de deux substances : l'*émail*, partie extérieure, et l'*ivoire*, qui est recouverte par l'émail.

Il y a trois sortes de dents : les *incisives*, les *crochets* et les *molaires*.

Incisives.

Ainsi nommées parce qu'elles servent à couper les aliments; les incisives sont situées à la partie inférieure de la bouche et sont disposées en forme d'arc de cercle. Ce sont ces dents surtout qui servent à indiquer l'âge du cheval.

Les incisives, au nombre de six à chaque mâchoire, ont reçu des noms particuliers : on appelle *pinces*, les deux du milieu; *mitoyennes*, celles qui touchent aux pinces; *coins*, celles qui terminent l'arc de cercle.

Les incisives ont une longueur moyenne de 65 à 70 millimètres. Leur accroissement annuel est de 3 millimètres, et leur usure, dans les conditions normales, égale cet accroissement.

Chaque incisive a la forme d'un arc de cercle,

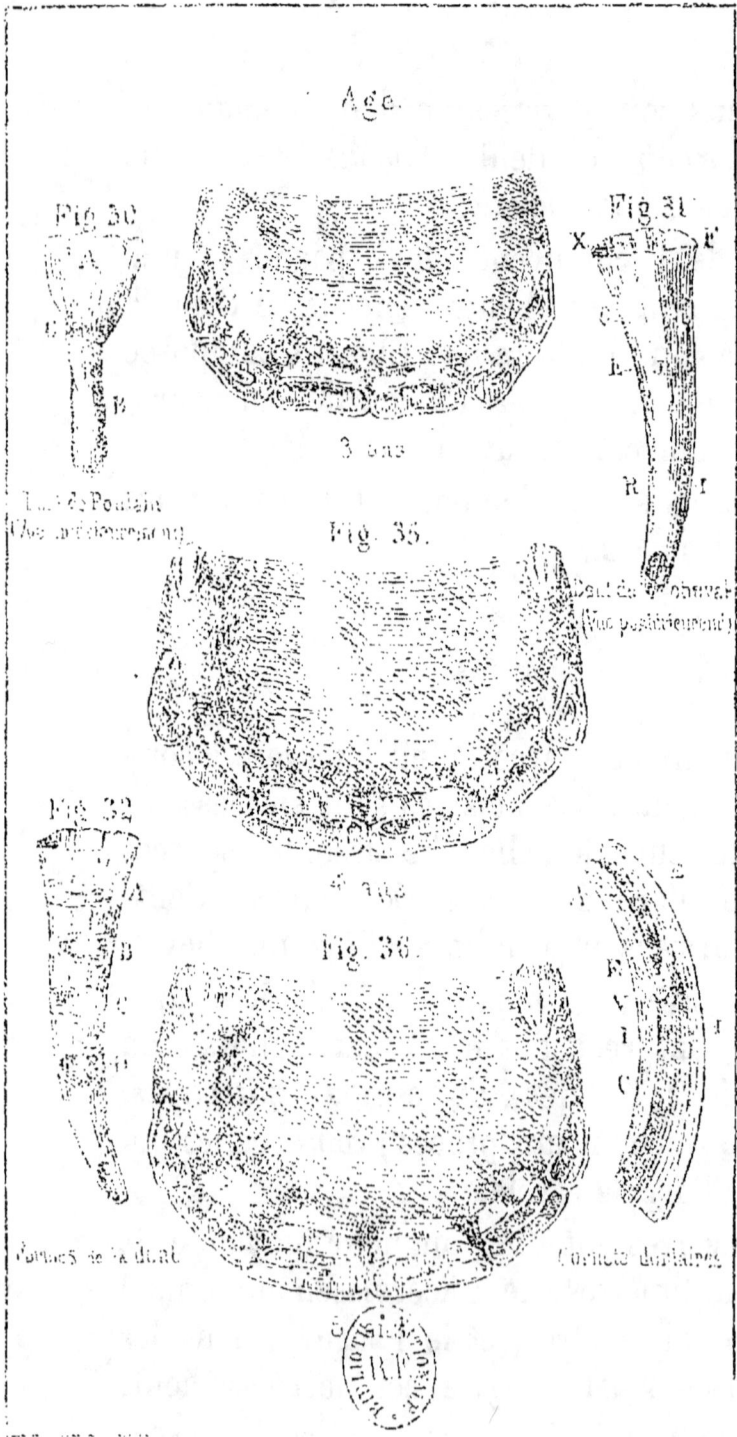

dont la convexité est en avant ; mais sa forme varie suivant les divers points de sa longueur. A son origine, elle est allongée d'un côté à l'autre, puis elle devient ovale, ensuite arrondie, puis triangulaire, enfin aplatie d'un côté à l'autre, ainsi qu'il est facile de le constater sur une dent encore vierge d'usure, en faisant des coupes transversales à trois ou quatre millimètres de distance l'une de l'autre.

Or, ce que des coupes successives produisent, la nature l'effectue lentement par suite du frottement qui s'opère à chaque instant sur la table des dents. Ainsi, si nous examinons une dent usée par le frottement, nous voyons de même successivement la table dentaire offrir les différentes formes, ovalaire, ovale, arrondie, triangulaire et aplatie d'un côté à l'autre.

La structure des dents incisives offre une disposition particulière. L'émail, après avoir recouvert la couronne de la dent, se replie sur la surface de frottement et s'enfonce dans une cavité appelée *cavité* ou *cornet dentaire externe* qu'il tapisse. Cette cavité présente à son fond une matière noirâtre, qui prend le nom de *germe de fève*, et se termine par une petite cheville conique d'émail, que l'on nomme *cul-de-sac du cornet dentaire*.

Il existe encore dans les dents incisives une autre cavité, appelée *cavité dentaire interne* ou *cornet radical.* Cette cavité occupe l'intérieur de la racine, s'étend au delà et en avant du cul-de-sac du cornet dentaire et renferme la pulpe dentaire, organe sécréteur de la dent. Avec l'âge, le cornet radical s'oblitère par son fond, et cette oblitération, due à une sécrétion d'ivoire, donne lieu à une tache noirâtre, appelée *étoile dentaire.*

La surface de frottement des incisives présente une disposition différente, suivant les âges. Tant que la dent est *vierge* (1), elle offre une cavité, le cornet dentaire, entouré par deux bords tranchants d'émail, dont l'antérieur est plus relevé que le postérieur. A mesure que la dent s'use, cette cavité disparaît et l'émail ne se continue plus. Alors la surface de frottement représente une table, dont la disposition varie aux différentes époques de la vie. A 9 ans, la table dentaire offre, à l'extérieur, une couche d'émail (*émail d'encadrement*); sur un point de l'ivoire l'étoile dentaire; enfin une couronne ou cheville d'émail (*émail central*). Après 12 ou 13 ans, l'émail central disparaît et on ne voit plus sur la table de la dent que l'étoile dentaire.

C'est en grande partie sur ces changements

---

(1) On dit qu'une dent est *vierge*, lorsqu'elle n'a pas encore *usé*, c'est-à-dire que ses bords n'ont éprouvé aucun frottement ; on dit qu'une dent est *rasée*, quand ses bords ont éprouvé un frottement tel qu'on aperçoit entre l'émail central et l'émail d'encadrement l'ivoire de la dent.

de forme des incisives et de leur cavité dentaire, sur l'apparition de l'étoile dentaire, sur la disparition du cul-de-sac du cornet dentaire, qu'est basée la connaissance de l'âge.

Crochets.

Placés entre les molaires et les incisives, les crochets ou les canines sont au nombre de deux à chaque mâchoire : un à droite, l'autre à gauche. La jument en est généralement dépourvue (1).

Molaires.

Les molaires occupent la partie postérieure de l'arcade dentaire ; elles sont au nombre de douze à chaque mâchoire, six de chaque côté, et se divisent en avant en molaires et en arrière-molaires.

Signes fournis par les dents pour la connaissance de l'âge (2).

Ces signes appartiennent aux incisives inférieures surtout, et comprennent sept périodes, savoir :

---

(1) On appelle *bréhaignes* les juments qui ont des crochets.
(2) Les poulains naissant presque tous au printemps, c'est de cette saison que l'on compte l'âge du cheval.

1re Période. — Éruption des dents de lait. Le poulain naît le plus souvent avec ses pinces inférieures, ou bien elles se montrent dans les 8 ou 10 jours qui suivent la naissance.

Les mitoyennes apparaissent du 20° au 40° jour;

Les coins du 5° au 10° mois.

2e Période. — Rasement des incisives de lait. Les pinces sont rasées à huit mois.

Les mitoyennes à un an;

Les coins à quinze ou dix-huit mois.

3e Période.—Éruption des incisives d'adulte. Les pinces du cheval sortent à 2 ans 1/2, par leur bord antérieur, et arrivent à la hauteur des mitoyennes de lait à 3 ans.

Les mitoyennes sortent à 3 ans 1/2, et arrivent à la hauteur des pinces à 4 ans.

Les coins sortent à 4 ans 1/2, et arrivent à la hauteur des mitoyennes à 5 ans.

A cinq ans (1), le cheval a donc toutes ses dents d'adulte, et le bord antérieur des coins est au niveau de celui des mitoyennes; mais il n'a pas encore éprouvé de frottement.

4° Période. — Rasement des incisives de

---

(1) Pour qu'un cheval ait cinq ans, il faut qu'il ait soixante mois. S'il a quelques mois de moins on dit qu'*il prend cinq ans*; si, au contraire, il a quelques mois de plus, on dit qu'*il a cinq ans faits*. Ce que nous disons de cinq ans s'applique aux autres âges.

Age

Fig. 37

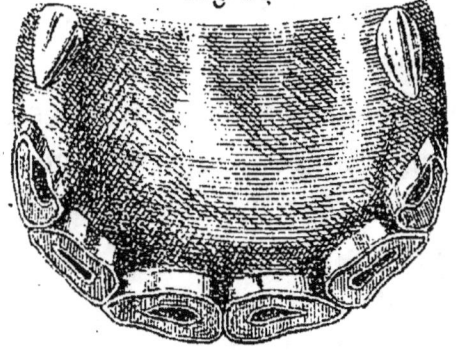

6 ans

Fig. 38

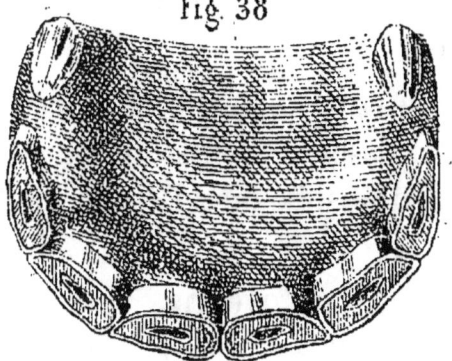

7 ans

Fig. 39.

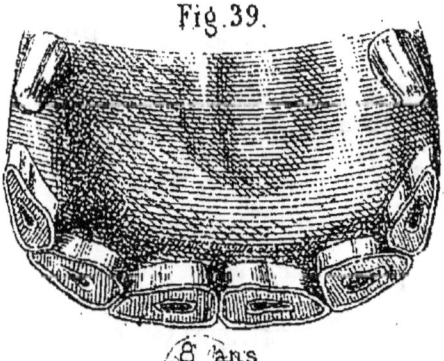

8 ans

CHEVAL. *A six ans*, les pinces et les mitoyennes sont ordinairement rasées ; le bord antérieur des coins a commencé à user, et leur bord postérieur est encore vierge.

A sept ans, généralement toutes les incisives inférieures sont rasées ; une échancrure, appelée *queue d'hironde*, apparaît au coin de la mâchoire supérieure.

A huit ans, toutes les incisives sont rasées et de forme ovale ; l'étoile dentaire apparaît quelquefois dans les pinces sous la forme d'une bande jaunâtre.

5ᵉ Période. — Forme arrondie. *A neuf ans*, les pinces s'arrondissent ; l'émail central se rapproche du bord postérieur ; l'étoile dentaire est bien apparente.

A dix ans, les mitoyennes s'arrondissent ; l'émail central est très-rapproché du bord postérieur ; l'étoile dentaire est très-accusée.

A onze ans, les coins s'arrondissent ; l'émail central diminue d'étendue et touche au bord postérieur de la dent.

A douze ans, les coins finissent de s'arrondir ; l'émail central est réduit à fort peu de chose, quand il existe, et l'étoile dentaire occupe le milieu de la table de frottement.

6ᵉ Période. — Forme triangulaire. *A treize ans*, les pinces inférieures commencent à devenir triangulaires ; l'étoile dentaire occupe le centre de la dent.

A quatorze ans, les pinces inférieures sont triangulaires et les mitoyennes se rapprochent de la forme des pinces.

A quinze ans, les mitoyennes deviennent triangulaires.

A seize et *dix-sept ans*, les coins sont triangulaires.

7ᵉ Période. — Forme aplatie d'un côté a l'autre. *A dix-huit ans*, les parties latérales du triangle des pinces s'allongent d'avant en arrière, et la dent devient *biangulaire*.

A dix-neuf ans, les mitoyennes sont aplaties dans le même sens.

A vingt ans, les coins ont la même forme.

Tels sont les caractères à l'aide desquels on peut reconnaître l'âge, lorsque l'usure des dents s'est effectuée d'une manière régulière ; mais il arrive souvent que la connaissance de l'âge présente des difficultés sérieuses, soit parce que les dents sont trop peu usées, soit parce que la cavité dentaire ou le cul-de-sac de ce cornet persistent au delà de l'époque où ils devraient avoir disparu, soit parce qu'on a cherché à vieillir ou à rajeunir les chevaux.

Excès ou défaut de longueur des dents.

Quand la dent est trop longue, c'est-à-dire

lorsque la couronne dépasse la gencive de plus de 18 millimètres, il faut rétablir, par la pensée, la longueur de la dent, en diminuant un an pour 3 millimètres. Si, au contraire, la dent est trop courte, il faut augmenter dans les mêmes proportions.

Chevaux bégus et faux-bégus.

Un cheval est dit bégu, quand la cavité du cornet dentaire persiste au delà de l'époque où elle devrait avoir disparu. Pour reconnaître l'âge réel du cheval bégu, il faut avoir égard à la forme et à la direction des dents, à la position et à l'élargissement de l'étoile dentaire.

Le cheval faux-bégu est celui qui conserve, au delà de 12 ans, le cul-de-sac du cornet dentaire. Pour juger son âge, on se basera sur les différentes formes que les dents présentent.

Moyens employés pour vieillir ou pour rajeunir les chevaux.

Pour vieillir le cheval, on lui arrache les mitoyennes ou les coins de lait, afin de hâter l'apparition des remplaçantes. Cette fraude se reconnaîtra à la rougeur et à la souffrance des gencives, si l'opération vient d'être faite, et à l'irrégularité de l'arcade dentaire, si elle date de longtemps.

Pour rajeunir les chevaux, on raccourcit les dents en les limant ou en les sciant, puis on pratique avec un burin, sur le milieu de la table dentaire, une cavité factice, dont on noircit le fond. Si la marque a été pratiquée sur un cheval de moins de 12 ans, elle se trouve placée entre l'émail d'encadrement et le cul-de-sac du cornet dentaire ; elle occupe donc un point de la table de la dent qui ne présente jamais de cavité. Cela suffit pour faire reconnaître la ruse. Si l'on a opéré sur un cheval âgé de 13 ans, et au delà, la cavité artificielle est creusée au centre de l'ivoire et non entourée d'émail ; la dent n'a plus la forme qu'elle présente lorsqu'elle a encore sa cavité dentaire naturelle. Ces caractères mettent la supercherie en évidence.

CHAPITRE VII.

Vices rédhibitoires.

On entend par vices rédhibitoires des maladies ou des défauts qui entraînent l'annulation de la vente. Ces maladies ont été fixées par la loi du 20 mai 1838, ainsi conçue :

Article 1ᵉʳ. Sont réputés vices rédhibitoires, et donneront seuls ouverture à l'action résultant de l'art. 1641 du Code civil, dans les ventes ou échanges des animaux domestiques ci-dessous dénommés, sans distinction des localités où les ventes et échanges auront eu lieu, les maladies ou défauts ci-après, savoir :

La fluxion périodique des yeux,
L'épilepsie ou mal caduc,
La morve,
Le farcin,
Les maladies anciennes de poitrine ou vieilles courbatures,
L'immobilité,
La pousse,
Le cornage chronique,
Le tic sans usure de dents,
Les hernies inguinales intermittentes,
La boiterie intermittente pour cause de vieux mal.

Article 2. L'action en réduction du prix, autorisée par l'article 1644 du Code civil, ne pourra être exercée dans les ventes et échanges d'animaux énoncés en l'article Ier ci-dessus.

Article 3. Le délai pour intenter l'action rédhibitoire sera, non compris le jour fixé pour la livraison,

De trente jours pour le cas de fluxion périodique des yeux et d'épilepsie ou mal caduc ;

De neuf jours pour tous les autres cas.

Article 4. Si la livraison de l'animal a été effectuée, ou s'il a été conduit, dans les délais ci-dessus, hors du lieu du domicile du vendeur, les délais seront augmentés d'un jour par cinq myriamètres de distance du domicile du vendeur au lieu où l'animal se trouve.

Article 5. Dans tous les cas l'acheteur, à peine d'être non recevable, sera tenu de provoquer dans les délais de l'art. III, la nomination d'experts chargés de dresser procès-verbal ; la requête sera présentée au juge de paix du lieu où se trouvera l'animal.

Ce juge nommera immédiatement, suivant l'exigence des cas, un ou trois experts, qui devront opérer dans le plus bref délai.

Article 6. La demande sera dispensée du

préliminaire de conciliation, et l'affaire instruite et jugée comme matière sommaire.

Article 7. Si, pendant la durée des délais fixés par l'article III, l'animal vient à périr, le vendeur ne sera pas tenu de la garantie, à moins que l'acheteur ne prouve que la perte de l'animal provient de l'une des maladies spécifiées dans l'art. Ier.

Article 8. Le vendeur sera dispensé de la garantie résultant de la morve et du farcin pour le cheval, l'âne et le mulet, et de la clavelée pour l'espèce ovine, s'il prouve que l'animal, depuis la livraison, a été mis en contact avec des animaux atteints de ces maladies.

HUITIÈME PARTIE.

DE L'ÉLEVAGE ET DE L'ENTRAINEMENT
DES CHEVAUX DE COURSE ET DE CHASSE
D'APRÈS DIGBY COLLINS

DU CHEVAL DE PUR SANG (1).

Le cheval de pur sang réunit, au plus haut degré, l'harmonie, la force, le charme des mouvements, et, à ce titre, je me permets de le présenter tout d'abord à mes lecteurs.

Je ne crois pas qu'il y ait de jouissance plus grande que de contempler une ou deux douzaines de poulains de 3 ans du premier sang du monde, dans une condition splendide

---

(1) Nous devons à l'extrême obligeance d'un de nos collègues en hippologie, M. le directeur du *Sportblatt*, de Vienne, la communication du meilleur travail qui ait été publié en Angleterre sur l'élevage et l'entrainement des chevaux de course et de chasse. Cet ouvrage, dont l'édition est épuisée, a été soigneusement et textuellement traduit en allemand; nous sommes autorisé à le traduire pour nos lecteurs, qui nous sauront gré, je pense, de leur offrir le moyen d'étudier une des questions les plus utiles et les plus intéressantes pour l'éleveur et le consommateur de chevaux. Cette publication aura aussi un attrait tout spécial pour nos jeunes officiers qui s'occupent de courses, et qui sont bien aise de pouvoir mettre leurs propres chevaux en condition de travail.

La science de l'élevage et de l'entrainement n'est point une de celles qu'on puisse apprendre seulement avec des livres, car elle exige une grande pratique, un tact et un don d'observation très-développés qu'on rencontre rarement; cependant il est utile et intéressant pour tout homme de cheval d'être théoriquement dirigé dans la *mise en condition* de ses propres chevaux, et de pouvoir apprécier et surveiller la manière de faire des spécialistes auxquels il est obligé de les confier.

(Blooming condition) et réunis pour la grande lutte d'Epsom. Le feu, l'ardeur se révèlent dans l'expression de leurs yeux et dans chacun de leurs mouvements, lorsque les jockeys leur enlèvent délicatement leurs élégantes couvertures, et qu'ils frappent du pied et s'agitent comme pour essayer leur vigueur, impatients d'arriver sur le terrain.

Il y a quelque chose, on peut le dire, de tout à fait aristocratique dans leur aspect et dans tout leur maintien, lorsque sous leurs irréprochables cavaliers, dédaignant pour ainsi dire d'effleurer le gazon, ils partent de l'enceinte du pesage.

Sans vouloir m'arrêter aux faits particuliers, en ce qui concerne l'histoire du cheval de pur sang, tel que nous le voyons aujourd'hui, je puis dire qu'il paraît ressortir, d'après les documents certains dont nous pouvons disposer, que ces animaux puissants, rapides et énergiques qui constituent notre élevage de pur sang, nous les devons à un croisement avec le cheval arabe.

On sait que le cheval arabe de la plus noble origine, atteint la taille de 15 mains 2 pouces, qu'il n'est pas fortement charpenté, mais qu'il est doué de bonnes actions au trot et au galop, et par-dessus tout d'un insurmontable courage et résistance, tout cela associé à une certaine disposition naturelle à l'impressionnabilité, ou ce que l'on exprime par *délicat à manier*.

Certains historiens ont prétendu que notre pur sang provenait d'étalons et de juments d'Orient; mais, sur ce point, nous manquons de preuves évidentes, et, en dehors de cela, il demeure positif qu'il existe deux ou trois lacunes dans le pedigree d'Eclipse, ce prince du « Studbook ».

A part cela, il est de fait qu'au commencement du XVII° siècle, des chevaux de course, et des mieux réussis, furent le résultat du croisement d'étalons de Barbarie avec des juments anglaises, et qu'ensuite ce croisement, en chaque circonstance, se montra supérieur aux chevaux exclusivement anglais. Cela n'est pas difficile à comprendre, si l'on se représente l'heureuse union de noblesse, d'action et d'énergie des chevaux arabes, avec le développement, la longueur et l'extension de mouvements des juments anglaises.

Il n'y a aucun doute que, depuis cette époque, de grandes modifications se soient produites dans les caractères distinctifs de notre production pure. Des pâturages splendides, une riche alimentation et des croisements bien compris, ont contribué à implanter le pur sang le plus noble que nous voyions, unir la taille, l'ampleur, la force et l'action, appropriés à chaque usage auquel le cheval peut être destiné, aux plus remarquables propriétés de son aïeul du désert.

Il va donc sans dire qu'on chercherait vainement des étalons supérieurs à ceux que renferment nos haras, et ce serait se leurrer d'un vain espoir que de prétendre trouver un cheval d'une autre provenance qui puisse se présenter sur le turf en concurrence avec nos chevaux de pur sang.

Du moment où, quoi qu'il advienne, leur bonté les place au niveau du meilleur de leurs concurrents, si l'on prend en considération leur hauteur et leur longueur, l'issue d'une pareille lutte ne saurait être l'objet du moindre doute.

Si nous avions été plus jaloux de garder dans le pays les plus beaux spécimens de notre élevage de pur sang (comme le firent autrefois les Arabes), excepté en prévision des besoins de nos colonies, nous n'aurions pas à déplorer aujourd'hui, sur tous les points de la Grande-Bretagne, le manque d'animaux reproducteurs de premier ordre.

DE LA TAILLE (SIZE).

La plupart des hommes de cheval ont leur opinion personnelle quant au développement du cheval de course, et déterminent, comme base, une certaine taille, qui est la limite du bon absolu.

Je ne suis nullement disposé à me laisser aller à l'appréciation du maximum ou du minimum de taille, attendu que j'ai trouvé sur tous les hippodromes du royaume autant de bons chevaux de petite que de grande taille, et vice versâ.

Prenons pour exemple la course entre Stockwel et Teddington. L'un était assez grand pour porter l'autre, et cependant le plus petit portait le plus grand poids. Ajoutez à cela que ce jour-là il était un peu indisposé. Cependant il sortit vainqueur de la lutte la plus difficile à laquelle on ait assisté. Nous citerons encore Fisherman, en le plaçant près de Blink-Bonny, et nous prétendrons qu'il ne fut supérieur ni à Vedette, ni à Saunterer, ni à une armée d'autres chevaux de moyenne taille. Nous avons vu comment, enfoncé jusqu'aux jarrets dans les terrains détrempés, Daniel O'Rourke laissa ses concurrents derrière lui; comment Midas porta si souvent brillamment les couleurs de lord Exeter; combien Flying Dutchman eut à faire pour devancer Hotspur; comment Rowton, the Nero, Sweetmeat, Euclid, Venison, Beeswing, Andover, Wiathergage, Saucebox, Underhand, Blink-Bonny, Vedette, Saint-Aban's, Caller On, Tim-Wiffler, The Marquis et Macaroni, semblèrent peu se préoccuper du poids qu'ils eurent à porter et de la distance qu'ils eurent à parcourir, tandis qu'au contraire Charles XII, sir Tutton Sikes, Fleur de Lis, Hettman Platoff, Bai Midleton, The Flying Dutchman, Deamington, le « *par nobile fratrum* », Lifeboat et Gunboat, Buckstone et Dictator ont fourni à peu près les mêmes résultats. Peu importe comment le poids est réparti, la longueur et la hauteur doivent se trouver, et je prétends que plus il y a de hauteur et de longueur sur des membres courts, et mieux cela vaut.

DE LA CONFORMATION.

Si nous étions appelé à choisir, parmi tous les chevaux que nous avons vus, les six chevaux qui se rapprochent le plus de notre opinion sur le type du beau, nous citerions: Sweetman, Saint-Aban, Saunterer, Fandango, Tournament et Vedette, et cela dans l'ordre de classement où nous les avons placés

J'aime, avant tout, les dos et les reins forts et musclés, une croupe longue et compacte, en rapport avec des membres bien faits (wellmoulded) et courts : mais détailler les particularités d'un cheval de course et prétendre qu'elles l'emportent sur les autres qualités essentielles, parce qu'un cheval qui possède telle ou telle particularité a bien couru, c'est, à mon avis, le dernier degré de l'ignorance, et prouver qu'on a négligé d'établir ce qui constitue la règle et l'exception. Tant que la distinction n'est pas faite, toute discussion sur ce sujet devient inutile. Que des chevaux avec une certaine conformation courent *mieux*, j'en suis convaincu, en dépit de cette théorie rebattue : que les chevaux courent, peu importe leur construction, et tout en n'opposant aucune objection à ces opinions, je prétends que des chevaux bien faits courent avec le plus de succès. Là est toute la question.

DE LA TÊTE.

Je préfère une tête sèche, expressive, ayant l'aspect que donne le sang ; peu m'importe qu'elle soit un peu grande, du moment où elle n'est pas disproportionnée avec l'ensemble de la conformation. Bien plus, j'avoue que j'ai une prévention contre ces petites têtes arabes qui sont un indice de faiblesse ou de méchanceté.

DE L'ENCOLURE.

L'expérience et des observations comparatives m'ont amené à attacher une grande importance à la conformation de cette partie de l'animal. La surface inférieure de l'encolure, ou la partie visible de l'œsophage, ou gorge, c'est-à-dire depuis l'ouverture du larynx jusqu'à la poitrine, ne peut pas être trop courte. L'éloignement ou la longueur du point le plus élevé du garrot jusqu'aux dernières vertèbres cervicales devrait être double de la partie inférieure que je viens de décrire ; car cette disposition concentre les fonctions respiratoires autant que possible dans une étendue restreinte, et facilite par conséquent la respiration.

Cette organisation est favorisée par la construction régulière des autres parties du corps, et principalement la position et la direction des épaules, c'est-à-dire si la partie inférieure du scapulum s'étend en avant, tandis que l'extrémité ou sa partie supérieure est reportée en arrière d'une manière correspondante, en sorte que la pointe de l'épaule aille rejoindre les vertèbres dorsales. Alors l'encolure se trouvera supérieurement allongée, tandis que la position de la partie intérieure du scapulum, l'humérus (ou bras), tendra à raccourcir la partie inférieure du cou, ou, en d'autres termes, à diminuer la distance qui sépare l'ouverture du larynx, de la poitrine.

Je n'ai jamais vu une bonne encolure chez un mauvais cheval, et jamais une mauvaise chez un bon.

Par une bonne encolure, j'entends donc un cou puissant, profond, large, qui rejoint droit et graduellement les épaules et est fait, en un mot, comme je l'ai décrit plus haut.

Je déteste autant les encolures de mouton que celles légères, minces, arrondies et ces cous de paon, bons pour parader, et qui annoncent non-seulement la faiblesse de cette partie du corps, mais encore de tout le reste de l'animal.

Je prends pour règle qu'une encolure musculeuse, convenablement développée, est un signe de force, et que le contraire est un symptôme indéniable de faiblesse.

J'ai pourtant entendu dire souvent qu'une encolure régulière devrait être légèrement arrondie, longue et légère; mais je n'ai à répondre qu'une chose à cela : quand une fois il sera démontré qu'un développement insuffisant des muscles constitue une bonne encolure, alors seulement je consentirai à changer d'avis.

DES ÉPAULES.

Je vais traiter le sujet que quatre-vingt-dix-neuf personnes sur cent qui s'occupent de chevaux ont le moins compris ou tout au moins mal compris. De là résulte cette expression qu'on entend si souvent : que les épaules nettes ou, pour mieux dire, maigres, faibles, osseuses, sont, *sine quâ non*, celles qui conviennent au cheval de course. Les Swestnyeat, Blair Athols, Fandango's, Voltigeur, Fischerman, Stockwell, Lifeboats-Touchtone et un grand nombre d'autres qui possédèrent des épaules fortement musclées, ne prouvent-ils pas jusqu'à quel point on peut accepter de pareilles expressions? Cela dépasse ma compréhension, et si le cheval vivant ne nous suffisait pas pour nous renseigner sur ce point, je voudrais savoir où s'adresser pour trouver des éléments d'instruction plus certains?

Chacun nous accordera volontiers que l'épaule doit avoir une position suffisamment oblique, quoique Teddington et un ou deux autres chevaux soient une exception à cette règle; mais pourquoi cette épaule ne doit-elle pas être recouverte d'une puissante couche musculaire? C'est là l'énigme. Tous les fils de Touchstone montrent de la résistance, et nous n'avons jamais appris que la vitesse leur ait fait défaut; si quelqu'un élevait cette prétention, le fait que, dans ces jours de handicaps (flyng), quelque chose comme deux cents vainqueurs, fils de Touchstone, se présentent dans la lutte, suffiraient pour répondre, une fois pour toutes, à la question, et, cependant tous ces Touchstone, autant qu'il y en a, ont de fortes épaules bien musclées.

Du reste, de quoi se composent des épaules légères et maigres, sinon d'os et d'une faible masse musculaire pour les mouvoir?

Assurément, le trapèze et le muscle susépineux ou antiépineux ne sont pas là vainement placés; et s'il en est ainsi, pourquoi demanderait-on qu'ils n'eussent pas leur développement nécessaire? Sans ces muscles, l'épaule ne saurait se mouvoir, et le scapulum serait paralysé; conséquemment, on peut attendre une action plus puissante du développement plus notable de cette région musculaire.

Il y a encore un point que je ne voudrais pas passer sous silence, parce que je le considère comme d'une très-grande importance dans un cheval de course; je veux parler de la partie inférieure du scapulum ou pointes de l'épaule. J'aime bien quand elle devient graduellement plus mince et s'efface, c'est-à-dire que ces pointes des épaules et de l'humérus (le bras) peuvent, très-fournies de muscles, se diriger l'une vers l'autre et se rétrécir visiblement lorsqu'on examine le cheval de face ; alors immédiatement, derrière le scapulum, doivent apparaître les cinquième, sixième, septième et huitième côtes, qui se montreront bien arrondies et en saillie sur les épaules.

Cette conformation ne rend pas la poitrine étroite ; elle permet une action plus concentrée et plus puissante des épaules, tandis que les pointes des os convergeant quand elles sont placées directement, s'écartent trop et nuisent, dans de certaines proportions, au développement de la poitrine.

DE LA POITRINE.

Il y a bien peu de chose à dire de la poitrine du cheval de course, car l'activité correspondante de l'organe respiratoire dépend plus du perfectionnement et du développement des muscles environnants que de sa construction propre. La poitrine doit posséder une largeur suffisante pour faciliter le travail incessant de l'appareil respiratoire ; mais je ne suis point partisan de cette poitrine large, vue de face, attendu qu'il ne m'est point démontré comment, avec cette conformation, sa structure peut être aussi compacte qu'on doit le désirer, et que c'est nécessaire pour supporter de continuels efforts.

DES MEMBRES ANTÉRIEURS.

En dépit des continuelles discussions et des théories de ceux qui prétendent que les membres antérieurs n'ont rien, ou fort peu de chose, à voir avec la course, je n'en maintiens pas moins qu'un cheval de course n'est pas digne de son nom s'il a une mauvaise conformation de membres antérieurs.

Qu'un cheval, avec de mauvais membres, ne puisse pas courir en bonne compagnie, je n'entreprendrai point de le démontrer, par cette seule raison que je ne veux pas m'exprimer d'une manière décisive sur une chose tout à fait incertaine et qui dépend, d'ailleurs, de la nature et de la disposition du terrain de course ; je déclare cependant que je n'ai jamais vu que de tels chevaux aient donné à leurs propriétaires et à leurs jockeys autre chose que de pénibles désillusions.

Remarquez, je vous prie, le premier bon cheval venu pendant son galop. Vous verrez quand il est frais et dispos, combien le cheval bien d'aplomb devant jette ses membres antérieurs en avant de ses pointes d'épaules, et combien l'élasticité des tendons supporte puissamment l'ébranlement de la masse. Considérez ensuite un cheval avec de mauvais membres ; il se présente tout ramassé sous lui ; il retient son action et a visiblement peur d'étendre trop loin ses membres. C'est qu'il sent sa faiblesse, et que les muscles et les articulations refusent le service.

Je n'oublierai jamais avec quel étonnement je regardais les actions longues et grandioses de Saunterer lorsqu'il faisait son galop d'essai pour la course du Cambridgeshir, où il arriva troisième sous un poids de 8 stones 12 livres qu'on n'avait encore jamais vu.

Où, me disais-je, est le siége de ce merveilleux déplacement de force ? De loin et lorsque j'embrassais tout l'ensemble du cheval d'un coup d'œil, il faisait l'effet d'être mince ; j'attendis patiemment jusqu'à ce qu'il atteignît la route de Cambridge ; ma patience fut grandement récompensée et ma curiosité satisfaite. « Où se trouve cette force de développement ? répétais-je. » Et après l'avoir examiné attentivement de la tête jusqu'aux pieds, de l'épaule jusqu'à la queue, il en résulta cette réponse à ma question : « Où cette force ne se trouve-t-elle pas ? »

Il est vrai qu'il n'était nulle part massif ; mais toute son organisation était si bien proportionnée qu'on avait cette impression qu'il pouvait travailler pendant tout le temps *désirable* avec toute la vitesse *désirable*.

Je fus satisfait et continuai mon chemin, prisant « la conformation » et la tenant toujours et encore plus en grand honneur, car c'est, en effet, quelque chose de réel, de définitif.

Je me suis un peu trop écarté de la sèche discussion concernant la construction, quoique je croie que tout homme qui consentira à lire ces lignes, basées sur l'expérience, aura désormais une idée juste de l'importance de la bonne conformation des membres antérieurs. Tout d'abord, l'avant-bras, vu de côté, doit apparaître large et plat ; les muscles descendront dans leur plénitude jusqu'au genou. Les membres doivent être perpendiculaires, c'est-à-dire les coudes placés en ligne droite. Les coudes ne doivent être ni en dehors ni en dedans. Si j'avais à choisir entre deux chevaux ayant ces défauts, je préférerais encore le dernier comme meilleur pour la course, quoique ne réunissant pas encore les qualités voulues.

Si l'on me demandait de nommer le cheval que j'ai trouvé le plus complet sous ce rapport, j'indiquerais mon cheval de prédilection, entre tous : Sweetman, par Gladiator.

A partir du genou jusqu'au sabot, la chose est assez simple, attendu que l'espace entre le genou et le boulet est principalement rempli par les tendons, et il ne saurait être ni trop court ni trop large ; avant tout les tendons doivent passer sans être resserrés dans la partie postérieure du genou.

Pour rendre ma pensée plus clairement : « Le membre,
« vu de côté dans son ensemble, ne doit pas se présenter
« comme une réunion de plusieurs articulations, mais pur,
« et s'étendre en se diminuant graduellement, depuis le
« coude jusqu'au paturon. »

Même pour un observateur qui n'est pas du métier, les courbures ou inégalités se révèlent et frappent le regard, et alors il y a, à une place quelconque, un certain raccourcissement des muscles ou des tendons, et conséquemment il y aura une diminution de force et de résistance. Encore une fois, je recommande à l'homme inexpérimenté d'embrasser du regard le membre dans son ensemble et de ne pas se laisser aller à le détailler, ce qui conduit trop souvent à l'erreur, puisqu'il arrive qu'un homme, la plupart du temps ne sachant pas reconnaître les défauts, s'imagine avoir acheté un cheval précieux et susceptible d'un grand travail, pour peu qu'au toucher il ait trouvé le membre froid et dur.

Ah! allez seulement une fois sur le terrain d'Ascot, et la désillusion ne tarde pas à se produire. Que de vérités, que de secrets d'écuries cet hippodrome n'a-t-il pas révélés! Combien de propriétaires maudissent leur sort, et combien peu, cependant, en dépit de circonstances contraires, sont devenus plus circonspects! En vérité, « le *experientia docet* » n'était qu'une ironie.

Qu'entend-on, quatre-vingt-dix-neuf fois sur cent, *par un cheval complet*, mais avec de mauvaises jambes de devant? Un cheval complet, mais dont les membres antérieurs sont mal conformés, et qui ne pourra jamais, si le train est vite, fournir convenablement une longue course ; tandis qu'au contraire, un cheval bien établi, s'il s'use sous l'influence d'un travail excessif, on pourra encore en tirer quelque chose, s'il est soigneusement réparé ; expérience que pour mon compte, cependant, je ne me soucie pas de tenter.

A ce que j'ai dit jusqu'à présent de la conformation des membres antérieurs, j'ajouterai que les chevaux qui ont les genoux de veau ou qui ont les genoux creux doivent être rejetés des courses, lorsqu'ils auraient même les proportions régulières des membres, parce que l'effort imposé aux tendons est trop intense pour n'avoir pas souvent, à la longue, un effet nuisible.

Il n'en est pas de même des genoux arqués ou en avant; je comprends par là ceux qui, de nature et non par suite d'inflammation, ont un raccourcissement de tendons. Le cheval ainsi construit supportera une beaucoup plus grande tension des tendons, d'où il résulte que, sans exception, de tels chevaux supportent le travail le plus long et le plus dur.

LE BOULET.

On ne saurait attacher trop d'importance à cette articulation, car ses défectuosités sont devenues souvent une cause d'insuccès et de ruine pour des chevaux de course, du reste doués de grandes qualités.

Si l'on considère le boulet de côté, le *ligament suspenseur*, « suspensor ligament », doit être fort, bien rapproché de l'os et se dessiner net et pur dans toute son étendue ; le boulet lui-même doit, vu de côté et en arrière, être assez plat et antérieurement arrondi dans sa forme. Les os doivent être distincts, secs et libres de tout gonflement ou tumeur osseuse.

LE PATURON.

Les paturons doivent être larges, obliques et jamais verticaux. Ce défaut résulte du raccourcissement du « flexor pedis perforans », par lequel le cheval perd de son indispensable élasticité. Les paturons courts annoncent peu de vitesse et donnent lieu aux efforts superflus des os et du pied ; ce qui fait que, même en présence d'une bonne conformation de l'os, il faut les éviter.

Je me rappelle avoir pris le signalement d'une trentaine de chevaux de pur sang qui avaient lâché dans le travail, et le résultat de cette expérience fut que, sur ces trente, vingt-huit d'entre eux étaient court-jointés.

LE SABOT.

Il peut se faire que, chez le cheval de course, le sabot n'ait pas une aussi grande signification que pour le cheval de service ; cependant j'ai vu plus d'une course perdue par suite de la faiblesse de cet organe.

Le sabot doit être haut, rigoureusement parlant, dans toutes ses parties, mais surtout vers les talons, et très-large dans la région des arcs-boutants et de la fourchette. Car, s'il est étroit dans cette partie, le développement de cette fourchette sera impossible, elle sera sujette à des maladies qui feront perdre au pied son appui normal et indispensable à la sûreté de ses mouvements. Une fourchette élastique et solide tout à la fois est en état de résister aux plus violents ébranlements, sans que le pied ait à en souffrir. Dans l'examen du sabot, l'attention doit être particulièrement éveillée sur la couronne, où ne doit se rencontrer ni gonflement ni distension. Il faut que la muraille ait un aspect sain et uni dans une forme régulière. Si l'on remarque à sa surface des cercles d'une couleur terne et rougeâtre, on peut en conclure un état maladif du pied et de ses parties internes, et l'on peut présager qu'avec le temps le sabot deviendra difforme.

C'était généralement la partie faible des Orlando, tant ils ont l'habitude de se reproduire avec une rigoureuse similitude.

La fameuse jument Melissa avait littéralement l'habitude de se choisir le chemin, évitant soigneusement chaque pierre de la route, comme le chat d'une vieille fille se détourne de chaque flaque d'eau qu'il rencontre.

Sur un terrain uni ou montant, un cheval qui a de mauvais pieds peut encore espérer d'arriver ; mais s'il s'agit de descendre une côte rapide et sur un sol dur, dans tout son train, alors il n'y aura qu'un degré exceptionnel d'énergie qui pourra lui permettre de résister.

LE CORPS.

On attache généralement une grande importance à ce qu'on appelle le *passage de sangles*. On m'a dit, en effet, très-souvent que si un cheval ne mesurait pas au moins six pieds, il ne fallait pas le considérer comme propre à gagner un jour le Saint-Léger ou le Derby. Mais Teddington, qui mesurait plus près de cinq pieds que de six, donne le démenti le plus formel à cette théorie. Comment y rattacher aussi Sweetmeat, Fandango, Saint-Alban's et Saunterer, avec leur relativement faible passage de sangles ?

Mais nous voulons, une bonne fois, rechercher la véritable circonférence ou développement costal, pour nous rendre compte des proportions dans lesquelles le passage de sangles contribue à la force. En première ligne, lorsqu'on pose le cordon derrière le garrot et que l'on se rend compte du résultat de la mesure, on doit prendre en considération les causes qui fournissent ce résultat. Si les vraies côtes sont plates ou profondes, comme on le remarque chez beaucoup de lévriers, avec un grand développement du grand pectoral (ce qui se présente dans bien des cas), alors il n'y aura pas grand'chose à y gagner ; il faut s'attacher plutôt à la bonne conformation du passage de sangles, car alors la sangle sera tendue par des muscles « serratus magnus » qui seuls poussent les côtes en avant et de côté, et élargissent la poitrine ; qui font mouvoir l'épaule « latissima dorsi » ; qui portent le bras en arrière et tendent les muscles dorsaux « pectoralis magnus » ; qui permettent enfin aux muscles des hanches de pousser la masse du corps en avant.

D'après ce qui précède, il faut donc rechercher un puissant développement de ces muscles, ou, comme disent les jockeys : « largeur entre les genoux », ce qui est une preuve non équivoque d'une grande puissance de l'appareil respiratoire et de tout l'organisme.

Après de nombreux essais, j'ai acquis la conviction que cette conformation ne donne pas un grand passage de sangles. Il y a peu de temps encore, je pris la mesure de deux chevaux de chasse de pur sang (hunters) choisis dans une même écurie, et qui ont confirmé ce que je viens de dire. L'un avait un passage de sangles de cinq pieds neuf pouces, l'autre de six pieds un pouce et demi ; ils étaient tous deux dans une brillante condition ; le premier avait plus de muscles, était généralement plus fort et me faisait l'effet de devoir porter plus de poids. On me dit qu'il avait aussi plus de résistance.

Nous devons en conclure que cette mesure, en ce qui concerne une conformation régulière, et le développement convenable des muscles latéraux est parfaitement inutile et dénué de toute signification rationnelle.

LES COTES ET LE DOS.

Les fausses côtes, chez un cheval bien construit, doivent, à partir des sangles, aller en s'effaçant, autrement dit, les fausses côtes, ne doivent pas apparaître en saillie et faisant ressortir le ventre. Les jockeys appellent cela « swill bellied », ventru.

On pourrait trouver extraordinaire que je traite simultanément le dos et les côtes ; mais, en y faisant attention, ces deux régions se complètent de telle sorte qu'en parlant de l'une, je suis obligé de parler de l'autre, pour faire ressortir leur action réciproque.

Entre deux côtes, il se trouve extérieurement et intérieurement des muscles très-puissants. Intérieurement, ils sont en rapport avec le diaphragme, et en dehors avec toute la masse musculaire du dos.

La conformation des muscles intérieurs et extérieurs est admirablement appropriée aux fonctions qui leur sont assignées par la nature. Les fibres dont ils se composent fonctionnent dans des directions opposées ou se croisent. Il en résulte que leur action acquiert plus de force pour réunir intimement les côtes entre elles, tandis qu'étant en contact immédiat avec le diaphragme (ce muscle composé de fibres charnues qui part de la poitrine et s'étend jusqu'au point où finissent les lombes), les intestins sont refoulés en arrière, en même temps que les fonctions respiratoires sont spécialement secondées. Alors les muscles de la partie inférieure du corps se contractent, et poussent le diaphragme en arrière, par cela même qu'ils forcent les côtes à s'ouvrir, et expulsent du poumon l'air aspiré.

On comprendra maintenant pourquoi les entraîneurs et jockeys voient avec déplaisir une côte insuffisante « spare rib », et cela avec raison, car cela prouve un développement imparfait des muscles qui concourent au fonctionnement de l'appareil respiratoire qui doit avoir pour conséquence, avec le temps, de mettre l'animal dans l'impossibilité de fournir de grands et de durables efforts.

Le long et puissant muscle qui s'étend sur tout le dos (latissimus dorsi), que l'on trouve si développé chez les Touchstone et quelques-uns des Birdcatchers, est d'une grande importance, autant qu'il est en rapport avec les puissants muscles des lombes, tend les muscles du dos et contribue à l'action du bras (humerus). La belle conformation du dos se reconnaît à une grande largeur.

Les muscles du dos qui s'étendent sur l'arrière-main ont la plus grande signification dans l'appréciation du cheval; ils prouvent la force à porter le poids, à monter des côtes, et en général, une aptitude à résister aux efforts les plus fatigants. Nous devons donc en conclure qu'il n'y a pas un défaut plus grand pour un cheval de course qu'une mauvaise conformation de dos, et je crois pouvoir, à l'appui de mon opinion, citer deux chevaux vivants qui se distinguent par la beauté de leur dos, et qui ont en même temps prouvé leur supériorité sur le turf : *Saint-Alban's* et *Saunterer*.

Je déteste un dos de carpe, bien qu'il se trouve des gens qui le considèrent comme l'expression de la force. Mon opinion, au contraire est, que cette conformation est un indice d'actions courtes et, par conséquent, de faiblesse. Je n'ai encore jamais vu un cheval ainsi construit qui, avec un long cou en avant, ait marché sur la route autrement qu'en buttant, forgeant et, dans bien des cas, faisant d'affreuses culbutes; et, avec cela, on n'a pas encore tout dit.

Je ne suis pas ennemi d'un cheval qui a une tendance au dos bas; on est bien assis dessus, et beaucoup de chevaux ont montré qu'avec cette disposition un peu défectueuse, ils pouvaient très-bien courir. Glencoe fut peut-être le plus étonnant exemple à fournir à l'appui de cette opinion.

Chez le cheval de course, le dos doit être long, large et droit, et comme je le dis, si même il est un peu bas, il n'est pas à rejeter.

LES REINS.

Les reins d'un cheval de course doivent être larges, bien arrondis et légèrement évidés. Le plus grand nombre des meilleurs chevaux ont toujours été ainsi construits, et c'est sans doute à la structure exceptionnelle de cette partie que les Saunterer ont dû de se trouver si brillamment placés dans le Cambridgeshire.

Il est évident que les os, qui sont la base des reins, doivent être larges, car la largeur de l'espace destiné à recevoir les muscles et les tendons doit être proportionnée à la longueur de l'épine dorsale.

L'ARRIÈRE-MAIN (Hind Quarters).

L'arrière-main mérite une étude toute particulière, autant au point de vue de sa conformation qu'à celui de sa puissance musculaire. Avant tout, les hanches doivent être larges, mais ni inégales ni anguleuses, ce qui donnerait à supposer un développement insuffisant des parties musculaires de l'arrière-main. Ce qui n'empêche pas de rencontrer assez souvent de vigoureux marcheurs et de haut-sauteurs qui offrent cette apparence irrégulière ; mais chez les chevaux de course, c'est beaucoup plus rare. Ce genre de hanches défectueuses fournit toutefois généralement des points d'attache très-développés à des muscles longs, qui, à défaut du volume, doivent leur puissance à la plus grande étendue de l'espace où ils se répartissent. Il en résulte que, si des hanches saillantes ne sont pas, en général, favorables à la vitesse, il ne faut pas se hâter de les condamner absolument.

La longueur entre l'os de la hanche et l'attache de la queue doit être grande, mais jamais horizontale, par conséquent, pas d'attache de queue trop haute ou, comme les jockeys le disent, « peacocky, » queue de paon. Au contraire, la majeure partie des chevaux de première classe sur l'hippodrome, ou à travers champs, ont la queue attachée bas et une arrière-main longue et large, se rapprochant de ce que les amateurs de courses appellent une arrière-main commune, parce qu'elle ressemble à celle des chevaux de bouchers, qui sont de fameux trotteurs et qui ont à peu près cette conformation.

Les deux exemples les plus frappants de cette conformation presque exagérée sont les deux juments si bien réussies : *The Oaks* et *Derby*, de M. J. Anderson, et vainqueurs également dans le Saint-Léger : *Blink Bonny* et *Caller ou*.

Au point de vue anatomique, il n'y a, du reste, rien à objecter contre une arrière-main horizontale, sinon que l'angle articulaire est trop ouvert, et que, conséquemment, les membres postérieurs sont, la plupart du temps, placés trop en arrière.

Depuis la queue jusqu'à la cuisse s'étendent une quantité de muscles puissants. Le tendon qui se trouve à la partie postérieure de l'arrière-main s'appelle *rotator tibialis*, et fait tourner, comme l'indique son nom, le tibia, os placé entre le jarret et la cuisse. Au-dessus de ce tendon, se dessine le plus fort muscle entre tous « adductor femoris, » il est facile à reconnaître par le sillon ou encochement qui apparaissent si sensiblement dans le cheval en condition.

Attendu que ces muscles servent de puissants moteurs aux membres postérieurs, on s'attachera non-seulement à leur volume, mais aussi à leur longueur, qui annonce leur puissance de levier. Une ligne passant du jarret par la rotule devrait tomber sur le milieu des reins. De la rotule au jarret, la longueur ne peut être trop grande et les muscles trop développés, car, dans tout le système musculaire, il n'existe aucuns muscles plus puissants que ceux antérieurs et postérieurs de la cuisse.

Les anatomistes appellent cette région musculaire gastroknemic, et la plus ou moins grande force d'impulsion est en raison directe de son degré de développement. « Je constatai, en 1858, que l'arrière-main et les cuisses d'*Arsenal* étaient ce qu'on pouvait trouver de plus admirable et de plus complet. »

De tout ce qui précède, on peut conclure qu'au moins, au point de vue anatomique, un cheval de course qui a les cuisses grêles est une complète anomalie, et mon expérience ne me fournit aucun motif pour m'écarter de ce principe, car je ne puis pas me souvenir d'avoir jamais vu un cheval de premier ordre ayant un tel défaut.

Cependant on voit encore des gens qui devraient connaître le cheval, et qui négligent pourtant cette importante considération, s'exposant ainsi à payer fort cher leur négligence.

LE JARRET.

L'importance du jarret est de bien peu moins grande que celle de la cuisse et de la jambe, car dans le cas d'une mauvaise conformation ou d'une faiblesse organique de cette articulation, les muscles de la jambe, gênés dans leur fonctionnement, seront faibles ou peu actifs.

Le *calcaneum* devrait, autant que possible, être écarté des autres os composant l'articulation, parce que la puissance de levier des tendons et la mesure de leur action motrice se règle d'après l'éloignement du *calcaneum*. Bref, le jarret, vu de côté, doit être large et bien développé, et s'étendre régulièrement contre l'astragale, et, dans sa partie inférieure, n'être ni resserré ni étranglé. Il ne doit y avoir entre les autres os et le calcaneum de production ni tissus mous extérieurement ou intérieurement. J'ai bien vu des chevaux avec des jarrets un peu pleins (je ne parle pas d'éparvins ni de vessigons) qui marchaient droit et d'aplomb, mais ce que je n'ai jamais vu, c'est que ces chevaux fussent jamais remarquables pour sauter ou pour résister à une grande fatigue.

Dans le fond, de semblables conformations défectueuses viennent ou d'une faiblesse organique, ou d'un commencement d'inflammation des ligaments articulaires. Que les jarrets soient *arqués* ou *droits*, cela me paraît à peu près indifférent, mais je crois pourtant que le plus grand nombre des jarrets que j'ai trouvés forts et faisant preuve de résistance étaient droits. Une des apparitions les plus frappantes et les plus connues du public, fut peut-être, dans ce genre « Cassio », un célèbre cheval de chasse, qui fut adjugé à une vente publique pour le prix de 640 guinées, à M. I. Andersson Huntsman, de Tupsley ; ce remarquable cheval, qui portait si bien le poids, avait aussi les jarrets droits ; les fils d'Harkaway ont aussi cette conformation à un haut degré et sont grandement prisés pour la force et la résistance de leurs jarrets.

J'ai, succinctement, et en vue de la puissance musculaire démontrée par l'anatomie, traité la conformation du cheval, et, autant que possible, j'ai choisi des exemples, pour donner plus de poids à ma théorie ; je dois cependant ajouter à cela que « lorsque des chevaux courent bien, suivent bien « les chiens, et se distinguent dans d'autres exercices fati- « gants » et ne sont pas construits comme ils devraient l'être d'après ma théorie, ma conviction est cependant qu'ils ne donneront pas, tels qu'ils sont, un démenti à leur extérieur.

Je connais peu de cas où un individu isolé ait pu établir les avantages et la supériorité d'une certaine conformation, dans les chevaux de course.

Cela fut donné à un homme, cependant, qui a su tirer parti de tous les moyens mis à sa disposition avec une judicieuse appréciation ; je veux parler de lord George Bentinck, ce prince du turf, qui, l'un des premiers, a élevé les courses à la hauteur d'une science. Il lui importa beaucoup de démontrer la supériorité des chevaux brassicourts (ce dont il était, du reste, convaincu) ; conséquemment, il fit des épreuves avec différents chevaux et sur différents hippodromes et obtint ce résultat que, sur un terrain uni ou en descendant, il n'existait aucune différence, mais qu'en montant, la supériorité du cheval brassicourt devenait tout à fait incontestable.

CHOIX D'UN REPRODUCTEUR DE CHEVAUX DE COURSE OU DE CHASSE.

Quel cheval dois-je choisir pour avoir des produits qui éussissent sur le turf? Telle est la question que se pose chaque éleveur.

Tout dépend du genre de courses auquel ces produits sont destinés.

Avez-vous l'intention de les faire figurer exclusivement dans les *flyings-handicaps* qui, par parenthèse, sont pour le moment aussi rémunérateurs que toute autre opération? Dans ce cas, si vous n'avez point la prétention que vos chevaux soient assez bons en même temps pour le Derby, les Oaks, le Saint-Léger, ou pour les prix de Doncaster, Goodwood, Chester et Ascot, ne tenez absolument compte que du *caractère du sang*, et ne vous préoccupez pas de la conformation. Si, par bonheur, se trouve joint à la conformation qu'on désire, le sang qu'on ne désire pas moins, il sera permis de dire, qu'à moins de malheur, on possède un véritable cheval de course; mais l'une sans l'autre, ou l'autre sans l'une de ces qualités est insuffisante.

La bonne conformation et l'extérieur séduisant ne doivent jamais avoir, aux yeux de l'éleveur, plus de valeur qu'ils n'en ont réellement.

L'absurdité d'élever les chevaux de chasse en vue de leur extérieur a donné tant de déceptions, qu'on s'étonne avec raison de voir des hommes intelligents ne pas s'adonner à un nouveau système. Dans l'élevage des chevaux de course, c'est le contraire qui a lieu : le *caractère du sang* arrive jusqu'à la démence.

Sans aller plus loin dans les annales du Studbook pour y trouver des chevaux célèbres par leur vitesse et comme reproducteurs, je me bornerai à citer : *Bai Middleton, Birdcatcher, Harkaway, Sweetmeat* et *Orlando*, dont la descendance a été brillante par sa vitesse (have a fine turn of speed), tandis qu'au contraire Voltaire, Venise, Venison,

Emilius, Touchstone et Melbourne semblent avoir été plus remarquables pour la distance : d'où il résulte que si l'on veut rassembler la vitesse et la résistance, il faut par un croisement judicieux, s'empresser de fusionner les deux sangs. Si, au contraire, on ne cherche que la vitesse seule, on doit s'en tenir aux premières familles que j'ai nommées. Cependant ma conviction est qu'un croisement des deux types est plus profitable à l'éleveur, car aujourd'hui il ne suffit pas qu'un cheval de course puisse faire dans un bon train 3 ou 4 milles, il faut encore qu'il ait de la vitesse, sans laquelle il ne sera jamais qu'un cheval de second ordre.

Une courte, mais fort intéressante lettre, signée Philippe, a paru, il n'y a pas longtemps, dans la *Sporting-Gazette;* elle peint tellement bien mes idées sur les résultats de l'élevage avec certaines familles, que je ne crois pouvoir mieux faire que de la reproduire *in extenso.* Elle est conçue en ces termes :

« Puisque vous semblez, dans votre feuille, provoquer
« une discussion sur les croisements, permettez-moi de vous
« citer quelques heureux exemples qui m'ont permis plusieurs fois de constater que le sang de Sultan et de Birdcatcher s'unissent parfaitement; nous en avons deux
« preuves entre autres, indiscutables, dans Stockwell et Saunterer, dont les deux mères sont par des fils de Sultan.
« Ainsi : Glencoe et Bay Middleton ; et tandis que Saunterer est lui-même par Birdcatcher, Stockwell est, comme
« on le sait, fils de Baron, qui lui-même est un des fils les
« plus célèbres de Birdcatcher. Or, si nous voulons remonter plus loin dans la parenté, il sera simple de constater
« que l'arrière-grand-père, *Ennuis Woful,* et *Web,* l'arrière-
« grand'mère de Pocahontas, sont frère et sœur.

« Le sang de Sultan et celui de son fils semblent s'être
« conservés par les deux fils de ce dernier, *Tadmor* et
« *Wild-Dayrel,* car Palmyra, la mère de Tadmor, descend
« de Sultan, et Ellen-Middleton reçut son nom de son père,
« Bai-Middleton. »

D'un autre côté, le croisement du sang de *Melbourne* et

Touchstone a parfaitement réussi. A preuve : *Westaustralian*, de Melbourne par Mowerina, par Touchstone et Blanche de Middlebie, — cet idéal d'une poulinière, — par Melbourne et Phryné, fille de Touchstone ; tandis qu'avec des fils de Touchstone, avec des juments de Melbourne, nous pouvions saluer le premier et le troisième cheval dans le Saint-Léger de 1865, tels que : *Lord Clifden*, par Newminster, et The Llave, par Melbourne et Borealis, du même étalon, et *Blink-Bonny*, fille de Melbourne. Enfin c'est à un autre fils de Touchstone, *Orlando,* que nous devons la fameuse jument de Melbourne, *Canezou*, vainqueur des 2,000 guinées. Il n'y a donc rien d'extraordinaire à prédire à son poulain de Newminster, maintenant la propriété de lord Derby, un avenir aussi brillant. Pantaloon et Camel paraissent également ne pas tromper les espérances qu'on avait conçues, puisque nous voyons que *The Libel*, par Pantaloon et Pasquinade, est sorti de Camel, tandis que de Touchstone, fils de Camel, est sorti Lord des Iles, par Sair Helen, par Pantaloon ; et si nous retournons les rapports de parenté, nous trouvons Windhound, Hobbie-noble, Elthiron, etc., etc., par Pantaloon et Phryné, une jument fille de Touchstone.

Alarm, Elec et Caractacus montrent avec quels résultats le sang de Venison peut être allié à celui des juments de Défence. Je pourrais continuer indéfiniment mes recherches pour démontrer et énumérer les résultats heureux d'un tel élevage, jusqu'à fatiguer ma plume et surtout à ennuyer mes lecteurs.

Il résulte de ce qui précède que tout réuni dans tout, taille, grands moyens, représentent une grande valeur qui se traduit en argent. Parmi tous les yearlings, ce sont toujours les grands et les mieux nourris qui se vendent le plus cher, lors même qu'il se trouverait parmi la catégorie inférieure un produit qui possédât le sang le plus pur et le plus fashionable.

Il y a certains défauts que, dans un étalon comme dans une jument, je ne voudrais pas tolérer ; et dussé-je être engoué de l'un ou de l'autre, je resterais quand même sévère à l'égard de ces mêmes défauts.

De biens bons chevaux peuvent être brassicourts, d'autres panards, et ainsi de suite ; dans de telles conditions, je me défierais de les consacrer à la reproduction, mais si je m'y décidais, je me hâterais de chercher et de me procurer un étalon qui eût les membres les plus droits et les mieux faits possibles. De la sorte, je pourrais réparer le défaut dans la descendance, et le résultat serait peut-être un bon cheval de course ; si l'on ne prend pas ce soin, on sera vraisemblablement exposé à avoir un produit tout de travers, et dont on ne peut tirer aucun parti. Je suis un contradicteur déclaré du principe si préjudiciable sur lequel s'appuient tant de gens pour faire de l'élevage avec de certains chevaux : « qu'ils ont été bons ».

Si nous considérons dans un cheval de course des qualités essentielles et dignes d'appréciation, nous pouvons reconnaître que l'animal possède à un haut degré ces propriétés essentielles, telles que : un bon caractère, de la souplesse, une énergie et des actions extraordinaires, un inépuisable courage. Ces qualités, comme c'est souvent le cas, peuvent bien faire pardonner des défauts de construction ; mais, comme on n'a point la certitude que sa descendance héritera de ces brillantes facultés, nous ne devons pas les exalter plus qu'elles ne le méritent réellement.

Voilà pourquoi je dis que Bai-Middleton, et Flyng Dutchman et tant d'autres ne se sont point affirmés dans le haras. Personne cependant ne peut nier qu'ils n'ont jamais été surpassés comme chevaux de courses. Mais revenons à notre sujet, et hâtons-nous de dire que les poulinières longues, près de terre et un peu décousues valent mieux que les juments courtes et trop fortement soudées ; les premières donnent généralement des poulains plus beaux, et ayant le type du vrai cheval de course. Il faut en excepter *Crucifix* et *Beeswing*.

Voilà, à mon avis, ce qui constitue la grande différence entre un étalon et une poulinière. L'étalon ne peut jamais être trop solidement articulé et trop compacte, pourvu qu'il ait la liberté et la longueur des mouvements.

C'est en février qu'il vaut mieux conduire la poulinière

à l'étalon, et si elle venait de l'entraînement, il faudrait lui donner une dose de *Physic* et une nourriture rafraîchissante. Si enfin les chaleurs continuent à se manifester, on peut, comme dernier moyen, pratiquer une petite saignée.

La jument ne doit, dans aucun cas, être ramenée à l'étalon avant que trois semaines se soient écoulées, car je suis persuadé que si tant de juments restent vides, cela vient de ce que, pour s'assurer de la gestation, on les ramène fort inconsidérément plusieurs fois de suite à l'étalon. Certaines juments, par suite de cet abus, entrent dans un tel état d'irritabilité qu'elles emplissent ensuite très-difficilement.

Après l'accouplement, il faut, pendant dix semaines, donner à la jument une nourriture exclusivement rafraîchissante; plus on peut la laisser à l'herbe, et mieux cela vaut.

Il est mauvais d'enfermer les juments avec leurs poulains dans des hangars ou des cours, pendant le jour, car le mouvement est une des conditions les plus indispensables d'une bonne digestion; il n'est pas prudent non plus de laisser ensemble plus de six juments dans un herbage d'une étendue de 5 hectares.

Rien n'est plus propre à engendrer la gale, les vers et l'hydropisie qu'un espace trop étroit dans lequel les animaux sont obligés de se mouvoir; tout leur organisme en souffre notablement, et, par suite de l'affaiblissement général et de l'état maladif, la parturition devient plus difficile et plus fatigante.

Lorsque les symptômes morbides de cette nature se manifestent, il faut frictionner tout le corps de l'animal avec un mélange de soufre et d'huile de térébenthine, et faire prendre à l'intérieur, chaque jour, pendant une semaine, un breuvage de graine de lin avec un drachme de potasse iodurée, dans le but de redonner de l'activité aux vaisseaux chylifères. Dans la parturition, la jument ne peut être trop abandonnée à elle-même. Il suffit de veiller soigneusement à ce qu'il ne se trouve dans le voisinage aucuns trous, fossés vaseux et autres accidents de terrain de ce genre, car, au moment de la mise bas, les juments cherchent volontiers les endroits de cette nature. Aussitôt après la naissance du poulain, on doit le conduire avec la jument dans un box spacieux avec une abondante litière, et se précautionner de son, de fèves, d'eau fraîche, et de tous les aliments nutritifs sans être surexcitants.

Si la jument est très-affaiblie, il sera bon de lui donner de la farine de haricots, un breuvage à la graine de lin et de la bière chaude. Quand elle a peu de lait, ce dont on peut s'assurer par l'état du poulain, on aura soin aussitôt qu'il aura fini de teter, de lui donner du meilleur lait de vache tout frais, et le lui faire prendre avec une bouteille à soda-water. Avec un peu de persistance, on arrive promptement à faire teter ainsi le poulain comme un petit veau, en sorte que si la mère venait à mourir ou demeurait mauvaise laitière, on n'aurait aucun souci pour l'alimentation du jeune produit. Les noms de Cade, Milksap et le brave petit Saucebox font presque désirer qu'il y eût ainsi beaucoup de poulains demeurés orphelins. Qu'un poulain ait une bonne mère ou non, il n'en subsiste pas moins qu'il doit être abondamment nourri, si l'on veut que son développement soit précoce, et je ne puis que blâmer sévèrement les hommes dénués de jugement qui osent prétendre qu'un poulain doit être abandonné à lui-même. Vraiment? abandonné à lui-même! Quand on pense qu'il représente déjà une somme de 40 livres, sans compter qu'il a été pendant 12 mois l'objet de notre attente pleine d'anxiété!

Cependant il ne manque point de gens qui, à l'exemple de cet insensé, soutiennent de pareilles théories. Il est positif que je connais un homme qui ne recule devant aucun sacrifice pour se procurer des juments de prix et élever des chevaux rares, qu'il nourrit dans de bons herbages jusqu'en novembre, mais qu'il laisse ensuite mourir de faim sur le fumier jusqu'en avril suivant (quand ils vivent jusque-là), pour les laisser paître pendant le reste de l'année.

Ceux qui peuvent résister à un pareil régime sont ensuite vendus à 5 ou 6 ans, sans avoir atteint un grand développement, et, comme on peut se le figurer, à des prix tout à fait inférieurs. Cet homme consacre donc sa vie à élever des chevaux de pur sang pour les laisser mourir de faim!

Comme je me permettais un jour de lui adresser quelques observations, il me répondit : Que, par cet élevage, ses chevaux devenaient plus rustiques, et que, tout au moins, ceux qui survivaient avaient fourni de brillantes épreuves et s'étaient acquis la réputation d'une inépuisable résistance. A quoi il oublia d'ajouter que, pour un cheval qui supportait son système, trois succombaient; que celui qui avait triomphé était d'une constitution de fer, et que, dans toutes autres conditions, il aurait été également rustique, et de plus aurait atteint un plus grand développement.

Je m'évertuai vainement à lui faire comprendre combien était grande l'influence de la nourriture sur la croissance des os et des muscles, et que l'insuffisance de ces parties essentielles amenait l'appauvrissement, la maigreur, et la mort. J'aurais tout aussi bien pu essayer de convaincre M. Lincoln que son acte d'émancipation des esclaves était l'œuvre d'un fou.

Il demeure toujours avéré que personne ne tient aussi opiniâtrément à ses idées que celui qui ne peut les appuyer ni sur de judicieux arguments ni sur des faits, et l'on est en droit de s'étonner, dans un siècle de lumières, de rencontrer encore de pareils hommes.

La monte des étalons est suspendue en octobre, époque où l'on doit les mettre dans un pacage de trèfle, pendant une huitaine de jours, pour qu'ils puissent revenir en chair, et se préparer à entrer dans les paddocks, où ils recevront encore une ration de bon fourrage vert; le matin et le soir, on leur donnera une ration régulière et modérée de poids concassés, de son, et de foin haché. Il est prudent, à cette même époque, de séparer les jeunes chevaux entiers des juments; il y aura avantage pour les deux.

Les poulains à castrer doivent être opérés seulement en avril ou au commencement de mai; après la castration, il est indispensable de les promener chaque jour pendant une heure ou deux pour prévenir les engorgements et les inflammations qui peuvent en être la conséquence. Il faut éviter toute alimentation surexcitante, donner du barbotage, un peu de foin, ce qui est la seule nourriture indiquée pendant la semaine qui suit l'opération; après quoi, si elle a bien réussi, le poulain sera remis à l'herbage.

C'est alors qu'on doit sérieusement se préoccuper de donner aux poulains une riche alimentation, car les acheteurs veulent voir des yearlings forts, gras et d'un bon aspect. D'après l'extérieur de ces jeunes animaux, ils jugent qu'ils n'ont point eu à souffrir de mauvaises maladies, et il arrive assez souvent que bien des poulains ne sont pas achetés, et littéralement rejetés, parce que dans leur condition générale, on retrouve les traces de maladies de peau, d'influence et autres principes morbides.

C'est aussi pour cela qu'il ne faut rien épargner pour les mettre dans une riche condition, et pour y arriver, employer l'avoine, la graine de lin, les pois, le maïs, le tout mélangé, et en donner autant que le jeune animal veut en manger. Matin et soir, ces poulains doivent être pansés soigneusement. Ils deviendront ainsi plus fermes dans leur chair, et mieux portants, à ce point que la tâche de l'entraîneur se trouvera sensiblement facilitée. Il n'y a qu'un homme vraiment expérimenté qui puisse se faire une idée du soin qu'il faut prendre pour nourrir convenablement un poulain qu'on a laissé dépérir et qui n'a plus ni substance ni force.

On est contraint, en dehors d'une puissante nutrition, d'avoir recours à toute sorte de médicaments, et il ne ressort de là, après tout, qu'un animal artificiellement refait, mou, languissant, et impropre à tout travail un peu sérieux. Or, aujourd'hui que les entraîneurs ont tant à faire, il est doublement nécessaire que les poulains qu'on leur confie se trouvent dans les meilleures conditions de santé possibles.

ENTRAINEMENT POUR LE TURF.

L'entraînement pour le turf consiste, pour atteindre la perfection, à développer, sous le moindre volume possible, la plus grande somme d'action et de puissance musculaires, en d'autres termes, de mettre l'état général des muscles, qui sont mous, chargés de tissus adipeux, et impropres à un travail forcé, dans une condition de force et d'harmonie parfaites; enfin de stimuler la vascularité de tout le système musculaire, et d'amener ainsi le maximum de la force requise, de l'énergie et de la résistance, c'est-à-dire la CON-DITION. Après l'exposé de ces principes fondamentaux, je vais m'attacher à démontrer par quelles voies et moyens on peut obtenir la condition.

Avant tout, je dois dire qu'on ne saurait assez se défier d'une trop grande hâte et précipitation pour obtenir ce résultat.

Que l'on songe seulement à l'immense changement qu'on se propose d'accomplir : la transformation de l'organe de la circulation des sécrétions des vaisseaux chylifères, et enfin de tout le système nerveux et musculaire. En présence de tant de difficultés à surmonter, que votre devise soit : *Nil desperandum*. Marchez lentement, mais avec sûreté.

Employez les moyens doux, et ne vous laissez pas aller en commençant, — pour me servir de l'expression du docteur Abemethy, — à maltraiter les intestins de vos chevaux, sous prétexte de les remettre en ordre.

Il est vrai que j'ai vu deux ou trois chevaux amenés en trois semaines environ d'un état d'embonpoint extraordinaire à une condition qui leur permettait de courir en course plate. Mais, dans ce cas, il faut un grand tact et une grande expérience; suspendre le travail, employer des médicaments fortifiants, et combattre le relâchement du système nerveux et la perte d'appétit. C'est un procédé qu'on ne peut préconiser, et dont, à mon avis, il faut autant que possible se défier.

De même qu'un ébranlement politique met sens dessus dessous toute l'organisation d'un empire, de même la transition brusque d'un état pléthorique à la condition, produit une révolution qui désorganise au plus haut degré tout le système nerveux de l'animal.

Le grand point, c'est d'étudier intimement la constitution du cheval, et de ne pas se contenter prématurément des remarques que l'on a pu faire, surtout lorsqu'on n'est pas encore très-expérimenté en diagnostic.

Si vous avez dix chevaux en entrainement et que vous vouliez les traiter d'après le même système, vous n'obtiendrez que chez deux au plus la véritable condition, à moins, ce qui n'est pas vraisemblable, que tous aient absolument la même constitution.

Rejetez tout esprit de routine et de trantran ; servez-vous de l'intelligence dont la Providence vous a pourvu, pour apprécier la quantité et la qualité de nourriture que réclame la constitution de vos chevaux, comme aussi la durée et la nature du travail que vous leur demandez. .

Quelques chevaux ont besoin de beaucoup de purgations jusqu'à ce que leurs excréments soient de bonne nature ; d'autres, au contraire, en comportent fort peu, et si l'on dépassait une proportion restreinte, ils tomberaient infailliblement malades.

Quelques-uns doivent suer deux fois par semaine, et d'autres ne le peuvent qu'une fois à peine par mois, surtout quand ils doivent prendre des muscles.

Ces observations ont pour but de démontrer avec quelle attention cette question doit être traitée ; cependant je dois dire ici qu'on ne peut pas me supposer l'intention, surtout dans ce à quoi je viens de faire allusion, de donner des avis aux entraineurs capables ou aux chefs d'écurie qui possèdent la connaissance de l'entrainement; car ces hommes spéciaux, s'ils voulaient appliquer leur grande expérience, pourraient, bien mieux que moi, exposer et développer les principes de cet art difficile.

J'espère cependant que mes observations trouveront bon accueil parmi ceux qui tiennent à mettre leurs chevaux en bonne condition, s'ils s'occupent eux-mêmes d'entrainement. Mais, selon l'usage, on laisse le soin d'animaux précieux à l'ignorance ou aux caprices de piqueurs qui, comme le disait un jour un vieil entraineur renommé, « ne savent de l'en-
« traînement que de purger et de galoper un cheval à
« mort » ; d'où il résulte qu'ils amènent au poteau un noble animal plein d'avenir, dont ils ont épuisé et énervé le tem-

érament au point de lui donner l'aspect d'un diable forcé, ors d'état de galoper, et à plus forte raison de fournir une ourse de la distance ordinaire de quinze cents à quatre mille ètres.

Néanmoins le chef d'écurie a l'effronterie de vous affirmer, u'après lui avoir administré tous les médicaments connus, 'avoir fait suer, etc., etc., la pauvre haridelle est tout à fait point (bang upto the mark), tandis que la conséquence de ette préparation est qu'elle n'est pas en état de courir dans a course où elle était engagée ; elle se fera sans elle, et son propriétaire, pour qui elle n'a plus que la valeur d'un bon et vite cheval de chasse, s'imagine que ce dernier était incapable de courir avec succès contre des chevaux de cet ordre, et s'en prend au défaut de train et de cœur, tandis que, dans la plupart des cas, l'un ou l'autre n'y sont pour rien et que le défaut réside dans un trop grand manque de condition pour la tâche qui lui était imposée. Il résulte de ce grave inconvénient que plus d'un sportsman émérite, de peur de se compromettre, s'abstient de paraître de nouveau sur le turf, et c'est ainsi que nous voyons aujourd'hui se restreindre le nombre des hommes de valeur qui prenaient part au sport des courses plates et des steeple-chases qui exigent un genre d'élevage dont les produits sont réclamés dans toutes les parties du monde, élevage aujourd'hui négligé, et qui se trouve dans un état de langueur alarmant.

On prétend que les gentlemen ne doivent pas s'occuper eux-mêmes de l'entraînement de leurs chevaux. Il y a, dit-on, des entraîneurs pour cela qui peuvent amener les chevaux en bien meilleure condition au poteau, car ils ont pour eux l'expérience et l'habileté; mais les nombreuses « hunting races » dans lesquelles les chevaux qui ont été dans une écurie d'entraînement sont exclus, disqualifiés, et frappés même d'une pénalité, me semble la meilleure réponse à donner. Je conviens volontiers que chaque bon entraîneur peut amener un cheval plus léger de sept livres au poteau que ne pourraient le faire neuf sur dix des particuliers entraînant eux-mêmes, lorsqu'ils posséderaient une aussi grande expérience et savoir-faire, ce qui n'est pas admissible, car l'entraîneur de profession a un avantage indiscutable, celui d'être dans le voisinage d'un terrain d'entraînement et de n'avoir pas à circuler pendant des milles sur un terrain dur; ensuite il a à sa disposition les chevaux convenables pour éprouver, de temps en temps, la vitesse et la résistance des poulains qu'il ne connaît pas encore, et, dans ce cas, il n'est pas embarrassé pour le choix d'un jockey, dont le poids soit approprié à la force et à l'âge du cheval : immenses avantages que ne peut réunir un entraîneur particulier.

Il y a cependant bien des inconvénients à être privé de son cheval pendant la durée de son entraînement, tandis qu'il peut rendre des services à son propriétaire pendant tout un jour de chasse, et cela jusqu'au moment où il doit prendre part à un steeple-chase. Or ce propriétaire se trouvera contraint ou à ne pas renoncer à se servir de son cheval ou à se résigner à une augmentation de son écurie et, par conséquent, à une nouvelle dépense pour l'augmenter.

Quant aux enjeux à gagner, ils ne sont généralement point en rapport avec les frais qu'on doit payer aux entraîneurs.

ENTRAINEMENT DES CHEVAUX DE 2 ANS.

Le poulain doit être rangé au mois d'octobre et bientôt, après, on commence à le brider. On lui met d'abord une sangle, ou surfaix d'écurie muni d'une boucle de chaque côté, où les rênes puissent être assujetties et d'un passant pour y fixer l'extrémité de ces rênes. Puis on fixe à la têtière du licol, soit avec des boucles ou des mousquetons, un mors de bridon, tout uni et tout droit, qu'on lui met dans la bouche. Le poulain devra se promener librement dans son box avec ce mors, dont on bouclera les rênes à une longueur telle qu'il ne puisse ressentir de pression gênante sur les barres, mais assez cependant pour l'amener à plier son encolure et à relâcher sa mâchoire. Cet exercice ne durera chaque jour qu'une heure, et chaque fois, pendant les trois jours consacrés à cette première leçon, il faudra graduellement raccourcir les rênes.

Après cette préparation élémentaire, on mettra au poulain une têtière ordinaire, on fixera les rênes comme au début, et l'on commencera à travailler le poulain à la longe sans le presser ni l'astreindre trop sévèrement à ce travail qui durera une heure par jour au pas et au petit trot. On comprend, sans peine, que cet exercice puisse être fatigant pour de jeunes animaux qui ne sont point habitués à l'assujettissement de leurs reins et de leur arrière-main.

Après une semaine de ce travail et à la fin de la leçon, on place sur le poulain un jeune lad de poids très-léger, et on le ramène ainsi monté à son écurie. De cette manière, un homme capable et un jeune groom peuvent préparer douze poulains par jour, et, dans l'espace de deux semaines, les amener tous à porter leur cavalier. Après la douzième leçon, et après que le poulain a été mis à la longe pendant une demi-heure, on peut faire monter le lad et terminer l'autre moitié de la leçon au pas et au trot.

On ne tardera pas à suspendre le travail à la longe, et le poulain pourra journellement et sans danger être monté par chaque lad adroit et prudent, car il aura assez appris à obéir à l'action des rênes pour que le cavalier puisse s'opposer facilement aux accès de gaieté et aux désordres passagers. Lorsqu'ils se manifestent, il faut s'asseoir et demeurer calme. Si l'on s'attache trop à la main et que l'on crie violemment, le poulain peut contracter la plus dangereuse des défenses, celle qui consiste à se cabrer ou à se renverser, ce qu'il y a de plus grave et souvent de plus irrémédiable pour le cavalier.

Je dois dire, en passant, que je considère toute espèce de Dumb Jockey comme d'un emploi tout à fait inutile et même fort nuisible. Les uns sont munis de ressorts en acier, d'autres sont garnis de rênes en gutta-percha ; ils exercent un continuel appui sur la bouche du cheval qui ne peut avoir aucun soulagement, en sorte que la pauvre bête est dans un constant état de surexcitation.

Un pareil traitement est, à mon avis, insensé et brutal. Ce qu'on doit chercher dans le jeune cheval, c'est qu'il cède de sa bouche et, par suite, plie son encolure. Aussitôt que l'animal aura remarqué qu'en cédant de l'encolure, il n'éprouve plus de pression sur la bouche, il cessera d'opposer toute résistance. Je parle ici avec une conviction pratique, car il s'en fallut peu qu'après l'emploi prolongé des rênes de gutta-percha, un précieux étalon de 5 ans ne fut complétement ruiné, et ce ne fut qu'après lui avoir retiré ce détestable engin que je pus le ramener à un équilibre plus normal. Il avait pris l'habitude de rester immobile, la tête étendue, sans faire participer les muscles du cou, ce qu'il pouvait supporter pendant quelque temps; mais à la fin, la douleur était si vive qu'il s'élançait la tête en avant sur le mur, se jetait à terre et se blessait de toutes parts, tellement que certaines des cicatrices de plaies qu'il s'était faites n'ont jamais entièrement disparu ; l'influence de cette méthode avait été si préjudiciable à son système nerveux que, pendant plusieurs semaines, il boudait et refusait la nourriture. Il est indubitable que l'emploi prolongé de ces rênes l'eût infailliblement ruiné.

Il fut un temps où je désirais que chacun des entraîneurs du pays qui s'occupaient du dressage des jeunes chevaux put se procurer un Dumb Jockey, mais aujourd'hui je suis content de savoir qu'aucun d'eux n'a l'argent nécessaire pour une telle acquisition.

Selon la température et l'état du terrain de course, il faut faire monter le poulain et l'exercer au pas pendant une heure chaque jour. Sa ration quotidienne sera de quatre quarts d'avoine concassée. On y ajoutera, le mercredi et le samedi, après la ration du soir, une mash de graine de lin ou de son.

Au mois de février, on commencera à galoper, c'est-à-dire que le poulain fera un quart de mille environ, à un véritable *canter*, sur un terrain doux, flexible, un gazon, plutôt un peu en montant que tout à fait horizontal. Pendant une heure, pas plus, que doit durer l'exercice, on reproduira le galop huit ou dix fois ; le reste du temps, le poulain sera promené au pas.

Après deux mois de ce travail, il devra être en état de fournir un galop d'essai d'un demi-mille (trial) et pourrait même être amené à courir pour cette distance au bout d'un mois.

On ne doit jamais faire suer un poulain de 2 ans, à moins qu'il ne soit très-gras et qu'il ait les membres relativement faibles pour son poids. Dans ce cas, une légère couverture et un camail suffisent, car le poids des couvertures et l'affaiblissement provoqué par la sueur, ralentissent le cheval, le rendent mou et peu disposé à courir.

Si j'étais obligé de baisser en chair un jeune poulain de deux ans, j'aimerais mieux faire usage de la musclière que de la suée, car cette dernière éteint le courage et retire aux muscles la fermeté et la force, en d'autres termes, au lieu de gagner par l'entraînement, les poulains perdent ainsi rapidement de leur condition.

Je le répète donc, une heure d'exercice journalier, dont 5 minutes divisées en huit ou dix galops d'un quart de mille, et les autres 55 minutes en promenade au pas ; voilà ce qui doit suffire à un jeune animal qui est dans sa croissance et réclame des ménagements.

Dans l'entraînement des jeunes chevaux, les exercices doivent être à une allure vite, mais de courte durée. Après les premiers quinze jours, le galop doit être allongé et rapide, mais les poulains ne resteront pas longtemps sur leurs jambes, car le développement de leurs muscles et de leurs tendons n'étant point complet, on ne pourrait sans danger exiger d'eux un trop long effort.

Nous n'avons pas besoin de rappeler qu'un poulain de deux ans doit être placé dans un box spacieux, où il soit à son aise et puisse se reposer tranquillement.

A partir du moment que nous venons de décrire et dans le cours du travail sérieux, la ration doit être aussi abondante que possible. Un poulain insuffisamment nourri est toujours d'un mauvais tempérament et souvent d'un caractère difficile, tandis que celui qui est bien et convenablement alimenté est dispos et toujours prêt au travail.

Quand le poulain ne devra pas courir avant trois ou

quatre semaines, on lui donnera, de temps à autre, des carottes, une poignée de vesce, du ray-grass, qui sont très-indiqués pour favoriser la digestion, et qui, ayant la propriété de rafraîchir tout l'organisme, rendent inutile l'emploi des médicaments dans le cas de légères indispositions.

Le meilleur remède contre les vers, la constipation et autres affections de cet âge est un drachme de tartre émétique mélangé dans de l'eau de son. Le poulain devra prendre cette préparation tous les jours pendant une semaine, mais jamais plus longtemps. Comme règle, aussitôt qu'on remarque une salivation anormale, et que les sécrétions sont d'une nature molle, il faut suspendre l'emploi du médicament.

Les fers des poulains devront être aussi légers que possible et être relevés tous les quinze jours. Ce qu'il y aurait de mieux assurément serait d'approprier au terrain d'exercice une friche labourée et hersée soigneusement; là les pieds des poulains pourraient porter sans inconvénient tout le poids du corps, au lieu de le faire reposer par le moyen de la ferrure seulement sur la paroi qui est encore trop faible pour pouvoir sans danger supporter toute la masse.

L'état de la bouche doit être l'objet d'une attention particulière, et principalement les dents. Lorsqu'on remarque des inégalités dans les dents (ce qu'indiquent certaines lésions de la langue), il faudra les égaliser à l'aide de la râpe.

Les inflammations de la membrane buccale se guérissent au moyen de lotions astringentes. Les dents ébranlées et qui ne peuvent que gêner la mastication doivent être arrachées. Dans ce cas, l'animal ne peut pas mâcher et est atteint de fièvre. La nourriture indiquée sera, de préférence, des carottes coupées et du fourrage vert.

Quant à l'aspect général d'un poulain de 2 ans, prêt pour la course, il ne doit pas être léger dans son ensemble, comme on l'exige d'un cheval entièrement développé; chez ce dernier, on doit voir les côtes se dessiner; mais un poulain qui n'est pas venu ne pourrait qu'au prix de sa santé et par un travail excessif et un affaiblissement général, prendre une forme aussi mince et aussi réduite.

Le poulain doit atteindre cependant un certain degré de maigreur, mais rien de plus que ce qu'il faut pour que les parties musculaires soient bien accusées ; il serait bien imprudent, à cet âge, de vouloir produire une côte amaigrie par l'épuisement des forces vitales. Bref, quand la respiration est saine, la sueur pure et les muscles durs et élastiques, alors on a atteint, à peu près, tout ce qu'on peut prétendre d'un animal de cet âge.

D'un autre côté, je suis convaincu que, jointe à un puissant développement des muscles, une côte amaigrie donne le *sine quâ non* du cheval complétement formé. En effet, ma conviction est que, hors de ces conditions, ni cheval, ni cerf, ni renard, ni lévrier, ne peuvent courir avec tous leurs moyens, de même que l'homme ne peut courir, ramer ou combattre si ses côtes n'ont pas un degré de maigreur convenable.

Le développement anormal des parties charnues est sans utilité, et d'ailleurs d'un poids nuisible. Dans les chevaux de deux, trois et quatre ans, les conditions ne sont jamais les mêmes. Le grand talent de l'entraîneur consiste à développer les muscles et à rendre la respiration libre. Chercher plus à cet âge serait abuser de l'entraînement, et tout à fait superflu, car la piste que les poulains de 2 ans ont à parcourir est exclusivement consacrée aux chevaux de cet âge et ne devrait jamais être plus longue. Il sera toujours incompréhensible qu'il y ait des hommes assez fous pour manger en petit ce qu'ils usent en grand, en laissant courir leurs chevaux de deux ans dans les 50 guinées, les derniers trois milles à New-Market, Hougton et autres. Je ne connais rien de plus répulsif que le spectacle offert par ces jeunes garçons et leurs poulains dans le dernier mille de cette course) lorsque épuisés, rendus, ils arrivent chancelants et s'en allant de ci de là, comme le marinier battu par la tempête. C'est beaucoup trop prétendre, même de poulains très-puissants, et l'on comprendra sans peine pourquoi les produits qui ont pris part à ces courses, plus tard et sans exception, se sont dédits et sont restés en arrière de leur première vitesse.

Ce serait déjà assez fâcheux si ces sortes de courses se bornaient aux chevaux de deux ans ; mais, comme on y admet des chevaux de tout âge, la chose est doublement condamnable, car le but qu'on se propose dans cette lutte de destruction est de tirer avantage de la faculté qu'ont certains chevaux de porter le poids.

ENTRAINEMENT DES CHEVAUX DE 3 ET 4 ANS.

L'entraînement des chevaux de 3 à 4 ans diffère peu de celui des poulains de 2 ans ; toute la différence consiste en ce que la distance du *canter* est portée d'un quart à un demi-mille, et celle du travail, d'une heure à deux heures. Il est ensuite désirable de fournir au jeune cheval l'occasion de prouver l'accroissement de sa vitesse et de sa résistance, en lui faisant faire, tous les quinze jours, à moins d'empêchements, un bon galop d'un demi-mille, près d'un vieux cheval. Ce galop doit être donné sous le poids le plus léger qu'on pourra trouver, et sans couvertures. Rien ne porte plus les chevaux à se ralentir dans leur galop que le poids des couvertures.

Je me souviens encore de trois chevaux d'une même écurie qui devinrent de véritables rosses par ce seul fait qu'on leur fit faire trois vigoureux galops, dans une même semaine, sous les couvertures, afin de leur donner, après cet exercice, *l'apparence d'une condition*, car, dans cette circonstance, l'entraîneur était un homme bien trop capable et trop expérimenté pour se faire illusion et s'imaginer qu'au jour déterminé il pourrait arriver à autre chose qu'à une trompeuse apparence. Il satisfit si bien son commettant et ses chevaux qu'ils en eurent tous assez pour le reste de la saison.

ENTRAINEMENT DES CHEVAUX DE 5 ANS ET AU-DESSUS.

On doit, avant tout ici, se rendre compte de l'âge, de la constitution et du précédent travail du cheval qu'on veut entraîner. Il faut donc savoir :

1° S'il a été déjà sur le turf et, par conséquent, en entraînement ?

2° S'il a déjà été sur l'hippodrome, ou s'il n'a été que cheval de chasse ?

3° S'il a été cheval de selle ?

4° Enfin, s'il n'a été qu'en dressage et n'a pas été soumis à un travail fatigant ?

Nous devons partir de ce principe que les membres du cheval soient sains, et lors même que ses organes respiratoires auraient subi un échec, qu'ils n'en sont pas arrivés à ce point d'avoir une grave influence sur ses moyens en course. Il est évident, pour tout le monde qu'aucun traitement n'est en état de lui redonner de nouveaux membres et de lui refaire une nouvelle poitrine. Tout ce que l'on peut espérer, c'est l'amélioration de ce qui existe, et non sa reconstitution.

J'ai cru nécessaire de distinguer, dans l'entraînement des chevaux arrivés à tout leur développement, quatre cas différents, qui réclament chacun une somme de travail et d'exercices spéciaux, quoique pour arriver à un résultat commun et à une condition semblable.

Qu'on ne s'imagine pas que parce qu'un cheval a, une .ois, été sur l'hippodrome, il y puisse encore courir plus tard, lorsqu'il ne sera plus en condition. Cependant nous ne nous heurtons pas là à une si grande difficulté que dans les trois autres cas dont nous aurons à nous occuper, puisque la quantité d'exercices au galop sera moindre et, par conséquent, le temps à dépenser plus court. Notre mission se borne entièrement à abaisser l'état général du corps à un certain degré de maigreur, tout en augmentant la force et la résistance des muscles, résultat qu'on n'obtiendra qu'autant qu'on sera bien pénétré de ces deux principes d'après lesquels on agira :

Le premier, qu'un travail lent et soutenu favorise le développement musculaire, et le second, qu'un travail rapide a pour but de donner plus d'activité à la respiration.

Pour marcher dans cette voie, il faut prendre le temps nécessaire, et plus il pourra être court, plus les conditions de réussite de l'entreprise seront favorables. Or une suspension dans le travail ne doit pas être admise, puisque aussitôt que l'entraînement est commencé, ce ne doit plus être un *exercice*, mais un véritable travail, et si le cheval arrive de la maison en bon état, deux à quatre mois seront suffisants.

Il est donc naturellement indiqué qu'un cheval en mauvais état doit être complétement remis avant de venir entre les mains de l'entraîneur. Il est absurde de mettre en traîne un animal défait, mais plus absurde encore de le faire, s'il était dans un mauvais état de santé. Dans les deux cas, ce serait s'exposer à empirer la situation et à ruiner un tel cheval pour toujours.

Si l'animal ne jouit pas d'un état de santé robuste, il faut renoncer entièrement à l'idée de le mettre en condition. Il est nécessaire, tout d'abord, que les chevaux aient été bridés et qu'on puisse s'en servir ; qu'ils soient sains de corps, de poitrine et de membres, et alors on peut attendre qu'ils sortiront fortifiés de l'épreuve qu'ils sont destinés à subir. Ainsi que je l'ai dit plus haut, j'admets que les membres sont sains, la respiration bonne, que l'animal est en chair, et qu'il a eu peu de travail.

Le premier soin à donner au cheval est de lui faire faire chaque jour deux heures de promenade au pas, le matin, et deux heures le soir, sur un bon terrain gazonné, afin qu'il soit frais, dispos et ait de l'appétit. La ration journalière doit être de trois quarts de son frisé, de trois quarts de vieille avoine, et de 8 livres de vieux foin. Cette première préparation dure environ une semaine, après quoi il se manifeste ordinairement une certaine mollesse, de l'engorgement aux jambes et de la sensibilité dans les pieds. On suspend aussitôt le travail, et l'on supprime la ration d'avoine et de foin ; on donne seulement du son et des mashes de graine de lin, puis on se borne à faire promener le cheval pendant une heure dans un endroit abrité ; ce changement de régime durera deux jours ; on mettra la muselière au cheval pendant la nuit ; le lendemain matin, on lui donnera une médecine, et à boire autant qu'il voudra.

Si l'on a des motifs pour supposer que l'animal, après avoir pris sa médecine, ne boive pas volontiers, on lui laissera absorber autant d'eau qu'il voudra, immédiatement avant d'administrer la médecine, car plus les intestins seront remplis de liquide, moins la dose d'aloès aura besoin d'être forte.

Composition de la médecine.

Aloès	4 drachmes.
Résine pulvérisée	2 —
Sulfate de fer	2 —
Écorce de quinquina	2 —

Le tout mélangé avec un peu de savon de Venise et un sirop au choix de l'entraîneur. On en forme une pilule molle et allongée. Si, au bout de quelques jours, les premiers symptômes n'ont pas disparu, on administre une autre purge pendant quatre semaines, tous les samedis soir.

Aloès	2 drachmes.
Résine pulvérisée	1 —
Sulfate de fer	2 —
Écorce de quinquina	2 —

Au premier coup d'œil, la dose d'aloès peut paraître forte, mais si, comme nous l'avons admis, le cheval a déjà été en entraînement, cette purgation, dans presque tous les cas, serait d'une action insuffisante, et, par suite, tout à fait superflue ; elle manquerait son but et causerait la perte d'un temps précieux.

Il vaut beaucoup mieux donner tout d'abord une dose qui soit en état de stimuler énergiquement les vaisseaux chylifères que de donner deux ou trois médecines qui fatiguent l'animal et retardent le travail.

Il faut, pendant deux heures, promener le cheval au pas, aussitôt après qu'il a pris la médecine, et lui donner ensuite autant d'eau tiède à boire qu'il en veut; on y ajoutera une mash de son liquide, et on le laissera en repos jusqu'au lendemain. S'il ne se manisfeste aucun commencement de purgation, on fera promener le cheval dans le voisinage de son écurie, afin qu'il puisse y être rentré aussitôt que la médecine aura commencé son effet.

Si l'on remarque un peu de frisson, il faut ajouter une couverture de plus, car le but principal de la médecine est d'occasionner la translation des sécrétions de la peau sur les intestins, par lesquels elles doivent être expulsées au dehors; de là la nécessité de protéger la peau contre l'influence atmosphérique; aussi, pendant l'effet de la médecine, faut-il s'abstenir, ce qui vaudra mieux, de pansage et de toute espèce de frictions sur la peau.

Quand l'aspect des déjections n'est pas de mauvaise nature, une purgation, dont l'effet se prolonge deux jours, est suffisante; si, au contraire, les excréments sont de mauvaise odeur, il faudra le double de ce temps, et, après que l'effet sera produit, il sera bon, pendant quatre ou cinq jours, de donner du son et de la graine de lin mélangés à la ration, afin de prévenir la constipation, qui pourrait être la conséquence d'une purgation énergique.

On commencera, aussitôt après que l'effet aura cessé, à donner quatre quarts d'avoine ; on réduira la ration de foin à six livres, et l'on fera promener le cheval deux heures le matin et deux heures l'après-midi, sans que la quatrième partie soit consacrée à un seul « canter ».

Ne vous préoccupez pas de cette lente progression. Mieux vaut commencer prudemment et sûrement que de procéder brusquement, d'avoir à signaler un accident après l'autre, et d'en venir à soigner le patient une semaine avant la course, pour en venir à dire qu'il lui est survenu quelque chose, tandis que l'explication se trouverait dans ce qu'il a été travaillé jusqu'à l'épuisement et à l'annihilation de ses moyens.

Si vous avez suivi mes avis, vous aurez retrempé les muscles par la marche au pas prolongé ; nettoyé la peau par un bon pansage, et enfin, ce qui n'est pas le moins important, vous aurez allégé l'organisme d'un poids inutile et triomphé, par l'alternative du travail et de la nourriture, des symptômes inflammatoires qui se manifestaient.

Soyez donc assuré que vous avez réalisé un progrès et n'êtes nullement resté stationnaire ; que vous avez préparé tout le mécanisme animal à entreprendre un plus rude travail. Sachez bien enfin qu'un pénible exercice, sans préparation, n'est pas seulement plus qu'inutile, mais encore qu'il est dangereux et brutal.

DU TRAVAIL RAPIDE.

Nous voilà arrivé à la partie la plus difficile, et de beaucoup, dans la tâche que nous nous sommes proposée. Lorsque le cheval est soumis au travail de vitesse, il faut ouvrir les yeux pour épier et surprendre tous les symptômes de faiblesse qui peuvent se manifester dans l'organisme de l'animal. Il faut fréquemment lui tâter le pouls, promener la main sur les canons et les tendons, et s'assurer, en un mot, si les membres n'ont pas souffert du rude exercice et s'ils peuvent le supporter. Je dis exercice violent, car il doit être tel, ou l'on n'aurait pas pris alors l'entraînement au sérieux. L'entraîneur rencontre, du reste, tant d'obstacles et de difficultés sur son chemin quand il prépare un cheval, qu'on essayerait vainement ici de les énumérer. Il suffira de faire observer que le travail vite, pour qu'il profite, ne doit être pratiqué ni sur un terrain trop mou, ni sur un terrain trop dur. Dans le premier cas, on s'expose à des tiraillements de jarrets, efforts d'arrière-main ou lésions de l'articulation du boulet; dans le second cas, on court le risque, non moins grave, de fourbures, de boîteries d'épaules, d'inflammations des genoux, des paturons et de l'os du pied. Il faut donc tenir compte de l'état du sol avant de commencer à donner un train un peu plus qu'ordinaire au cheval qu'on entraîne, ou l'on se trouverait forcé inévitablement de suspendre le travail.

Il est bien préférable, si l'on ne peut disposer d'un terrain convenable, d'attendre de meilleures conditions et de continuer le travail au pas en laissant le cheval prendre un peu de chair, que de le briser et de l'épuiser par un exercice dirigé sans prudence ni circonspection.

Je dois avouer qu'en traitant cette matière, j'ai le sentiment qu'il faut en parler, par prudence, le moins possible, en se bornant à des généralités, et qu'en donnant le détail d'un procédé dont l'application me serait, 9 fois sur 10, avantageuse, je dois redouter de fournir une base et un aliment à la routine.

Le travail vite a pour but deux résultats distincts : fortifier, en les exerçant, les organes de la respiration, et habituer les muscles et les tendons à une contraction et à une tension qui résultent de la force et de la rapidité avec lesquelles ils doivent fonctionner.

Dans l'entraînement, le procédé ordinaire consiste à alterner le pas et le galop, c'est-à-dire un demi-mille au pas, et la même distance au retour, dans un galop soutenu, et cela pendant trois heures, chaque matin. C'est, à mon avis, beaucoup trop longtemps garder, sans interruption, un jeune cheval sur ses jambes.

Cette méthode pourra peut-être trouver son application lorsque l'exercice aura lieu sur une piste spéciale pour poulains de deux ans, et de l'étendue d'un mille : dans ce cas, il faudra se borner à de tous petits galops d'autant meilleurs qu'ils seront plus courts; ils seront le moyen le plus efficace de mettre promptement un cheval sur ses jambes, ce qui est le but unique qu'on se propose.

Il n'est toutefois pas nécessaire de tenir le cheval dehors plus de deux heures par jour, une heure le matin et une heure l'après-midi. Ce temps devra être employé au pas, alterné avec des galops courts et vifs.

Cette manière d'entraîner appartient à la spécialité des entraîneurs de profession, et il n'y a pas grand'chose à dire là-dessus.

Ainsi que j'ai eu l'occasion de le faire remarquer précédemment, le travail vite doit être réglé tout à fait d'après la distance à parcourir. Cette distance est-elle d'un mille et demi à deux milles? Le cheval qui doit la parcourir, à un bon train, une ou deux fois la semaine, selon les circonstances, recevra ce matin-là une ration moins abondante.

Après une heure de promenade au pas, été ou hiver, on enlèvera les couvertures, et puis après avoir fait choix d'une selle et d'un cavalier, très-légers, comme c'est naturellement indiqué, on fera parcourir au cheval toute la distance avec presque toute sa vitesse, en évitant, cependant, qu'il soit poussé à bout de forces ou épuisé. Nonobstant, il devra arriver à une complète extension, et être maintenu près du bord intérieur de la piste.

Aussitôt que ce galop est terminé, il faut desserrer les sangles et promener l'animal au pas jusqu'à ce qu'il ait cessé de souffler, c'est-à-dire environ dix minutes, après quoi on lui remettra ses couvertures, on lui nettoiera la bouche avec un peu d'eau et de salpêtre, et plus tôt il sera de retour à son écurie, mieux cela vaudra.

Après qu'on lui aura enlevé les couvertures, on s'apercevra que le cheval est en pleine sueur, et c'est là toute la transpiration nécessaire lorsqu'il a la peau propre et le corps maigre intérieurement.

Dès qu'on est arrivé à l'écurie et qu'on a retiré les couvertures, la peau doit être séchée à fond et énergiquement frictionnée, ce qui peut durer depuis 20 minutes jusqu'à une heure. On pose les couvertures sèches, on lave les jambes et les pieds, on les sèche et l'on met les flanelles.

Lorsque ces premiers soins sont donnés, on travaille énergiquement avec la brosse à enlever jusqu'au dernier grain de poussière ou de sueur desséchée. Ce travail demande une heure de soins assidus, après quoi on lave les yeux et les naseaux avec une éponge. La crinière et la queue sont peignées, et alors la toilette est terminée.

Vient ensuite la ration du fourrage, d'avoine, et l'eau. Après un repos de quatre ou cinq heures, on ira promener le cheval au pas pendant une heure, sur un gazon élastique, et avec couvertures et camail.

C'est dans cette promenade que se révéleront, s'il y a lieu, les suites fâcheuses du travail qu'il faudra combattre, d'après les prescriptions de la prudence. Si tout a bien tourné, les deux jours suivants on recommencera l'exercice au pas avant et après midi, et le galop dont il vient d'être question sera renouvelé.

J'ai fait l'expérience qu'il y a très-peu de chevaux qui puissent supporter plus de deux galops vites par semaine, et beaucoup qui ne peuvent pas atteindre ce nombre; aussi prend-on pour règle de ne jamais procéder à un autre galop tant que le cheval n'est pas complétement remis du ressentiment douloureux, de la roideur et de l'abattement qui peuvent résulter du précédent travail.

Le galop vite dans de telles conditions, selon toute probabilité, provoquerait un relâchement des forces et un irrémédiable ébranlement général. Dans tous les cas, le cheval perdrait sa vitesse, et l'on devrait renoncer pour lui à tout succès ultérieur.

Bien des chevaux, après un galop de deux milles, restent plusieurs jours roides et entrepris; ils peuvent demeurer, dans cet état, une semaine et plus; il faut alors prendre patience et donner au système vasculaire le temps de se remettre et de reprendre peu à peu son degré normal de contractibilité.

Malheureusemnt, on se donne rarement le temps, et le cheval est, jour par jour, torturé (jusqu'à ce qu'il finisse par se laisser aller), pour obtenir de lui du pas et du galop, du galop et du pas, si longtemps et si bien qu'il ne soit plus qu'une misérable rosse ayant perdu tout entrain, toute élasticité, et, par conséquent, le point de départ et la base de sa vitesse.

Je reconnais pleinement combien on a tort de critiquer

de parti pris les méthodes diverses d'entraînement, car il arrive souvent que les entraîneurs reçoivent des ordres de leurs commettants qui leur disent de mettre leurs chevaux dans la meilleure condition possible pour pouvoir les amener au poteau à tel ou tel important meeting, sans tenir compte du temps. L'inexécution de ces ordres aurait pour conséquence fâcheuse la perte d'un client ; aussi les entraîneurs amenant au poteau un cheval qui, évidemment, n'est pas près ne doivent-ils pas être jugés trop sévèrement.

La plupart des maîtres sont seuls coupables de ce résultat ; ils engagent leurs chevaux de bonne heure, en mars, et doivent bien savoir que, lorsque ces animaux passent la moitié du temps sur un sol glacé, ils ne peuvent pas galoper, à moins d'avoir une piste recouverte avec du tan et qui, pendant la saison rigoureuse, ne présente pas même un bon terrain de galop.

Il résulte de ces obstacles que les entraîneurs ne trouvent leur salut que dans la suée ou dans le dépérissement, pour donner à leurs chevaux une apparence de condition.

Mais, pour revenir à notre sujet, nous voulons admettre que le cheval est gêné par une respiration trop courte et est incapable de soutenir son allure pendant plus d'un mille. Il n'est pas dit pour cela qu'il ne pourra pas parcourir plus d'un mille. Un bon praticien saura bientôt à quoi s'en tenir, Si l'animal n'est qu'un « miler », après avoir déployé le plus grand effort de vitesse qui soit en lui, toute sa force musculaire sera épuisée ; mais, s'il peut aller plus loin, son manque de respiration se manifestera, et alors, par un exercice régulier et de bons soins, ce défaut pourra être corrigé, car il ne faut pas oublier que rien ne contribue plus à soulager et à développer l'organe respiratoire que l'entretien attentif et constant des fonctions de la peau.

Quelle que soit la cause de l'épuisement des forces du cheval, aussitôt que les symptômes se manifestent, et ils sont faciles à reconnaître à l'irrégularité et au raccourcissement du mouvement, il faut immédiatement suspendre le travail.

Deux jours après, lorsqu'on devra donner un nouveau

galop en observant les mêmes précautions, on pourra constater déjà un progrès sur le précédent exercice. Il est imprudent, lorsqu'on est arrivé à cette période de l'entrainement, de faire galoper un cheval jusqu'à l'épuisement.

N'est-il pas absurde de le forcer à marcher ou de le laisser se traîner péniblement à un misérable train, qui, dans aucun cas, ne pourrait amener un progrès? D'un autre côté, la conséquence fatale de ce procédé pourrait être de rendre à l'animal tout travail impossible pendant un mois.

Après s'être assuré que le cheval a les côtes maigres, que sa respiration est bonne, que ses muscles sont fermes, qu'il est gai et plein de vitalité, on peut se hasarder de lui demander le maximum de son effort jusqu'à ce qu'il conserve son train depuis le commencement jusqu'à la fin, sans diminution de force ni d'action ; on ne doit pas se permettre de rouler le cheval et de se servir de la cravache, dans les deux ou trois cents derniers mètres, pour augmenter son action.

Lorsque le cheval est prêt, le coup de cravache décuple son effort; tandis que quand il n'a pas atteint les conditions, à moins d'être doué d'une énergie exceptionnelle du moment où on lui demande plus qu'il ne peut faire, il se relâche et se retient.

Je ne connais pas une meilleure preuve de préparation que celle fournie par un cheval qui, après avoir parcouru trois mille mètres dans tout son train, conserve encore assez de force et de fraîcheur pour répondre, par un élan impétueux, à une nouvelle excitation de son jockey.

Cela démontre que le système nerveux n'est point émoussé, et que l'organisme n'a pas perdu le libre emploi de sa force.

Le moment d'un essai (trial) sera dès lors arrivé et, à cet effet, on veillera à ce que des mains inexpérimentées ne s'en mêlent en rien. Celui qui conduit l'épreuve doit avoir la tête froide et un jugement parfait du train ; il ne doit jamais en commençant laisser marcher trop vite, car les chevaux ne font que s'exciter, se précipiter, au lieu de tomber régulièrement et graduellement dans leur train.

Il est de règle, dans une épreuve, que le cheval soit monté

doucement; le cheval, ainsi que le jockey, se calme, et ce dernier se rend mieux compte de l'amélioration qu'on peut apporter dans la manière de marcher (style of going) de son cheval.

On peut facilement rendre meilleure une allure trop haute, mais il est très-difficile d'empêcher un cheval de raser le tapis ou de galoper trop bas; c'est pourquoi l'épreuve ne commence à être régulière qu'après le premier mille, lorsque les chevaux sont bien ensemble et qu'ils ont pris un train rassemblé et bien franc.

Ce n'est pas une bonne épreuve, lorsqu'on tolère que les jockeys se précipitent et que l'un d'eux dépasse les autres dans le premier demi-mille ou reste plusieurs longueurs en arrière au signal de départ. Toutes ces mauvaises ruses, qui ne signifient rien, peuvent, quand elles réussissent, trouver leur application sur l'hippodrome; mais, sur un terrain d'entraînement, ces sortes de manœuvres doivent être sévèrement interdites.

Supposons que le cheval ait deux milles à courir, on commence par mesurer une distance de deux milles et demie et l'on donne l'ordre aux jeunes gens de courir lentement le premier mille, et ensuite de laisser aller. On ne souffre pas qu'un cheval soit devancé, ni forcé dans son train; car rien n'est plus propre à enlever tout courage à un jeune « racer » que de lui faire sentir qu'il n'est pas de train avec les autres. Il est à présumer qu'il lâchera dans une lutte qu'il sent impossible, et que, restant honteusement en arrière, on sera obligé de recourir aux éperons et à la cravache pour le remettre dans la course, ce qui ne fera qu'empirer la situation.

Celui qui conduit la course d'essai monte toujours le meilleur cheval, et toujours en vue de son concurrent qui n'a qu'à rester calme et à s'en aller près de lui.

Si l'on permettait aux jeunes jockeys de monter à leur fantaisie, ils chercheraient mutuellement à lutter, et l'épreuve serait nulle. L'un exigerait trop de son cheval, et l'autre resterait trop en arrière pour pouvoir rattraper l'autre de nouveau. Il est donc important de les retenir tous, de les garder tout le temps ensemble et de ne les laisser se dépasser que d'une longueur ou deux. Il y a bien des entraîneurs qui, pour assurer la conduite d'une course d'essai d'une manière régulière, attachent une grande importance à la durée du temps, en s'appuyant sur ce principe que le résultat, si l'on ne tient compte du temps ou de la durée de la course, ne prouve rien et ne peut donner lieu qu'à des erreurs d'appréciation ; mais attendu que le temps de la course dépend de la nature du sol, de l'atmosphère et de bien d'autres conditions, je ne puis, à quelque point de vue que je la considère, partager cette manière de voir.

Or, en dehors des principes que je viens d'établir, je n'ai aucune confiance dans le temps comme base du jugement d'une course d'essai, parce que je n'ai jamais vu qu'homme ou cheval soient arrivés à courir deux fois dans le même jour, ou deux jours de suite sur le même hippodrome, dans le même temps. C'est pourquoi la fixation de durée d'une course d'essai, dans laquelle il faudrait tenir compte des modifications apportées par telle ou telle cause, rendrait l'appréciation du temps tellement embrouillée que je ne le conseillerai à personne, sinon à titre de divertissement.

On objecte souvent que dans les pays étrangers la fixation de durée de temps a servi utilement à apprécier les différentes qualités des chevaux de course ; à cela je répondrai que le climat, les dispositions du sol, l'atmosphère, etc., etc., sont diamétralement opposés aux conditions où se trouve l'Angleterre. Or de ce qu'une chose est bonne dans un pays, est-ce une raison pour qu'elle soit également bonne partout ?

Il y a un fait parfaitement établi, c'est que les chevaux de course « platers » exportés en Amérique, dans l'Inde, à la Jamaïque, courent dans un temps beaucoup plus court que, dans toute la Grande-Bretagne, les chevaux de première classe ne sont en état de le faire sur les hippodromes les mieux entretenus. Pour mon compte, je ne puis attribuer ce fait qu'à l'influence atmosphérique, car personne ne pourra s'imaginer que trois stones peuvent égaliser les forces entre un vainqueur du Derby ou du Saint-Léger et un vainqueur des colonies.

Lorsque les chevaux ont subi l'épreuve, on doit aussitôt leur mettre les couvertures et les conduire au pas à l'écurie, puis, dès qu'ils seront pansés et qu'on aura pris tous les moyens pour les mettre à leur aise, on les laissera boire et manger selon leur besoin, et après 3 ou 4 heures de repos, on leur fera faire une promenade au pas.

Si les chevaux ont été surmenés et vigoureusement poussés, il sera bon de leur administrer un médicament fortifiant, par exemple, de la gentiane et de l'antimoine, en parties égales, ou bien une once d'extrait de camomille, qui seront d'une grande efficacité ; cependant moins on a recours à ces moyens, et plus la constitution du cheval se conserve puissante et énergique.

Entre les épreuves, et entre la dernière épreuve et la course, on doit laisser quelque temps s'écouler, et je considère que cinq jours d'intervalle de la dernière épreuve à la course, sont indispensables.

Ainsi, cinq jours avant la course, doit avoir lieu le dernier galop d'essai, pour la même distance que cette course, avec le même poids, ou à peu près, et à un train très-soutenu ; car si le cheval se montre dans de mauvaises conditions, il est encore temps de le retirer, et, si, au contraire, il révèle de grands moyens, le jour suivant, on peut parier avantageusement, puisque alors tout est en ordre, et que l'on est autorisé à croire qu'au jour décisif tout sera dans le même état.

Je dois maintenant recommander la plus grande prudence dans le traitement ultérieur et jusqu'au moment de la course.

Le travail doit être complétement suspendu, et l'on donnera au cheval un repos absolu, afin qu'il puisse se remettre de la fatigue résultant de l'épreuve qu'il a subie et devienne frais, autrement dit, ce repos ne sera que suffisant pour enlever au cheval la roideur et la sensibilité provenant de son dernier travail.

Une promenade au pas d'une heure ou deux, chaque jour,

le matin, autant que possible, sur un terrain mou, est indiquée aussi bien qu'une abondante nourriture, dont on retranchera seulement un peu de foin.

Quand le cheval est gros mangeur, le jour de la course, le matin à 7 heures, on devra le promener, afin qu'il puisse se vider, et on lui donnera un tout petit galop de 2 à 300 mètres. Après qu'il aura bu un peu d'eau et mangé un quart d'avoine, on lui mettra la muselière ou on l'attachera haut jusqu'au moment de courir.

En plaçant la selle, il faudra veiller soigneusement à ce que le poids soit également partagé des deux côtés, et que, si l'on ne se sert pas de poitrail, cette selle soit placée aussi en avant que possible. On évitera toutefois que les sangles ne soient trop fortement serrées.

« Quand un cheval ne peut pas s'ébrouer (grogner), il ne peut pas non plus courir. » C'est un vieux dicton que les lads, aux bras trop puissants, devraient bien connaître tous.

L'habitude de laver la bouche du cheval, avant que le jockey se mette en selle, est aussi bonne pour le cheval que pour le cavalier, car elle en prévient la sécheresse et la dureté (lesquelles résultent de la respiration active au commencement d'une course), en rendant la membrane buccale plus sensible et plus soumise à l'action des rênes.

DE LA MANIÈRE DE MONTER EN COURSE.

Il est superflu, sur ce point, de perdre ses paroles, tandis que de nos jours, en présence de l'extension que les courses ont prise, excepté dans quelques contrées lointaines de l'Angleterre, rien n'est plus facile que de se procurer, presque partout, un homme spécial et vraiment capable. En dehors des observations suivantes, il n'est pas possible, d'ailleurs, de donner des règles précises sur cette importante question.

1° Plus le cheval est prêt, moins il faut activer le train.

2° Si l'on a quelque motif pour se défier du cœur et de la lutte de son cheval, c'est le cas de conduire la course dès le début, et de tenir la tête aussi longtemps que possible.

3° Quand un cheval pousse violemment sur la main, il faut le tenir solidement, mais avec tranquillité, sans lui donner de saccade, ni user de violence, car par des actions brusques, on entraverait la libre respiration, et l'on arrêterait l'extension du mouvement et la bonne disposition de l'animal.

4° Chez les jeunes chevaux qu'on n'a pas encore mis à l'épreuve, il ne faut pas tolérer qu'au départ ils s'en aillent trop vite, sinon avant qu'ils aient atteint les 3/4 de la distance, car ils seraient épuisés et essoufflés ; aussi faut-il modérer leur train jusqu'à ce qu'ils soient dans l'allure qui leur est propre ; alors seulement, on les pousse librement à toute la vitesse qu'ils peuvent soutenir. Par ce moyen, on préviendra cette surexcitation et cette nervosité qui s'emparent du cheval et lui enlèvent, plus qu'on ne croit, de sa force et de sa résistance.

5° Après avoir parcouru les sept huitièmes de la distance, n'essayez pas, — à moins que vous ne connaissiez bien les forces de votre cheval, — de le monter avec trop d'art ou d'audace, mais attachez-vous (tandis que vous vous maintenez prudemment près du cheval qui conduit la course, et tenez le vôtre solidement dans les rênes), à laisser les autres derrière vous, bien décidé et résolu à arriver au but. La principale chose est une assiette fixe. Si le cavalier sent que son cheval marche avec le développement de toute sa force et de son influx nerveux, il doit le laisser aller ; si, au contraire, il se montre paresseux, il saisit alors les rênes de la main gauche, et, les soutenant vigoureusement, il fait sentir énergiquement sa cravache en même temps que deux ou trois attaques d'éperons.

Il y a à craindre que le cheval ne se dérobe à l'attaque (ce qui est souvent le cas chez les chevaux qui manquent de cœur) ; il faut reprendre dans ce cas rapidement les rênes à deux mains, et donner deux ou trois paires d'éperons derrière les sangles ; par ce moyen, tout au moins, on arrive à ramener le cheval sur la ligne droite, et l'on augmente ainsi ses chances de succès.

6° Si le cavalier remarque qu'il sera battu facilement, il doit se ralentir tranquillement, épargner à son cheval un effort sans résultat, et ne pas se laisser aller à cette habitude indigne d'un sportsman, de cravacher un cheval déjà battu et qui n'a pas la moindre chance de gagner. Je sais fort bien que lorsque les jockeys ne le font pas, bien des hommes du turf ne veulent pas croire à une défaite, mais leur jugement n'est pas une excuse pour un spectacle aussi grossier que révoltant, et qui se renouvelle aujourd'hui malheureusement trop souvent.

APRÈS LA COURSE.

Une bonne heure avant que le cheval ne rentre à son écurie, il doit être promené, bien couvert, sur un terrain abrité, pour que l'excitation de ses poumons puisse être calmée avant qu'il ne soit enfermé dans un lieu relativement chaud et dans une atmosphère malsaine.

Plus tôt il sera séché, pansé, et sa toilette faite, et mieux ce sera ; on le laissera ensuite tranquille pendant quelque temps, et s'il n'est pas désigné pour courir avant une semaine, la nourriture la mieux indiquée à lui donner sera du son et une mash de graine de lin. On le laissera enfin dans un repos absolu pendant deux jours.

Après quoi, on fera promener le cheval au pas, et tous les jours on lui donnera un galop lent pour le maintenir en haleine, rien de plus. Un travail plus soutenu n'aurait pour conséquence que de l'épuiser et de l'abattre complétement. Attendu qu'il est impossible de dépasser le plus haut point de condition, on ne doit se proposer qu'une seule chose, c'est de conserver ce qui est acquis, sans compromettre en rien la constitution de l'animal.

En tout état de cause, il vaut mieux laisser le cheval devenir un peu plus fort et plus haut de condition, en le soumettant à un exercice doux plutôt que sévère, et se borner à lui donner, deux jours avant la course, une petite suée qui active les fonctions de la peau et facilite la respiration, sans surexciter encore plus le tempérament, déjà fortement éprouvé par la préparation.

Il n'y a pas de plus fâcheuse présomption que de s'imaginer qu'on peut conserver un cheval dans une condition constante. C'est irréalisable. Un cheval qui, d'après les ordres donnés, a été préparé pour une course, s'il continue à être entraîné, ne peut que perdre dans sa forme. Il doit toujours reprendre un peu, afin de remplacer la déperdition continue qu'entraîne nécessairement chaque effort énergique; car s'il ne reste plus dans l'organisme aucune substance grasse pour contre-balancer les déperditions, — comme cela serait le cas si l'on surentraînait le cheval, — sa constitution ne tarderait pas à être profondément ébranlée par l'abus de l'entraînement.

Voilà pourquoi, après que le cheval a fini sa course, il faut suspendre le travail pendant un certain temps, autrement la santé de l'animal devrait en souffrir, et, par suite, il ne pourrait plus être ramené en aussi bon état au poteau ainsi qu'il l'avait été précédemment.

Les propriétaires et entraîneurs devraient bien se pénétrer de ce que je viens de dire, sinon les cas de dépérissement, de « perte de forme », et tant d'autres fâcheuses conditions résultant de ce surentraînement, ne tarderaient pas à faire de leur écurie un véritable hôpital.

Comme développement de ce principe, je crois ne pouvoir mieux faire que de reproduire l'opinion de Lancet, concernant la condition du fameux boxeur américain J. C. Heenan, après sa défaite dans la lutte contre Tom King, d'où il fait ressortir, d'une manière évidente, les suites irrémédiables d'un entraînement poussé au delà des limites prescrites, c'est-à-dire jusqu'à l'épuisement.

« Quatre ou cinq heures après le dénoûment de la lutte,

à 10 heures du matin, Heenan fut transporté à Londres dans la maison d'un de ses amis. M. J. F. Clarkes le visita aussitôt. Il souffrait d'un extrême épuisement, son visage était méconnaissable, et il avait une blessure, d'un pouce de long, à la lèvre supérieure, qui avait dû être recousue. Il n'y avait sur le corps aucunes contusions apparentes ; mais, sur la poitrine, on trouvait quelques écorchures. Le battement du cœur était très-faible et le pouls presque insensible.

« Il y eut une accélération après l'emploi de médicaments appropriés à l'état du patient ; cependant, vers le soir, il s'évanouit. Le 14, il y eut une consultation entre le docteur James et M. Clarke. Le malade était d'une grande faiblesse ; les nuits avaient été très-agitées et la difficulté de respirer très-grande. Après examen, on constata que les blessures à la poitrine avaient disparu, et que la contusion au visage était guérie. Le cartilage droit du nez s'était affaissé, et cependant il n'y avait eu aucune fracture. Après oscultation très-minutieuse, on trouva que le battement du cœur, quoique très faible, ne laissait entendre aucun bruit anormal. Le fonctionnement des valvules du cœur était satisfaisant. Le pouls, bien que faible, était appréciable et donnait un peu plus de 100 pulsations. Le poumon gauche était sain, mais la pointe du droit avait de la matité, par suite d'un commencement de congestion. Des deux côtés postérieurs du cou, on constatait une notable roideur, qui avait principalement son siége dans les prolongements tendineux du trapèze avec l'occiput, à l'épine dorsale, et les vertèbres.

« Le développement exceptionnel de la poitrine et des muscles des épaules était surtout remarquable. Ils étaient fortement en saillie et étaient dépourvus de toute espèce de graisse, comme s'ils en avaient été débarrassés à l'aide du scalpel. Par leur dureté et leur densité, ils avaient de l'analogie avec des cartilages. Il en était de même des muscles de la partie inférieure du corps, où les interstices tendineux étaient fortement accentués.

« Cependant, en dépit de cette brillante conformation, il

était évident que Heenan avait subi un desséchement dont son organisme se remettrait difficilement, et l'on se demandait si cette perte de forces devait être attribuée aux lésions résultant de la lutte, ou aux entraînements forcés par lesquels il avait déjà passé. Or il nous paraît physiologiquement démontré que son entraînement avait été trop longtemps prolongé, et surtout trop violemment pratiqué.

« Lorsque le mercredi 23 septembre, précisément onze semaines avant le combat, Heenan se soumit à l'entraînement, son poids était de 15 stones 7 livres. Mais lorsqu'il entra dans le ring, le 10 décembre, il ne pesait plus que 14 stones.

« King pesait 13 stones, quoiqu'il fût plus grand de 3/4 de pouce que Heenan, dont la taille est de 6 pieds 1 pouce 1/2. Les personnes qui ont une idée juste de l'influence d'un entraînement dur et prolongé seront sans doute d'accord avec nous sur ce point, que, selon toute apparence, Heenan, cinq semaines avant d'avoir rencontré son adversaire, était en meilleure condition que le matin de sa défaite, bien qu'au moment où il se déshabilla, les spectateurs fussent unanimement d'accord qu'en raison même de la confiance que lui donnait le développement splendide de ses muscles et l'harmonie de tout son corps, il semblait se présenter dans un combat des plus faciles.

« Il est démontré clairement aujourd'hui que Heenan combattit avec plus de muscles que de force vitale.

» Avant d'être sérieusement endommagé, ainsi qu'il l'indique lui-même, à la troisième reprise, il éprouva de la faiblesse, respira avec peine, et son souffle était ronflant (roaring) : c'est ainsi qu'il le définit.

« Il affirme que l'année d'avant, dans une lutte semblable dont il sortit victorieux, il fut plus rudement atteint par Sayers qu'il ne l'avait été par King, et que cependant, après ce précédent combat, qui dura plus de deux heures, il se trouva encore si frais et si dispos qu'il franchit 2 ou 3 claies et battit plusieurs de ses amis dans une course.

« On remarqua du reste, cette dernière fois, que son aspect général annonçait un dépérissement sensible, et qu'il avait beaucoup vieilli depuis sa première apparition dans le ring.

« Sans vouloir nous laisser entraîner à une dissertation sur les avantages réciproques de deux combattants, il demeure avéré que l'état de santé de Heenan, lorsqu'il se présenta en face de son adversaire, était tout à fait ébranlé ; et nous en tirons cette conséquence : qu'on doit attribuer cet abaissement des forces, particulièrement à l'entraînement exagéré auquel il avait cru devoir se soumettre.

« Au moral comme au physique, un effort inutile et démesuré a pour résultat inévitable un épuisement de la force.

« La relation qui précède peut être un objet d'étude et d'instruction pratique applicable à la manière de développer la jeunesse, de former nos jeunes soldats, et de diriger l'enseignement des jeux qui réclament la force et l'adresse.

« Tandis que l'exercice, dans la véritable acception du mot, tend à fortifier la santé, un emploi démesuré de la force en produit l'amoindrissement et finit par annihiler toutes les facultés. A une époque où, dans la lutte de la vie, l'excitation croissante et incessante et la concurrence sont à l'apogée, puisse l'étude et la méditation de ce fait remarquable avoir une heureuse et utile influence. »

Il ne sera pas nécessaire que je me préoccupe ici des détails de l'entraînement journalier des chevaux qui n'ont pas encore couru ou qui ont beaucoup galopé avant d'être mis en entraînement, et je me bornerai à faire remarquer qu'au lieu de simples promenades au pas, il faut, comme pour les chevaux de 2 et 3 ans, les travailler alternativement au pas et donner des galops vites et courts pendant au moins deux mois, après quoi, on procédera aux galops lents de 3 jusqu'à 4 milles au 3/4 de vitesse, pendant un mois, et cela 2 fois la semaine.

Le travail a pour but de leur donner un train régulier sans lequel aucun cheval ne peut résister sur un grand hippodrome.

Les six semaines qui suivront pourront être employées de

la même manière que pour les chevaux qui ont déjà couru, ainsi que nous l'avons prescrit précédemment.

 Il résulte de ce que nous venons de dire qu'il faut deux semaines de plus du double du temps nécessaire pour préparer un cheval qui a déjà couru, quand il s'agit de mettre en condition un hunter, un hack ou un jeune cheval qu'on n'a pas encore essayé. La raison en est que le nombre des galops nécessaires pour fortifier les muscles et les articulations doit être deux fois plus grand que chez un cheval précédemment entraîné, parce qu'avec ce dernier, on n'a pas autre chose à faire qu'à lui redonner un certain degré de condition qui le mette de nouveau promptement en état d'entrer en lutte.

LE CHEVAL DE STEEPLE-CHASE.

 Quant à la conformation du cheval de steeple-chase, ses conditions sont les mêmes que celles réclamées pour un cheval de course, à quelques exceptions près, que nous allons signaler :

 1° Le garrot doit être plus saillant et les épaules plus longues ;

 2° Le passage de sangles doit être plus développé et les fausses côtes plus courtes ;

 3° Les hanches plus écartées et la croupe plus longue.

 En voici la raison : Quand le garrot n'est pas suffisamment élevé et que l'épaule n'est pas assez longue, le cheval manque des moyens nécessaires pour s'enlever ; or c'est grâce à cette construction toute spéciale qu'il franchit facilement les obstacles élevés, et qu'il laisse derrière lui, avec facilité, sans interrompre son galop, les monticules, les sillons, les petits fossés, talus, etc., etc., et lorsque la croupe n'est pas large, les fausses côtes longues, les reins dénués de souplesse, l'animal ne peut pas engager les hanches sous lui lorsqu'un saut élevé et important l'exige.

A mon avis, toute la différence entre un cheval de steeple-chase et un cheval de course consiste dans les épaules, les fausses côtes, les hanches et la croupe.

En dehors du cheval qui engage bien l'arrière-main sous lui en marchant le pas, et qui semble en quelque sorte se balancer alors qu'il s'élève passablement haut du devant, je trouverais toute acquisition comme défectueuse.

Le galop doit être aussi tout différent de celui du cheval de course. Il doit produire sur le connaisseur l'effet d'un coursier sauvage arrachant les rênes des mains et pliant le genou en marchant, tandis que le cheval de course doit gagner du terrain, en courant sur le sol, calme et uni, comme un yacht fend la surface des flots.

Un œil vif, de la décision et du perçant, sont les inséparables qualités du bon cheval de steeple-chase, c'est-à-dire qu'il doit toujours être sur ses jambes et avoir l'œil rapide pour juger les obstacles et diriger l'emploi de ses membres, sans cela on ne peut jamais le monter avec confiance et s'engager dans une lutte sérieuse.

Voilà les grandes qualités que réclament les chevaux de steeple-chase, et qui, se trouvant assez souvent dans un médiocre cheval de course plate, permettent d'en faire un fameux et intrépide marcheur à travers champs. L'allure et l'action ne suffisent pas pour faire un bon cheval de steeple, un cheval timide et craintif doit être rejeté impitoyablement; en effet, lorsqu'un cheval saisit chaque occasion de se dérober devant l'obstacle, il finira par y arriver ou tombera et sera battu. Un tel animal est indigne du nom de cheval de steeple-chase, et plus tôt on l'envoie au cab, et mieux cela vaut, c'est autant de peine de moins inutilement perdue ; plus on exerce et cherche à contraindre un tel animal, plus il devient mauvais et dangereux.

Le cheval de pur sang de 5 à 6 ans est le mieux approprié aux courses à obstacles, et peut y être spécialement préparé.

Il fut un temps où l'on tenait le cheval de chasse de demi-sang pour le seul en état de porter du poids. Cette appréciation s'est entièrement modifiée dans les derniers temps, et nous ne reviendrons jamais à mettre un vrai demi-sang dans une grande course. Il existe encore quelques beaux et bons chevaux de demi-sang, tels que Medora, Bridegroom et Wee-Nell, qui sont les meilleurs d'entre eux. Si ces trois chevaux sont vraiment de demi-sang, ils servent à donner une nuance de vraisemblance à cette théorie : qu'une tache dans un pedigree peut être un avantage, puisque personne ne peut disconvenir qu'on serait bien embarrassé de trouver trois chevaux supérieurs pour porter le poids et pour faire un parcours plus dur et plus accidenté. Mais ces chevaux ne doivent être véritablement jugés comme de véritables *cocktails* qu'à la lettre et non d'après l'esprit, puisqu'on peut considérer leur pedigree comme au moins égal à celui d'E-clipse, s'il ne leur appartient pas de figurer aussi parmi les plus nobles du Studbook.

En ce qui concerne le choix du sang, il y a, parmi les nombreuses familles qui courent bien, il y a, dis-je, par-dessus tout, celles de Tupsley et Sir Hercules, tandis que celle de Bay Middleton et Touchstone sont les moins recommandables.

Lorsqu'on étudie attentivement les différents vainqueurs de steeples-chases l'un après l'autre, on trouve qu'il est bien difficile de déterminer d'une manière positive la taille d'un cheval propre à ces courses, et je crois qu'aujourd'hui les chevaux existants sont la meilleure preuve qu'en bonne compagnie, le manque de taille ne peut pas être un obstacle au succès. L'invincible et infatigable Brunette, par Sir Hercules, était petite, de même que la Brunette, par Rochester. Lottery n'était que d'une taille ordinaire, aussi bien que Hundtman, Ab-del-Kader, Odikan, Little Charley, Anatis, The Doue, qui appartiennent à la catégorie des petits chevaux, comptèrent autant de lauréats que de plus grands chevaux, tels que : Peter Simple, Bourton, Sir Peter, Laurie, British-Yerman et Jealousy. Et, pour le moment, il y a un petit cheval, à qui appartient la palme du combat, le portrait long et petit de Teddington, qui, dans son train remarquable, battit, en 1863, ses nombreux concurrents, tandis que, dans cette même année, on vit briller comme vainqueurs des chevaux de toutes tailles, depuis Victresse, 14 mains 3 pouces, Wee Nell, 15 mains, jusqu'à Penarth, 16 mains 1 pouce, et Bridegroom, 16 mains, et que la taille moyenne se distingua particulièrement avec Lincoln, Médora, Emblem, Sir King-Fund, Twist.

DRESSAGE DU CHEVAL DE STEEPLE-CHASE.

L'entraînement d'un cheval de steeple-chase, déjà fait et confirmé dans son métier, s'écarte naturellement des prescriptions qui précèdent, car ce serait l'exposer à un risque inutile que de le monter à la chasse. On peut, en effet, prétendre qu'un tel cheval connaît son affaire, et lorsqu'il la connaît, il ne s'agit plus que de l'entretenir à sauter des obstacles qui ne peuvent l'exposer à aucun danger, comme ce serait le cas en lui faisant franchir des haies en claies, des barres fixes, des canaux et autres obstacles de ce genre. Un galop tous les quinze jours sur des haies en genêts, c'est tout ce dont le cheval a besoin; hors de là, il faut s'en tenir aux pratiques ordinaires pour l'entraînement des chevaux de courses plates.

En ce qui concerne l'étendue des galops auxquels doit être exercé un cheval de steeple, les opinions sont très-partagées; mais, pour mon compte, je suis convaincu qu'en raison du développement des muscles et de la respiration, il faut donner de longs galops, et qu'un cheval dont l'haleine et la force musculaire n'ont pas été bien exercées d'avance, ne peut paraître dans un steeple-chase avec quelque chance de succès.

Les efforts qu'un cheval fait en sautant sont tellement grands et renouvelés qu'il serait bientôt hors de combat, si les muscles et les organes respiratoires n'étaient pas convenablement préparés, et il ne pourrait pas, d'ailleurs, avoir de train dans les intervalles où se trouve un bon terrain. Peu de chevaux adroits se laissent choir, tant qu'ils ont la respiration bonne. Lorsqu'au contraire l'haleine leur fait défaut, ils culbutent avec une grande violence, parce que la force leur a manqué pour se rassembler, — ou bien alors ils refusent complétement l'obstacle.

Tout homme qui s'adonne à l'entraînement des chevaux de steeple-chase doit tirer de ce qui précède cette conclusion que les chances d'un cheval à demi préparé pour ces sortes de courses sont absolument nulles, car tout contribue à enlever à l'animal la puissance respiratrice qu'il peut avoir. Je n'ai jamais vu un cheval trop haut de condition et gras arriver jusqu'à la fin d'une course sur un bon terrain de steeple-chase.

DE LA MANIÈRE DE MONTER EN STEEPLE-CHASE.

Les chevaux de steeple-chase prennent assez souvent de mauvaises habitudes, par exemple de faire demi-tour devant les obstacles, de se dérober, de bourrer sur la main et de ne pas s'enlever suffisamment dans le saut.

Ces défauts sont, pour les 7/8, la cause des chutes du cavalier et du cheval, et résultent de l'insuffisance de force du cavalier, qui ne peut pas rassembler son cheval et l'asseoir, afin qu'avant d'arriver à l'obstacle il ralentisse son allure.

Bien des fois, et trop souvent malheureusement, les accidents arrivent par suite de l'habitude si blâmable qu'ont les cavaliers de saisir les rênes de la main gauche et d'élever la droite en l'air, pour chercher l'équilibre au moment où le cheval se dispose à s'enlever sur l'obstacle. La conséquence en est que l'animal se dérobe à gauche et se jette dans la haie, selon son caprice ; d'où l'on peut dire que cette affreuse habitude, la pire de celles que puisse contracter un cavalier, est la principale cause si le cheval refuse de sauter, se dérobe, s'enlève mal sur l'obstacle ou s'emporte.

Du moment où les cavaliers auront appris que la bouche du cheval ayant deux côtés, le maintien de sa direction sur la ligne droite résulte d'une action également puissante des deux rênes, et que les changements de direction sont la conséquence de la pression inégale du mors, on verra moins de chevaux refuser, s'emporter et se dérober qu'on ne le constate malheureusement aujourd'hui.

CHEVAUX DE STEEPLE-CHASE DONT ON SE SERT AUJOURD'HUI, COMPARÉS A CEUX D'AUTREFOIS.

Comme je l'ai dit plus haut, ce n'est pas une chose facile que le choix d'un cheval de steeple-chase, jusqu'à ce qu'on soit parvenu à savoir comment doit être fait le cheval qu'on distingue parmi les chevaux de course plate, et, en effet, la manière de courir sur le terrain plat ou à travers champs est si différente qu'il paraît impossible de porter un jugement certain sur une question aussi embarrassante.

Certains chevaux qui, sur un mille plat, n'étaient pas en état de faire bonne figure, se montrent, à travers champs, — et pour une distance trois fois plus grande, — vraiment invincibles, et battent avec une si grande facilité leurs adversaires, jadis supérieurs à eux, qu'il paraîtrait risible de vouloir, dans quelque lutte que ce soit, les mettre sur le même plan.

Cependant, lorsqu'on soumet ce phénomène à un examen plus attentif, on ne s'en étonne pas autant qu'au premier coup d'œil.

Sur le terrain plat, la première condition est qu'un cheval soit en état de laisser derrière lui une étendue de terrain dans son meilleur train, sans pouvoir faire la moindre pose pour reprendre haleine, sans pouvoir ralentir, dans aucun cas, son allure, pour soulager l'effort corporel poussé au plus haut degré.

Chaque nerf, chaque muscle, chaque tendon se trouvent au maximum de sa tension, et l'expérience nous apprend que bien de brillants chevaux ne peuvent pas supporter cette surexcitation de leurs forces pendant plus d'un mille, mais qu'à la condition d'une vitesse un peu moindre, ils peuvent, pour ainsi dire, résister indéfiniment.

Mais, me dira-t-on : « Pourquoi un *queen-plater* (cheval de course plate de premier ordre) ne pourrait-il pas en faire autant ? » La reponse est celle-ci : il n'y a pas de doute qu'il en serait ainsi, du moment où ce *queen-plater* posséderait au même degré, en steeple-chase, les qualités qui le distinguent en course plate, et que, par conséquent, il aurait l'action, la conformation, le coup d'œil rapide, le pied adroit et solide, et enfin une inébranlable confiance et hardiesse. Si ces facultés lui font défaut, il est évident, au contraire, qu'un de ses moindres concurrents sur le terrain plat, mais supérieur à lui dans des terrains mous, sur un sol inégal et doué d'une meilleure action, le battra honteusement.

Il est donc démontré que l'action est la première condition, et que, ainsi que je l'ai déjà dit avec conviction, un *steeple-chaser* doit être de pur sang.

Parfois il est important de prendre en considération l'influence de l'origine et du sang, et l'on se demande s'il faut s'adresser dans ses investigations aux familles les plus vites ou les plus fortes ? Mais ce sont des questions que, d'après les motifs que j'en ai déjà donnés, je m'abstiendrai de résoudre ; toutefois on est en droit, je pense, d'affirmer en toute conscience que si l'on a rencontré un cheval qui réunisse en lui le sang le plus fort et le plus résistant, à une bonne conformation et à des facultés appropriées à sa destination, un tel animal sera, dans tous les cas, préférable à un autre qui se recommanderait plus par sa vitesse que par sa force ; tandis que celui qui ne se distinguerait que par sa force exclusivement ne présenterait pas non plus de grands avantages dans un steeple-chase.

Voilà pourquoi j'admire le steeple-chaser et le flying-hunter (cheval de chasse) plus qu'aucun autre cheval dans le monde, parce qu'ils possèdent à un plus haut degré que tous autres les plus admirables qualités.

Ils révèlent plus de force, de courage et d'action que le cheval de course, et plus de sang, de vitesse et d'agilité qu'aucun cheval de selle.

Un cheval de steeple-chase de premier ordre est, pour le moment, un animal d'une inappréciable valeur. J'ai souvent entendu faire la remarque qu'un cheval de steeple-chase, à notre époque, n'était rien autre chose qu'un brin de mauvaise herbe de courses, un rebut d'écurie qui n'était pas en état d'occuper convenablement sa place dans les chevaux de sa propre classe. De pareilles assertions ne sont que le résultat d'une observation trop superficielle.

Il est évident que le steeple-chaser est un cheval rejeté d'une écurie de course, non qu'il ne soit pas un bon et vigoureux animal, mais parce qu'il ne peut pas courir dans le même style que ses camarades, et qu'on ne peut pas s'écarter de cette manière de faire; or prétendre que le beau cheval de steeple-chase d'aujourd'hui est inférieur en sang, en taille, en force et en résistance à ceux d'autrefois, serait vraiment une opinion par trop violente.

Si l'on tient compte du sang, de la force et de toutes les grandes facultés, quand et où a-t-on jamais possédé des types plus complets du steeple-chaser, que Bourton, Emblem, Emigrant, Lincoln, The Huntsman, et Flyfischer, sans compter les célèbres porteurs de poids, tels que Pénarth, Bridegroom, Medora, Acrobat, et Express, *cum multis aliis?*

Ce n'est assurément qu'en plaisantant que des gens qui connaissent les qualités d'un cheval jusque dans ses moindres détails peuvent prétendre, en examinant de tels chevaux, qu'ils ne sont pas en état de porter du poids.

En effet, pas un des chevaux que je viens de nommer ne paraîtrait porter trop lourd, galopant derrière les chiens avec un poids de douze jusqu'à seize stones. Et je voudrais savoir si, dans aucun comté d'Angleterre, les hommes qui dépassaient ce poids ont monté, dans les types d'autrefois, des chevaux possédant un pedigree aussi élevé, et pouvant surmonter autant de difficultés? J'ajouterai que s'ils ont fait plus, ils devraient nous faire connaître avec quel cheval ils ont atteint de tels résultats.

Tout ce que je puis dire, c'est que toutes les fois que je considère attentivement nos chevaux de steeple-chases si fortement chargés, je me sens toujours fier de contempler les actions et le modèle des champions de mon pays. Il serait vraiment difficile de dire d'une manière certaine si autrement entraînés, depuis l'élevage jusqu'à la course plate, ils n'auraient pas encore révélé en eux d'autres aptitudes.

Comment peut-on, en les mettant sur la même ligne de steeple-chasers, comparer Lottery, Vanquard, Discount, et Cigar, avec Bourton, Emigrant, The Huntsman, et Emblem? et qu'est-ce qu'étaient The Blinked, Grimaldi, Koian, et Gaylad, comparés à Penarth, Hyfisher, Lincoln, et Bridegroom?

Je laisse à chaque connaisseur en chevaux, qui a connu ces deux périodes, le soin de porter un jugement, sans vouloir plus longuement m'étendre sur ce sujet.

Si l'on me demandait de désigner le meilleur steeplechaser de ces derniers temps, je nommerais sans hésitation Bourton, par Drayton, lequel ne parut jamais en public, et descendait de Mulcy, par Prima Donna, par Stoothsaper.

Ce fut peut-être le plus fort cheval de steeple-chase de la première classe des chevaux de course. Il avait seize mains et deux lignes, une épaule très-longue et le garrot très-élevé et très-mince, une encolure forte, et la tête moyenne. Les fausses côtes étaient peu développées, les reins flexibles, la croupe longue, les hanches très-ouvertes.

Il était timide sur le terrain plat, mais cependant c'était un cheval d'une puissance exceptionnelle, ce qui explique pourquoi son entraîneur (et personne ne peut s'y entendre mieux) prétendait toujours qu'il serait pour le moins aussi bon que le si célèbre Défiance, qu'en effet, dans une épreuve à la maison, il avait battu. Il est permis de douter prudemment que nous puissions jamais rencontrer le second tome de ce prince des steeple-chases, car, par sa longueur énorme et son action que nul ne pouvait atteindre, un obstacle ordinaire était sans aucune signification, et la rapidité avec laquelle il le franchissait changeait en succès assuré la partie du parcours qui consistait en une simple course.

J'ai entendu dire, par des gens dont l'opinion a une grande valeur, que lorsqu'il sortait victorieux du grand National, sous le grand poids de onze stones douze livres, d'après sa conditon à la fin du parcours, on était autorisé à croire qu'avec une surcharge de trois stones il aurait encore pu gagner facilement.

Il arrive rarement qu'un cheval de sa taille réunisse l'agilité à la rapidité, qui caractérisent le cheval de premier ordre; mais comme l'exception le démontre souvent, c'est le rayonnement par lequel notre héros se distinguait d'une façon d'autant plus éclatante.

J'ajouterai encore à cela qu'il était très-brassicourt, ce qui venait à l'appui de la théorie par laquelle lord George Bentinck démontre la supériorité de cette conformation.

On dit avec un certain degré de rationalité :

« S'il existe réellement un si grand nombre de brillants « chevaux, pourquoi est-il si difficile de faire son choix ? »

A cela je répondrai :

Tout d'abord l'élevage de tels chevaux est fort cher; puis ils sont si hautement estimés par tant d'acheteurs généreux du pays et de l'étranger, que la demande est supérieure à l'offre. Enfin, si l'on ne peut les avoir qu'à des prix très-élevés, il n'y a rien que de naturel, car il en est du cheval comme de toute autre marchandise : terres, bois, voitures, le prix est en rapport avec la valeur réelle de l'objet à vendre. Malgré cela, on entend souvent dire qu'il n'y a plus de chevaux forts ni de bons chevaux de pur sang, par cela seul que les gens ne peuvent pas dépasser les prix qu'ils se sont fixés à l'avance ou ceux auxquels eux-mêmes ou leurs devanciers les ont payés à une époque reculée. Ils méconnaissent entièrement la situation et semblent ignorer qu'alors le marché était limité aux besoins exclusifs du pays, en raison des moyens de transport internationaux très-restreints qui ne permettaient pas aux étrangers de le fréquenter et de l'apprécier.

Maintenant, le transport d'un cheval de York à Vienne est chose beaucoup moins difficile que n'était autrefois le transport de York à Londres.

On doit donc s'étonner d'autant moins qu'un grand nombre d'acheteurs viennent sur nos marchés, et que leur demande d'achats soit plus grande que, chez les vendeurs, le désir de se débarrasser de leurs produits.

Les Français, ainsi que les Allemands, ont une grande préférence pour les bons chevaux de steeple-chase et sont toujours prêts aujourd'hui à donner un prix respectable d'un cheval ayant fait ses preuves, et pouvant porter un poids lourd en franchissant les obstacles ; et si dans ce pays ce goût devait s'accroître encore, il nous faudrait pousser plus activement encore à la production de chevaux de steeple-chase plus puissants.

On élève chaque année en moyenne environ 1,500 poulains de pur sang des deux sexes, parmi lesquels on compte 3 chevaux de premier ordre, soit 1 pour 500 ; ajoutez à cela 20 à 30 chevaux de courses médiocres, 1 par 50 qui soient dignes de paraître sur le turf et méritent la peine d'être élevés dans ce but.

Le reste est répandu dans tout le monde comme chevaux de chasse, hacks, chevaux de voitures légères, ou consacrés à la reproduction.

Si l'on considère qu'environ la cinquantième partie seulement de la production annuelle demeure plus de deux ans en entraînement, il est de la plus haute importance que la solidité, la force et l'action soient prises en grande considération par l'éleveur, ou nous verrons les étrangers former bientôt de meilleurs marchés chez eux.

Il est incontestable aujourd'hui qu'en raison de la libre concurrence dans les expositions et sur les hippodromes, que par suite de l'émulation des populations et des encouragements virtuels des gouvernements, le pur sang anglais peut être produit dans chaque pays de l'Europe, dans d'aussi bonnes conditions que dans les plus chauds paddocks de Hampton Court.

L'empereur des Français fut le premier qui reconnut toute l'importance de cette idée, et le gouvernement français, par l'achat de grands et beaux étalons de pur sang, a rendu un grand service au pays, et l'a mis en état de produire des chevaux qu'il ne pouvait auparavant se procurer qu'à l'étranger.

La Russie, la Prusse et l'Autriche ont compris la chose au même point de vue, et ont suivi l'exemple qui leur était donné, et il est certain qu'aussitôt que Victor Emmanuel aura démontré à la nation italienne combien elle perd en achetant ses chevaux et combien elle pourrait gagner par la production des nobles bêtes qui s'en vont chaque année de chez nous pour peupler les écuries de Turin; ce souverain prendra l'initiative et facilitera à ses sujets les moyens de rivaliser avec les éleveurs anglais.

Il n'existe pas un connaisseur impartial qui puisse mettre en question le point élevé que les Américains ont atteint dans la production de leurs chevaux de course et de steeple-chase; et si nos amis de l'autre côté de l'Océan pouvaient encore se procurer un cheval du sang de Glencoe, il serait bien possible que le ruban bleu du turf leur fût en *peu de temps* dévolu.

CHEVAUX DE CHASSE. — (HUNTERS).

La différence, faible ou grande, qui se manifeste souvent entre le cheval de chasse et le steeple-chase, a pour cause naturelle et unique les dispositions du terrain que le cheval est destiné à parcourir.

Qu'il soit de pur sang ou non, la construction du hunter doit être la même que celle du steeple-chaser, excepté les fausses côtes. Elles doivent descendre plus bas et être plus développées, pour permettre au cheval de supporter, sans nourriture, de longues heures de travail.

Pour tout le reste, la conformation doit s'harmoniser avec celle du cheval pour courses à obstacles, et si même le poids que le hunter doit porter s'élève de 10 à 20 stones, il ne doit pas pour cela avoir l'aspect d'un cheval de voiture.

L'encolure doit être forte, l'épaule longue et recouverte de muscles puissants; les hanches larges, la croupe longue, les rayons inférieurs plats, exempts de tares, et bien d'aplomb.

En raison des inégalités du sol sur lequel il doit marcher à toutes les allures, la nature de l'action doit encore être supérieure à celle que j'ai prétendu trouver dans le cheval de steeple-chase.

Cependant je dois conseiller à mes lecteurs de ne pas confondre l'action du carrossier avec celle du hunter; l'action de ce dernier ne doit pas venir du genou, mais bien de l'épaule, pour qu'elle inspire de la confiance et de la sécurité.

La plus brillante action du genou est paralysée dans ses effets par le manque d'action de l'épaule, qui doit rejeter le poids de l'avant sur l'arrière-main, et qui, à cet effet, ne peut être remplacé par aucune force. C'est ce qu'on entend en disant d'un cheval qu'*il se plie*, et c'est ce qu'il ne peut faire sans se briser les reins lorsque les épaules sont mauvaises.

Il est donc très-dangereux de monter un hunter qui a de mauvaises épaules; car au lieu de sauter, il s'appuie sur les obstacles, et s'ils ne cèdent pas, il fait la culbute, et met constamment la vie de son cavalier en danger.

Les jambes du hunter doivent être saines; des pieds gros et plats sont sujets à une foule d'inconvénients, car chaque fois qu'on sort, on s'expose à les voir dix fois pour une endommagés. Ajoutez à cela que le cheval est sujet à perdre ses fers et se toucher sous le genou, ce qui sont deux grands défauts pour un hunter.

Je connais l'opinion assez répandue que le hunter doit avoir le pied large, afin de pouvoir marcher dans les terrains mous sans enfoncer jusqu'au genou, et il est tout naturel qu'un cheval d'une taille élevée ait les pieds forts. Toutefois les sabots doivent être proportionnés à la force et à la taille du cheval, et surtout à la grosseur des membres, ce dont peut se convaincre chaque commençant pour peu qu'il se donne la peine d'ouvrir les yeux.

Que le cheval soit petit ou grand, le sabot doit être en rapport avec le poids qu'il a à porter. J'ai une préférence marquée pour les talons hauts et forts, et une grande défiance des talons bas et faibles.

On doit toujours prendre en considération que le sabot est la base de tous les efforts que le cheval de chasse est appelé à faire, et que lorsque cette base est défectueuse, l'expansion de tous les moyens que renferme l'organisme se trouve beaucoup restreinte. La seule chose qu'on puisse objecter à un pied trop petit, c'est que sur un terrain mou, il oppose une surface trop restreinte au poids qu'il est destiné à porter; à tous autres égards, les sabots hauts et petits sont plus résistants et plus durs que les gros et larges; cependant il ne faut pas que ce que nous signalons comme une qualité soit poussé jusqu'à l'extrême.

La ferrure du hunter doit être très-ajustée à la forme du pied et ne jamais être lourde, car le poids d'un fer, si léger qu'il soit en apparence, à la fin d'un long travail ne laisse pas que de fatiguer et d'épuiser l'action. « Une once de fer « au pied du cheval pèse une livre sur les reins du cheval »; c'est un vieil axiome dont on ne tient pas assez compte. Beaucoup de gens veulent, quoi qu'on leur dise, que les pavés durs rendent les fers épais indispensables. C'est une erreur généralement admise comme une vérité. Ce qui est nécessaire, c'est une qualité de fer supérieure, plus de densité et moins de poids.

J'ajoute peu d'importance au plus ou moins de clous dont on se sert pour le fixer. La principale chose est que le fer soit ajusté avec une extrême précision; il ne doit être ni trop long ni trop court, mais s'appliquer exactement sur les mamelles et se diriger vers les talons, en suivre le contour, et ne pas se prolonger droit sous la muraille, ce que certaines gens croient être très-avantageux, s'imaginant que, par suite d'une attraction magnétique, le sabot doit prendre et conserver la forme qu'affecte le fer, — ce que démontrent la théorie et la pratique comme absolument ridicule.

Lorsque le fer n'est pas exactement ajusté sur le pied, la pression ne peut pas s'exercer également sur tous les points, et, lorsque cette pression n'est pas égale, certaines parties se trouvent plus fortement comprimées que les autres.

Tout le monde peut se rendre compte des inconvénients que peut présenter une ferrure aussi irrégulière que celle-là.

Quand le cheval a l'habitude de se couper, le meilleur moyen d'y porter remède est de faire usage d'un double morceau de peau qui entoure le boulet; mais non, dans aucun cas, de ces bottines patentées qui ne doivent porter que sur la partie endommagée, et qui, ainsi que le sait tout cavalier qui en fait usage, ne restent jamais à leur place puisque la plupart du temps elles sont retournées du côté opposé et, en raison de la courroie qui les fixe, font une blessure et laissent une marque apparente sur le canon et au-dessus du boulet.

De la patience et une amélioration dans la condition générale sont les meilleurs moyens curatifs ; mais il ne faut rien changer à la ferrure, car si l'on voulait donner au pied une direction vers le dehors, on s'exposerait à fatiguer et à affaiblir sensiblement l'articulation.

Les chevaux qui sont destinés à galoper sur du gravier et sur un terrain très-inégal doivent avoir la sole recouverte avec du cuir très-dur et épais, ce qu'on emploie avantageusement aussi dans le cas où l'animal a des fourchettes suppurantes ou des bleimes ; mais ce ne serait pas le cas si le cheval avait été atteint de fourbure, car l'appui se produisant davantage sur la muraille, l'inflammation du pied pourrait en être aggravée.

Tous les chevaux qui ont une action régulière quand ils doivent sauter, et en maintes autres circonstances, ont pour habitude de former leur arrêt en prenant un point d'appui sur l'arrière-main ; aussi doit-on leur mettre des crampons aux pieds de derrière, en prévision des pierres glissantes ou des talus et plans inclinés où ils peuvent, faute d'un point d'appui solide, se donner des efforts de rein ou faire des chutes dangereuses.

Par les temps de gelée, les chevaux doivent être munis de crampons à vis, à pointes acérées.

Si un cheval, pendant le ferrage, a la mauvaise habitude de frapper violemment, il faut avoir recours à une courroie que l'on fixe au paturon du pied à ferrer et qui vient s'assujettir à la têtière ; de sorte que lorsque l'animal donne le coup de pied pour se retirer des mains du maréchal, il se donne une violente secousse à la tête et à l'encolure dont il craindra d'occasionner la récidive.

Ce procédé vaut infiniment mieux que d'abattre le cheval, toujours exposé à un accident, et qui, d'ailleurs, affecte une position dans laquelle le maréchal a beaucoup de peine à fixer les clous convenablement.

Avant de s'occuper de l'élevage du cheval de chasse, il faut se faire une idée juste de la conformation que doit avoir le cheval qu'on destine à cet usage. Or sa forme et sa construction peuvent présenter différents types :

1° Le hunter pouvant porter de 12 à 14 stones sur un terrain uni et découvert.

2° Le même hunter, portant de 14 à 20 stones.

3° Le hunter portant de 12 à 14 stones dans un terrain de pacages, accidenté et coupé de murs.

4° Le même portant depuis 14 jusqu'à 20 stones.

Par le premier de ces types, nous entendons parler du cheval dont on veut se servir sur un terrain uni et pouvant porter 12 à 14 stones, et alors il faut qu'il ait du sang et beaucoup de sang, et qu'en même temps il possède un beau développement musculaire et du gros, enfin qu'il soit long de corps et près de terre. Il faudra donc que celui qui veut obtenir un tel produit fasse choix d'une poulinière qui soit en rapport avec ce qu'on cherche, c'est-à-dire longue, vue de côté, et large, vue par derrière.

Que si ces conditions viennent à manquer, la plus belle conformation et l'apparence la plus séduisante n'atteindront pas le but désiré, qui sera de porter un poids lourd sur un terrain découvert et d'une grande étendue à parcourir. La taille est d'une considération secondaire, lorsqu'elle atteint 15 mains et 1 pouce (environ $1^m,57$). En dehors de ces conditions de force, je ne puis me représenter un cheval dans un terrain lourd, à moins qu'il n'ait, ce qui est une rareté, — d'une longueur exceptionnelle. Pour le poids de 14 à 20 stones, on peut se contenter d'une qualité un peu inférieure, et bien que beaucoup de noblesse soit nécessaire, puisque, sans elle, l'animal ne pourrait pas suivre longtemps le train de la meute.

Je ne vois pas la nécessité d'une taille plus élevée. Un cheval de 15 mains et 2 pouces suffit pour tous les poids, pour peu qu'il ait assez d'ampleur. Le meilleur hunter et le plus vite que j'aie rencontré, et qui portait un peu moins de 16 stones, avait à peine 15 mains 1/2 ; en revanche il était fort, large, musculeux et n'était pas très-long. C'est du reste mon avis, que plus le cavalier est lourd, plus il faut chercher l'ampleur et éviter la longueur.

Avant tout, le cheval doit prouver par ses actions qu'il est en état de porter son propre poids et celui qu'on lui impose ensuite.

J'ai souvent rencontré des chevaux, donnés comme hunters, qui avaient coûté de grands prix, et dont on espérait une grande faculté de porter le poids ; ils n'étaient, à vrai dire, que des bêtes à gros ventre, à peine en état de se soutenir elles-mêmes en équilibre et incapables de porter régulièrement un poids ordinaire, n'étant bonnes qu'à traîner leur corps lourd et maladroit dans un harnais. De tels chevaux lâchent généralement prise au second mille.

De même que j'ai fixé à 15 mains un pouce la taille d'un hunter destiné à chasser dans un terrain découvert, j'insiste pour qu'un cheval qui doit chasser dans un pays accidenté et coupé de talus et de murs, reste plutôt au-dessous de cette taille (minimum).

En effet, pour marcher sûrement dans ce terrain, avec un poids de 12 à 14 stones, un cob pur sang, entre 14 et 15 mains, profond dans sa poitrine et surtout pas trop long, serait le mieux approprié, tandis que pour le poids de 14 à 20 stones je préférerais un cob plus étoffé et ayant 15 mains 1 pouce environ. La différence qui existe entre les chevaux appropriés aux diverses natures de terrains, est, en peu de mots, celle-ci : pour un terrain découvert il faut chercher plus de taille et de longueur dans le galop ; pour le terrain coupé et accidenté, il faut viser au cheval court, tassé, puisque la longueur et l'expansion du galop ne trouvent pas leur application.

Il existe une erreur très-regrettable, et accréditée, qu'un cheval d'origine commune est préférable, dans un terrain accidenté, à un hunter de noble origine. Il n'y a rien de plus faux. Lorsqu'un cheval n'a pas un degré de sang suffisant, ainsi que chaque bon cavalier peut le savoir, et qu'il a monté rapidement une côte un peu roide, à peine peut-il remuer la queue, encore moins continuer son train. Les chevaux qui n'ont pas de sang perdent haleine promptement, et lorsqu'on les pousse, ils deviennent dangereux sur le mauvais terrain et à chaque obstacle qu'ils rencontrent.

Dans le choix d'un étalon, on doit donc se préoccuper principalement de sa conformation en vue de la jument et du produit que l'on veut obtenir et chercher ce type, bien qu'on prétende que les chevaux compactes, de moyenne taille et qui seraient à leur place dans les terrains difficiles et coupés, ne sont point à trouver dans les écuries de courses.

Comme étalons pouvant produire de bons hunters en terrain découvert, dans les dernières années, nous avons vu apparaître :

Birdcatcher et ses deux fils, Augur et Newcourt, par *Sir Hercules*. The Steamer, Pompey et Theon, par *Emilius*. The Libel et Windhound, par *Pantaton*.

Harkaway. — Catesby. — Crunebrooke. — Tupsley.

L'élevage du cheval de chasse exige dans le jeune âge les mêmes traitements et soins que le cheval de course, et la même abondance et variété de fourrages. Il est indispensable que, dans les premières années de la vie, tous les animaux soient bien nourris, attendu que, plus tard, on ne peut plus agir sur le développement osseux et sur la taille. Lorsque le cheval a atteint sa croissance, on peut régler et modérer prudemment son alimentation.

Les poulains de chasse doivent passer l'hiver dans un vaste hangar et être abreuvés constamment d'une eau pure. Lorsqu'on leur donne la ration, il faut les attacher à leur mangeoire, afin qu'ils ne se volent pas réciproquement le fourrage. On commence leur dressage à 4 ans, et l'on se bornera à brider et à mettre à la longe, sans le monter, le jeune cheval qui annoncera une prédisposition aux jardons ou à quelque tare du jarret. Si après 15 jours d'exercice on s'aperçoit que l'affection ne diminue pas, on lui fera mettre de hauts crampons à ses fers, on lui fera prendre deux doses de physik et on le laissera dans un repos absolu. Dans ce cas, on lui place sur le jarret une éponge imbibée d'eau froide, entourée avec du taffetas ciré. On continue ce traitement pendant quinze jours. On supprime l'avoine, que l'on remplace par des barbotages, et l'on y ajoute du foin et, s'il se peut, du fourrage vert. Après ce temps, le cheval sera préparé à l'application du feu qui se fera sans abattre l'animal et sera d'autant plus profitable. On évitera ainsi une inflammation anormale pouvant résulter des efforts et de la lutte de l'animal qui peuvent développer un jardon plus intense, que le feu et son inflammation consécutive ne peuvent qu'aggraver encore et laisser plus apparent qu'il n'était d'abord, à ce point d'être une tare qui déprécie sensiblement le jeune cheval.

DE L'ÉLEVAGE DU CHEVAL DE CHASSE.

L'application du feu sur les jardons doit toujours être pratiquée dès leur apparition ; c'est le moyen de s'épargner ultérieurement beaucoup de soins, de frais et de déceptions. Après l'opération, il faut laisser l'animal à l'herbe pendant trois ou quatre mois, c'est-à-dire jusqu'au mois d'août, époque à laquelle on le rentrera, et recommencera à le brider. On se contentera de le mettre doucement à la longe pendant une semaine, puis, après l'avoir purgé, il sera temps de le soumettre au travail.

Dans le courant de septembre, on lui fera faire chaque jour des promenades de deux heures, au pas et au trot; en octobre, on augmentera graduellement la durée du travail, de manière qu'à partir du 1er novembre, il se trouve en état de suivre les chiens une fois par semaine. Or il doit arriver à ce résultat après deux mois d'une bonne préparation, pour peu que ce soit un hunter de bonne origine.

Les chevaux mal élevés et de médiocre origine exigent beaucoup plus de temps pour prendre de la force et de la résistance, car leurs os ne sont point assez denses et leurs muscles assez développés.

J'ai connu deux cas où des chevaux de demi-sang demeurèrent pendant deux ans de véritables rosses, hors d'état de suivre la meute à une allure médiocre, et cependant ensuite devinrent, dans toute l'acceptation du mot, des animaux d'un ordre supérieur. Il est un fait que je tiens pour certain, c'est qu'un cheval de demi-sang de 7 ans n'est pas plus résistant, pour un travail fatigant, qu'un cheval de 5 ans de pur sang.

Quoi qu'il en soit, le jeune cheval qui a de bons jarrets, et qui peut être monté tout l'été, présentera de plus grandes chances de réussite et arrivera à la saison des courses dans une condition passable.

Quand le rendez-vous de chasse n'est pas trop éloigné de l'écurie, il est préférable que le cheval soit exercé en chasse, à moins qu'on ait un homme très-expérimenté et sûr de son fait.

Le dressage à domicile a souvent pour résultat d'apprendre au jeune cheval à refuser et à se dérober, tandis que le hunter, qui a appris à sauter sur le terrain de chasse livre tous ses moyens pour rester avec les chiens et les chasseurs, et dans la limite de ses forces et de son adresse franchit tout sans y être contraint, comme cela arrive le plus souvent et forcément dans une promenade isolée.

Quels que soient le caractère et les dispositions du cheval, il faut veiller soigneusement à ce qu'il n'arrive pas trop près de l'obstacle, et s'y arrête pour sauter tout d'une pièce, et de pied ferme, au lieu de s'étendre entièrement dans le saut. Nous excepterons de cette règle les chevaux destinés à chasser dans certains pays couverts, coupés d'obstacles, dont on ne peut apprécier la nature, et qu'on ne peut franchir sûrement que de pied ferme.

On conçoit qu'en Angleterre, et partout où l'on doit chasser à une allure allongée, cette dernière manière de sauter soit un grave inconvénient, et dénote une mauvaise éducation dont le piqueur est responsable.

Pour cette raison, je suis opposé au système de faire sauter à la longe toute sorte d'obstacles (excepté les talus et les murs), parce que les chevaux prennent l'habitude de venir trop près et de s'arrêter avant de sauter.

Une main habile parvient toujours à calmer et à amener un cheval entreprenant, calme et d'aplomb à l'obstacle, mais un animal qui arrive toujours avec indécision, qui s'arrête court avant de prendre son élan, peut rarement, même entre les mains du meilleur cavalier, être ramené à prendre de la confiance et à l'inspirer, en abordant carrément le saut et en s'allongeant franchement.

Il ne faut pas, avec les jeunes chevaux, faire de l'art pour les rendre adroits et souples dans le saut; c'est une mauvaise méthode par laquelle ils n'apprennent jamais à galoper vite et droit sur le terrain, mais au contraire deviennent paresseux et inattentifs.

Un jeune cheval, qui est en état et bien dispos, doit être monté aussi près des chiens que possible, y être maintenu, et devra prendre les obstacles, non au train qu'il veut, mais à celui qu'on lui impose.

De cette manière, il apprendra à franchir également les petits et les grands obstacles, et à juger le degré de force et d'élévation qu'il faut employer dans chaque saut, et sur l'indication de son cavalier.

On apportera beaucoup de ménagement dans ces exercices préparatoires pour que les forces ne s'épuisent pas; aussi dès qu'on remarquera un ralentissement forcé dans l'allure et des signes de fatigue, devra-t-on se mettre au pas, et rentrer le cheval tranquillement à la maison : « Avant tout, « gardons-nous des efforts trop violents et trop conti- « nus. »

L'excitation du galop, les sauts répétés, l'étonnement et l'ébranlement général, jusqu'à ce que les muscles aient atteint toute leur densité, enlèvent au jeune animal beaucoup de sa force vitale, et l'on doit songer que plus les exercices seront courts et proportionnés à sa force, plus souvent ils pourront être renouvelés et, par conséquent, favoriser la préparation.

Ainsi que je l'ai dit plus haut, si l'on chasse dans une contrée coupée de murs et de talus, il est bon, lorsqu'on a affaire à un cheval énergique que l'on prépare à la chasse, de le prendre à la longe pour lui enseigner à passer adroitement les obstacles élevés et résistants.

Dans cette leçon, il faut éviter que l'animal s'arrête et

hésite; et pour atteindre ce but, on procédera de la manière suivante :

Un groom tiendra la longe de toute sa longueur, et passera l'obstacle, pendant qu'un second gardera le cheval à dix pas environ en arrière et directement en face de cet obstacle; il le lâchera ensuite et l'activera un peu à l'aide d'un fouet. Si le cheval va de lui-même, on suspend toute excitation; si, au contraire, il refuse de sauter et se dérobe, on le ramène à son point de départ; on lui fait sentir le fouet en criant fortement et, quoi qu'il advienne, on exige qu'il passe franchement et conserve une bonne impression de la leçon.

Il va sans dire que le saut d'un cheval ainsi contraint sera gauche et maladroitement exécuté; mais l'animal aura compris que lorsqu'on le présente à un obstacle, il n'y a pas moyen de l'éviter. On l'habitue ainsi à arriver droit à un obstacle, et aussitôt que possible, on le conduit à un autre en lui donnant dix pas d'avance pour prendre son élan, recommençant l'exercice jusqu'à ce que l'animal manifeste de la fatigue.

Le dressage des jeunes chevaux ne peut être confié qu'à des cavaliers expérimentés, patients et résolus, et dans ce cas on n'a point à craindre qu'ils sortent de leurs mains de mauvais sauteurs, pour peu qu'ils soient bien construits. Les chasseurs de notre époque aiment si peu à sauter qu'ils ne se confient pas plus volontiers aux caprices d'un cheval qui n'est pas exercé suffisamment qu'ils ne le feraient à la nacelle d'un ballon d'expérimentation; d'où il résulte que le dressage du hunter aux divers sauts d'obstacles doit être poussé aussi loin, pendant son éducation, que les sportsmen de notre époque peuvent l'exiger.

Il n'y a rien qui contribue plus au bien-être, à la santé et à la bonne condition du cheval de chasse qu'une écurie spacieuse, bien aérée et, par-dessus tout, bien sèche.

Il importe peu que cette écurie soit divisée en stalles ou en boxes, pourvu que l'animal puisse faire assez de mouvement; par conséquent, on ne doit pas laisser le cheval nuit et jour dans une stalle. Il y perdrait bientôt ses actions, et ses pieds ne tarderaient pas à s'enflammer.

Les chevaux qui doivent rester deux ou trois jours de suite à l'écurie seront donc, de temps à autre, mis en liberté dans un box ou tout autre endroit spacieux, où ils puissent se mouvoir, ramener le sang aux extrémités et entretenir toutes les parties du corps en activité.

Ainsi que nous venons de le dire, la température de l'écurie doit être sèche, mais jamais chaude.

Dans la partie supérieure de l'écurie, il est indispensable d'entretenir constamment un renouvellement d'air, car rien n'est plus nuisible à la libre respiration du cheval qu'un air lourd et malsain.

Si l'animal semble avoir froid, on peut ajouter un peu de féverolles à sa ration et lui mettre une couverture de plus ; mais il ne faut pas pour cela fermer les cheminées d'appel ou les fenêtres destinées au renouvellement de l'air.

Il n'y a point de règle fixe à donner sur la température qu'on doit entretenir dans les écuries.

Quelques-uns prétendent que 8 degrés Réaumur, et d'autres, au contraire, que 16 8/9 Réaumur, sans tenir compte de l'état de l'air intérieur, sont la température la plus convenable. La conséquence d'un tel système est qu'aussitôt qu'on ouvre les portes et qu'on laisse pénétrer l'air extérieur, le poil des chevaux se redresse, et l'air extérieur, beaucoup plus intense que celui de l'écurie, les entoure et les glace. La nourriture, le mouvement, des couvertures chaudes sont le meilleur moyen de mettre l'organisme à l'abri du froid.

Les canaux d'écoulement des eaux doivent être soigneusement entretenus.

A mon avis, le meilleur pavage est celui fait en briques sur champ, qui donne prise aux pieds du cheval, et qui, bien que coûteux, mérite la préférence, puisqu'il prévient les fréquents accidents auxquels le cheval qui glisse est exposé en se couchant et en se relevant.

Il faut constamment faire usage des flanelles. Il sera bon d'avoir une ou deux garnitures de rechange pour les applications humides, froides ou chaudes, afin de prévenir ou guérir les malandres, les gonflements de jambes et autres affections.

Pendant les mois d'automne et d'hiver, depuis septembre jusqu'en mars, chaque cheval de chasse doit avoir à l'écurie des flanelles sèches, médiocrement serrées.

Il est évident que ces précautions, quand elles ne sont pas accompagnées de soins, d'un bon pansage et d'exercice, ne produisent que bien peu d'effet.

Le cheval doit, chaque jour, le matin et l'après-midi, comme après l'exercice, être pansé à fond et être brossé jusqu'à ce que la moindre parcelle d'impureté soit enlevée.

Un cheval complétement bien pansé est, aujourd'hui, une rareté. Les palefreniers sont maintenant de gros messieurs, et ces bons vieux panseurs de chevaux, qui se donnaient tant de peine, développaient leurs mouvements d'épaules et travaillaient un cheval jusqu'à ce qu'il fût devenu brillant, sont presque tous morts.

De nos jours, des bretelles patentées, un col bien empesé et un gilet à la dernière mode, voilà la tenue qui sied au personnel d'écurie, dans laquelle il ne doit se mouvoir que bien juste ce qui est indispensable.

Il en résulte qu'on a recours aux physiks, aux médicaments affaiblissants, aux chaudes écuries, à la lampe à esprit-de-vin ; tout ce qui peut, en un mot, produire un résultat qui séduise l'œil, au lieu de cette « *huile de bras* » dont on se servait autrefois. Ce n'est pas que je condamne absolument l'usage des médicaments dont on se sert utilement pour amener la condition ; mais ce que je blâme par-dessus tout, ce sont les écuries chaudes.

Ces dernières, jusqu'à un certain point, peuvent être utilement employées et agir efficacement pour hâter la condition, mais elles ne doivent pas remplacer le pansage, — c'est là l'abus, — tandis que l'emploi éclairé et judicieux consiste à venir en aide aux soins d'écurie et à en compléter l'efficacité.

La physik ne doit être administrée que lorsqu'elle est absolument indispensable. Elle affaiblit l'animal et le rend souvent pour longtemps impropre au travail.

Quand un cheval, qui a été trop fortement nourri, ne peut pas quitter son écurie pendant quelques jours, et qu'on remarque que son crottin est de mauvaise nature, la médecine, après une préparation par des boissons rafraîchissantes, deviendra nécessaire et indiquée pour débarrasser les organes prédisposés à des inflammations imminentes, si l'on voulait mettre tout de suite l'animal au travail.

Dans ce cas, il faut encore se défier des doses trop fortes, car elles sont, à tous égards, nuisibles, surtout dans leur application au hunter, qui n'est pas réglé dans sa condition par le temps, comme le cheval de course. Des doses modérées et proportionnées au tempérament de l'animal valent toujours mieux et agissent plus sûrement.

Après que le cheval a été mis pendant 3 jours à un régime rafraîchissant, il est temps de lui administrer une médecine en forme de boule allongée, et dont la composition sera conforme à la recette suivante :

Aloès, 4 drachmes ; écorce de quinquina, 2 drachmes ; résine, 2 drachmes ; gingembre, 2 drachmes.

Le travail journalier ne doit cependant pas être interrompu. Après que l'action de cette pilule aura cessé, si cependant le cheval ne paraît pas complétement nettoyé et qu'il n'ait pas l'air tout à fait bien portant, il sera bon de lui faire prendre de fréquents breuvages : eau de son et de graine de lin, et de lui donner tous les samedis soir une pilule d'aloès, de résine en poudre, d'écorce de quinquina et de sulfate de fer (2 drachmes de chacun), jusqu'à ce qu'on ait atteint le résultat qu'on se propose. De la sorte, on préviendra un embarras des intestins et le retour de l'état maladif des organes digestifs. Avec un travail suffisant et régulier, l'usage de cette médication pourrait être limité à un mois.

Lorsque le cheval perd l'appétit et que ses muscles montrent une tendance à s'amoindrir, on peut lui faire prendre tous les deux jours, en les mélangeant à sa dernière ration, de l'écorce de quinquina et de l'anis pulvérisé (2 drachmes de chacun), en y ajoutant 1 drachme de tartre émétique. Aucun médicament excitant ou rafraîchissant ne doit être continué sans interruption pendant plus d'une semaine. Dans ces conditions de suspension dans le traitement, l'animal s'améliorera et se régularisera dans l'exercice de ses fonctions. Le mieux est donc de recommencer le traitement toutes les deux semaines, jusqu'à ce que le résultat soit obtenu.

Les chevaux qui sont régulièrement exercés et qui, tous les mercredis et tous les samedis soir, ont un breuvage au son et à la graine de lin, ont rarement besoin de médecine. Je suis très-opposé à l'emploi du soufre et du salpêtre comme moyens calmants, car ils affaiblissent l'organisme, sans donner de l'énergie aux fonctions digestives.

Lorsque les chevaux, pendant des jours et des semaines, doivent rester à l'écurie, une légère purgation est nécessaire tous les 15 jours ; mais il faut espérer qu'il existe peu d'écuries (excepté celles des marchands de chevaux), où les pauvres animaux soient soumis à un pareil régime. Je dois ici mettre mes lecteurs en garde contre ce stupide et dangereux usage qui consiste à purger les chevaux lorsqu'ils ont les jambes enflées. Dans cet état, l'action affaiblissante de la médecine peut non-seulement aggraver le mal, mais encore amoindrir la force de l'organe circulatoire. Un médicament dont l'action est douce et tout à la fois stimulante et rafraîchissante, tel que le quinquina et l'antimoine, joint aux flanelles sèches, solidement tournées, mais faiblement attachées autour des jambes engorgées, est le meilleur moyen de combattre cette tendance.

J'ai déjà rencontré beaucoup d'exemples de jambes engorgées par suite d'abus de médecines, et il a fallu des mois pour redonner du ton aux vaisseaux, et que leur contenu fût résorbé.

La tonte des chevaux est tout à fait nécessaire, et elle se pratique aujourd'hui d'une manière si facile au moyen des tondeuses perfectionnées que chaque lad peut obtenir les résultats les plus satisfaisants. Si le cheval a le poil court et brillant, il serait cependant imprudent de le tondre. Règle générale : un hunter, s'il a le poil long, doit être tondu ; car s'il lui arrive de recevoir une averse en allant au rendez-vous, il reste mouillé jusqu'à ce qu'il ait pu se sécher en galopant pendant quelque temps. Si, au contraire, il commence à entrer en transpiration, il reste mouillé, crotté et tout glacé pendant le jour, et il y a vingt à parier contre un que, le lendemain à six heures, il ne sera pas aux trois quarts sec, et le pauvre animal a passé sa nuit dans un état d'évaporation constante, dont il sort dans un état de mollesse et d'abattement complet. Un tel défaut de soins amène peu à peu la ruine du cheval et est une honte pour le garçon d'écurie autant que pour le propriétaire.

Il n'existe guère, du reste, aujourd'hui, de propriétaires assez imbus de préjugés, ou négligents, pour interdire ou ne pas prescrire la tonte.

La conséquence de cette excentricité, c'est l'habitude de faire sortir le cheval de l'herbage où il a tout naturellement un poil long et bourru, et de l'amener en chasse dans cet état. Je me laissai un jour entraîner à faire un essai de ce système, qui eut pour conséquence de ma crédulité la perte d'un cheval de premier ordre.

Après avoir parcouru au galop une douzaine de champs, il resta de plus en plus en arrière, il devint corneur et aveugle, et cependant les défenseurs d'un tel système me l'avaient recommandé comme favorable à la santé et, par-dessus tout, économique. Toute méthode, si absurde et si insensée qu'elle soit, trouvera toujours des admirateurs. Et chaque fois qu'au lieu de vous offrir de bons arguments on se borne à vous dire : « Faites de telle manière, vous « vous en trouverez bien », vous pouvez tenir pour certain qu'il y a quelque chose de mauvais dans le principe.

TABLES DES MATIERES.

PREMIÈRE PARTIE.

Équitation.

		Pages.
Chap. I.	Seller et brider le cheval..........	1
— II.	Du montoir...............	5
— III.	Position de l'homme à cheval......	9
— IV.	Des aides. — Tenue des rênes. — Action des jambes...............	13
— V.	Mettre le cheval au pas. — Arrêter. — Tourner.—Travail au trot. — Reculer.	19
— VI.	Mettre le cheval au galop.—Mouvements sur la ligne droite et circulaires....	23
— VII.	Trot allongé.—Trotter à l'anglaise....	29
— VIII.	Travail de deux pistes. — Pas de côté..	33
— IX.	Saut de la barre et du fossé.......	41
— X.	Tenue de l'homme de cheval.......	45
— XI.	De l'homme de suite...........	47
— XII.	Nomenclature de la selle et de la bride..	49

SECONDE PARTIE.

Attelage.

Chap. I.	Position du cocher sur son siége.....	5
— II.	Maniement des guides à l'anglaise pour conduire à deux............	55

			Pages.
Chap.	III.	Principales règles de conduite.	61
—	IV.	Maniement des guides pour conduire à quatre.	69
—	V.	Du maniement de quatre guides pour conduire un ou deux chevaux.	81
—	VI.	Du remiser.	85
—	VII.	Garnir et dégarnir les chevaux, ajuster les harnais et les guides.	91
—	VIII.	Conseils aux cochers pour la conduite de leurs chevaux dans les rues et, en général, le service de ville.	99
—	IX.	Tenue du cocher.	103

TROISIÈME PARTIE.

Hygiène.

Chap.	I.	Distribution des fourrages.	105
—	II.	Soins d'écurie.—Pansage et litière.	109
—	III.	De la qualité des fourrages des propriétés nutritives de l'avoine, de l'orge, du son, des carottes, des féverolles.— Ce qu'on entend par condiment. — De l'eau.—Préparation des mashs.	117
—	IV.	Des tempéraments.	125
—	V.	Influence de l'atmosphère et des saisons.	127
—	VI.	Altération de l'air.	129
—	VII.	De la lumière.	131
—	VIII.	Des écuries.	133
—	IX.	Maréchalerie. — Description du pied. — Ferrure; *méthode pour faire ferrer les chevaux difficiles*.	135

QUATRIÈME PARTIE.

Dressage des chevaux de selle et d'attelage.

			Pages.
Chap.	I.	Du travail à la longe.	161
—	II.	Du caveçon.	163
—	III.	De la longe.	167
—	IV.	Seller et brider le jeune cheval.	169
		Progression de dressage des jeunes chevaux de selle. — Travail en bridon.	173
		Travail en bride.	206
		Dressage des chevaux exceptionnels.	279
		Préparation des trotteurs.	291
—	I.	Dressage des chevaux d'attelage à deux. — Préparation du cheval avec le jockey. — L'enrênement, et en guides.	297
—	II.	Emploi du maître d'école.	395
		Dressage des chevaux au tilbury.	314

CINQUIÈME PARTIE.

Conseils aux professeurs pour la selle et l'attelage.

Chap.	I.	De la manière d'enseigner. — Conseils aux piqueurs de selle.	323
—	II.	Position de course. — Position pour les trotteurs.	333
		Conseils aux maîtres cochers.	336

SIXIÈME PARTIE.

Hippologie.

L'ORGANISATION ET L'EXTÉRIEUR DU CHEVAL.

                  Pages.

Chap. I. De l'organisation..................... 339
— II. Fonctions de relation. — Locomotions.. 343
    Du squelette et des muscles en particulier...................... 346
    L'Innervation..................... 363
    Organes des sens................. 367
— III. Fonctions de nutrition............. 377
    De la digestion................... 378
    De la respiration................. 382
    De la circulation................. 385
    De la nutrition................... 390
    Des sécrétions.................... 391
— IV. Fonctions de la génération........ 397

SEPTIÈME PARTIE.

De l'extérieur.

Chap. I. Des robes......................... 403
    Des signalement.................. 413
— II. Régions du corps.................. 415
— III. Les proportions................... 443
— IV. Les aplombs....................... 447
— V. Les allures....................... 455
— VI. De l'âge.......................... 461
— VII. Vices rédhibitoires............... 471

HUITIÈME PARTIE.

De l'élevage et de l'entraînement des chevaux de course et de chasse, d'après Digby Collins.

Du cheval de pur sang.	475
Choix d'un reproducteur de chevaux de course ou de chasse.	495
Entraînement pour le turf.	502
Entraînement des chevaux de 2 ans.	506
Entraînement des chevaux de 3 et 4 ans.	512
Entraînement des chevaux de 5 ans et au-dessus.	513
Du travail rapide.	517
De la manière de monter en course.	526
Après la course.	528
Le cheval de steeple-chase.	533
De l'élevage du cheval de chasse.	531

FIN DU VOLUME ET DE LA TABLE DES MATIÈRES.

Tenues adoptées pour les piqueurs, cochers & grooms des écoles de dressage.

Piqueur de selle.
Chapeau à l'Anglaise.
Newmarket bleu de Roi.
Gilet bleu Pareil.
Culotte peau de daim
ou drap couleur noisette.
Bottes à l'Anglaise
Éperons idem
Cravate noire à nœix longue

Piqueur d'attelage.
Le pantalon noisette Bedford à côtes
Newmarket bleu de Roi.
Gilet bleu de Roi.
Chapeau à l'Anglaise.
Bottines

Groom grande tenue.
Casquette polonaise, turban écarlate.
Cravate blanche croisée.
Épingle, fer à cheval.
Gilet jaune rouge écarlate, boutons argent.
Pantalon nouveau 3 boutons au bas de la jambe
Éperons bouclés.
Demi-bottes.
Veste bleu de Roi.

Groom petite tenue.
Cravate bleue.
Gilet à manches, panne bleue
Pantalon en velours gris foncé à côtes.

Habillement du Pavillon de Rohan, Maison spéciale de Livrées.
Rue de Rohan N° 2 à Paris

Tenues adoptées pour les piqueurs, cochers & grooms des écoles de dressage.

Piqueur de selle.
Chapeau à l'Anglaise
Newmarket bleu
Gilet bleu Pareil
Culotte peau de daim
ou drap couleur noisette
Bottes à l'Anglaise
Éperons Aston
Cravate noire à pois, longue

Piqueur d'attelage.
Le pantalon noisette Bedford
à côtes et les bottines remplaçant les bottes et la culotte.

Groom grande tenue.
Casquette polonaise, turban écarlate.
Cravate blanche croisée.
Épingle, fer à cheval.
Gilet panne rouge écarlate, boutons argent.
Pantalon noisette, 3 boutons au bas de la jambe.
Éperons bouclés.
Demi bottes.
Veste bleue.

Groom petite tenue.
Cravate bleue
Gilet à manches, panne bleue
Pantalon en velours gris foncé à côtes.

Habits de M. Carrière Tailleur, rue de Rohan, Pavillon de Rohan.
Culottes de peau chez M. Geiger Culottier, rue Richelieu 71.

A la même librairie :

MONTIGNY (Comte de). — **Équitation des dames.** 2ᵉ édition avec trois eaux-fortes, par M. John Lewis BROWN. Paris, 1878, 1 vol. gr. in-8 de 324 pages.   8 fr.

MONTIGNY (Comte de).—**Du choix, de l'élevage et de l'entraînement des trotteurs.** Paris, 1879, 1 vol. in-12 de 163 p. avec 2 gravures sur bois.   2 fr. 50

AURE (le Comte d'). — **Traité d'équitation illustré**, précédé d'un aperçu des diverses modifications et changements apportés dans l'équitation depuis le XVIᵉ siècle jusqu'à nos jours ; suivi d'un appendice sur le jeune cheval, du trot à l'anglaise, et d'une lettre sur l'équitation des dames. 4ᵉ édition. Paris, 1870, 1 joli vol. gr. in-8 avec portrait, planches et figures dans le texte.   10 fr.

BAUCHER (F.).—**Méthode d'équitation** basée sur de nouveaux principes. 14ᵉ édition revue et augmentée. Paris, 1874, 1 vol. in-8 avec portraits et 16 planches.   6 fr.

HERBIN (L.), professeur de science hippique et d'administration à l'École des haras du Pin. — **Études hippiques.** — Guide des appareillements dans les différents modes de reproduction ; amélioration générale ; création de spécialités d'aptitudes ou familles à caractères fixes. Paris, 1879, 1 vol. in-4 de iv-136 pages avec figures.   12 fr.

MANSUY, professeur d'équitation. — **Traité complet d'équitation** (Cours élémentaire). Paris, 1875, 1 vol. in-8 de 102 pages avec figures.   3 fr.

MUSANY (F.).—**Le Dressage méthodique et pratique du cheval de selle** ; précédé d'un essai sur l'instinct et l'intelligence des animaux. Lettre et Préface par M. le Comte de Montigny. Paris, 1879, 1 vol. in-8 de 280 pages.   7 fr.

VALLON (A.), vétérinaire principal, professeur d'hippologie. — **Abrégé d'hippologie** à l'usage des sous-officiers de l'armée. Adopté pour l'enseignement de l'hippologie dans l'armée. 4ᵉ édit. Paris, 1873, 1 vol. in-12 avec planches.   3 fr. 50

BURDELOT (F.). — **Les Aides du cavalier** ou simples observations sur l'art de conduire et de dresser les chevaux, suivies de dialogues, simplification du dressage, etc., dédié aux jeunes gens appelés à faire partie de l'armée dans la cavalerie. Paris, 1875, 1 vol. in-8 de 276 pages.   5 fr.

www.ingramcontent.com/pod-product-compliance
Lightning Source LLC
Chambersburg PA
CBHW071159230426
43668CB00009B/1013